Л.Г. Беликова, Т.А. Шутова, И.Н. Ер

РУССКИЙ ЯЗЫК: ПЕРВЫЕ ШАГИ

Часть 3

Учебное пособие

2-е издание

Санкт-Петербург
«Златоуст»

2019

УДК 811.161.1

Беликова, Л.Г., Шутова, Т.А., Ерофеева, И.Н.

Русский язык: первые шаги : учебное пособие : В 3 ч. Ч. 3. — 2-е изд. — СПб. : Златоуст, 2019. — 412 с.

Belikova, L.G., Schutova, T.A., Yerofejeva, I.N.

Russian language: first steps : a manual of Russian language : In 3 parts. Part 3. — 2nd ed. — St. Petersburg : Zlatoust, 2019. — 412 p.

ISBN 978-5-86547-940-6

Рецензенты:
канд. филол. наук *Л.И. Москвитина* (СПбГУ),
канд. филол. наук *Н.А. Костюк* (СПбГУ)

Гл. редактор: к.ф.н. *А.В. Голубева*
Редактор: *О.С. Капполь*
Корректор: *О.М. Федотова*
Художник: *М.О. Янсон*
Вёрстка: *В.В. Листова*
Обложка: *С. Соколов*

В оформлении обложки использована фотография с сайта http://www.nat-geo.ru
(фотограф *И. Горшков*)

Пособие является завершающей частью учебного комплекса. Третья часть содержит 10 уроков (21–30, последний — повторительный). Усвоение лексико-грамматического материала рассчитано примерно на 200–240 часов аудиторных занятий.

Пособие содержит сведения о системе склонения существительных, прилагательных, местоимений, порядковых числительных множественного числа; о правилах употребления деепричастий и причастий, глаголов движения; о способах выражения пространственных, временных, причинно-следственных, условных, целевых, уступительных отношений. В конце представлены проверочные работы к каждому уроку и таблицы, которые помогут учащимся упорядочить знания по грамматике русского языка на данном этапе. Имеется аудиоприложение. Ключи к заданиям размещены на сайте издательства.

Предназначено для иностранцев, изучающих русский язык по программе I уровня и выше (В1 +), уже получивших сведения о предложно-падежной системе именных частей речи, видо-временно́й системе глагола и имеющих лексический запас в объёме 1000–1200 слов.

Подготовка оригинал-макета: издательство «Златоуст».
Подписано в печать 13.12.18. Формат 60x90/8. Печ.л. 51,5. Печать офсетная. Тираж 3000 экз. Заказ № 1360.
Код продукции: ОК 005-93-953005.

Санитарно-эпидемиологическое заключение на продукцию издательства Государственной СЭС РФ № 78.01.07.953.П.011312.06.10 от 30.06.2010 г.

Издательство «Златоуст»: 197101, Санкт-Петербург, Каменноостровский пр., д. 24, оф. 24.
Тел.: (+7-812) 346-06-68, 703-11-78; e-mail: sales@zlat.spb.ru, http://www.zlat.spb.ru

Отпечатано в ООО «АЛЛЕГРО».
196084, Санкт-Петербург, ул. Коли Томчака, 28, тел.: (+7-812) 388-90-00

Содержание

Урок 21

Повторите!

Часть речи	Вопрос	Пример
глагол	*что делать?* *что сделать?*	читать — прочитать
(имя) существительное	*кто? что?*	студент, словарь, студентка, студенты
(имя) прилагательное	*какой? какая?* *какое? какие?*	красивый, -ая, -ое, -ые
местоимение	*кто? чей? какой?*	я, ты, он; мой, твой, его; это, этот, эта, эти
(имя) числительное	*сколько? какой?*	один, два, три; первый, второй, третий
наречие	*как?*	хорошо, по-русски
союз		а, и, но; так как, потому что, если, чтобы
предлог		в, на, из, с, под, над

Род	**Падеж**
мужской	именительный (№ 1)
женский	родительный (№ 2)
средний	дательный (№ 3)
	винительный (№ 4)
Число	творительный (№ 5)
единственное	предложный (№ 6)
множественное	
Время	**Вид глагола**
настоящее	несовершенный
прошедшее	совершенный
будущее	
Предложение	**Слово**
простое, сложное	приставка
субъект (подлежащее)	корень
предикат (сказуемое)	суффикс
объект (прямой, косвенный)	окончание

Повторите!

Имя прилагательное *какой? какая? какое? какие?*	**Наречие, категория состояния** *как?*
существительное + *какой?*	глагол + *как?* *где?* + *как?* *кому?* + *как?*
Антон — хороший студент. Сегодня хорошая погода. Это яблоко очень вкусное. Это дорогие часы. Том изучает русский язык. Она купила хорошую куртку.	Антон учится хорошо. Сегодня на улице холодно. Это очень вкусно! Это слишком дорого! Том говорит по-русски. Мне холодно.

Задание 1. А. Прочитайте грамматическую сказку.

В грамматическом доме живут 2 семьи. Первая семья: муж — существительное, жена — прилагательное. У жены очень хороший характер, она всегда слушает своего мужа, всегда знает, какой у него род, **число́**, падеж. Она всегда старается быть такой же, как он, всегда изменяется вместе с ним.

Вторая семья: муж — глагол, жена — наречие. У жены твёрдый характер — она никогда не изменяется, но всегда рядом.

Помните об этом!

Б. Прочитайте (прослушайте) предложения. Задайте вопрос *какой?* или *как?* 

1) Максим хорошо играет на гитаре.
2) Сегодня на улице холодно.
3) Иван Иванович строгий, но справедливый директор.
4) Жена Вадима прекрасно готовит.
5) Она отличная хозяйка.
6) В доме Бориса уютно.
7) Дом Бориса очень уютный.
8) Он хочет купить **минера́льную во́ду**.
9) Он хочет познакомиться с весёлой симпатичной девушкой.
10) Они медленно шли по Невскому проспекту.
11) На вечеринке было весело.
12) Антон предпочитает японские машины.
13) Вере нужен новый современный телефон.
14) Денис очень **отве́тственный сотру́дник**.

ОБРАТИТЕ ВНИМАНИЕ!

В современном русском языке существительными являются слова: учёный, знакомый, **парикма́херская**, **пра́чечная**, набережная, столовая, **мастерска́я**, мороженое, пирожное, **живо́тное**, **насеко́мое** и др. Они отвечают на вопросы *кто? что?*, но изменяются как прилагательные:

Это красивая **набережная.** Мы гуляли по красивой **набережной.**
Виктор — мой старый **знакомый.** Я встретился со своим старым **знакомым.**

Задание 2. А. Вспомните, какие прилагательные вы знаете.

Б. Подберите как можно больше прилагательных к существительным.

город, девушка, слова, фильм, часы, цветы, писатель, сок, набережная

В. Ответьте на вопросы.

1) Какой человек думает о еде?
2) Каким бывает зонт после дождя?
3) Какой человек играет в баскетбол?
4) Какой человек предпочитает лежать на диване, а не работать?
5) Какой человек всегда говорит: «Спасибо», «Пожалуйста», «Здравствуйте»?
6) Какой человек никогда не кричит?
7) Какой человек всегда говорит правду?

Слова для справок: вежливый, честный, высокий, голодный, мокрый, спокойный, ленивый, правдивый.

Г. Придумайте подобные вопросы со словом «какой», задайте их друг другу.

Задание 3. А. Вспомните, какие наречия вы знаете.

Б. Подберите как можно больше наречий к глаголам.

работать, слушать, идти, спать, любить, танцевать, писать, смеяться

В. Ответьте на вопросы.

1) Как вы говорите по-русски?
2) Как поёт популярный певец?

3) Как сегодня на улице?
4) Как на улице зимой?
5) Как было на вечеринке?
6) Как вы провели каникулы?
7) Как вы любите ездить на машине?

Слова для справок: плохо, хорошо, медленно, быстро, весело, холодно, жарко, тепло, нормально, скучно, громко, тихо.

Повторите!

язык, фильм *какой?*	**словарь** *какой?*	**говорить, писать, понимать** *как?*	**говорить, писать; текст, фильм ...** *на каком языке?*
русский немецкий английский французский китайский	русско-немецкий англо-русский немецко-французский французско-китайский	по-русски по-немецки по-английски по-французски по-китайски	на русском на немецком на английском на французском на китайском... языке

См. также таблицу на стр. 366.

Задание 4. Вставьте подходящие по смыслу слова.

Модель: Я хорошо говорю ________ — Я хорошо говорю *по-русски.*

1) Ким Чжун Хён — кореец. Его родной язык — ________ (1). Конечно, он хорошо говорит ________ (2). Сейчас он живёт в России и изучает ________ (3). Он хочет хорошо говорить ________ (4). Вчера он купил в магазине новый ________ (5) словарь.

2) Моника — француженка. Её родной язык — ________ (1). Сейчас она живёт в Китае, потому что она изучает ________ (2). Моника говорит, что ________ (3) очень трудный. Но она уже научилась читать ________ (4). Пока она ещё пользуется ________ (5) словарём. Но она надеется, что через год она будет свободно читать газеты ________ (6).

3) Штефан из Германии. Конечно, он хорошо говорит ________ (1). Он хорошо говорит по-русски, потому что в школе он изучал ________ (2). Он получил от друга из России письмо ________ (3).

4) Том из Америки. Конечно, он хорошо говорит ________ (1).
Он жил в России, поэтому он научился говорить ________ (2).
Кро́ме того, он изучал ________ (3) в Германии.
Он говорит ________ (4) лучше, чем ________ (5).
Том хочет купить хороший электронный словарь, в котором будут разные словари, например ________ (6).

Задание 5. Прочитайте текст. Вставьте подходящие по смыслу прилагательные и наречия. Старайтесь не повторяться.

В ФИЛАРМОНИИ

У меня есть ________ (1) друг. Он ________ (2) музыкант. Он ________ (3) играет на скрипке. Он часто приглашает меня на концерты, потому что знает, что мне очень нравится ________ (4) музыка.

Недавно я ходил на его концерт. В зале не было ни одного свободного места, потому что все знали, что сегодня будет **выступа́ть** ________ (5) **арти́ст**, и концерт будет ________ (6).

У меня было ________ (7) настроение.

Наконец, концерт начался. Выключили свет, и в зале стало ________ (8), а на сцене ________ (9). Мой друг вышел на сцену. В руках у него была ________ (10) скрипка.

На нём был ________ (11) костюм и ________ (12) рубашка.

Лицо друга было________ (13). Он начал играть. Это был концерт для скрипки Паганини. Это ________ (14) **произведе́ние**. Мой друг **исполня́л** его ________ (15). Все люди в зале слушали ________ (16). В зале было очень ________ (17).

Когда первое **отделе́ние** кончилось, я решил не сидеть на месте, а немного погулять, походить по залу. Мне нравится смотреть, как во время **антра́кта** люди ________ (18) ходят по ________ (19) **фойе́**, ________ (20) разговаривают друг с другом. Потом мне захотелось пить, и я пошёл в буфет, чтобы выпить что-нибудь.

Сок, который я купил, был довольно ________ (21). Потом я вернулся в зал, сел в ________ (22) кресло и приготовился слушать продолжение ________ (23) концерта.

Я люблю ходить в филармонию. Там всегда выступают ________ (24) артисты, и билеты не очень ________ (25).

Там ________ (26) зал, ________ (27) места. Там очень ________ (28) сидеть и слушать музыку.

выступа́ть — вы́ступить *где? как?*
исполня́ть — испо́лнить *что?*

Задание 6. Прочитайте (прослушайте) слова. Подберите антонимы к прилагательным и наречиям.

Модель: чисто — *грязно*

широко, грязный, холодный, низко, трудный, поздно, часто, быстрый, близко, умный, дорогой, короткий, громко, легко, тихий, старый, чисто, грустный, дёшево, **злой**, одинаковые, медленно, светло, длинный, **то́лстый**, низко, узкий, **то́нкий** 21.2

Задание 7. Прочитайте (прослушайте) слова. Составьте словосочетания с прилагательными и наречиями.

Модель: тихий — *тихая музыка*; тихо — *говорить тихо*

споко́йно, **вре́дно**, **поле́зно**, опытный, прямо, приятно, вежливый, спокойный, строгий, стройный, **жа́дный**, ленивый, свежий, сладкий, **жи́рный**, замечательный, главный, **трудолюби́вый**, золотой, удобно, **кре́пкий**, великолепно, тёмный

Повторите!

Как можно **сравнить** два предмета, действия или состояния:
Питер говорит по-русски **лучше, чем** Том.
Новая комната **лучше, чем** старая.
Максим простудился, но сегодня ему **лучше, чем** вчера.

сра́внивать — сравни́ть
кого? с кем? / что? с чем?

красивый, красиво

Простое сравнение	Сложное сравнение
Ирина **красивее, чем** Светлана.	Ирина **более красивая, чем** Светлана.
Ирина **красивее** Светланы.	Светлана **менее красивая** девушка.

Прилагательное	Наречие	**Форма сравнения: суффикс -*ее*** (после согласных **б, в, л, м, н, п, р, ч**)
бы́стрый	бы́стро	быстре́е
весёлый	ве́село	веселе́е
вку́сный	вку́сно	вкусне́е
внима́тельный	внима́тельно	внима́тельнее
глу́пый	глу́по	глупе́е
горя́чий	горячо́	горяче́е
гря́зный	гря́зно	грязне́е
до́брый	по-до́брому	добре́е
интере́сный	интере́сно	интере́снее
краси́вый	краси́во	краси́вее
ме́дленный	ме́дленно	ме́дленнее
пра́вильный	пра́вильно	пра́вильнее
прекра́сный	прекра́сно	прекра́снее
прия́тный	прия́тно	прия́тнее
све́тлый	светло́	светле́е
си́льный	си́льно	сильне́е
сме́лый	сме́ло	смеле́е
тёмный	темно́	темне́е
тёплый	тепло́	тепле́е
тру́дный	тру́дно	трудне́е
удо́бный	удо́бно	удо́бнее
у́мный	у́мно	умне́е
холо́дный	хо́лодно	холодне́е
		суффикс -*е* (обратите внимание на чередование согласных перед суффиксом)
бли́зкий	бли́зко	бли́же
большо́й	мно́го	бо́льше
высо́кий	высоко́	вы́ше
гро́мкий	гро́мко	гро́мче
далёкий	далеко́	да́льше
дешёвый	дёшево	деше́вле
дорого́й	до́рого	доро́же
коро́ткий	ко́ротко	коро́че
лёгкий	легко́	ле́гче
ма́ленький	ма́ло	ме́ньше
мла́дший	–	мла́дше
молодо́й	мо́лодо	моло́же
мя́гкий	мя́гко	мя́гче

Прилагательное	Наречие	Форма сравнения: суффикс *-е* (обратите внимание на чередование согласных перед суффиксом)
ни́зкий	ни́зко	ни́же
плохо́й	пло́хо	ху́же
по́здний	по́здно	по́зже (поздне́е)
ра́нний	ра́но	ра́ньше
ре́дкий	ре́дко	ре́же
ста́рший	–	ста́рше
ти́хий	ти́хо	ти́ше
у́зкий	у́зко	у́же
хоро́ший	хорошо́	лу́чше
ча́стый	ча́сто	ча́ще
чи́стый	чи́сто	чи́ще
широ́кий	широко́	ши́ре

ОБРАТИТЕ ВНИМАНИЕ!

-ч-	**-ш-**	**-ж-**	**-щ-**	**-вл-**
гро́м**че**	да́ль**ше**	бли́**же**	ча́**ще**	деше́**вле**
коро́**че**	ме́нь**ше**	доро́**же**	чи́**ще**	
ле́г**че**	бо́ль**ше**	ни́**же**	то́л**ще** (толстый)	
мя́г**че**	мла́д**ше**	по́з**же**		
кре́п**че** (крепкий)	ста́р**ше**	ре́**же**		
бога́**че** (богатый)	ра́нь**ше**	у́**же**		
	ти́**ше**	стро́**же** (строгий)		
	то́нь**ше** (тонкий)	моло́**же** (молодой)		
к/ч; т/ч	к/ш; х/ш	зк/ж; дк/ж; г/ж; д/ж	ст/щ	в/вл

Задание 8. Образуйте формы сравнения. Поставьте ударение.

Модель: хорошо — *лу́чше*

А. холодно, дорого, близко, далеко, чисто, тихо, часто, легко, рано, высоко, дёшево, громко, медленно, быстро, вкусно, светло, темно

Б. интересный, узкий, низкий, высокий, красивый, грязный, вкусный, короткий, трудный, хороший, плохой, ленивый, длинный, спокойный, строгий

Задание 9. Скажите, от каких наречий образованы следующие формы сравнения.

Модель: лучше — *хорошо*

труднее, грязнее, красивее, чище, чаще, тише, реже, выше, ниже, короче, дальше, меньше, хуже, громче, удобнее

Задание 10. Прочитайте (прослушайте) предложения. Продолжите их. Используйте формы сравнения прилагательных и наречий.

Модель: «Вольво» — дорогая машина, а «Мерседес» *дороже*.

1) На улице темно, а в комнате ________________.
2) Вчера было холодно, а сегодня ________________.
3) Вчера было тепло, а сегодня ________________.
4) На метро удобно ездить, а на такси ________________.
5) Вчера Антон встал рано, а Виктор — ________________.
6) Кирилл редко ходит на дискотеку, а Игорь ________________.
7) Белый шоколад вкусный, а тёмный ________________.
8) Париж находится далеко от Санкт-Петербурга, а Лондон — ________________.
9) Владимир — небольшой город, а Муром ещё ________________.
10) В феврале длинные ночи, а в декабре — ________________.
11) В апреле в Санкт-Петербурге короткие ночи, а в мае — ________________.
12) Санкт-Петербург — большой город, а Москва ________________.
13) У Андрея много книг, а у Максима — ________________.
14) Наташа хорошо учится, а Ирина — ________________.
15) Лена — красивая девушка, а Марина — ________________.
16) Игорь очень сильный, а Олег — ________________.
17) Антон — высокий человек, а Володя — ________________.
18) Виктор часто звонит домой, а Андрей — ________________.
19) Вера плохо говорит по-английски, а Наташа — ________________.
20) У Виктора тёмные волосы, а у Андрея — ________________.
21) У Наташи короткие волосы, а у Ирины — ________________.
22) В комнате Анны чисто, а в комнате Нины — ________________.
23) Раньше на улицах города было грязно, а сейчас стало ________________.

Задание 11. Прочитайте (прослушайте) предложения. Измените их по модели. Используйте антонимы.

Модель: Сегодня теплее, чем вчера. — *Вчера было холоднее, чем сегодня.*

21.6

1) Игорь пишет письма чаще, чем Андрей. ______
2) Санкт-Петербург меньше, чем Москва. ______
3) Новая машина дороже, чем старая. ______
4) Виктор проснулся раньше, чем Максим. ______
5) Исаакиевский собор выше, чем Смольный собор. ______
6) Михаил знает новые слова лучше, чем Иван. ______
7) В контрольной работе у Владимира ошибок больше, чем у Николая. ______
8) Вера живёт ближе, чем Ирина. ______
9) В комнате Олега музыка играет громче, чем в комнате Игоря. ______
10) У Наташи волосы длиннее, чем у Светланы. ______

Запомните!

Наташа красивее, **чем** Лена.
Наташа красивее **Лены.**

Задание 12. Прочитайте (прослушайте) предложения. Измените их по модели.

Модель: Олег старше, чем Андрей. — Олег *старше Андрея.*

21.7

1) Брат старше, чем сестра. ______
2) Антон сегодня встал раньше, чем Виктор. ______
3) Виктор выше, чем Игорь. ______
4) Журнал интереснее, чем газета. ______
5) Кресло удобнее, чем стул. ______

6) Чемодан больше, чем сумка. ______________________________

7) Собака умнее, чем кошка. ______________________________

8) Эта комната меньше, чем та. ______________________________

9) Рюкзак Виктора легче, чем рюкзак Антона. ______________________________

10) Маленький словарь хуже, чем большой. ______________________________

11) Красное платье дороже, чем чёрное. ______________________________

12) Белое платье дешевле, чем **си́нее.** ______________________________

13) Жёлтая сумка больше, чем серая. ______________________________

14) Та квартира светлее, чем эта. ______________________________

15) Китайский язык труднее, чем английский. ______________________________

Запомните!

Муж старше жены **на 2 года.**
На сколько лет муж старше жены (старше, чем жена)?

Том: «Я думаю, что русский язык труднее английского **в 10 раз**».
Во сколько раз русский язык труднее английского, по **мне́нию** Тома?

Задание 13. Решите задачу, которую придумал писатель Григорий Остер.

Маша в два раза умнее Саши. Саша в три раза умнее Кати. Во сколько раз Катя глупее Маши?

Задание 14. Расскажите о своей семье или о своих друзьях. Используйте формы сравнения.

Модель: *Мой брат старше меня на 5 лет. Я выше брата на 3 сантиметра. Том пришёл на занятия раньше меня на 5 минут.*

ОБРАТИТЕ ВНИМАНИЕ!

Выражение просьбы, **пожела́ния** немного изменить характер, **ка́чество, коли́чество** предметов, действий:

— Помедленнее, пожалуйста!

побыстрее, подальше, поближе, потише, погромче, подороже, подешевле, почаще, пореже, пораньше, попозже, поподробнее **(подро́бно)**

Задание 15. Продолжите предложения, используйте формы сравнения.

Модель: Это слишком большая шапка. У вас нет *поменьше*?

1) Это слишком маленькие перчатки. У вас нет ____________________?
2) Телевизор работает слишком громко. Сделай, пожалуйста, ____________________!
3) Музыка играет слишком тихо. Сделай ____________________!
4) Мы едем слишком быстро. Это опасно. Пожалуйста, ____________________!
5) Вы говорите слишком быстро. Пожалуйста, говорите ____________________!
6) Эти часы слишком дорогие. У вас нет ____________________?
7) Я не люблю сидеть в театре близко к сцене. Я хотел бы сидеть ____________________.
8) Эта квартира находится слишком далеко от университета. Я хотел бы жить ____________________.
9) Это слишком рано для меня. Давай встретимся ____________________!
10) Завтра мы должны поехать за город. Нужно встать ____________________.
11) У меня слишком длинные волосы. **Постриги́те** меня немного ____________________!
12) Это слишком узкая кровать. Я хотел бы купить ____________________.
13) Мы едем слишком медленно, я могу опоздать в аэропорт. Пожалуйста, ____________________!
14) Этот будильник звонит слишком тихо, я не услышу его. Мне нужен звонок ____________________.
15) Эта квартира слишком маленькая для моей семьи. Нам нужна квартира ____________________.
16) Мой любимый сын! Ты слишком редко звонишь мне. Звони, пожалуйста, ____________________!

17) Максим, твоя новая подруга совсем некрасивая и, кроме того, глупая. Ты что, не можешь найти девушку ________________ и ________________ ?

18) Виктору делают массаж. Он говорит: «Мне больно! ________________ ________________ , пожалуйста!»

19) Вы разговариваете слишком громко. Пожалуйста, ________________ ________________ ! Идёт экзамен.

стри́чь(ся) — постри́чь(ся)
прош. вр.
он постри́гся
она постри́глась
они постри́глись

Задание 16. Прочитайте тексты-шутки. **А.** Обратите внимание на использование форм сравнения прилагательных и наречий. **Б.** Прокомментируйте шутки.

1) Актриса сфотографировалась у известного фотографа. Когда она получила фотографии, она закричала:

— **Бо́же**, какие ужасные, какие неудачные фотографии! Что случилось? В прошлый раз фотографии были **намно́го** лучше.

— Да, мадам, потому что я был на десять лет моложе.

2) — Ты не знаешь, как сделать вкуснее **вегетариа́нский** обед? — спрашивает одна женщина другую.

— Знаю, — отвечает она. — Нужно **доба́вить** бифштекс.

добавля́ть — доба́вить *что? к чему?*

Задание 17. А. Объясните, как вы понимаете следующие русские **посло́вицы:**

1) Лучше поздно, чем никогда.
2) В гостях хорошо, а дома лучше.
3) Старый друг лучше новых двух.

Б. Опишите ситуации, когда их можно использовать.

Запомните!

Выражение сравнения

Москва **больше, чем** Санкт-Петербург.
Москва **больше** Санкт-Петербурга.
Москва **старше, чем** Санкт-Петербург.
Москва **старше** Санкт-Петербурга.
Москва **более старый** город, **чем** Санкт-Петербург.
Санкт-Петербург **менее старый** город.

по сравнению с *кем? с чем?*

По сравнению с Москвой Санкт-Петербург более молодой город.

что? **отличáется от** *чего? чем?*

Чем Санкт-Петербург **отличается** от Москвы?

какая **разница** между *чем?* и *чем?*

Между Москвой и Санкт-Петербургом большая **разница.**

похож, похожа, похожи *на кого? на что?*

Санкт-Петербург не **похож на** Москву.
Санкт-Петербург **похож на** европейские города.
Санкт-Петербург **не такой** (город), **как** Москва.
Эти города **одинаковые, разные** (N = N; N ≠ N).
Эти города почти одинаковые; совсем разные.
Этот город **такой же, как тот** (N = N).
Этот город **не такой, как** тот (N ≠ N).

Задание 18. Вставьте вместо пропусков слова «такой же», «так же».

Модель: — Дайте мне этот словарь!
— И мне, пожалуйста, *такой же*.

1) — Дайте мне эту вазу!
— И мне, пожалуйста, ________________ !
2) — Андрей очень хорошо играет на гитаре.
— И я хочу научиться играть на гитаре ________________ .
3) — Я купил красивые часы.
— Я тоже хочу ________________ .
4) — Виктор учится хорошо.
— Антон учится ________________ .
5) — Мой друг купил новую куртку.
— Прекрасная куртка! Я хочу ________________ .
6) — Виктор купил хорошие шахматы.
— И Антон купил ________________ .
7) — Наташа купила открытки с видами Москвы.
— И Лена купила ________________ .

8) — Кирилл купил интересную книгу.
— И я хочу купить ________________________ .

9) — Я купила шоколадное мороженое.
— Дайте и мне ________________________ !

10) — Дима купил хорошую настольную лампу.
— И Игорь хочет купить ________________________ .

11) — Наташа купила удобное кресло.
— Я хочу купить ________________________ .

12) — Смотри, какую матрёшку я купил!
— Очень хорошая матрёшка. И я хочу ________________________ .

13) — Смотри, какой рюкзак я купил!
— Где ты купил его? Я хочу ________________________ .

14) — Наташа прекрасно рисует.
— И Лена рисует ________________________ .

15) — У Антона есть велосипед.
— Какой? Спортивный? И у меня ________________________ .

16) — У Андрея большая машина.
— У Кирилла ________________________ .

17) У меня ________________ словарь, как у Виктора.

18) Вера ________________ хорошо плавает, как Светлана.

Задание 19. Составьте предложения, используйте формы сравнения.

Модель: муж — жена (старший — младший) — *Муж старше, чем жена. Жена младше мужа.*

1) брат — сестра (младший — старший; высокий; умный; сильный; ответственный, добрый, вежливый...) ____
____
____

2) машина — велосипед (дорогой — дешёвый; удобный; экологически чистый вид транспорта; едет быстро — медленно...) ____
____
____

3) Вы — ваш друг/подруга (говорит тихо — громко; быстро — медленно; знает английский язык хорошо — плохо; ложится спать рано — поздно; звонит по телефону редко — часто...) ____
____
____

4) кошка — собака (добрый — злой; умный — глупый; большой — маленький...)
____
____

Задание 20. Сравните два города, например Санкт-Петербург и ваш родной город. Используйте разные способы выражения сравнения.

— размер города (площадь города);
— население города;
— **во́зраст** города;
— работа **обще́ственного тра́нспорта**;
— цены в магазинах (цены на продукты, на одежду, на лекарства);
— цены на билеты в театр и на транспорт;
— **экологи́ческая ситуа́ция** (воздух, вода...);
— климат, погода; температура воздуха зимой, летом;
— **коли́чество** солнечных дней;
— центральная улица, главная площадь города;
— здания в центре города;
— **архитекту́ра**;
— количество достопримечательностей;
— количество ресторанов, музеев, театров;
— **обслу́живание** в ресторанах, магазинах;
— качество продуктов;
— **поведе́ние** людей на улице, их настроение;
— молодые люди, девушки;
— стиль одежды...

Запомните!

Выражение зависимости

Чем дни короче, **тем** ночи длиннее.
Чем больше вы занимаетесь, **тем** лучше вы будете говорить по-русски.

зависеть: *что?* **зависит** *от чего?*

Задание 21. Вставьте подходящие по смыслу сравнения.

1) — Сколько денег ты хотел бы иметь?
— Чем ____________________, тем лучше.
2) — Ты хочешь снять квартиру далеко или близко от университета?
— Чем ____________________, тем лучше.

3) — Антон, ты хочешь иметь красивую и умную жену?
— Конечно! Чем ______________, тем лучше.
4) — Вера, ты мечтаешь выйти замуж за богатого мужчину?
— Конечно! Чем ______________, тем лучше.
5) — Михаил! Ты любишь крепкий кофе?
— Да! Чем ______________, тем лучше.
6) — Александр, помоги мне выбрать шоколад? Какой самый хороший?
— Обычно цена зависит от качества. Чем ______________ шоколад, тем он лучше.
7) — Иван Иванович, цена машины зависит от её качества?
— Конечно! Чем качество лучше, тем машина ______________.
8) — Иван Иванович, цена товара зависит от его количества?
— Конечно! Чем больше количество, тем ______________ **ски́дки**!
9) — Иван Иванович, зарплата сотрудников зависит от качества их работы?
— Конечно! Чем лучше сотрудник работает, тем ______________ его зарплата.
10) — Максим! Как ты думаешь, **ско́рость** машины зависит от цены машины?
— Думаю, что зависит. Чем дороже машина, тем ______________ скорость.
11) — Как мы поедем: быстро или медленно?
— Я опаздываю! Чем ______________, тем лучше.
12) — Какой будильник вы хотите купить? Есть тихий звонок, есть громкий.
— Я сплю крепко. Поэтому чем ______________, тем лучше.

Задание 22. Прочитайте (прослушайте) текст. **А.** Скажите, что советуют учёные и почему.

21.8

Учёные **доказа́ли**, что здоровье человека зависит от его настроения: чем чаще у человека бывает хорошее настроение, тем реже он болеет. А в случае заболевания оптимисты, как правило, **выздора́вливают** быстрее, чем пессимисты. И наоборот, **мра́чные**, **печа́льные**, **неуве́ренные в себе́** люди намного чаще болеют и труднее выздоравливают, чем спокойные, радостные люди. Какой **вы́вод**? Нужно улыбаться и смеяться чаще!

Б. Скажите, вы согласны с мнением учёных? Почему?

дока́зывать — доказа́ть, что...

он **согла́сен**
она **согла́сна** **с мне́нием** *кого?*
мы **согла́сны**

Задание 23. А. Определите значение глаголов.

1) **улучша́ть(ся)** — **улу́чшить(ся)**
2) **ухудша́ть(ся)** — **уху́дшить(ся)**
3) **уменьша́ть(ся)** — **уме́ньшить(ся)**
4) **увели́чивать(ся)** — **увели́чить(ся)**
5) **повыша́ть(ся)** — **повы́сить(ся)**
6) **понижа́ть(ся)** — **пони́зить(ся)**

Б. Прочитайте (прослушайте) предложения. Измените их по модели.

Модель: а) Температура понижается. — Температура *становится ниже.*
б) Температура понизилась. — Температура *стала ниже.*
в) Температура понизится. — Температура *станет ниже.*

21.9

1) Экологическая ситуация ухудшается.
2) Через сто лет экологическая ситуация ухудшится.
3) Моя зарплата **постоя́нно** повышается.
4) Курс доллара повысился.
5) Я слышал, что цены скоро повысятся.
6) Мой друг долго болел, но **постепе́нно** его здоровье улучшается.
7) Всю неделю у меня было плохое настроение, но теперь моё настроение улучшилось.
8) В этом году население Москвы увеличилось.
9) Количество студентов из Китая в нашем университете постоянно увеличивается.
10) **Срок** моей учёбы в России уменьшается.
11) **У́ровень** жизни людей повышается.
12) Я хочу, чтобы мой уровень знания русского языка повысился.
13) Я хочу, чтобы мой русский язык улучшился.

Задание 24. Вставьте подходящие по смыслу глаголы.

1) Осенью на улице температура постепенно ____________________, а весной постепенно ____________________.
2) Осенью **длина́** дня постепенно ____________________. Дни ____________________, а ночи ____________________. А весной, наоборот, дни ____________________, а ночи ____________________.
3) Зарплата сотрудников банка регулярно ____________________.
4) С каждым годом экологическая ситуация в мире ____________________.
5) Я надеюсь, что с каждым годом моя жизнь будет ____________________.
6) Во время **кри́зиса** цены в магазинах обычно ____________________.

7) В последнее время курс доллара ______.
8) Иван Иванович — уже немолодой человек. Количество волос на его голове постепенно ______.
9) Бабушка Ольги уже старенькая. Её здоровье, к сожалению, постепенно ______.
10) Население Земли постоянно ______.
11) Количество лесов на Земле с каждым годом ______.

ОБРАТИТЕ ВНИМАНИЕ!

Цены увеличиваются, повышаются = цены **расту́т.**
Цены уменьшаются, понижаются = цены **па́дают.**

расти́ —	**вы́расти**	**па́дать** —	**упа́сть**
он растёт	*прош. вр.*		*прош. вр.*
они расту́т	он вы́рос		он упа́л
	она вы́росла		она упа́ла
	они вы́росли		они упа́ли

ОБРАТИТЕ ВНИМАНИЕ!

Кака́я температура сегодня?/ **Какова́** температура?	Сколько градусов на улице?
Кака́я у него зарплата?/ **Какова́** его (у него) зарплата?	Сколько денег он получает?
Кака́я цена машины?/ **Какова́** цена машины?	Сколько стоит машина?
Кака́я длина проспекта?/ **Какова́** длина проспекта?	Сколько здесь километров? Сколько километров длина проспекта?
Како́й вес ребёнка?/ **Како́в** вес ребёнка?	Сколько (килограммов) весит ребёнок?
Како́й рост ребёнка?/ **Како́в** рост ребёнка?	Сколько сантиметров его рост?
Како́е население города? / **Каково́** население города?	Сколько человек живёт в городе?
Како́е число́ (количество) сотрудников?/ **Каково́** число сотрудников фирмы?	Сколько человек работает в фирме?

Запомните!

какой? како́в?	рост, вес, возраст, **разме́р...**
какая? какова́?	цена, зарплата, длина, **ширина́**, **высота́**, скидка, площадь, **цель**, скорость...
какое? каково́?	население, число́, количество...
какие? каковы́?	успехи, результаты...

Задание 25. Задайте возможные вопросы. Представьте себе, что вас интересуют:

1) цена учебника;
2) температура воздуха;
3) население Санкт-Петербурга;
4) число студентов в группе;
5) рост человека;
6) высота Исаакиевского собора;
7) сегодняшний курс доллара;
8) зарплата президента;
9) скорость машины...

УПОТРЕБЛЕНИЕ ГЛАГОЛОВ

ставить — поставить, стоять; класть — положить, лежать; вешать — повесить, висеть

21.10

ста́вить (НСВ)	**поста́вить** (СВ)	**стоя́ть** (НСВ)
я ста́влю мы ста́вим ты ста́вишь вы ста́вите он ста́вит они ста́вят	я поста́влю мы поста́вим ты поста́вишь вы поста́вите он поста́вит они поста́вят	я стою́ он стои́т они стоя́т
Императив Ста́вь(те)! (НСВ)	*Императив* Поста́вь(те)!	*Императив* Сто́й(те)!

класть (НСВ)	**положи́ть** (СВ)	**лежа́ть** (НСВ)
я кладу́ мы кладём ты кладёшь вы кладёте он кладёт они кладу́т	я положу́ мы поло́жим ты поло́жишь вы поло́жите он поло́жит они поло́жат	я лежу́ он лежи́т они лежа́т
Императив Клади́(те)!	*Императив* Положи́(те)!	*Императив* Лежи́(те)!

ве́шать (НСВ)		**пове́сить** (СВ)		**висе́ть** (НСВ)
я ве́шаю	мы ве́шаем	я пове́шу	мы пове́сим	он виси́т
ты ве́шаешь	вы ве́шаете	ты пове́сишь	вы пове́сите	они вися́т
он ве́шает	они ве́шают	он пове́сит	они пове́сят	
Императив Ве́шай(те)!		*Императив* Пове́сь(те)!		*Императив* Виси́(те)!

Виктор **кладёт** книгу ***на стол***.

Виктор **положил** книгу ***на стол***.

Книга **лежит** ***на столе***.

Виктор **вешает** пальто ***на ве́шалку***.

Виктор **повесил** пальто ***на вешалку***.

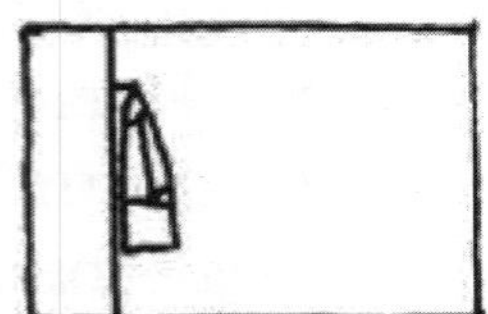
Пальто **висит** ***на вешалке***.

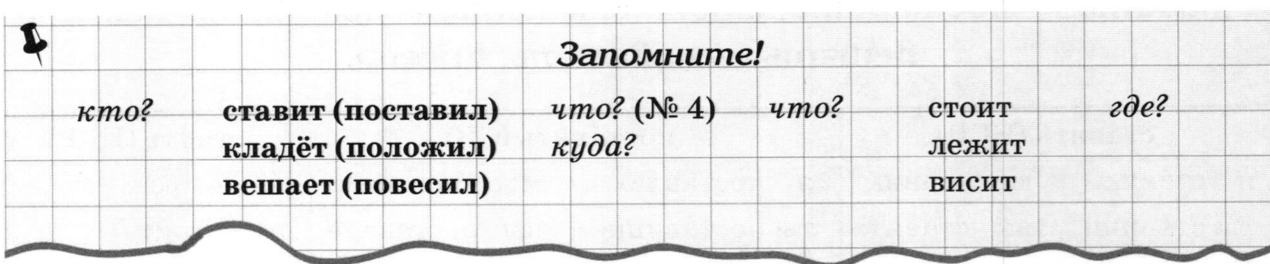

Запомните!

кто?	**ставит (поставил)**	*что?* (№ 4)	*что?*	стоит	*где?*
	кладёт (положил)	*куда?*		лежит	
	вешает (повесил)			висит	

Задание 26. Посмотрите на рисунки. **А.** Скажите, что сейчас (всегда, обычно) делают эти люди.

Модель: *Сейчас Игорь ставит книгу на полку.*
Он всегда ставит книгу на полку.

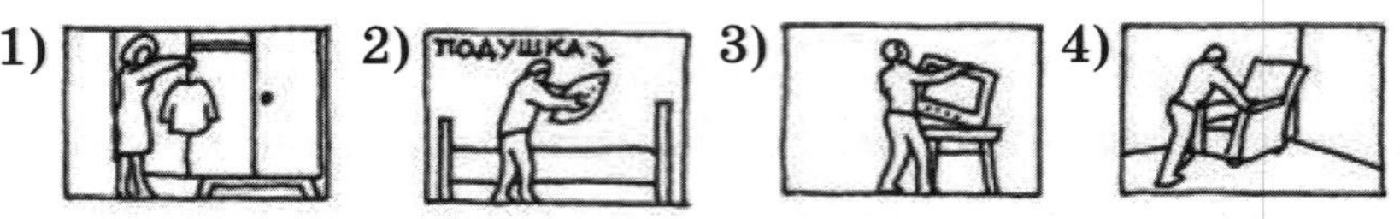

5) 

6) 

7) 

8) 

9) 

Б. Скажите, что эти люди сделают через минуту.

Модель: *Игорь поставит книгу на полку.*

Задание 27. Посмотрите на рисунки. **А.** Скажите, где находятся вещи. Используйте глаголы «стоять», «лежать», «висеть». **Б.** Объясните, почему эти вещи находятся здесь.

Модель: *Книга стоит на полке.*
Это Виктор поставил её (книгу) на полку.

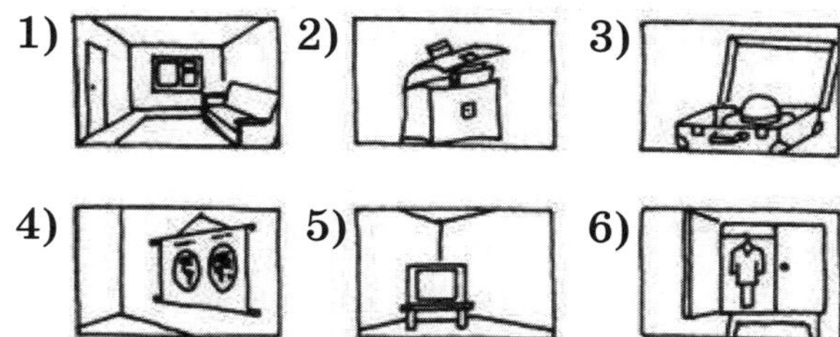

Задание 28. Составьте рассказ по рисунку. Ответьте на вопрос.

Максим собирается в командировку на неделю. Что он положит в чемодан?

Задание 29. Посмотрите на рисунки и составьте диалоги по модели.

Модель: *— Куда можно поставить чемодан?*
— Поставьте чемодан на пол.

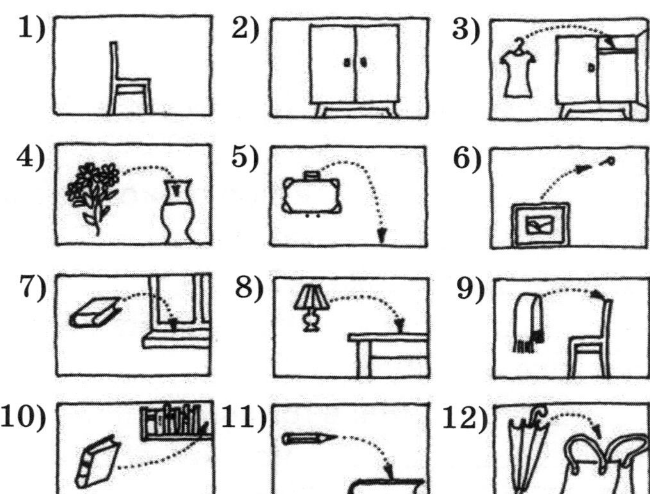

УРОК 21

Задание 30. Посмотрите на рисунки и составьте диалоги по моделям. 

Модель 1: *— Ты не знаешь, где моя книга?*
— Вот она, лежит на столе. Ты сам положил её на стол.

Модель 2: *— Ты не знаешь, куда я положил книгу?*
— Вот она, лежит на столе.

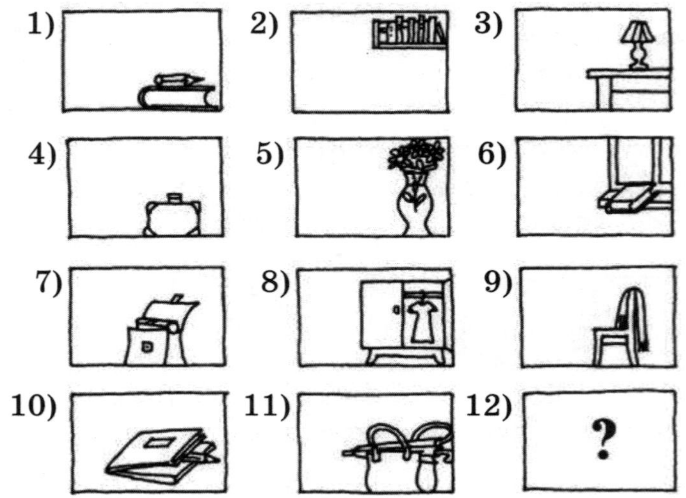

Задание 31. Составьте диалоги по модели.

Модель: карандаш — стол
— Не могу найти карандаш.
— Кажется, ты положил его на стол.
*— Да, **действи́тельно**, он лежит на столе.*

1) очки — сумка;
2) ключи — **карма́н**;
3) часы — стол;
4) рубашка — шкаф;
5) зонт — вешалка;
6) сумка — стул

Задание 32. Вставьте подходящие по смыслу глаголы.

1) — Куда ты ____________________ ключ от комнаты?
— Вот он, ____________________ на столе.
2) — Ты не знаешь, где мой словарь?
— Кажется, ты ____________________ его на стол.
3) — Ты не знаешь, где моя куртка?
— Ты ____________________ её в шкаф.
4) — Куда вы ____________________ новый стол?
— Он ____________________ в кабинете.

5) — Ты ______________________ словарь на полку?
— Да, он ______________________ на полке.
6) — Куда ты ______________________ словарь?
— Он ______________________ на полке.
7) — Вы купили холодильник? Куда вы его ______________________ ?
— Мы хотим ______________________ его на кухню. Он будет ______________________ около окна.
8) — Ты уже собрался в дорогу? Куда ты ____________ свои **ве́щи**?
— Конечно, собрался. Вещи уже ____________ в чемодане.
9) — Какие прекрасные цветы! Спасибо! Я ____________ их в вазу.
В прошлый раз твои цветы ____________ в вазе почти неделю.
10) — Ты не знаешь, где мои очки?
— Они на столе. Почему ты всегда ищешь свои очки? Всегда ____________ их в одно место.
11) — Ты ____________ дорогую вазу на **край** стола. Это опасно.
— Эта ваза всегда ____________ здесь.

Задание 33. Вставьте подходящие по смыслу глаголы.

Утром муж спешит на работу. Он не может найти свои вещи. Его жена — отличная хозяйка. Она всегда знает, где находятся вещи её мужа.

— Дорогая, ты не знаешь, где мои чистые носки?

— Они ____________ (1) в шкафу, на верхней полке. Я всегда ____________ (2) туда твои чистые носки. Запомни, дорогой!

— Милая, ты не знаешь, где моя бритва? Я забыл, куда я её вчера ____________ (3).

— Милый, твоя бритва ____________ (4) в ванной комнате на полке. Ты сам ____________ (5) её туда вчера.

— Солнышко, ты не знаешь, где моя чистая рубашка?

— Все твои чистые рубашки ____________ (6) в шкафу на вешалках. Я всегда ____________ (7) их туда после стирки.

— Моя птичка! Куда ты **де́ла** мои очки? Не могу найти их.

— Я дела? Ты сам ____________ (8) их на стол. Куда ты их ____________ (9), там они и ____________ (10).

— Любимая, а где мои ботинки?

— Твои ботинки ____________ (11) **в прихо́жей**, около вешалки. Ты сам вчера ____________ (12) их туда.

— Моя рыбка, ты не видела мои ключи от машины? Не могу найти.

— Ты всегда ____________ (13) ключи в карман. Надеюсь, что они и сейчас ____________ (14) там.

— Мой ангел, ты всегда знаешь, где ________________ (15) мои вещи. Без тебя я не смогу ничего найти. Что бы я без тебя делал?!

— Всегда ________________ (16) свои вещи на одно место! Вещи должны ________________ (17) на своих местах, тогда их легче найти, — говорит жена. Но на следующее утро этот диалог повторяется.

А вам знакома такая ситуация? Вы всегда ________________ (18) вещи на свои места?

дева́ть — деть *что? куда?*

Задание 34. Вставьте нужные окончания.

1) Словарь стоит на полк... . Виктор поставил словарь на полк... .
2) Наташа положила газет... на стол... . Газета лежит на стол... .
3) Маша поставила бутылк... молока в холодильник... . Бутылк... молока стоит в холодильник... .
4) Антон повесил куртк... на вешалк... . Куртк... висит на вешалк... .

Задание 35. Представьте себе, что вы купили много вещей. Скажите, куда вы их денете.

Модель: *Я купила цветы. Я поставлю цветы в вазу.*

Используйте слова: 1) молоко, 2) телевизор, 3) картина, 4) новая книга, 5) новая куртка, 6) новые ботинки, 7) карта города, 8) настенные часы, 9) новые **што́ры**, 10) новая рубашка, 11) новый диван, 12) бутылка минеральной воды, 13) машина, 14) велосипед

УПОТРЕБЛЕНИЕ ГЛАГОЛОВ
ложиться — лечь, лежать; садиться — сесть, сидеть

21.13

ложи́ться		лечь		
я ложу́сь	мы ложи́мся	я ля́гу	мы ля́жем	*прош. вр.*
ты ложи́шься	вы ложи́тесь	ты ля́жешь	вы ля́жете	он лёг
он ложи́тся	они ложа́тся	он ля́жет	они ля́гут	она легла́
Императив Ложи́(те)сь!		*Императив* Ля́г(те)!		

лежа́ть		
я лежу́	мы лежи́м	*Императив*
ты лежи́шь	вы лежи́те	Лежи́(те)!
он лежи́т	они лежа́т	

сади́ться		**сесть**		
я сажу́сь	мы сади́мся	я ся́ду	мы ся́дем	*прош. вр.*
ты сади́шься	вы сади́тесь	ты ся́дешь	вы ся́дете	он сел
он сади́тся	они садя́тся	он ся́дет	они ся́дут	она се́ла
Императив Сади́(те)сь!		*Императив* Ся́дь(те)!		

сиде́ть		
я сижу́	мы сиди́м	*Императив*
ты сиди́шь	вы сиди́те	Сиди́(те)!
он сиди́т	они сидя́т	

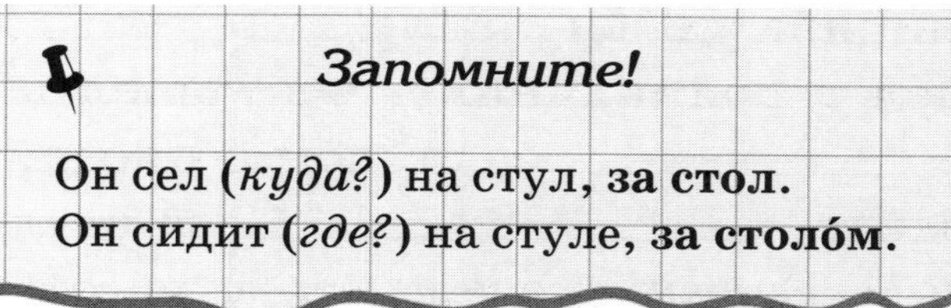

Запомните!
Он сел (*куда?*) на стул, **за стол.**
Он сидит (*где?*) на стуле, **за столо́м.**

ОБРАТИТЕ ВНИМАНИЕ!

сидеть	Он **сидел** на стуле и читал книгу. Он **сидел** 20 минут. В самолёте я люблю **сидеть** у окна. Он **сидел** в Интернете весь день.
садиться — сесть	Он вошёл в комнату и **сел** на стул. Он всегда **садится** на это место.

Задание 36. Вставьте подходящие по смыслу глаголы.

1) Антон всегда ____________ спать в 11 часов вечера. Вчера он тоже ____________ спать в 11 часов. А в субботу была вечеринка, поэтому он ____________ спать в час ночи.

2) Максим плохо себя чувствует. Сейчас он ________________ на кровати и слушает музыку.

3) В аудитории место Виктора находится у окна. Он всегда ______________ на своё место. Но сегодня на его место ______________ новый студент, а Виктор ________________ на другое место.

4) Сейчас урок. Все ученики ________________ на своих местах и пишут диктант.

5) Антон сделал домашнее задание и ________________ спать. Он всегда ________________ спать в 11 часов.

6) Ира вошла в аудиторию и ________________ на свободное место. Она любит ________________ у окна. Она ________________ у окна и смотрит на улицу.

7) Андрей вернулся домой, разделся, ______________ за стол, включил компьютер и вошёл в Интернет. Он ______________ в Интернете 4 часа. Потом у него заболели глаза, он встал из-за стола и ________________ на диван. Он ________________ на диване и смотрел телевизор.

8) Сейчас утро. Игорь едет на автобусе в университет. В автобусе много людей. Все места заняты. Вдруг в автобус вошла **пожила́я** женщина. Игорь встал и сказал: «______________________________, пожалуйста!» Женщина улыбнулась и ______________________________.

9) Вадим пришёл в поликлинику. Он вошёл в кабинет и увидел врача. Врач ________________ за столом и писал. Он увидел Вадима и сказал: «Проходите, ________________ на стул. Что у вас болит? На что жалуетесь?» Вадим сказал, что у него болит живот. Врач сказал: «Раздевайтесь и ________________ на этот диван, я должен вас осмотреть». Вадим разделся и ________________ на диван. Вадим ________________ на диване **приме́рно** 5 минут. Когда врач осмотрел Вадима, Вадим встал, оделся и снова ________________ на стул. Врач писал рецепт, а Вадим ________________ на стуле и ждал. Вадим получил рецепт и вышел из кабинета. В коридоре у кабинета другой **пацие́нт** ________________ и ждал своей **о́череди**.

Задание 37. Прочитайте текст-шутку. Прокомментируйте его. Скажите, что значит «могло случиться наоборот»?

— Вчера я был с женой в кино, и вдруг рядом со мной села красивая девушка.

— Тебе **повезло́**. Могло случиться наоборот.

ОБРАТИТЕ ВНИМАНИЕ!

Императив НСВ	**Императив СВ**
Приглашение, побуждение совершить действие; побуждение (например, в гостях)	*Просьба, приказ, предложение, совет сделать что-то 1 раз (например, в кабинете врача)*
Приходите в гости! Проходите в комнату! Раздевайтесь! Снимайте! Садитесь! Угощайтесь!	Повесьте! Положите! Поставьте! Разденьтесь! Сядьте!

Задание 38. Прочитайте (прослушайте) диалоги. **А.** Обратите внимание на использование императивов НСВ — СВ.

В ГОСТЯХ

— Здравствуйте! Можно к вам?

— Конечно. Мы давно ждём вас. Проходите, пожалуйста! Раздевайтесь! Снимайте пальто!

— Куда можно повесить пальто?

— Повесьте пальто на вешалку, вот сюда.

— А куда можно положить зонт? Он такой мокрый, на улице сильный дождь.

— Положите его сюда! А лучше откройте и поставьте в угол! А где ваша шапка?

— Я положил её сюда.

***

— Вы готовы? Проходите, пожалуйста, в комнату! Садитесь за стол! Вот стул для вас. Вам положить этот салат?

— Положите, пожалуйста, только немножко.

— А что вы будете пить? Какие **напи́тки**? Сок? Воду? Чай?

— Можно **нали́ть** сок?

— Конечно, можно. **Угоща́йтесь, не стесня́йтесь! Прия́тного аппети́та!**

***

— Всё было очень вкусно. Спасибо за **угоще́ние**.

Б. Составьте диалоги, которые возможны в ситуациях:

1) приглашение в гости;
2) хозяин — гость (встреча гостя, приглашение к столу, угощение);
3) гость — хозяин (поздравление).

налива́ть — нали́ть *что? кому?*
Налейте мне, пожалуйста, сок!

Повторите!

НСВ	СВ
1. **Процесс:** Виктор **делал** домашнее задание *30 минут* (*долго, весь день, с утра до вечера*...).	1. **Однократное результативное совершение действия.** Антон **выпил** *две* чашки кофе. Они строили, строили дом и, *наконец*, **построили**. Вчера Антон **купил** бутылку воды в этом магазине.
2. **Повторяемость** действий: Виктор *всегда* (*часто, иногда, обычно, редко, каждый день*...) **покупает** продукты в этом магазине.	2. **Завершение** процесса: Антон **погулял** и начал делать домашнее задание.
3. **Факт действия,** называние действия безотносительно к его результату; занятость (действие может длиться какое-то время): На вечеринке друзья **пили, ели, разговаривали, смеялись**... Антон не был на вечеринке, потому что в это время он **готовился** к экзамену.	3. **Последовательность** двух и более результативных законченных действий; действия следуют друг за другом, шаг за шагом, ситуация развивается: Утром Антон **встал, позавтракал** и **пошёл** на занятия. ⟼ ⟼
4. **Процесс** после глаголов типа **начать, кончить:** Виктор начал делать домашнее задание в 5 часов.	4. **Частичное совпадение** действий; результативное действие, которое произошло во время другого действия, процесса: Когда Антон шёл в магазин, он *вдруг / случайно* **увидел** своего старого друга. ⟶ * ⟶
5. **Одновременное протекание** двух действий-процессов и более: Виктор **завтракал** и **слушал** музыку. ⟶ ⟶	
6. **Процесс,** во время которого произошло результативное действие: Когда Виктор **шёл** в университет, он встретил друга.	

Задание 39. Вставьте подходящие по смыслу глаголы нужного вида.

Великий русский оперный певец Фёдор Шаляпин после революции 1917 года ______________ (1) из России. Он ______________ (2) за границей, ______________ (3) в лучших театрах мира. Он всегда ______________ (4) с собой большой портфель, в котором ______________ (5) небольшой ящик. Никто не знал, что ______________ (6) в ящике. Все удивлялись, что когда Шаляпин ______________ (7) в гостиницу, он всегда ______________ (8) ящик из портфеля и ______________ (9) его под кровать. Он сердился, если кто-нибудь хотел ______________ (10), что ______________ (11) в ящике. Только после смерти певца его друзья ______________ (12) ящик и ______________ (13), что там была земля. Земля, которую он ______________ (14) из России.

Задание 40. Вставьте подходящие по смыслу глаголы нужного вида.

1) Я хочу вам подробно рассказать о том, что Денис делал вчера. Вечером, когда Денис пришёл домой, он ______________ (1) рюкзак на пол, разделся, ______________ (2) куртку на вешалку, снял ботинки, ______________ (3) их около стены, прошёл в комнату, ______________ (4) рюкзак на стул и пошёл на кухню. Он ______________ (5) из холодильника сок, ______________ (6) его в стакан и выпил. После этого Денис ______________ (7) кастрюлю на **плиту́**, ______________ (8) туда воду, потом ______________ (9) туда макароны и **свари́л** их. Когда макароны были готовы, Денис взял тарелку, ______________ (10) её на стол, ______________ (11) в неё макароны, ______________ (12) масло, соус, сыр, ______________ (13) за стол и начал ______________ (14).

Когда он поел, он вымыл посуду и пошёл в комнату. В комнате он ______________ (15) на диван. Он ______________ (16) на диване и слушал музыку. Потом он неожиданно уснул. Через час он проснулся, встал с дивана, ______________ (17) за стол и начал ______________ (18) домашнее задание. Когда он ______________ (19) домашнее задание, он включил компьютер. Он ______________ (20) в Интернете около двух часов. Потом он выключил компьютер, принял душ и ______________ (21) спать.

2) Иван Иванович — бизнесмен. Он каждый день ______________ (1) на работу в 9 утра. В офисе он ______________ (2) пальто, аккуратно ______________ (3) его на вешалку и ______________ (4) за стол. На

столе у него всегда **поря́док**. Справа ______________ (5) чистая бумага. Слева ______________ (6) телефон. Карандаши и ручки ______________ (7) в стакане. На столе около компьютера ______________ (8) принтер. Как вы поняли, Иван Иванович — очень аккуратный человек. Он любит, когда все вещи находятся на своих местах. Он всегда ______________ (9) вещи на свои места. Например, новые документы он всегда ______________ (10) в правый ящик стола, а старые документы у него ______________ (11) в специальной **па́пке**. Он хочет, чтобы его секретарь всегда ______________ (12) чашку с чаем справа от него. Недавно Иван Иванович купил портрет Билла Гейтса. Он хочет ______________ (13) его на стену в качестве примера.

3) Лиза и Анна — театралки, они очень любят ходить в театр. Их любимые места — в девятом ряду партера. Они не любят ______________ (1) слишком далеко от сцены или слишком близко. Обычно девушки ______________ (2) в театр заранее, сначала ______________ (3) в кафе, чтобы выпить чашечку кофе, потом ______________ (4) на свои места. В театре хорошие мягкие кресла, в них удобно ______________ (5). Во время спектакля девушки ______________ (6) тихо, не разговаривают друг с другом, не мешают соседям. В прошлую субботу Лиза и Анна тоже ходили в театр. Они вошли в зал и ______________ (7) на свои места. До начала спектакля оставалось ещё минут 10. Девушки ______________ (8), читали программки, ждали начала спектакля. Лиза ______________ (9) справа от Анны. Перед Анной было свободное место: там никто не ______________ (10). Это было хорошо, потому что Анна маленького роста. Слева от Анны тоже никто не ______________ (11). Ровно в 19:30 спектакль ______________ (12), девушки ______________ (13) смотреть драму. Вдруг какой-то человек ______________ (14) на свободное место перед Анной. Это был очень высокий мужчина. Он ______________ (15) высокий, как гора, Анне было не видно сцену. Анна очень расстроилась. Лиза выше Анны, поэтому она предложила подруге: «Давай поменяемся местами! Ты ______________ (16) на моё место, а я ______________ (17) на твоё место». Но в это время на свободное место около Анны ______________ (18) очень симпатичный высокий молодой человек. Он тоже опоздал в театр. Он сразу понял, в чём дело, какая проблема у девушек. Он ______________ (19) на место Анны. Весь спектакль молодой человек ______________ (20) между двумя симпатичными

девушками и, кажется, был **дово́лен**. Во время антракта молодые люди познакомились, пошли в буфет. Лиза и Анна ________________ (21) за столик, а Игорь (так звали молодого человека) принёс им и себе по чашке чая. Они ________________ (22) за столом, разговаривали, смеялись. После антракта все снова вернулись в зал и ________________ (23) на свои места. У молодых людей было хорошее настроение, спектакль им понравился.

4) У Варвары есть маленькая дочь, которую зовут Алёна. Завтра Варвара ________________ (1) домой с работы, переоденется, ________________ (2) рабочий костюм в шкаф, ________________ (3) продукты, которые она купила по дороге домой, в холодильник, ________________ (4) на диван и будет читать дочери книгу. Дочь будет ________________ (5) рядом с мамой и внимательно слушать сказку.

Варвара очень устаёт на работе, но она очень любит вечером после работы ________________ (6) рядом с дочерью и читать ей сказки.

В 8 часов вечера Варвара закончит читать, ________________ (7) книгу на полку, ________________ (8) дочку в детскую кровать и выключит свет в детской комнате. Мама будет тихо петь красивую песню. Дочка будет ________________ (9) в кровати и слушать песню. Когда дочка уснёт, Варвара придёт на кухню, ________________ (10) за стол и ________________ (11) чашку чая. А потом ________________ (12) продукты из холодильника, ________________ (13) их на стол и приготовит лёгкий ужин для мужа.

5) Инна живёт далеко от работы, поэтому на работу ей приходится добираться сначала на автобусе, а потом на метро. Она обычно ездит в **час пик**, когда в транспорте много людей. Инна обычно ________________ (1) в автобус в 8:30. Если есть свободное место, она, конечно, ________________ (2). Она любит ________________ (3) у окна. Она ________________ (4), смотрит в окно и почти спит. Но если все места заняты, Инна, конечно, ________________ (5). Когда место освобождается, она обычно ________________ (6), если рядом не ________________ (7) пожилой человек. Если рядом есть старики или дети, Инна говорит: «________________ (8), пожалуйста!» В метро многие люди ________________ (9) и читают книги, газеты. Когда Инна ________________ (10), она тоже читает газету «Метро», которую она берёт у входа на станцию. Эти бесплатные газеты утром обычно ________________ (11) на специальной полке. Сегодня утром Инна ________________ (12) в автобус

и поехала на работу. К сожалению, свободных мест не было, поэтому ей пришлось ________ (13). Но когда место освободилось, Инна ________ (14) на свободное место. Она ________ (15) и смотрела в окно. В метро Инне повезло: она ________ (16) на свободное место. Она ________ (17) и читала любимую утреннюю газету. В вагоне было много мужчин, все они ________ (18) «Настоящие мужчины-джентльмены никогда не ________ (19), если женщина ________ (20)», — подумала Инна.

6) Вчера Андрей ________ (1) на вечеринку к другу, которого зовут Сергей. Друзья отмечали день рождения Сергея. Андрей ________ (2) к Сергею в 7 часов вечера. Сергей ________ (3) дверь, Андрей ________ (4) в квартиру, ________ (5) куртку и ________ (6) её на вешалку. Затем он ________ (7) в комнату, поздоровался с другими гостями и ________ (8) за стол. Друзья ________ (9) Сергея с днём рождения, ________ (10) ему счастья, здоровья, успехов в работе. Потом все ________ (11) напитки, ________ (12) вкусные блюда, ________ (13). В 11 часов Андрей ________ (14) домой.

Задание 41. Посмотрите на рисунки. Расскажите подробно, что делал Максим, когда пришёл домой.

Задание 42. Расскажите подробно о том, что вы...

1) делали, когда пришли домой (в университет, на работу);

2) делаете обычно, когда приходите домой (в университет, на работу);

3) будете делать, когда придёте домой (в университет, на работу).

Задание 43. Расскажите об одном интересном дне / событии из своей жизни.

Модель: *Я хочу рассказать о том, как я однажды ходил в гости к другу.*

Словарь урока 21

антра́кт
арти́ст
архитекту́ра
бо́лее
вегетариа́нский
вес
ве́шалка
ве́щи
во́зраст
вре́дно
высота́
действи́тельно
длина́
дово́лен
жа́дный
живо́тное
жи́рный
злой
карма́н
ка́чество
коли́чество
край (стола)
кре́пкий
кри́зис
кро́ме *кого? чего?*
мастерска́я
ме́нее
минера́льная вода́
мне́ние
мра́чный
намно́го
напи́ток
насеко́мое
неуве́ренный (в себе)
обслу́живание
обще́ственный тра́нспорт
отве́тственный
отделе́ние
о́чередь (*ж. р.*)
па́пка (для бумаг, документов)
парикма́херская
пацие́нт
печа́льный
плита́ (газовая, электрическая)
по сравне́нию *с кем? с чем?*
поведе́ние
подро́бно
пожела́ние
пожило́й (человек)
поле́зно
поря́док
посло́вица
постепе́нно
постоя́нно
пра́чечная
приме́рно
прихо́жая
произведе́ние
разме́р
рост
си́ний
ски́дка
ско́рость (*ж. р.*)
согласен *с кем? с чем?*
сотру́дник
споко́йно
срок
то́лстый
то́нкий
трудолюби́вый
угоще́ние
у́ровень
фойе́
цель
чем…, тем
число́
ширина́
што́ры
экологи́ческая ситуа́ция

вари́ть — свари́ть *что?*
везти́ — повезти́ *кому?* (ему повезло)
ве́шать — пове́сить *что? куда?*
висе́ть *где?*
выздора́вливать — вы́здороветь
выступа́ть — вы́ступить *где? как?*
дева́ть — деть *что? куда?*
добавля́ть — доба́вить *что? к чему?*
дока́зывать — доказа́ть, что…
зави́сеть *от чего?*
исполня́ть — испо́лнить *что?*
класть — положи́ть *что? куда?*
лежа́ть (НСВ) *где?*
налива́ть — нали́ть *что? куда?*
отлича́ться *от кого? чего? чем?*
па́дать — упа́сть
повыша́ть(ся) — повы́сить(ся)
понижа́ть(ся) — пони́зить(ся)
расти́ — вы́расти
сади́ться — сесть *куда?*
сиде́ть (НСВ) *где?*
сра́внивать — сравни́ть *кого? с кем? / что? с чем?*
ста́вить — поста́вить *что? куда?*
стесня́ться (НСВ) *кого? чего?*
стоя́ть *где?*
стри́чь(ся) — постри́чь(ся)
увели́чивать(ся) — увели́чить(ся)
угоща́ть — угости́ть *кого? чем?*
улучша́ть(ся) — улу́чшить(ся)
уменьша́ть(ся) — уме́ньшить(ся)
ухудша́ть(ся) — уху́дшить(ся)

Бо́же!
Прия́тного аппети́та!
час пи́к

Урок 22

ПОВТОРИТЕ!

1. Раскройте скобки.

А. 1) Словарь стоит ______________________ (верхняя полка).
2) Наташа поставила книгу ______________________ (верхняя полка).
3) Виктор ехал в купе ______________________ (нижняя полка).
4) Повесьте, пожалуйста, пальто ______________________ (эта вешалка)!
5) Ваши документы лежат ______________________ (тот стол).
6) Ирина положила документы ______________________ (тот ящик).
7) Ваше пальто висит ______________________ (та вешалка).
8) Нина положила билеты ______________________ (её сумочка).
9) Положите, пожалуйста, газету ______________________ (книжная полка)!
10) Поставьте, пожалуйста, лампу ______________________ (письменный стол)!
11) Мы поставили пианино ______________________ (ваша комната).
12) Я положу одежду ______________________ (мой новый чемодан).

Б. 1) Артист прекрасно исполнил ______________________ (народная песня).
2) Это мясо невкусное, нужно добавить в него ______________________ (**спе́ции**).
3) Директор увеличил ______________________ (зарплата, сотрудники).
4) Налейте, пожалуйста, ______________________ (я, минеральная вода)!
5) Хозяин угостил ______________________ (гость, вкусная рыба).
6) Лена маленького роста. Она не может **доста́ть** ______________________
______________________ (книга, верхняя полка).
7) Андрей высокого роста. Он может достать ______________________
______________________ (старые газеты, любая полка).
8) Мама, положи, пожалуйста, ______________________
______________________ (Марина, жареная рыба и салат).
9) Попробуйте сравнить ______________________
______________________ (Третьяковская галерея и Русский музей)!

ВЫРАЖЕНИЕ МЕСТА: где?

— Где мои очки?

— Они лежат **под газе́той**.

Предложный падеж (№ 6)		**Родительный падеж (№ 2)**		**Творительный падеж (№ 5)**	
в	*чём?*	около	*чего?*	**над**	*чем?*
на		у		**под**	
		недалеко от		**перед**	
		справа от		**за**	
		слева от		между	
		напро́тив		рядом с	
		посереди́не			
		вокру́г			
		внутри́			

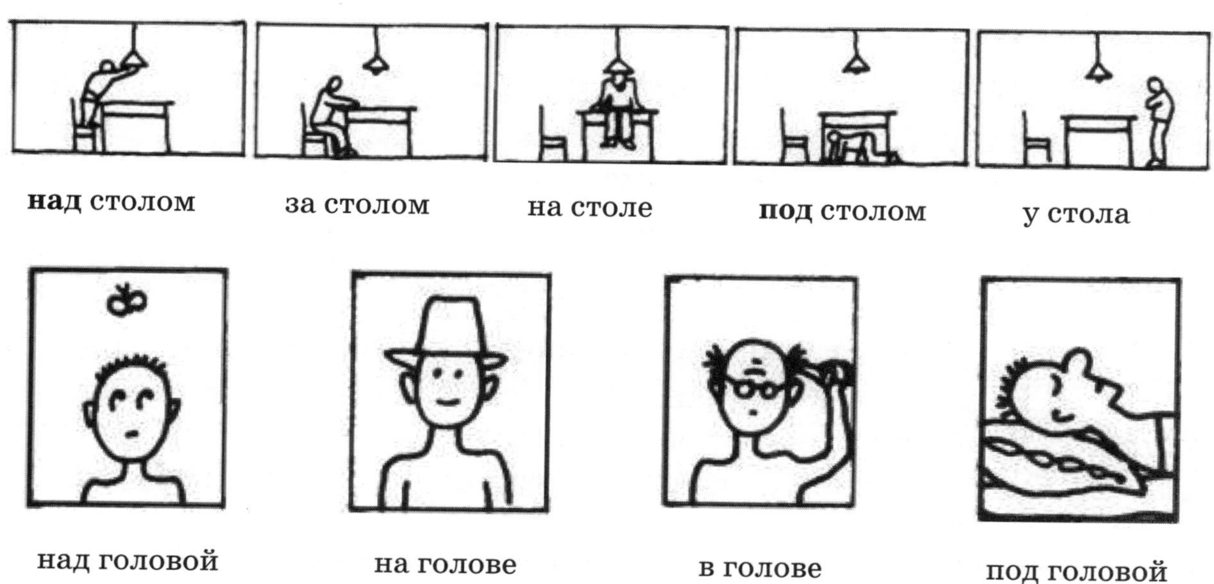

над столом   за столом   на столе   **под** столом   у стола

над головой   на голове   в голове   под головой

Задание 1. Раскройте скобки.

1) Машина стоит около ______________________ (высокий дом).
2) Напротив ______________________ (наша школа) строят библиотеку.
3) Деревья **расту́т** перед ______________________ (этот дом).
4) Гостиница находится между ______________________ (остановки автобуса).
5) **Луна́** похожа на апельсин, который висит над ______________ (город).
6) **Шахтёры** работают под ______________________ (земля).
7) Игорь любит плавать под ______________________ (вода).
8) Самолёт летит над ______________________ (Тихий океан).
9) Наташа хочет жить рядом с ______________________ (Летний сад) или напротив ______________________ (Казанский собор).
10) Дом Ирины находится между ______________________ ______________________ (шумная дорога и железнодорожный вокзал).
11) **Берёза** растёт перед ______________________ (наше окно).

12) Друзья сидели под ______________________________ (**огро́мный дуб**).
13) **Ми́тинг** начался посередине ______________________________ (центральная площадь).
14) Все люди встали вокруг ______________________________ (один молодой человек).
15) Новый дом построили между ______________________________ (станции метро).
16) У Марины есть дневник. Она записывает туда свои **мы́сли.** Марина **храни́т** дневник под ______________________________ (подушка).
17) Вчера в кафе была большая очередь. Наташа стояла передо ____________________ (я), а Илья — за ____________________ (я).

Задание 2. Посмотрите на рисунки. Скажите, где растёт дерево.

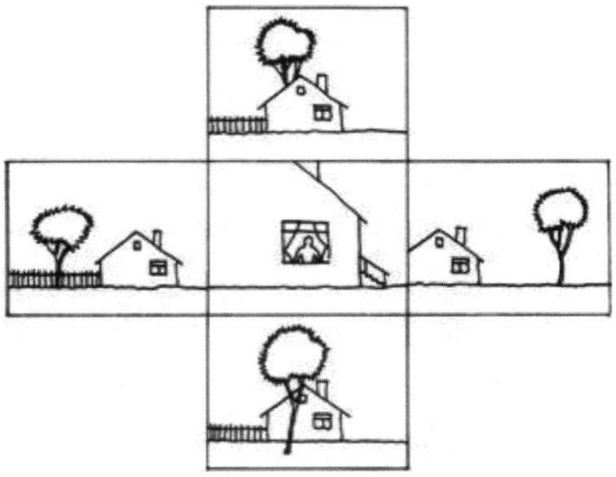

Задание 3. Посмотрите на рисунки. Скажите, что где находится.

1)  2)  3) 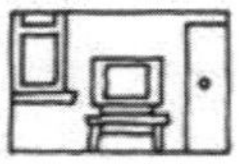 4) 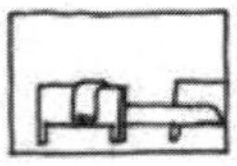 5) 
6) 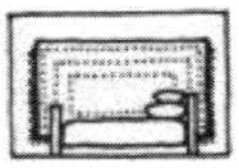 7)  8)  9)  10) 
11) 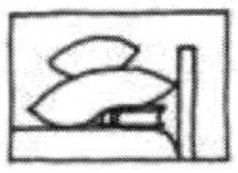 12) 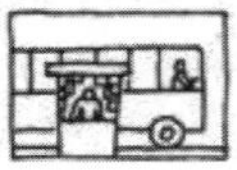 13)  14)  15) 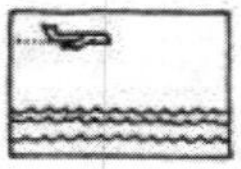
16)  17) 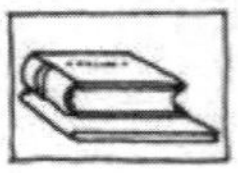 18)  19)

Задание 4. Вставьте подходящие по смыслу слова.

1) Мы летим в Америку. Сейчас наш самолёт летит (пролетает) над ______________________________ .
2) — Ты не забыла, что мы идём сегодня на балет? Я буду ждать тебя в 18 часов перед ______________________________ .

3) В Санкт-Петербурге много мостов. В городе летом бывают экскурсии на корабле по рекам и каналам. Интересно, когда корабль проплывает под ______________________________ .
4) Московский университет носит имя Михаила Ломоносова. Памятник Ломоносову стоит перед ______________ .
5) Наша собака любит спать под ______________ .
6) Мой огромный чемодан лежит под ______________ .
7) Сегодня утром я долго искал ключи от квартиры. Наконец, я нашёл их: они лежали под ______________ .
8) Мы купили **кру́глый** стол и шесть стульев. Теперь стол стоит посередине ______________ , а стулья стоят вокруг ______________ .
9) Я хочу жить в загородном доме. Мне нравится, когда цветы растут под ______________ .
10) В офисе Ивана Ивановича мало места. Столы стоят рядом, и сотрудники сидят за столами напротив ______________ .
11) Вот фотография моей семьи. В центре мой папа. Я стою справа от ______________ .
12) Вот Дворцовая площадь. Александровская колонна стоит посередине ______________ .
13) Отсюда ты не сможешь увидеть маленькую церковь. Это огромное здание мешает. Церковь находится за ______________ .
14) Впереди **перекрёсток.** Где находится остановка: перед ______________ или за ______________ ?
15) Мы в лесу собираем грибы. Вот берёза. Мы нашли гриб под ______________ .
16) На перекрёстке **светофо́р.** Сейчас красный свет. Машина остановилась перед ______________ .

Задание 5. Посмотрите на рисунки. **А.** Ответьте на вопросы.

1) Где стоит ваза?
2) Где висит полка?
3) Где стоит кресло?
4) Где стоит диван?
5) Где висит лампа?
6) Где висит пальто?
7) Где висит картина?
8) Где стоит книжный шкаф?
9) Где стоит стул?

Б. Опишите одну из комнат. Скажите, что где находится.

____

____

____

____

____

____

____

____

____

____

____

опи́сывать — описа́ть *что?*

Задание 6. Прочитайте описание ситуаций и выполните задания.

А. Представьте себе, что ваш друг просит рассказать вам о комнате/квартире, в которой вы живёте сейчас или жили на родине. Расскажите, сколько комнат в квартире, как выглядят прихожая, кухня, **ва́нная ко́мната, гости́ная, спа́льня** и т. п.; куда **выхо́дят** окна комнат; какой вид из окна.

Б. Представьте себе, что вы хотите снять квартиру с мебелью в Санкт-Петербурге. Вы пришли в **аге́нтство недви́жимости** и разговариваете с сотрудником агентства **(риэ́лтором)**. Задайте риэлтору вопросы о квартире, в том числе о мебели, которая там есть.

ОБРАТИТЕ ВНИМАНИЕ!

Если **стоять лицо́м** / **спино́й** к окну / к двери, то шкаф стоит слева от окна.
Окна комнаты выходят во **двор** (на улицу, на дорогу).
Из окна **вид** на парк. Из окна очень красивый вид.

Задание 7. Прочитайте описание ситуации и выполните задание.

Представьте себе, что ваш друг попросил вас рассказать о том районе, в котором вы живёте, потому что он планирует снять в этом районе квартиру. Опишите район (можно нарисовать план района); скажите, что где находится. Назовите **плю́сы** и **ми́нусы** жизни в этом районе. Дайте другу совет.

Запомните!

где?	*куда?*	*откуда?*
в столе	в стол	из стола
на столе	на стол	со стола
под столом	под стол	из-под стола
за столом	за стол	из-за стола
над столом	над столом	
рядом со столом	рядом со столом	
справа	направо	справа
слева	налево	слева
наверху́	**наве́рх**	**све́рху**
внизу́	**вниз**	**сни́зу**
впереди́	**вперёд**	**спе́реди**
сза́ди	**наза́д**	**сза́ди**
внутри́	**внутрь**	**изнутри́**

Задание 8. Прочитайте описание ситуации и выполните задание. Представьте себе, что вы переехали в новую квартиру. Вы привезли мебель, одежду, книги, картины, ковёр и т. д. Расскажите, что куда вы поставите, положите, повесите.

Модель: *Я поставлю шкаф в правый угол.*
Я положу ковёр на пол.
Я повешу картину над диваном.

Задание 9. Продолжите предложения. Используйте выделенные слова с предлогами.

Модель: Стул. Виктор сел ________________ . — Виктор сел *на стул.*

I. стол

Виктор, который пришёл к Антону на вечеринку, прошёл в комнату и сел ________________ (1). Виктор принёс с собой бутылку сока. Он поставил бутылку ________________ (2). Сейчас бутылка стоит ________________ (3). Антон взял бутылку ________________ (4) и налил себе стакан сока. Вдруг Виктор уронил вилку, вилка **упа́ла** ________________ (5). Сейчас вилка лежит ________________ (6). Антон решил помочь Виктору: он достал **(по́днял)** вилку ________________ (7).

Антон принёс Виктору чистую вилку и положил её ____________ (8). Виктор, Антон и другие гости сидели ____________ (9) и разговаривали. Потом они встали ______________ (10) и вышли на улицу.

II. диван

У Виктора есть большая собака. Она очень любит лежать ________________ (1). Вот и сейчас она вошла в комнату и легла ________________ (2). Но Виктор не разрешает ей лежать ______________ (3). Виктор начал ругать собаку за то, что она легла ______________ (4). Собака **спрыгнула** с ________________ (5) и легла под ________________ (6).

III. кровать

Антон купил новый чемодан. Куда его положить? Антон положил чемодан ____________________________________ (1). Конечно, это не очень удобно, когда чемодан лежит ________________ (2). Но ничего не поделаешь — у Антона маленькая комната. У него нет ни дивана, ни кресла. Антон спит ________________ (3), отдыхает тоже ________________ (4). В воскресенье он может весь день лежать ______________ (5). Он встаёт ______________________ (6) только для того, чтобы поесть или попить. Но сегодня у Антона нет времени лежать ________________ (7): он собирается поехать на море. Антон достал свой чемодан ________________ (8), положил вещи в чемодан и закрыл его. Завтра утром Антон проснётся, встанет ______________ (9), позавтракает, возьмёт чемодан и поедет в аэропорт.

роня́ть — урони́ть *что? куда?*
спры́гивать — спры́гнуть *откуда? куда?*

Задание 10. А. Прочитайте (прослушайте) текст.

Том живёт в Санкт-Петербурге уже несколько месяцев. В субботу, когда была хорошая погода, Том решил пойти в Исаакиевский собор. Том давно мечтал побывать в этом соборе. Исаакиевский собор — одно из самых высоких зданий в Санкт-Петербурге, его можно увидеть даже **издалека́**. Когда Том гулял по центру города, он **отовсю́ду** видел золотой **ку́пол** собора. Сначала Том решил осмотреть собор **снару́жи.** Он пришёл на Исаакиевскую площадь — отсюда открывается прекрасный вид на собор. Потом Том подошёл к собору поближе, осмотрел его спереди, сзади, 2 раза **обошёл** вокруг собора, потом вошёл внутрь. Внутри собор очень красивый. Том прочитал, что купол собора — третий по величине в Европе. Том поднял голову вверх и увидел, что под куполом «летает» **серébряный го́лубь.** Том посмотрел вокруг: впереди, сзади, справа, слева — везде были красивые **ико́ны.**

Потом Том решил **подня́ться** на **колонна́ду** собора. В выходной день в соборе было много туристов: одни поднимались вверх, другие **спуска́лись** вниз. Том тоже поднялся вверх. Оттуда, сверху, с высоты 43 (сорока трёх) метров, открывается прекрасный вид на центр города. Том увидел Дворцовую площадь, Петропавловскую крепость, **кры́ши** домов, а над крышами летали **пти́цы.**

Тому очень понравилась экскурсия. Он посоветовал друзьям посетить собор и обязательно подняться на колоннаду.

поднима́ться — подня́ться *куда?*
спуска́ться — спусти́ться *откуда? куда?*
обходи́ть — обойти́ *что? вокруг чего?*

Б. Продолжите предложения.

1) В субботу Том решил пойти ______________________________.
2) Том решил побывать ______________________________.
3) Исаакиевский собор — очень высокое здание, его можно увидеть даже ______________________________.
4) Когда Том гулял по центру города, он видел купол ____________.
5) Сначала Том решил осмотреть собор ____________.
6) Он пришёл на Исаакиевскую площадь, потому что ____________ открывается прекрасный вид ______________________________ ______________________________.
7) Потом Том подошёл к собору поближе, осмотрел его ____________ ______________________________.
8) Потом Том вошёл ______________________________ собора.
9) ______________________________ собор тоже очень красивый.
10) Том поднял голову ____________ и увидел голубя, который «летал» ______________________________.

11) Том посмотрел ______________________ : везде — ________________ , ________________ , ________________ . ________________ он увидел иконы.
12) Том решил подняться на колоннаду собора, потому что ________________ открывается красивый вид на город.
13) Одни туристы поднимались ________________ , другие спускались ________________ .
14) Том поднялся ________________ и увидел, как птицы летают ________________ .

B. Ответьте на вопросы.

1) Что делал Том в субботу?
2) Почему он решил пойти в Исаакиевский собор?
3) Откуда Том начал осмотр собора? Он сразу вошёл внутрь собора?
4) Как он осматривал собор снаружи?
5) Что Том увидел внутри собора?
6) Почему Том решил подняться на колоннаду собора?
7) Что он увидел наверху?
8) Тому понравилась экскурсия? Что он посоветовал друзьям?
9) Вы были в Исаакиевском соборе? Вы были внутри собора или видели его только снаружи?

Повторите!

Выражение времени

перед *чем?*
до *чего?*
после *чего?*

Задание 11. Дополните предложения, используйте предлоги «перед», «до», «после» и существительные «урок», «обед», «ужин», «спектакль», «лекция», «командировка», «поездка», **«отъéзд»**, **«приéзд»**, «экскурсия», «экзамен».

1) Нужно всегда мыть руки ________________ .
2) ________________ в Россию Джон никогда не был за границей.
3) Мы вернулись домой ________________ .
4) ________________ мы немного погуляли около театра.
5) ________________ Том отправил электронное письмо своей девушке.

6) ________________ все студенты собрались около автобуса.
7) Я ещё раз повторил грамматику ________________ .
8) ________________ Ольга должна ещё успеть купить подарки младшему брату.
9) Давайте ________________ встретимся около **распис́ания** поездов!
10) ________________ в Москву вы должны заказать билеты и номер в гостинице.
11) ________________ нужно уточнить время отправления поезда.

ПРЯМАЯ И КОСВЕННАЯ РЕЧЬ

Антон **спросил** Тома, **где** он был вчера.
Том **сказал, что** он был в театре.

Тип предл.	Прямая речь	Косвенная речь	Глаголы	Глагольное управление
.	Сергей сказал другу: «Я позвоню тебе вечером». Наташа ответила: «Антона нет дома».	Сергей сказал другу, **что** он позвонит ему вечером. Наташа ответила, **что** Антона нет дома.	сказать объяснить сообщить рассказать ответить написать передать	*кому?* , что…
?	Андрей спросил: «Виктор, **куда** ты поедешь летом?» Андрей спросил: «Виктор, у тебя **есть** словарь?» Андрей спросил: «Виктор, ты часто ходишь в кино?»	Андрей спросил Виктора, **куда** он поедет летом. Андрей спросил Виктора, есть **ли** у него словарь. Андрей спросил Виктора, часто **ли** он ходит в кино	спросить задать вопрос	*кого?* *кому?*
! *Императив*	Наташа сказала: «Лена, обязательно **посмотри** этот фильм!»	Наташа сказала Лене, **чтобы** она посмотрела этот фильм. Наташа посоветовала Лене посмотреть фильм.	сказать советовать — посоветовать запрещать — запретить разрешать — разрешить просить — попросить	*кому?*, чтобы + + S + *прош. вр.* *кому?* + инф. *кого?* + инф.; , чтобы + S + *прош. вр.*

ОБРАТИТЕ ВНИМАНИЕ!

Михаил: — Ольга, здравствуй!	Михаил поздоровался с Ольгой. **здороваться — поздороваться** *с кем?*
Михаил: — Ольга, спасибо за помощь.	Михаил поблагодарил Ольгу за помощь. **благодарить — поблагодарить** *кого? за что?*
Михаил: — Ольга, до свидания! До завтра!	Михаил попрощался с Ольгой. **проща́ться — попроща́ться** *с кем?*

Задание 12. Прочитайте (прослушайте) текст. Замените прямую речь косвенной.

А. 1) *Игорь:* — Я хочу отметить день рождения в ресторане.
2) *Наташа:* — В январе у меня будут экзамены по русскому языку.
3) *Кирилл:* — Мне нужно пол учить зарплату.
4) *Антон:* — В пятницу в Петербург из Москвы приедет директор фирмы. Я должен заказать обед в ресторане.
5) *Андрей:* — У меня нет словаря, поэтому я не смогу перевести этот текст.
6) *Марина:* — Алексей, курс евро снова **вы́рос**, а доллар упал.
7) *Алексей:* — Марина, курс евро растёт каждый день.
8) *Иван Иванович:* — Я поеду в Москву, чтобы подписать новый контракт.
9) *Виктор:* — Я завтра не приду на занятия, потому что мне нужно встретить жену в аэропорту.

Б. 1) *Артём:* — Лена, где ты была вчера вечером?
2) *Вера:* — Наташа, куда ты пойдёшь сегодня вечером?
3) *Ирина:* — Андрей, сколько стоит велосипед?
4) *Андрей:* — Светлана, почему ты не ездила на экскурсию?
5) *Максим:* — Артём, где здесь можно пообедать?
6) *Мама:* — Ольга, когда ты вернёшься домой?
7) *Инна:* — Бабушка, скажи, пожалуйста, сколько сейчас времени?
8) *Виктор Петрович:* — Иван Иванович, во сколько мы сможем встретиться завтра?
9) *Студент:* — Профессор, скажите, пожалуйста, когда будет экзамен?
10) *Наташа:* — Том, на сколько ты приехал в Россию?

В. 1) *Ирина:* — Джон, вы получили визу?
2) *Антон:* — Вера, ты приготовила обед?
3) *Игорь:* — Нина, ты пойдёшь со мной в театр?
4) *Светлана:* — Кирилл, ты часто звонишь домой?
5) *Денис:* — Рита, завтра будет дождь?
6) *Анна:* — Дима, ты будешь обедать?
7) *Оксана:* — Миша, ты поедешь в командировку?
8) *Ольга:* — Михаил Петрович, вы хотите кофе?
9) *Иван:* — Марина, ты не хочешь пообедать со мной?
10) *Ирина:* — Виктор, ты можешь помочь мне?
11) *Врач:* — Иван, вы хорошо себя чувствуете?
12) *Мама:* — Светлана, ты хорошо провела время?

растѝ — вы́расти

	прош. вр.
я вы́расту	он вы́рос
ты вы́растешь	она вы́росла
они вы́растут	они вы́росли

Задание 13. Прочитайте (прослушайте) предложения. Замените прямую речь косвенной. Используйте различные способы передачи косвенной речи.

22.3

1) *Антон:* — Виктор, помоги мне, пожалуйста!
2) *Андрей:* — Вадим, включи, пожалуйста, свет!
3) *Марина:* — Игорь, выпей аспирин, если у тебя болит голова.
4) *Светлана:* — Ольга, приходи ко мне в гости!
5) *Наташа:* — Ирина, покажи мне город!
6) *Бабушка:* — Иван, принеси мне, пожалуйста, мои очки!
7) *Мама:* — Сын, не играй на компьютере весь день.
8) *Преподаватель:* — Джон, повторите грамматику и выучите новые слова!
9) *Ирина:* — Сара, принеси завтра словарь!
10) *Директор:* — Ольга, **напеча́тайте** этот доклад и позвоните господину Иванову. Договоритесь с ним о встрече.

Задание 14. Замените прямую речь косвенной. Где возможно, используйте синонимичные конструкции.

1) *Виктор:* — Марина, ты сегодня прекрасно **вы́глядишь.**
2) *Антон:* — Игорь, позвони мне сегодня вечером, когда придёшь домой.
3) *Тамара:* — Виктор, ты любишь классическую музыку?

4) *Михаил:* — Наташа, когда ты поедешь в Японию?
5) *Светлана:* — Наташа, на сколько ты поедешь в Японию?
6) *Игорь:* — Наташа, ты была когда-нибудь в Японии?
7) *Борис:* — Светлана, подожди меня здесь минут пять!
8) *Андрей:* — Кирилл, сфотографируйте меня, пожалуйста!
9) *Кирилл:* — Андрей, улыбнись!
10) *Мама:* — Денис, когда ты вернёшься?
11) *Денис:* — Мама, я вернусь через полчаса.
12) *Наташа:* — Мама, не волнуйся!
13) *Мама:* — Дима, ты будешь пить чай?

Задание 15. Прочитайте (прослушайте) диалоги. Передайте их содержание, заменив прямую речь косвенной.

22.4

1) *Наташа:* — Вера, я очень рада тебя видеть! Ты надолго приехала?
Вера: — Я приехала на неделю. Наташа, покажи мне, пожалуйста, город, я никогда не была в Санкт-Петербурге.
Наташа: — Конечно, покажу! Ты хочешь побывать в Эрмитаже? Там сейчас работает интересная выставка.
Вера: — Я пойду на выставку с удовольствием. Ты пойдёшь со мной?
Наташа: — Да, пойду. Я давно не была в Эрмитаже. Когда мы пойдём?
Вера: — Давай завтра!

2) *Вера:* — Наташа, приезжай ко мне в Москву! Я буду очень рада.
Наташа: — Спасибо за приглашение.
Вера: — Когда ты приедешь?
Наташа: — Может быть, я приеду летом. Ты будешь в это время в Москве?
Вера: — Да, буду. Мы хорошо проведём время вместе.
Наташа: — Вера, когда приедешь домой, обязательно позвони мне.

ОБРАТИТЕ ВНИМАНИЕ!

Виктор сказал,	**что** он посмотрел этот фильм.
	чтобы Антон посмотрел этот фильм.
Виктор хотел	посмотреть этот фильм.
Виктор хотел,	**чтобы** Антон посмотрел этот фильм.

Задание 16. Продолжите предложения.

1) Виктор сказал, что ____________________ .
2) Виктор сказал, чтобы ____________________ .
3) Родители написали, что ____________________ .
4) Родители написали, чтобы ____________________ .
5) Сестра попросила меня ____________________ .
6) Брат хочет ____________________ .
7) Он спросил ____________________ .
8) Я ответил ____________________ .

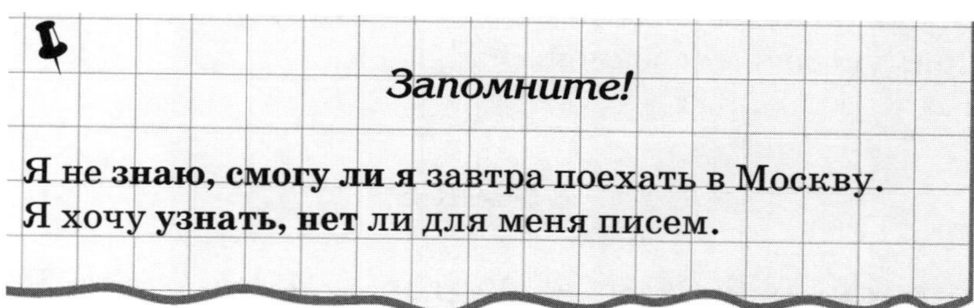

Запомните!

Я не **знаю, смогу ли я** завтра поехать в Москву.
Я хочу **узнать, нет** ли для меня писем.

Задание 17. Ответьте на вопросы по модели.

Модель: — Ты пойдёшь на вечер?
— *Я не знаю, пойду ли я на вечер.*

1) Ты сможешь встретить Антона на вокзале завтра?
2) У Виктора есть шахматы?
3) Ты поедешь летом на море?
4) Игорь отправил поздравление сестре?

Задание 18. А. Прочитайте описание ситуации и выполните задание.

Вы — секретарь директора фирмы господина Сергея Павловича Смирнова. Директор вызвал вас к себе в кабинет и сказал:

— Иванов должен позвонить в фирму «Сатурн». Петров должен поехать в командировку в Москву. Сидоров должен узнать, когда в Санкт-Петербурге откроется выставка американской фирмы «Кока-кола». Кузнецова, переводчик фирмы, должна перевести на английский язык и послать письмо директору английской фирмы «Лайт».

Б. Передайте сотрудникам приказы директора. Используйте разные модели.

Модель 1: *Сергей Павлович просил меня передать вам, что...*
Модель 2: *Сергей Павлович сказал, что вы должны...*
Модель 3: *Сергей Павлович хочет, чтобы вы...*
Модель 4: *Сергей Павлович сказал, чтобы вы...*

В. Передайте содержание вопросов, используя частицу «ли».

1) Позвонил или нет Иванов в фирму «Сатурн»?
2) **Офóрмил** или нет Петров командировку в Москву?
3) Купил он билет на самолёт или нет?
4) **Вы́полнила** или нет задание переводчица?
5) Заказал или нет Сергеев банкет в ресторане?
6) Выросли или нет цены на **нефть** за последний месяц?
7) Можно или нет получить скидку на товары фирмы «Сатурн»?

Задание 19. А. Прочитайте (прослушайте) текст. **Б.** Перескажите текст. Замените прямую речь косвенной.

В ОФИСЕ

Игорь Смирнов работает в фирме «Импульс». Рабочий день Игоря Смирнова начинается в 9 утра, но в понедельник он пришёл на работу пораньше, потому что он должен был подготовить отчёт о командировке и передать его **нача́льнику**. Он написал отчёт и сказал секретарю:

— Ольга, посмотрите, пожалуйста, мой отчёт.

Через 20 минут он спросил:

— Ольга, мой отчёт готов?

Ольга ответила:

— Да, возьмите его, пожалуйста.

Смирнов сказал:

— Спасибо, Ольга.

Потом он прочитал отчёт ещё раз, проверил, всё ли он написал, и сказал:

— Ольга, передайте, пожалуйста, мой отчёт начальнику.

Ольга ответила:

— Хорошо, обязательно передам.

В 12 часов начальник **вы́звал** секретаря и сказал:

— Ольга, пригласите, пожалуйста, Игоря Смирнова ко мне в кабинет.

Ольга позвонила Игорю Смирнову и сказала:

— Вас вызывает начальник.

В 12:10 Игорь Смирнов вошёл в кабинет начальника и сказал:

— Здравствуйте!

Начальник сказал:

— Садитесь, пожалуйста, Игорь. Дело в том, что сегодня утром мне позвонили из фирмы «Сатурн». Они хотят купить у нас холодильники.

Вам нужно поехать туда, договориться о цене, обсудить все детали и сообщить мне результаты **перегово́ров**. Вопросы есть?

Игорь Смирнов сказал:

— Нет. Я сделаю всё, что вы сказали, — и вышел из кабинета.

Задание 20. А. Прочитайте описание ситуации и выполните задания.

Юрий Котов — **бы́вший** сотрудник фирмы «Экспресс». Его **уво́лили** с работы. Когда Котов получил сообщение об **увольне́нии**, он пошёл к адвокату. Он хотел доказать, что его уволили **незако́нно**. Адвокат задал Юрию Котову несколько вопросов.

Б. Прочитайте ответы Юрия Котова и скажите, какие вопросы задал ему адвокат. Все его вопросы были с частицей «ли». Придумайте свои вопросы.

— ____________________________ ?

— Да, иногда опаздывал.

— ____________________________ ?

— Нет, не всегда. Иногда выполнял задания **во́время**, а иногда — нет.

— ____________________________ ?

— Конечно, я спорил с начальником, когда он давал мне слишком много работы.

— ____________________________ ?

— Друзья на работе? Нет, у меня не было друзей на работе. Все сотрудники отдела глупые и **злы́е**.

В. Ответьте на вопросы.

1) Как вы думаете, смог ли адвокат доказать, что господина Котова уволили незаконно?
2) Какой вывод сделал адвокат из рассказа господина Котова?
3) За что уволили господина Котова?

Г. Составьте диалог «Юрий Котов у адвоката». Диалог можно начать так:

— Добрый день, господин адвокат! Меня незаконно уволили с работы. У меня к вам огромная просьба: помогите мне вернуться на моё старое место. Если вы докажете, что меня уволили незаконно, я буду вам очень благодарен…

увольня́ть — уво́лить *кого? откуда? за что?*

Задание 21. Прочитайте описание ситуации и выполните задание.

Представьте себе, что вы директор и хотите поговорить с человеком, который устраивается к вам на работу. Задайте ему вопросы, если

1) вы — директор туристической фирмы;
2) вы — директор **моде́льного аге́нтства**;
3) вы — директор детского сада;
4) вы — директор курсов иностранных языков.

ВЫРАЖЕНИЕ ЦЕЛИ В ПРОСТОМ И СЛОЖНОМ ПРЕДЛОЖЕНИЯХ

Том хочет выучить русский язык, **чтобы** найти хорошую работу.

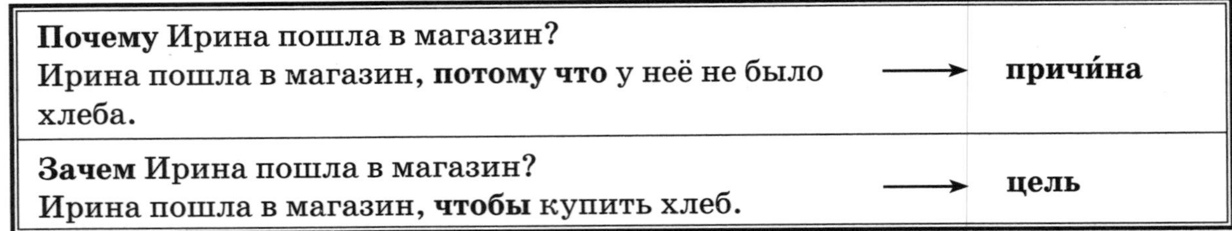

Почему Ирина пошла в магазин? Ирина пошла в магазин, **потому что** у неё не было хлеба. →	**причи́на**
Зачем Ирина пошла в магазин? Ирина пошла в магазин, **чтобы** купить хлеб. →	**цель**

ОБРАТИТЕ ВНИМАНИЕ!

Зачем Виктор пришёл к Антону?

Виктор пришёл к Антону, чтобы **взять** у него словарь.
чтобы **Антон дал** ему словарь.

Задание 22. Продолжите предложения, укажите цель действия (где возможно, укажите также и причину).

1) Игорь взял словарь, чтобы ________________.
2) Андрей пришёл на почту ________________.
3) Лена пошла в магазин ________________.
4) Иван купил цветы ________________.
5) Вадим позвонил Наташе ________________.
6) Ира пришла к бабушке ________________.
7) Джон пришёл в консульство ________________.
8) Сергей поехал в Москву ________________.
9) Стив приехал в Санкт-Петербург ________________.
10) Олег взял у Наташи номер телефона ________________.

Задание 23. Продолжите предложения.

1) Иван пришёл к врачу, потому что ____________________ .
чтобы ____________________ .
чтобы врач ____________________ .

2) Андрей позвонил Светлане, потому что ____________________ .
чтобы ____________________ .
чтобы она ____________________ .

3) Виктор пришёл к Антону, потому что ____________________ .
чтобы ____________________ .
чтобы Антон ____________________ .

4) Игорь дал Максиму деньги, потому что ____________________ .
чтобы ____________________ .
чтобы он ____________________ .

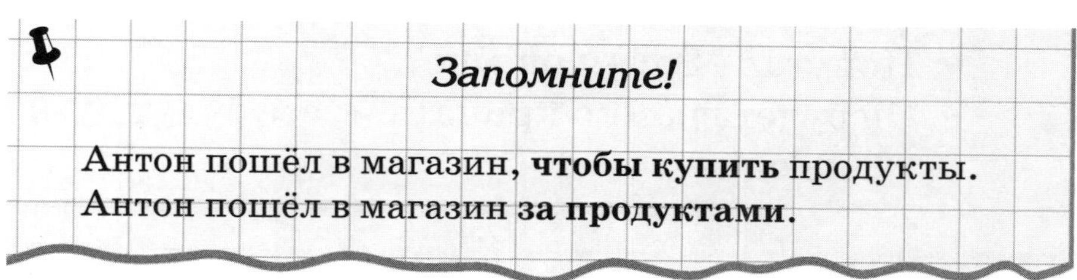

Запомните!

Антон пошёл в магазин, **чтобы купить** продукты.
Антон пошёл в магазин **за продуктами.**

Задание 24. Прочитайте (прослушайте) диалоги. Передайте их содержание своими словами. Укажите цель действий.

1) *Кирилл:* — Антон, ты куда? 22.6
Антон: — На вокзал. Бабушка приезжает из деревни, я должен её встретить.

2) *Сергей:* — Привет, Андрей. Ты куда?
Андрей: — На почту.
Сергей: — Зачем?
Андрей: — Бабушка прислала **посы́лку**, хочу получить.

3) *Виктор:* — Мне нужно **сро́чно** пойти в консульство Германии.
Борис: — Зачем?
Виктор: — Чтобы **офо́рмить** визу. В январе я собираюсь поехать в Германию на неделю.

4) *Светлана:* — Я иду в магазин за продуктами. Тебе что-нибудь нужно?
Тамара: — Если не трудно, купи, пожалуйста, соус. Он мне нужен, чтобы приготовить пиццу. Сегодня ко мне придут гости. Вот деньги.

5) *Иван:* — У меня хорошая квартира, но только здесь немного холодно и **шу́мно**.
Марина: — Я советую тебе купить большой толстый ковёр. Будет тепло и не так шумно.

6) *Ира:* — Бабушка, смотри, что я купила!
Бабушка: — Что это?
Ира: — Это **планше́т**.
Бабушка: — А зачем он нужен?
Ира: — Чтобы выходить в Интернет.

7) *Лена:* — Я купила пианино.
Наташа: — Пианино? Зачем тебе пианино? Ведь ты не умеешь играть.
Лена: — Надеюсь, что мой сын будет играть, когда вырастет.

8) *Ольга:* — Я очень боюсь одна оставаться дома.
Максим: — Купи **попуга́я**.
Ольга: — Попугая? Зачем он мне?
Максим: — Он будет громко кричать, и все будут думать, что ты не одна.

посыла́ть — посла́ть *что? кому?*
я пошлю́
ты пошлёшь
они пошлю́т

присыла́ть — присла́ть *что? кому?*
я пришлю́
ты пришлёшь
они пришлю́т

оформля́ть — офо́рмить *что?* (визу, документы)
я офо́рмлю
ты офо́рмишь
они офо́рмят

ОБРАТИТЕ ВНИМАНИЕ!

остава́ться — оста́ться *где?*
Все пошли в театр, а Виктор **остался** дома.

оставля́ть — оста́вить *что? где?*
Вчера Виктор был у Антона и **оставил** у него словарь.

остана́вливать(ся) — останови́ть(ся)
Когда Виктор был в Ташкенте, он **останавливался** там в гостинице.
Виктор **остановил** машину у магазина.
Машина **остановилась**.

Задание 25. Вставьте глаголы «оставаться» — «остаться», «оставлять» — «оставить», «останавливать(ся)» — «остановить(ся)».

1) До экзаменов ________________ две недели. Надо повторить грамматику.
2) На углу такси ________________, мы заплатили за проезд и вышли из машины.
3) Можно ________________ здесь вещи на час?
4) — Через неделю я поеду в Стокгольм.
   — А где ты собираешься ________________?
   — Я ________________ в гостинице, я уже заказала номер.
5) Попросите, пожалуйста, водителя ________________ автобус: Марине плохо.
6) Перед **перехо́дом** машины должны всегда ________________ и пропускать **пешехо́дов**.
7) Никогда не ________________ в аудитории свои вещи!
8) Смотри, кто-то ________________ учебник на столе.
9) *В такси:* Будьте добры́, ________________ около следующего дома.
10) Вчера у Андрея болела голова, поэтому он не пошёл с нами на стадион, он ________________ дома.

ОБРАТИТЕ ВНИМАНИЕ!

— Возьми зонт.
— **Зачем он мне?** Кажется, сегодня не будет дождя.
— Возьми **на вся́кий слу́чай.**

Задание 26. Прочитайте (прослушайте) предложения. Отреагируйте на предложение собеседника. Используйте вопрос *зачем?*

Модель: — Купи пианино.
— *Пианино? Зачем оно мне? Я не умею играть.*

22.7

1) — **Возьми́ с собо́й** зонт.
2) — Купите себе машину.
3) — Купите велосипед.
4) — Возьмите такси.
5) — Поменяйте квартиру.
6) — Купите квартиру.
7) — Снимите квартиру.
8) — Подарите подруге футбольный мяч.
9) — Подарите бабушке гитару.
10) — **Сохрани́те** старые газеты.

Задание 27. Прочитайте (прослушайте) текст. **А.** Обратите внимание на выражение цели.

ГДЕ ЖИВЁТ ЭЙНШТЕЙН?

В 1933 году А. Эйнштейн, известный немецкий учёный, переехал из Германии в американский город Принстон, чтобы продолжить там работать в университете. Вскоре после этого кто-то позвонил в кабинет профессора Эйнштейна. Секретарь сняла трубку.

— Могу я поговорить с профессором?

— Его сейчас нет, — ответила секретарь.

— Тогда, может быть, вы скажете мне, где живёт Эйнштейн?

— К сожалению, не могу. Профессор Эйнштейн попросил меня не давать никому его адрес, чтобы никто не мешал ему работать.

Тут голос в трубке **прошепта́л:**

— Это правильно, никому не говорите. Но это звоню я, Эйнштейн. Я возвращался домой и... **заблуди́лся.**

шепта́ть — прошепта́ть *что?*
заблуди́ться (СВ) *где?*

Б. Ответьте на вопросы.

1) Зачем А. Эйнштейн переехал из Германии в Америку?
2) Почему А. Эйнштейн запретил секретарю давать его адрес?
3) Зачем **(с како́й це́лью)** А. Эйнштейн позвонил в университет? Почему он это сделал?

В. Перескажите текст а) от имени Эйнштейна; б) от имени секретаря.

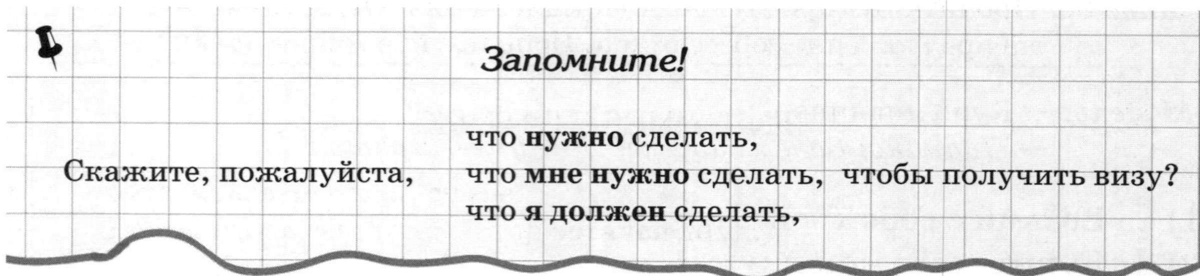

Запомните!
Скажите, пожалуйста,
что **нужно** сделать,
что **мне нужно** сделать,
что **я должен** сделать,
чтобы получить визу?

Задание 28. А. Ответьте на вопросы по модели.

Модель: Чтобы хорошо говорить по-русски, *нужно каждый день делать домашнее задание.*

1) Что нужно делать, чтобы хорошо сдать экзамены?
2) Что нужно делать, чтобы научиться хорошо говорить по-китайски?
3) Что нужно делать, чтобы никогда не болеть, быть здоровым?

4) Что нужно делать, чтобы никогда не опаздывать на уроки?
5) Что нужно делать, чтобы получить визу в Россию?
6) Что нужно делать, чтобы приехать в Россию изучать русский язык?
7) Что нужно делать, чтобы **регуля́рно** получать электронные письма?
8) Что нужно делать, чтобы всегда знать, где находится твоя подруга / твой друг?
9) Что нужно делать, чтобы получать хорошую зарплату?
10) Что нужно делать, чтобы найти хорошую работу?
11) Что нужно делать, чтобы быть счастливым (счастливой)?

Б. Дайте друг другу полезный совет.

Задание 29. А. Прочитайте (прослушайте) текст.

ХРАМ ВАСИЛИЯ БЛАЖЕННОГО В МОСКВЕ

Тот, кто был на Красной площади, конечно, **обрати́л внима́ние** на прекрасный собор — **храм** Василия Блаженного. Он был построен в 1661 году.

К счастью, до нас дошли имена **мастеро́в**, которые построили этот храм. Это Барма и Постник. Существует **леге́нда** об этом храме. Рассказывают, что, когда храм был построен, царь Иван Грозный вызвал к себе мастеров, поблагодарил их за работу, а потом спросил:

— Можете ли вы построить ещё один такой храм?

— Можем, — ответили они.

Тогда царь приказал **ослепи́ть** их, чтобы они не смогли построить такой же храм, чтобы больше нигде на земле не было такой красоты.

Б. Ответьте на вопросы.

1) Где находится храм Василия Блаженного?
2) Почему туристы обычно обращают внимание на этот храм?
3) Какой вопрос задал царь мастерам?
4) С какой целью царь приказал ослепить мастеров?

В. Расскажите, что вы узнали о храме Василия Блаженного.

Г. Представьте себе, что вы экскурсовод. Проведите экскурсию по Красной площади.

обраща́ть — обрати́ть внима́ние *на кого? на что?*
ослепля́ть — ослепи́ть *кого?*

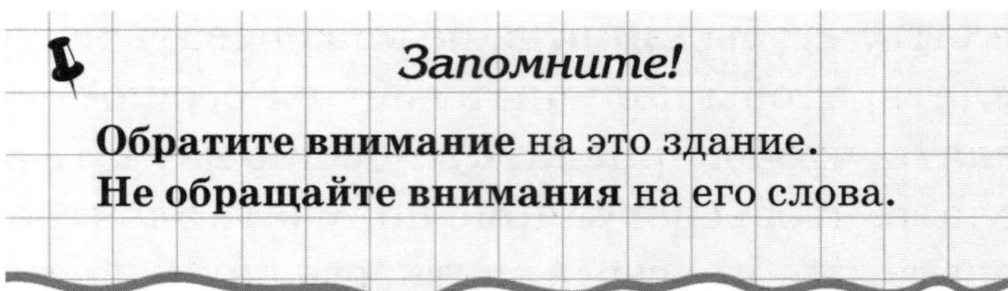

Запомните!
Обратите внимание на это здание.
Не обращайте внимания на его слова.

Задание 30. А. Прочитайте (прослушайте) текст.

Наташа учится в школе. Каждое лето во время каникул школьники должны читать литературные произведения, чтобы подготовиться к занятиям по литературе. В этом году Наташа должна прочитать **рома́н** Льва Толстого «Война и мир». Роман очень большой, нужно много времени, чтобы прочитать его. Но Наташа не любит читать. Она любит играть в компьютерные игры и слушать песни своего любимого певца Димы Билана. Его фотография стоит на письменном столе Наташи.

В августе родители Наташи поехали отдыхать на юг, а Наташа осталась с бабушкой дома. Наташа пообещала родителям читать каждый день 30 страниц романа «Война и мир». Через 2 дня мама позвонила Наташе и спросила:

— Наташа, ты читаешь «Войну и мир»?

— Да, читаю, — ответила Наташа.

Через день мама снова спросила Наташу:

— Сколько страниц ты уже прочитала?

— Я прочитала 100 страниц. Мама, а ты не видела фотографию Димы Билана, которая всегда стоит у меня на столе? Она **пропа́ла.** Я не могу найти её, — сказала Наташа.

— Значит, ты **обма́нываешь** меня. Ты не читаешь роман, — сказала мама.

обма́нывать — обману́ть *кого?*
пропада́ть — пропа́сть

Б. Ответьте на вопросы.

1) Что должны делать школьники во время каникул? Зачем они это делают?
2) Почему Наташа не могла найти фотографию любимого певца?
3) Почему мама догадалась, что Наташа обманывает её?
4) Где была фотография? Зачем мама положила её туда?

В. Передайте содержание разговора мамы с Наташей своими словами.

Г. Перескажите текст а) от третьего лица; б) от имени мамы; в) от имени Наташи. Используйте косвенную речь.

Словарь урока 22

аге́нтство недви́жимости
берёза
бы́вший
ва́нная ко́мната
вид
вниз
внизу́
внутри́
внутрь
во́время
вокру́г *чего?*
впереди́
вперёд
газе́та
го́лубь (*м. р.*)
гости́ная
двор
дуб
издалека́
из-за
изнутри
из-под
ико́на
колонна́да
кру́глый
кры́ша
ку́пол
леге́нда
луна́
ма́стер
ми́нус
ми́тинг
моде́льное аге́нтство
мысль (*ж. р.*)
на вся́кий слу́чай
наве́рх
наверху́
над *чем?*
наза́д
напро́тив *чего?*
нача́льник
незако́нно
нефть (*ж. р.*)
огро́мный
отовсю́ду
отчёт
отъе́зд
перегово́ры
пе́ред *чем?*
перекрёсток
перехо́д
пешехо́д
планше́т
плюс
под *чем?*
попуга́й
посереди́не
посы́лка
прие́зд
причи́на
пти́ца
расписа́ние
регуля́рно
ре́ктор
риэ́лтор
рома́н
све́рху
светофо́р
сза́ди
сере́бряный
снару́жи
сни́зу
спа́льня
спе́реди
спе́ции
сро́чно
увольне́ние
храм
шахтёр
шу́мно

взять с собо́й
вы́глядеть (НСВ) *как?*
вызыва́ть — вы́звать *кого? куда?*
выполня́ть — вы́полнить *что?*
выходи́ть (НСВ) (о́кна выхо́дят) *куда?*
достава́ть — доста́ть *что? откуда?*
жале́ть — сожале́ть (НСВ) *о чём?*
заблуди́ться (СВ) *где?*
обма́нывать — обману́ть *кого?*
обраща́ть — обрати́ть внима́ние *на кого? на что?*
обходи́ть — обойти́ *что? вокруг чего?*
опи́сывать — описа́ть *что?*
ослепля́ть — ослепи́ть *кого?*
остава́ться — оста́ться *где?*
оставля́ть — оста́вить *что? где?*
остана́вливать(ся) — останови́ть(ся) *где?*
оформля́ть — офо́рмить *что?*
па́дать — упа́сть *куда?*
печа́тать — напеча́тать *что?*
поднима́ть — подня́ть *что? откуда?*
поднима́ться — подня́ться *куда?*
присыла́ть — присла́ть *что? кому?*
пропада́ть — пропа́сть
проща́ться — попроща́ться *с кем?*
расти́ — вы́расти
роня́ть — урони́ть *что? куда?*
сохраня́ть — сохрани́ть *кого? что?*
спры́гивать — спры́гнуть *откуда?*
спуска́ться — спусти́ться *откуда? куда?*
стоя́ть лицо́м/спино́й *к кому? к чему?*
увольня́ть — уво́лить *кого? откуда? за что?*
храни́ть (НСВ) *что? где?*
шепта́ть — прошепта́ть *что?*

Урок 23

ПОВТОРИТЕ!

1. Закончите предложения. Используйте слова, данные справа.

1) Андрей пришёл к Антону, чтобы ____________ *узнать / рассказать последние новости*
____
Андрей пришёл к Антону, чтобы Антон ____________
____

2) Марина позвонила Ольге, чтобы ____________ *узнать / рассказать об экскурсии*
____
Марина позвонила Ольге, чтобы Ольга ____________
____

3) По дороге домой мне нужно зайти в магазин, чтобы ____________ *купить продукты на ужин*
____
Я хочу попросить Игоря, чтобы по дороге домой он ____________
____

4) Питер много занимался, чтобы ____________ *успешно сдать экзамены*
____
Нина пожелала подруге, чтобы она ____________
____

5) Мои друзья весь год мечтали ____________ *поехать летом в Италию*
____
Родители очень хотели, чтобы их дети ____________
____

6) Виктор пришёл в консульство Германии, чтобы сотрудник ____________ *дать / получить визу*
Виктор пришёл в консульство Германии, чтобы
____

7) Виктор хочет ____________ *оформить документы*
Виктор попросил сотрудника консульства, чтобы он ____________
____

2. Продолжите предложения. Объясните цель действия.

1) Стив приехал в Россию, чтобы ________________.
2) Антон взял у Ивана шахматы, чтобы ________________.
3) Виктор позвонил подруге, чтобы ________________.
4) Павел пришёл к Лене, чтобы ________________.

ВЫРАЖЕНИЕ УСЛОВИЯ

— Вы поедете за город?

— Я поеду за город, **если** будет хорошая погода.

Задание 1. Продолжите предложения, указав условие, при котором может совершиться действие.

1) Я смогу работать в России, если ________________.
2) Я пойду в театр, если ________________.
3) Я женюсь (выйду замуж), если ________________.
4) Я поеду на море, если ________________.
5) Я хорошо сдам экзамены, если ________________.
6) Я приеду к вам, если ________________.
7) Я куплю машину, если ________________.
8) Я найду хорошую работу, если ________________.
9) Иван Иванович поедет в командировку, если ________________.
10) Друзья устроят вечеринку, если ________________.
11) Вадим пойдёт в гости, если ________________.
12) Роман уволится с работы, если ________________.

Задание 2. Прочитайте текст-шутку. Прокомментируйте его. Что хотел сказать хозяин квартиры? (Что он **имéл в видý?**)

Бедный художник говорит хозяину квартиры:

— Через несколько лет люди будут говорить: «Тут жил и работал великий художник Джонс!»

— Если вы сегодня не заплатите за квартиру, люди будут так говорить уже завтра, — ответил хозяин.

Задание 3. Вставьте слова «ли», «если».

Модель 1: Я хочу знать, знает ________ Том русский язык. — Я хочу знать, знает *ли* Том русский язык.

Модель 2: Он сможет найти хорошую работу, ________ он будет хорошо говорить по-русски. — Он сможет найти хорошую работу, *если* он будет хорошо говорить по-русски.

1) Том получит **сертифика́т пе́рвого у́ровня,** ______________ он хорошо сдаст экзамен.
2) Я точно не знаю, смогу ______________ я найти хорошую работу.
3) Том спросил Кена, сделал ______________ он домашнее задание.
4) ______________ у меня будет возможность, я поеду в Австралию.
5) ______________ ты хочешь, ты можешь поехать на экскурсию.
6) Том спросил Кена, хочет ______________ он поехать на экскурсию.
7) Питер интересуется, получают ______________ русские студенты **стипе́ндию.**
8) Я хочу знать, будут ______________ у нас экзамены.
9) ______________ завтра будет хорошая погода, я поеду в Петергоф, а ______________ будет дождь, я пойду в Эрмитаж.
10) Ты не знаешь, будет ______________ завтра дождь?
11) Готова ______________ моя виза?
12) ______________ у тебя нет визы, ты не сможешь поехать за границу.

НЕРЕАЛИЗОВАННОЕ УСЛОВИЕ

Вчера бабушка Оли не пошла гулять, потому что была плохая погода.
А **если бы** вчера **была** хорошая погода, бабушка, конечно, **пошла бы** гулять.
Она очень любит гулять в парке в хорошую погоду.

> **если бы** S + P прош. вр., S ***(бы)*** + P прош. вр. **бы**
>
> **Если бы** я умел рисовать, я **стал бы** художником.

> ОБРАТИТЕ ВНИМАНИЕ!
>
> **Если** завтра будет хорошая погода, Виктор поедет за город.
> **Если бы** вчера **была** хорошая погода, Виктор поехал бы за город.
> Но вчера была плохая погода, поэтому Виктор не ездил за город.

Задание 4. Измените предложения по модели. 

Модель: В субботу Виктор не поехал за город, потому что была плохая погода.
— *Если бы в субботу была хорошая погода, Виктор поехал бы за город.*

1) Виктор не поехал в Германию, потому что он не получил визу во́время.
2) В детстве Виктор мечтал стать художником. Виктор не стал художником, потому что он плохо рисует.

3) Виктор заболел, поэтому в воскресенье он не поехал кататься на лыжах.
4) Виктор хотел жениться на Лене. Он не женился на Лене, потому что перед свадьбой она влюбилась в другого мужчину.
5) Том не получил сертификат первого уровня, потому что не сдал тест по говорению.
6) Том не сдал экзамен, потому что он плохо подготовился к экзамену.
7) Александр не поздравит Наташу с днём рождения, потому что он не знал, что у неё сегодня день рождения.
8) Владимир работал плохо, поэтому начальник уволил его с работы.
9) У Игоря мало денег, поэтому он не может купить хорошую машину.
10) Дмитрий опоздал на поезд, потому что поздно встал.

Задание 5. Продолжите предложения.

1) Если бы у меня было много денег, ______________________________
______________________________ .
2) Если бы у меня было свободное время, ______________________________
______________________________ .
3) Если бы сейчас было лето / была зима, ______________________________
______________________________ .
4) Если бы я знал/знала русский язык хорошо, ______________________________
______________________________ .
5) Если бы я был/была директором фирмы, ______________________________
______________________________ .
6) Если бы я был/была президентом, ______________________________
______________________________ .
7) Если бы я встретился/встретилась с президентом, ______________________________
______________________________ .
8) Если бы я встретился/встретилась с любимым писателем/актёром/спортсменом, ______________________________
______________________________ .
9) Если бы я получил/получила большое **насле́дство**, ______________________________
______________________________ .
10) Если бы мне подарили на день рождения большую собаку, ______________________________
______________________________ .
11) Если бы у меня не было хорошего словаря, ______________________________
______________________________ .
12) Если бы у меня не было мобильного телефона, ______________________________
______________________________ .

13) Если бы не было Интернета, ______________________________
______________________________.

14) Если бы я поссорился/поссорилась с другом/подругой, ______________________________
______________________________.

15) Если бы я умел/умела хорошо играть на гитаре, ______________________________
______________________________.

16) Если бы мне было сейчас 10 лет, ______________________________
______________________________.

17) Если бы я не приехал/не приехала в Россию, ______________________________
______________________________.

18) Если бы сейчас была хорошая погода, ______________________________
______________________________.

19) Если бы сейчас были каникулы, ______________________________
______________________________.

20) Если бы мой рост был 210 сантиметров, ______________________________
______________________________.

21) Если бы у меня была возможность, ______________________________
______________________________.

22) Если бы я мог/могла ______________________________
______________________________.

Задание 6. Ответьте на вопросы.

1) При каком условии вы поехали бы на море?
2) При каком условии вы сняли бы или купили бы дорогую квартиру?
3) При каком условии вы женились бы на русской девушке/вышли бы замуж за русского мужчину?
4) При каком условии вы остались бы жить в России?
5) При каком условии вы поехали бы путешествовать?
6) При каком условии вы купили бы домик на маленьком острове?
7) При каком условии вы занимались бы любимым делом с утра до вечера?
8) При каком условии вы стали бы врачом?
9) При каком условии вы ездили бы на занятия на велосипеде?
10) При каком условии вы полетели бы в **ко́смос**?
11) При каком условии вы купили бы новый мобильный телефон?
12) При каком условии вы позвонили бы в полицию?
13) При каком условии вы передали бы деньги **де́тскому до́му**?
14) При каком условии вы не пришли бы на занятия?
15) При каком условии вы взяли бы такси?

ОБРАТИТЕ ВНИМАНИЕ!

Я **хотел(а) бы** спросить вас, когда я могу получить визу. = Я хочу спросить вас, когда я смогу получить визу.

Задание 7. Ответьте на вопрос.

Что бы вы делали, если бы были директором фирмы (на месте директора фирмы) в следующих ситуациях?

1) все сотрудники работают хорошо;
2) один сотрудник работает плохо;
3) один сотрудник постоянно опаздывает на работу;
4) фирма не получает **при́быль**, прибыль фирмы уменьшилась;
5) фирма получила большую прибыль, прибыль увеличилась;
6) все девушки-сотрудницы вышли замуж и родили детей;
7) все сотрудники недовольны зарплатой, они просят увеличить зарплату

Задание 8. Прочитайте текст-шутку. **А.** Прокомментируйте её.

— Если бы ты нашёл на улице толстый **бума́жник**, ты бы вернул его хозяину?

— Если быть **че́стным** — нет!

Б. Ответьте на вопросы.

1) Если бы вы нашли на улице деньги, что бы вы делали?
2) Если бы вы могли, что бы вы изменили в своей жизни?
3) Что бы вы делали, если бы вы получили приглашение из Голливуда сниматься в кино?

Задание 9. Переведите следующие предложения на родной язык, а затем с родного на русский. Укажите цель, причину, условие (реальное и нереализованное).

1) Я приехал в Россию, чтобы изучать русский язык.
2) Если я буду хорошо говорить по-русски, я смогу работать в России.
3) Я хочу знать, могут ли иностранцы работать в России.
4) Чтобы хорошо научиться говорить по-русски, я должен много заниматься, поэтому у меня мало свободного времени.

5) Если бы у меня было больше свободного времени, я бы чаще ходил в музеи, театры, ездил за город.
6) Мой друг спросил меня, был ли я в Эрмитаже.

Повторите!

Склонение существительных, единственное число (см. также стр. 370)

Падеж	Вопрос	Окончания			Предлоги
		муж. р.	**ср. р.**	**жен. р.**	
Им. п. (№ 1)	*кто?* *что?*	∅ **-й** **-ь**	**-о** **-е** **-ие**	**-а** **-я** **-ия** **-ь**	—
Род. п. (№ 2)	*кого?* *чего?* *у кого?* *откуда?*	**-а** **-я**	**-а** **-я**	**-ы** **-и**	у, из, без, от, до, после, для, около, недалеко от, посередине, напротив, вокруг
Дат. п. (№ 3)	*кому?* *чему?* *к кому?*	**-у** **-ю**	**-у** **-ю**	**-е** **-и**	по, к
Вин. п. (№ 4)	*кого?* *что?* *куда?* *во что?* *когда?*	**-а, -я** **= Им. п. (№ 1)**	— **= Им. п. (№ 1)**	**-у** **-ю**	в, на, через, за
Твор. п. (№ 5)	*(с) кем?* *(с) чем?*	**-ом** **-ем**	**-ом** **-ем**	**-ой** **-ей** **-ью**	с, рядом с, между, над, под, перед, за
Предл. п. (№ 6)	*где?* *о ком?* *о чём?* *на чём?* *на ком?*	**-е** **-и**	**-е** **-и**	**-е** **-и**	в, на, о

Повторите!

Склонение прилагательных, единственное число *(см. также стр. 369)*

Падеж	Вопрос	Окончания			
Им. п. (№ 1)	*какой?*	**-ый (-ой)** новый молодой	после г, к, х **-ий (-ой)** маленький, плохой + большо́й	после ж, ш, щ, ч **-ий** хороший (кроме *большо́й*)	после **[н']** последний синий
	какое? *какая?*	**-ое** **-ая**	**-ое** **-ая**	**-ее** **-ая**	**-ее** **-яя**
Род. п. (№ 2)	*какого?* *какой?*	**-ого** **-ой**	**-ого** **-ой**	**-его** **-ей**	**-его** **-ей**
Дат. п. (№ 3)	*какому?* *какой?*	**-ому** **-ой**	**-ому** **-ой**	**-ему** **-ей**	**-ему** **-ей**
Вин. п. (№ 4)	*какой?* *(+ что?)* *какое?* *какого?* *(+ кого?)* *какую?*	**-ый (-ой)** **-ое** **-ого** **-ую**	**-ий (-ой)** **-ое** **-ого** **ую**	**-ий** **-ее** **-его** **-ую**	**-ий** **-ее** **-его** **-юю**
Твор. п. (№ 5)	*(с) каким?* *(с) какой?*	**-ым** **-ой**	**-им** **-ой**	**-им** **-ей**	**-им** **-ей**
Предл. п. (№ 6)	*(в, на, о) каком?* *какой?*	**-ом** **-ой**	**-ом** **-ой**	**-ем** **-ей**	**-ем** **-ей**

Задание 10. Прочитайте (прослушайте) предложения. Задайте вопросы по моделям.

Модель 1: — Мой брат учится в школе. — *В какой школе?*

1) — Друзья подарили мне карту. ______
2) — Давайте споём песню! ______
3) — Берёза растёт перед домом. ______
4) — Наши окна выходят на улицу. ______
5) — Дети гуляли в лесу. ______
6) — Мы ездили на экскурсию. ______
7) — Подожди меня на остановке! ______
8) — Мы будем обедать в ресторане. ______
9) — Андрей поставил машину под окном. ______

10) — Я видел Игоря около библиотеки. ______________________________
11) — Ты был на лекции? ______________________________
12) — В гостях меня угостили мясом. ______________________________
13) — Виктор живёт в квартире. ______________________________
14) — У вас нет карандаша? ______________________________
15) — Обратите внимание на здание! ______________________________
16) — Давайте пойдём в театр! ______________________________
17) — Мне нужно позвонить преподавателю. ______________________________
18) — Давай встретимся на станции метро! ______________________________
19) — Хочешь, я познакомлю тебя с девушкой? ______________________________
20) — Наташа разговаривала с мужчиной. ______________________________

Модель 2: Его брат учится в школе. — *Ты не знаешь, в какой школе учится его брат?*

23.2

1) Григорий предпочитает музыку. ______________________________
2) Антон живёт в доме. ______________________________
3) Наташа слушала оперу. ______________________________
4) Светлана ходит в библиотеку. ______________________________
5) Инна работает в университете. ______________________________
6) Дима купил книгу. ______________________________
7) Игорь живёт в гостинице. ______________________________
8) Машина стоит около дома. ______________________________
9) Библиотека находится рядом с театром. ______________________________

Задание 11. Прочитайте (прослушайте) предложения. Вставьте прилагательное «новый».

Модель: В аудиторию вошла студентка. — В аудиторию вошла *новая* студентка.

23.3

1) Мне нужны ______________ куртка и ______________ шарф.
2) Андрей купил ______________ машину и ______________ телевизор.
3) Антон купил ______________ квартиру в ______________ доме.
4) Мы построили ______________ дачу и ______________ гараж.
5) Мы подъехали на ______________ машине к ______________ ресторану.
6) Иван позвонил ______________ директору.
7) Мы познакомились с ______________ студенткой и с ______________ студентом.
8) Игорь пришёл в университет в ______________ куртке и в ______________ шапке.

23.4

Повторите!

Наиболее ***распространённые*** *прилагательные, которые имеют перед окончанием твёрдый [н]:*

беспла́тный, ва́жный, великоле́пный, вку́сный, внима́тельный, гла́вный, голо́дный, гря́зный, дли́нный, замеча́тельный, зелёный, изве́стный, интере́сный, кра́сный, ме́дленный, опа́сный, о́пытный, осторо́жный, отве́тственный, пра́вильный, прекра́сный, прохла́дный, ра́зный, серьёзный, си́льный, солёный, тёмный, тру́дный, удо́бный, у́мный, ую́тный, холо́дный, че́стный, чёрный

23.5

Повторите!

Наиболее распространённые прилагательные, которые имеют перед окончанием мягкий [н']:

бли́жний, **ве́рхний**, **весе́нний**, **вече́рний**, **вчера́шний**, **да́льний**, **дома́шний**, **за́втрашний**, за́дний, **зи́мний**, **кра́йний**, **ле́тний**, **ли́шний**, **ни́жний**, **осе́нний**, пере́дний, по́здний, **после́дний**, ра́нний, **сего́дняшний** [с'иводн'ишн'ий], си́ний, сосе́дний, **сре́дний**, **у́тренний**

Задание 12. Составьте словосочетания: прилагательное + существительное. 

утренний	шапка
вечерний	день
летний	спектакль
зимний	газета
осенний	пальто
сегодняшний	этаж
поздний	остановка
последний	чашка
нижний	вечер
синий	полка
домашний	задание
лишний	билет

Задание 13. Вставьте подходящие по смыслу прилагательные с твёрдым [н] или мягким [н’].

1) В поезде Андрей любит ездить на ______________ полке.
2) Наташа дала еду ______________ собаке.
3) Том принёс на урок ______________ газету.
4) Пойдём со мной в театр! У меня есть ______________ билет.
5) Начальник Андрея очень ______________ человек.
6) Таблицы в учебнике находятся на ______________ странице.
7) Парикмахерская находится в ______________ доме.
8) Вера любит ______________ весну.
9) Пётр хочет стать ______________ писателем.
10) Любимый цвет Ольги — ______________ .
11) Жанна посмотрела ______________ французский фильм. Он ей очень понравился.
12) Сегодня очень большое ______________ задание.
13) В Санкт-Петербурге на Васильевском острове есть 3 проспекта: Большой, Малый и ______________ .
14) Этот суп ты приготовила вчера. Я не хочу есть ______________ суп.
15) Скоро зима, а у меня нет тёплой ______________ одежды.
16) Машина не может ехать. Нужно поменять ______________ **колесо́**.

Задание 14. Вставьте выделенные прилагательные.

I. вечерний

1) Виктор купил ______________ газету.
2) Анна была на банкете в ______________ платье.
3) Друзья были на ______________ **прогу́лке**.
4) Они ходили на ______________ прогулку.

II. летний

1) Антон купил ______________ рубашку и ______________ костюм.
2) Антон пришёл на работу в ______________ костюме.
3) Друзья были в ______________ саду.
4) Друзья долго ходили по ______________ саду.

III. последний

1) Упражнение находится на ______________ странице.
2) Антон живёт на ______________ этаже.
3) Виктор купил в магазине ______________ матрёшку.
4) Мы подошли к ______________ дому.

IV. соседний

1) — Простите, пожалуйста, здесь живут Ивановы?
— Нет, в ________________ доме.

2) — Могу я увидеть господина Петрова?
— Пройдите, пожалуйста, в ________________ комнату!

Задание 15. Закончите предложения, употребляя выделенные словосочетания.

I. большой хороший удобный диван

1) У Антона нет ________________ .
2) Он мечтает о ________________ .
3) Он хочет купить ________________ .
4) Он любит спать на ________________ .
5) Стол стоит рядом с ________________ .
6) Телевизор стоит напротив ________________ .
7) Картина висит над ________________ .

II. красивый дре́вний русский город

1) Недавно мы побывали в ________________ .
2) Мы долго гуляли по ________________ .
3) Вчера мы вернулись из ________________ .
4) Скоро мы снова поедем в ________________ .
5) Деревня находится рядом с ________________ .
6) Старинная церковь стоит в центре ________________ .
7) Вечером мы подъехали к ________________ .

III. горячая и холодная вода

1) В доме нет ________________ .
2) Вчера в доме **отключи́ли** ________________ .
3) Виктор любит плавать сначала в ________________ , а потом в ________________

IV. свежая утренняя газета

1) Дайте, пожалуйста, ________________ !
2) В киоске не было ________________ .
3) Игорь прочитал эту статью в ________________ .
4) Я хочу купить ________________ .

V. синяя или чёрная ручка

1) У вас нет ________________ ?
2) Дайте, пожалуйста, ________________ !
3) Обычно студенты пишут ________________ .

VI. хороший новый дом

1) Виктор мечтает о ________________________________.
2) У него нет ________________________________.
3) Он хочет купить ________________________________.
4) Мы встретились рядом с ________________________________.
5) Мы подошли к ________________________________.
6) Мои родители мечтают жить в ________________________________.
7) Машина стоит перед ________________________________.

VII. этот высокий сильный мужчина

1) Наташа мечтает познакомиться с ________________________________.
2) Она недавно встретила ________________________________.
3) Она написала сестре письмо об ________________________________.
4) Она решила позвонить ________________________________.
5) Как зовут ________________________________.
6) Моей подруге понравилась фотография ________________________________.
7) В очереди Антон стоял за ________________________________.

Повторите!

Предложный падеж (№ 6)

Модели	Предлоги	Части речи	Окончания ед. ч.		Окончания мн. ч.
			м. р.; ср. р.	ж. р.	
где? о ком? в чём? о чём? на чём? когда? *кто? что?* находится (живёт, учится...) ***где?*** *кто?* думает (спорит...); ***о ком? о чём?*** книга... ***о ком? о чём?*** *кто?* приехал (ездит...) ***на чём?***: на машине *кто?* играет ***на чём?***: на гитаре; ***когда/ в каком месяце/ в каком году?***: в январе...; в 1999 (девятом) году/ в 2000 (двухтысячном) году / в 2001 (две тысячи первом...) году	в; на; о (об)	имя сущ.	**-е;** **-е/-и (-ии)**	**-е/-и (-ии)**	**-ах/-ях**
		имя прил.	*в/на/о каком?* **-ом/-ем/-ём**	*в/на/о какой?* **-ой/-ей**	*в/на/о каких?* **-ых/-их**
		притяж. мест.	*в/на/ о чьём?* моём твоём нашем вашем своём	*в/на/ о чьей?* моей твоей нашей вашей своей	*в/на/ о чьих?* моих твоих наших ваших своих
			его, её, их		
		личное мест.	в/на/о (обо) мне, тебе, нём, ней, вас, нас, них		

Задание 16. Раскройте скобки.

1) Мы вчера побывали ______________________________
(небольшой уютный ресторан).
2) Этот бар находится ______________________________
(тихое спокойное место, центр города).
3) Мы разговаривали ______________________________
(наша работа, наша учёба).
4) Мы мечтали ______________________________
(счастливая жизнь, большая любовь).
5) Максим сказал, что мечтает жить с любимой девушкой ______________________________
(красивый небольшой солнечный остров).
6) Лена сказала, что мечтает жить ______________________________
(маленький хороший дом, прекрасный лес).
7) Олег сказал, что мечтает путешествовать по морю ______________________________
(большая удобная **я́хта**).
8) Вадим сказал, что мечтает научиться говорить ______________________________
(японский, китайский, арабский языки).
9) Нина сказала, что мечтает научиться играть ______________________________
(гитара).
10) Вы хотели бы жить ______________________________
(**спа́льный райо́н**)?
11) ______________________________ (первая страница) можно увидеть фотографию автора книги.
12) Моя подруга недавно вернулась из путешествия в Египет. Она рассказала ______________________________
(тёплое Красное море, огромная **пусты́ня**).

ПРЕДЛОЖНЫЙ ПАДЕЖ СУЩЕСТВИТЕЛЬНЫХ, ПРИЛАГАТЕЛЬНЫХ, ПРИТЯЖАТЕЛЬНЫХ И УКАЗАТЕЛЬНЫХ МЕСТОИМЕНИЙ, ПОРЯДКОВЫХ ЧИСЛИТЕЛЬНЫХ (множественное число)*

Том был в китайском ресторане.
Том был в **китайских ресторанах**.

---

* Множественное число, именительный падеж (№ 1) см. на стр. 367, 369.

Падеж	Прилагательные, порядковые числительные, притяжательные и указательные местоимения		Существительные	
	Согласные перед окончанием: в, д, л, м, н, п, р, с, т	Согласные перед окончанием: г, к, х, ж, ш, щ, ч, [н’]	—	после основы на мягкий согласный
Им. п. (№ 1)	*какие? чьи?*		*какие? чьи?*	
	красивые удобные первые	маленькие синие третьи мои, твои, свои, наши, ваши, эти, одни, все	рестора́ны города́ врачи́ острова́ стра́ны апте́ки	музе́и преподава́тели моря́ зда́ния пло́щади дере́вни ле́кции друзья́ дере́вья
	его, её, их			
Предл. п. (№ 6)	*(в, на, о) каких? чьих?*		*где? о ком? о чём?*	
	-ых	**-их**	**-ах**	**-ях**
	красив**ых** удобн**ых** перв**ых**	маленьк**их** син**их** треть**их** мо**их**, тво**их**, сво**их**, наш**их**, ваш**их**, эт**их**, одн**их**, вс**ех**	рестора́н**ах** город**а́х** врач**а́х** остров**а́х** стра́н**ах** апте́к**ах**	музе́**ях** преподава́тел**ях** мор**я́х** зда́ни**ях** площад**я́х** деревн**я́х** ле́кци**ях** друзь**я́х** дере́вь**ях**
	его, её, их			

Задание 17. Прочитайте (прослушайте) предложения. Задайте вопросы по модели.

Модель: — Мой друг говорил о девушках.
— *О каких девушках говорил твой друг?*

1) — Мы побывали в городах.
2) — Обычно мы обедаем в ресторанах.
3) — Мы побывали на выставках.
4) — Володя играет на музыкальных инструментах.
5) — Наташа говорит на разных иностранных языках.
6) — Наши дети мечтают о путешествиях.
7) — Мы прочитали статью о художниках.
8) — Мы разговаривали о книгах.
9) — Это интервью напечатали в газетах.
10) — Летом хорошо отдыхать в этих странах.

Задание 18. Прочитайте (прослушайте) предложения. Задайте вопросы по модели.

Модель: — Скажите, пожалуйста, где можно вкусно пообедать?
— Скажите, пожалуйста, *в каких ресторанах можно вкусно пообедать?*

23.7

1) — Скажите, пожалуйста, где можно посмотреть хороший фильм?
2) — Скажите, пожалуйста, где есть экономический факультет?
3) — Скажите, пожалуйста, где сейчас проходят интересные выставки?
4) — Скажите, пожалуйста, где живут иностранные студенты?
5) — Скажите, пожалуйста, где **произво́дят** такой вкусный хлеб?
6) — Скажите, пожалуйста, где производят такие плохие автомобили?
7) — Скажите, пожалуйста, где сейчас самый хороший курс доллара?
8) — Скажите, пожалуйста, где интересно отдыхать летом?
9) — Скажите, пожалуйста, где самая хорошая музыка?
10) — Скажите, пожалуйста, где можно купить хороший компьютер?
11) — Скажите, пожалуйста, где можно попробовать корейские блюда?

производи́ть — произвести́ *что?*

Задание 19. Прочитайте (прослушайте) предложения. Измените их по модели.

Модель: Мы читали об этом **собы́тии**. — Мы читали об *этих событиях*.

23.8

1) Мы читаем тексты о русском писателе.
2) Мы говорили о новом музыкальном фильме.
3) Моя подруга всегда думает о своей младшей сестре.
4) Я мечтаю о выходном дне.
5) Михаил был в китайском ресторане.
6) Вчера мы разговаривали о моём новом друге.
7) Дети мечтают о новой игрушке.
8) Мои друзья ездят на новой хорошей машине.
9) Мы хотели бы побывать в старинном русском городе.
10) Мы гуляли по парку и говорили о нашем впечатлении.
11) Они читают книги на иностранном языке.
12) В Петербурге она была в музыкальном театре.
13) Подруга по телефону рассказала о последнем событии.
14) Медведи живут в тёмном лесу.
15) Девушки обычно выходят замуж в белом платье.

Запомните!

Слова, после которых употребляется предложный падеж
(см. также стр. 380)

беспоко́иться — побеспоко́иться забо́титься — позабо́титься	*о ком? о чём?*
принима́ть — приня́ть уча́стие участвовать (НСВ)	*в чём?*
сомнева́ться — засомнева́ться	*в ком? в чём?*
жале́ть, сожале́ть (НСВ) спо́рить — поспо́рить (***но***: обсуждать *что?*)	*о чём?*
жени́ться (НСВ, СВ)	*на ком?*
купа́ться — искупа́ться	*где?*

винова́т (-а, -ы) *в чём?* (в том, что случилось)

Задание 20. Раскройте скобки.

1) Мне хочется побывать ______ (разные страны).
2) Современные молодые люди говорят ______ (многие иностранные языки).
3) **О́бщество** должно заботиться ______ (старые, больные люди, пенсионеры, **инвали́ды**, маленькие дети).
4) Русские спортсмены всегда участвуют ______ (разные спортивные **соревнова́ния**).
5) Мужчины любят спорить ______ (последние политические события, экономические и спортивные новости).
6) Кто виноват ______ (эти трагедии)?
7) Все мои друзья женились ______ (красивые девушки).
8) Имя Пушкина известно ______ (разные страны).
9) Он часто обедает ______ (итальянские рестораны).
10) Все участники конференции говорили ______ (важные проблемы **эколо́гии**).
11) Японцы любят купаться ______ (горячие **исто́чники**).
12) Я не сомневаюсь ______ (его слова).
13) Артём любит кататься ______ (**го́рные лы́жи**, ролики, коньки, велосипед).

Задание 21. Ответьте на вопросы по модели.

Модель: — Вы и ваш друг учитесь в одной группе?
— *Мы учимся в разных группах.*

1) — Вы и ваш друг живёте в одном доме? в одной квартире? на одном этаже?
2) — Вы с другом работаете в одной фирме?
3) — Вы учились (учитесь) в одном университете?
4) — На родине вы живёте в одном городе?
5) — Вы с другом учились на одном факультете?
6) — Вы покупаете продукты всегда в одном магазине?
7) — Вы были только в одном ресторане? в одном музее? в одном театре?

Задание 22. А. Прочитайте текст.

ГДЕ МОЖНО ПОЗНАКОМИТЬСЯ?

Психологи говорят, что есть много мест, где молодой человек и девушка могут познакомиться. Вот некоторые из них.

1. *Работа.* Знакомиться можно не только с коллегами, не забывайте и о клиентах, деловых партнёрах.

2. *Книжные магазины.* Здесь бывают очень приятные знакомства. Вы можете поговорить о своих интересах, о любимых книгах. Здесь не нужно искать тему разговора.

3. *Библиотеки.* Главное — здесь можно разговаривать **в комфóртных услóвиях**: здесь есть стулья, столы, буфеты.

4. ***Зáлы ожидáния** в аэропортах.* Здесь всё понятно. Придумайте сами, как можно познакомиться в аэропорту.

Б. Ответьте на вопросы.

1) Где психологи советуют молодым людям знакомиться друг с другом?
2) Почему, по мнению психологов, удобно знакомиться в книжных магазинах?
3) Почему удобно знакомиться в библиотеках?
4) Как вы думаете, когда, в каких ситуациях можно познакомиться с интересным человеком в аэропорту?
5) Каково ваше мнение? Где лучше всего знакомиться друг с другом? (*По-мóему, ...; По моемý мнению, ...*)
6) О чём вы разговариваете при первом знакомстве?

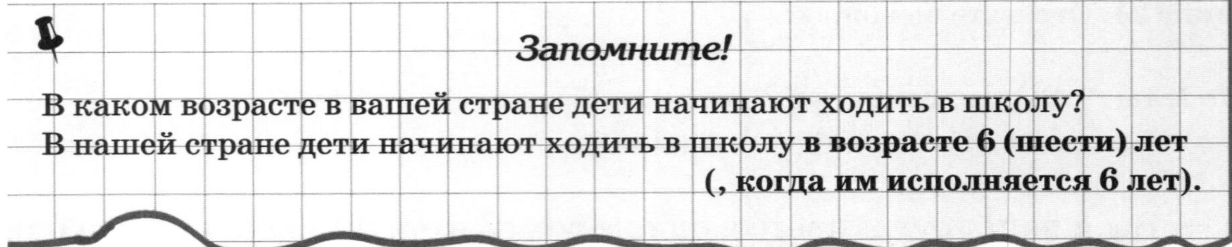

Запомните!

В каком возрасте в вашей стране дети начинают ходить в школу?
В нашей стране дети начинают ходить в школу **в возрасте 6 (шести) лет (, когда им исполняется 6 лет).**

Задание 23. Ответьте на вопросы.

1) В каком возрасте в вашей стране юноши и девушки оканчивают школу?
2) В каком возрасте в вашей стране юноши идут **служи́ть в а́рмии**?
3) В каком возрасте в вашей стране люди получают паспорт?
4) В каком возрасте в вашей стране люди получают **пра́во** жениться и выходить замуж?
5) В каком возрасте в вашей стране люди выходят на пенсию?

ОБРАТИТЕ ВНИМАНИЕ!

ходить, быть	**носи́ть**
в чём? в какой одежде?	*что?*
В театре он был **в чёрном костюме.**	Он но́сит часы на правой руке.
Он ходит на занятия **в джинсах и свитере**.	Он носит джинсы и свитер.

Задание 24. Прочитайте (прослушайте) диалог. **А.** Опишите ситуацию, в которой возможен такой диалог.

— Алло! Это Ирина? Вас беспокоит Андрей Соколов. Я знакомый вашего брата Виктора. Виктор просил передать вам небольшую посылку. Давайте завтра встретимся у метро, и я передам вам пакет.

— Хорошо, спасибо. А как мы узна́ем друг друга?

— Я буду в синей куртке, в руках у меня будет белый пакет. А как вы будете выглядеть?

— Я буду в белой **шу́бе** и в белой шапке.

— Надеюсь, мы узнаем друг друга. До встречи!

Б. Составьте подобный диалог. Опишите, как вы будете выглядеть при встрече.

Задание 25. Ответьте на вопросы.

1) В чём в вашей стране деловые люди ходят на работу?
2) В чём в вашей стране не **при́нято** ходить на официальный приём?
3) Какую одежду носят **хи́ппи, па́нки** и т. д.?
4) В какой одежде дети ходят в школу?
5) Что надевают на свадьбу жених и невеста?
6) В чём вы или ваши друзья были (или будете) на свадьбе?
7) Что вы наденете, если вас пригласит на приём английская королева? А японский император?
8) Что вы наденете, если вас пригласит в гости друг?
9) Как меняется мода? Что носили ваши бабушки и мамы? Что сейчас не носят? Что носит современная молодёжь?
10) Какую одежду вы носили бы, если бы были: а) миллионером; б) известным спортсменом; в) **топ-моде́лью**?
11) Какую одежду вы никогда бы не надели?

Задание 26. А. Прочитайте название текста и ответьте на вопросы до прочтения текста.

1) Вы знаете, кто такой Александр Пушкин?
2) Что вы знаете о Пушкине?
3) Когда, где и от кого вы впервые услышали это имя?

Б. Прочитайте (прослушайте) текст.

АЛЕКСАНДР ПУШКИН

Имя Александра Сергеевича Пушкина известно не только в России, но и во всём мире. «Величайший поэт России», «солнце русской поэзии» — так называют Пушкина любители литературы.

Александр Пушкин родился 6 июня 1799 года в Москве в небогатой **дворя́нской** семье. Он рано научился читать, мог весь день провести в большой библиотеке своего отца. Сергей Львович, отец Пушкина, занимался литературой, в его доме часто бывали известные русские писатели. Собирались чаще всего в столовой и разговаривали о литературе, о политике, спорили о **про́шлом** и **бу́дущем** России, обсуждали новости.

Свои первые стихи Александр написал в раннем детстве и, что интересно, написал их на французском языке. Дело в том, что в то время дворянские дети писали (а иногда и говорили) на французском языке лучше, чем на русском. Лето Пушкин обычно проводил у своей бабушки в деревне, и там он на всю жизнь полюбил русскую природу. И потом, когда Пушкин стал известным поэтом, он написал свои лучшие произведения не в Москве или в Петербурге, а в деревне.

19 октября 1811 года недалеко от Санкт-Петербурга, в Царском Селе (сейчас это город Пушкин), открылся **лице́й**. В этом лицее Александр Пушкин провёл 6 лет, может быть, 6 лучших лет своей короткой жизни. О лицее Пушкин всегда писал с большой любовью. В лицее о нём впервые заговорили как о большом поэте. Пушкин окончил лицей в 1817 году и стал серьёзно заниматься литературой.

Пушкин написал прекрасные стихи, романы, **по́вести**, **поэ́мы**. Он писал о природе, о жизни, об истории русского **госуда́рства** и, конечно, о любви. Но самые лучшие его стихи — это стихи о любви.

Пушкин несколько раз влюблялся, но женился довольно поздно, в 1831 году. Его жену звали Наталья Николаевна. Она считалась одной из самых красивых женщин России. Пушкин впервые увидел шестнадцатилетнюю **краса́вицу** на **балу́** в Москве в декабре 1828 года и сразу же влюбился в неё. «Я полюбил. Голова у меня **закружи́лась**», — писал Пушкин о первой встрече. Но Наталья была слишком молода, и её мать не дала согласия на **брак**. Только через 2 года Пушкин смог жениться на Наталье Николаевне.

У Александра Сергеевича и Натальи Николаевны было 4 (четверо) детей: 2 мальчика и 2 девочки. Пушкину приходилось очень много работать: кроме жены и детей, в его доме жили ещё **незаму́жние** сёстры Натальи Николаевны. Пушкину нужно было заботиться и о них.

Семья Пушкина была известна в Санкт-Петербурге. Царь часто приглашал Александра Сергеевича, его жену, её сестёр во дворец. Для участия в балах тоже нужны были деньги.

У Пушкина было много друзей, но было и много **враго́в**, которые **зави́довали сла́ве** поэта. Злые люди говорили, что у жены поэта есть любовник — французский офицер Жорж Дантес и что жена изменяет Пушкину. Чтобы **защити́ть** свою **честь** и честь своей жены, Пушкину пришлось **уча́ствовать** **в дуэ́ли**. На дуэли он был тяжело **ра́нен**, и через несколько дней, 10 февраля 1837 года, Пушкина не стало. Он **поги́б** в молодом возрасте.

Кто **винова́т** **в сме́рти** лучшего поэта России? Ответить на этот вопрос непросто. Никто не остановил руку Дантеса — человека, который не мог понять, какое значение для России имеет Пушкин. Нам остаётся только **го́рько** жалеть об этом.

В последней квартире поэта, на Мойке, 12, сейчас находится музей. Если вы хотите побольше узнать о великом русском поэте Александре Пушкине — музей ждёт вас.

зави́довать — позави́довать *кому? чему?*
защища́ть — защити́ть *кого? что? от чего?*
кружи́ться — закружи́ться

погиба́ть — поги́бнуть
прош. вр.:
он поги́б
она поги́бла
они поги́бли

В. Продолжите предложения.

1) Александр Пушкин ______________________ .
2) Пушкин родился в ______________________ году,
а умер в ____________ году.
3) Имя Пушкина известно ______________________ .
4) Александр Пушкин родился в ______________________ семье.
5) В детстве он любил читать книги в ______________________ .
6) Гости, которые приходили к отцу, собирались в ____________ ,
разговаривали о ____________ , о ____________ ,
спорили о ____________ , обсуждали ____________ .
7) Первые стихи Александр написал в ______________________ .
8) Он написал их на ______________________ .
9) Свои лучшие стихи Пушкин написал в ______________________ .
10) Пушкин 6 лет учился в ______________________ .
11) Пушкин писал стихи о ______________________ .
12) Пушкин женился в ______________________ году.
13) Он женился на ______________________ .
14) Пушкин очень много работал, потому что ему нужно было заботиться о ______________________ .
15) Семья Пушкина была известна в ______________________ .
16) Пушкин, его жена, её сёстры часто принимали участие в ______________________ .
17) Чтобы защитить честь жены, Пушкину пришлось участвовать в ______________________ .
18) Пушкин был тяжело ранен на ______________________ .
19) Он погиб в ______________________ возрасте.
20) Сейчас многие спорят о том, кто виноват в ______________________ .
21) Сейчас музей Пушкина находится ______________________ .
22) В музее можно много узнать о ______________________ .

Г. Ответьте на вопросы.

1) Кто такой Александр Пушкин?
2) Когда и где он родился?
3) Что вы можете сказать о его любви к чтению?
4) Чем занимались гости в доме Пушкиных?
5) Когда Александр начал писать стихи?
6) На каком языке он написал свои первые стихи? Почему?
7) Где он обычно проводил лето?
8) Где учился Александр Пушкин?
9) Когда был открыт Царскосельский лицей?
10) Когда Александр окончил лицей?
11) Когда Пушкин стал известным поэтом?
12) О чём Александр Пушкин писал в своих произведениях?
13) В каком возрасте Александр женился?
14) На ком он женился?
15) Как Александр Пушкин женился?
16) Сколько детей было у Александра?
17) Почему Александру приходилось очень много работать? О ком ему приходилось заботиться?
18) Почему Пушкину пришлось участвовать в дуэли?
19) Кто ранил Пушкина?
20) В каком году **произошла́** дуэль?
21) В каком возрасте погиб Пушкин?
22) Как вы думаете, почему люди спрашивают: кто виноват в смерти Пушкина?
23) Где находится музей Пушкина?

Д. Расскажите текст по плану.

1) Детство Пушкина.
2) Лицейские годы Пушкина.
3) Семья Пушкина, его **ли́чная** жизнь.
4) Смерть Пушкина.
5) Пушкин как национальный поэт России.

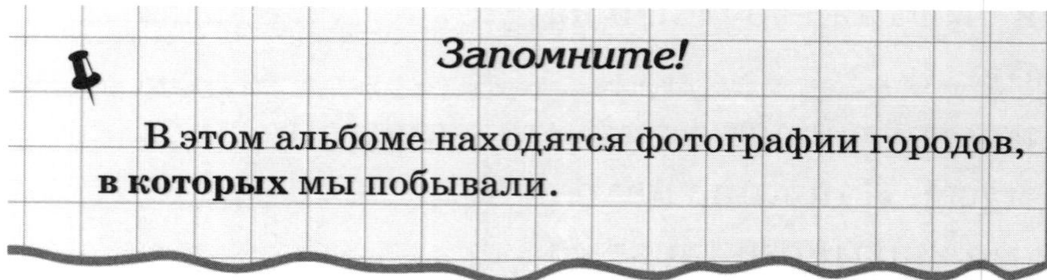
Запомните!

В этом альбоме находятся фотографии городов, **в которых** мы побывали.

Задание 27. Соедините два предложения в одно. Используйте слово «который».

1) Мы прочитали книги. Об этих книгах вы нам рассказывали.
2) Владимир помнит все соревнования. Он участвовал в этих соревнованиях.
3) Михаил всегда покупает книги о музеях. Он побывал в этих музеях.
4) Мне хочется посетить страны. Я ещё не был в этих странах.

Словарь урока 23

а́рмия
бал
бли́жний
брак
бу́дущее
бума́жник
ве́рхний
весе́нний
вече́рний
винова́т (-а, -ы) *в чём?*
враг
вчера́шний
го́рные лы́жи
го́рько
госуда́рство
да́льний
дворя́нский
де́тский дом
дома́шний
дре́вний
дуэ́ль (*ж. р.*)
за́втрашний
зал ожида́ния
зи́мний
инвали́д
исто́чник
колесо́ (*мн. ч.* колёса)
комфо́ртный
кра́йний
краса́вица
ле́тний
лице́й
ли́шний
насле́дство
незаму́жний (незаму́жняя)
ни́жний
о́бщество
осе́нний
па́нки
пе́рвый сертификацио́нный у́ровень
по́весть (*ж. р.*)
после́дний
поэ́ма
пра́во
при́быль (*ж. р.*)
при́нято + инф.
прогу́лка
про́шлое
пусты́ня
ра́нен
распространённый
сего́дняшний
сертифика́т
сла́ва
смерть (*ж. р.*)
собы́тие
соревнова́ние
спа́льный райо́н
сре́дний
стипе́ндия
топ-моде́ль (*ж. р.*)
усло́вие: при каком условии?
у́тренний
уча́стие
хи́ппи
че́стный
честь (*ж. р.*)
шу́ба
эколо́гия
я́хта

беспоко́иться — побеспоко́иться *о ком? о чём?*
зави́довать — позави́довать *кому? чему?*
защища́ть — защити́ть *кого? что?*
име́ть в виду́ (НСВ), что ...
кружи́ться — закружи́ться
купа́ться — искупа́ться *где?*
носи́ть *что?*
отключа́ть — отключи́ть *что?*
погиба́ть — поги́бнуть
принима́ть — приня́ть уча́стие *в чём?*
производи́ть — произвести́ *что?*
происходи́ть — произойти́
ра́нить (НСВ, СВ) *кого?*
служи́ть (НСВ) в а́рмии
сомнева́ться — засомнева́ться *в ком? в чём?*
уча́ствовать (НСВ) *в чём?*

Урок 24

Повторите!

<table>
<tr><th colspan="6">Родительный падеж (№ 2)</th></tr>
<tr><th rowspan="2">Модели</th><th rowspan="2">Предлоги</th><th rowspan="2">Части речи</th><th colspan="2">Окончания ед. ч.</th><th rowspan="2">Окончания мн. ч.</th></tr>
<tr><th>м. р.; ср. р.</th><th>ж. р.</th></tr>
<tr><td rowspan="5">у кого? у чего? кого? чего? откуда? чей? какой?
у кого? есть кто? что? / нет кого? чего?:
У Виктора нет машины.
Он был, жил у кого?:
Он был у подруги.
Он взял, попросил что? у кого?:
Он взял словарь у соседа.
откуда?: Он из Америки.
кто? (идёт, вернулся, приехал...) откуда? от кого?: из магазина / с вокзала, от врача:
Он вернулся из поликлиники от врача.
кто? получил письмо откуда / от кого?: Он получил письмо от подруги.
чей? чья? чьё? чьи?:
Это комната сестры.
какой? какая? какое? какие?:
Это общежитие университета.
где?: недалеко от / около / посередине / напротив / вокруг чего?;
когда?; какого числа? какого года?: пятого января 1999 (девятого) года;
в конце (в начале...) чего?;
после / до чего?:
завтрака, занятий</td><td rowspan="5">из/с
у
для
без
от
до
после
недалеко от
около
вокруг
напротив
кроме</td><td>имя сущ.</td><td>-а/-я</td><td>-ы/-и</td><td>-ов, -ев, -еи, ∅, (-ок, -ек), -ий</td></tr>
<tr><td>имя прил.</td><td>какого?
-ого/-его</td><td>какой?
-ой/-ей</td><td>каких?
-ых/-их</td></tr>
<tr><td rowspan="2">притяж. мест.</td><td>чьего?
моего
твоего
нашего
вашего
своего</td><td>чьей?
моей
твоей
нашей
вашей
своей</td><td>чьих?
моих
твоих
наших
ваших
своих</td></tr>
<tr><td colspan="3">его, её, их</td></tr>
<tr><td>личное мест.</td><td colspan="3">меня, тебя, его (у него), её (у неё), нас, вас, их (у них)</td></tr>
</table>

ПОВТОРИТЕ!

1. Вставьте пропущенные окончания. Найдите конструкции, в которых использован родительный падеж. Задайте вопросы к тексту.

Меня зовут Питер. Я приехал из Герман... . Сейчас я учусь в Санкт-Петербургск... государственн... университет... . Я приехал в Петербург 3 месяц... назад. Сначала я жил в общежит... . Мне нравилось там жить: недалеко от наш... общежит... находится универсам, остановка автобус... и троллейбус..., станция метро.

Недавно в Петербург приехал мой друг. Он преподаватель немецк... язык... и сейчас препода... немецк... язык в одн... петербургск... школ... . Мы с друг... решили поселиться вместе и снять квартир... . Мы долго искали **подходя́щ**... квартир... . Это был... довольно трудно: одна была слишком далеко от университет... , другая — от школ... мо... друг... , в третьей не был... Интернет... , четвёртая находилась далеко от станц... метро; хозяин пят... квартир... просил слишком много денег.

Наконец, мы нашли хорош... , удобн... и не слишком дорог... квартир... с Интернет... в центр... город... , недалеко от мо... университет... и от школ... мо... друг... .

В квартир..., кроме кухн... , туалет... и ванн... комнат..., есть две комнат... . В одн... живу я, а в друг... — мой друг. Мы довольны квартир... , правда, у нас не хватает мебел... . Например, в мо... комнат... нет шкаф... , но **зато́** есть прекрасн... письменн... стол с настольн... ламп... . В комнат... друг... есть больш... шкаф, но нет письменн... стол... и настольн... ламп... . Но я думаю, что в этом нет **ничего́ стра́шн**... . У нас один телевизор на двоих. Он стоит в комнат... мо... друг... . Но мы собираемся поставить его на кухн... . Я думаю, что так будет удобнее и для меня, и для мо... друг... .

(не) хвата́ть — (не) хвати́ть *кого? чего?*

---

2. Раскройте скобки.

1) У него нет ______________________________ (хороший телефон).
2) У неё нет ______________________________ (новая модная одежда).
3) У них нет ______________________________ (свободное время).
4) В городе нет ______________________________ (международный банк).
5) Вчера не было ______________________________ (сильный дождь).
6) Вчера здесь не было ______________________________ (этот **банкома́т**).

7) Завтра не будет ______________________________ (футбольный матч).
8) У ______________________________ (мой старший брат) есть ______________________ (машина).
9) У ______________________ (моя младшая сестра) нет ______________________ (машина).
10) У ______________________________ (мой лучший друг) есть ______________________ (невеста).
11) У ______________________ (его сосед) нет ______________ (ключ).
12) Он будет сдавать тест ______________________ (первый уровень).
13) Это выставка ______________________________ (известный французский художник).
14) Это цветы для ______________________ (моя любимая девушка).
15) Он приехал из ______________________ (Южная Корея).
16) В доме нет ______________________________ (горячая вода).
17) В общежитии нет ______________________________ (охрана).
18) Она не может жить без ______________________ (её кошка, её собака).

Повторите!

кроме *кого? чего?*

3. Прочитайте (прослушайте) предложения. Измените их по модели. Используйте предлог «кроме».

Модель: В театре были все студенты нашей группы. Только Иван не был. — В театре были все студенты нашей группы, *кроме Ивана.*

1) Почта работает каждый день. Только в воскресенье не работает.
2) Когда Виктор учился в школе, ему нравились все предметы. Только физика не нравилась.
3) Наташа была в магазине. Она купила все продукты, которые хотела купить. Только сыр не купила.
4) Я посмотрел все спектакли в этом театре. Только один не посмотрел.

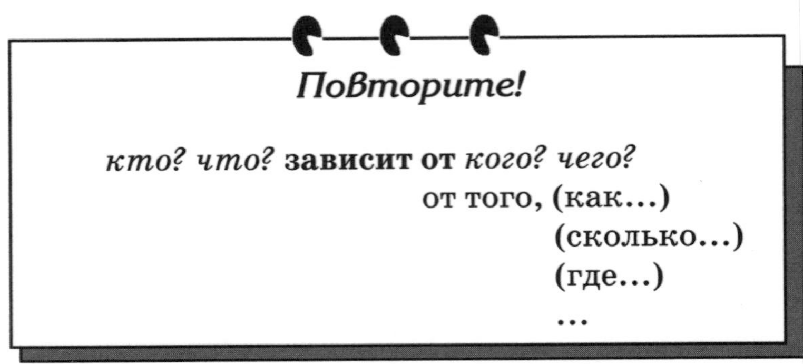

Повторите!
кто? что? зависит от кого? чего?
от того, (как...)
(сколько...)
(где...)
...

4. Составьте предложения по модели. Используйте глагол «зависеть».

Модель: хороший отдых — погода. — *Хороший отдых зависит от погоды / от того, какая будет погода.*

1) цена машины — качество машины;
2) вкус блюда — повар;
3) качество работы — **тала́нт** актёра;
4) **оценка** на экзамене — **подгото́вка** студента;
5) моя жизнь — я;
6) настроение бабушки — здоровье;
7) **поку́пка** машины — количество денег;
8) счастье Антона — его любимая девушка;
9) поедет ли Михаил в командировку — начальник;
10) поедет ли Вера на море — её муж;
11) когда будет контрольная работа — преподаватель;
12) пойдёте ли вы на дискотеку — ваше желание, ваше настроение;
13) получение сертификата первого уровня — как Том сдаст тест;
14) покупка новой квартиры — будут ли у Ивана Ивановича деньги;
15) поездка в Россию — получит ли Питер визу

5. А. Скажите, *от кого? / от чего?* зависит:

1) здоровье человека;
2) цена товара;
3) ваше настроение;
4) поедете ли вы летом на море;
5) какая погода будет завтра;
6) какую оценку вы получите на экзамене;
7) зарплата сотрудников фирмы;
8) приедете ли вы ещё раз в Россию;
9) купите ли вы машину;
10) получите ли вы сертификат первого уровня

Б. Составьте предложения по модели *что? зависит от кого? от чего?*

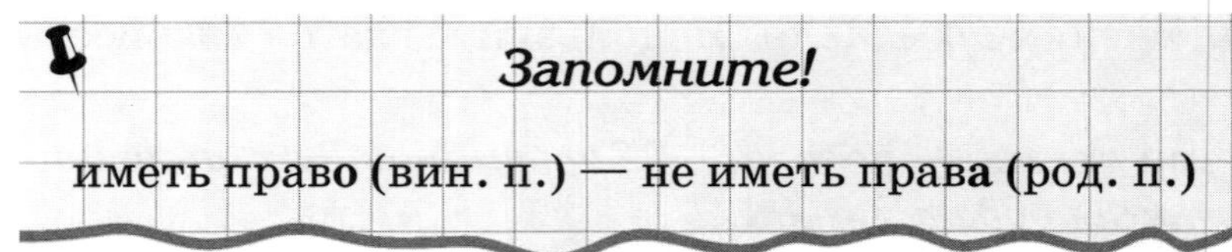

Запомните!

иметь прав**о** (вин. п.) — не иметь прав**а** (род. п.)

Задание 1. Прочитайте словосочетания и составьте предложения по модели.

Модель: выпить чашку кофе на работе — *Сотрудник фирмы имеет право выпить чашку кофе на работе.*
опаздывать на работу — *Сотрудник фирмы не имеет права опаздывать на работу.*

1) получить отпуск один раз в год;
2) пить чай на рабочем месте;
3) **критикова́ть** начальника;
4) обедать во время обеденного перерыва;
5) опаздывать каждый день на работу;
6) разговаривать на работе по телефону с друзьями больше часа;
7) сидеть в Интернете;
8) использовать машину фирмы для поездки на дачу;
9) получать зарплату вовремя;
10) не работать в выходные и **пра́здничные** дни;
11) грубо разговаривать с клиентами;
12) передавать информацию о фирме **конкуре́нтам**

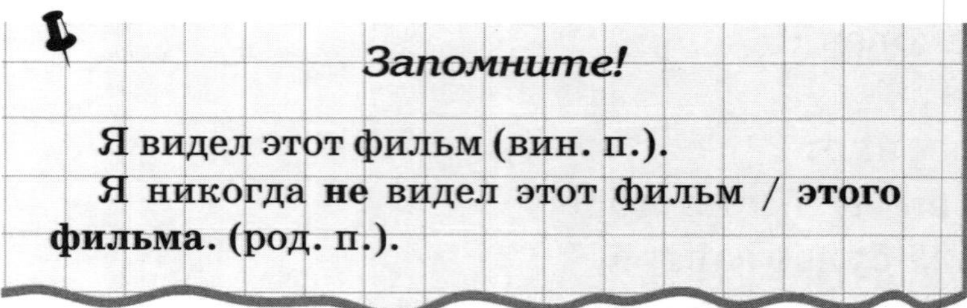

Запомните!

Я видел этот фильм (вин. п.).

Я никогда **не** видел этот фильм / **этого фильма.** (род. п.).

Задание 2. Ответьте на вопрос положительно или отрицательно.

Вы видели этот балет, эту оперу, этот памятник, этот собор, эту площадь, этот спектакль, это здание, этот дворец?

Модель: — Вы видели этот фильм?
— *Да, я видел этот фильм. / Нет, я не видел этого фильма.*

Повторите!

он, оно		она	
два, три, четыре	учебника, письма	**две** три, четыре	сестры, книги

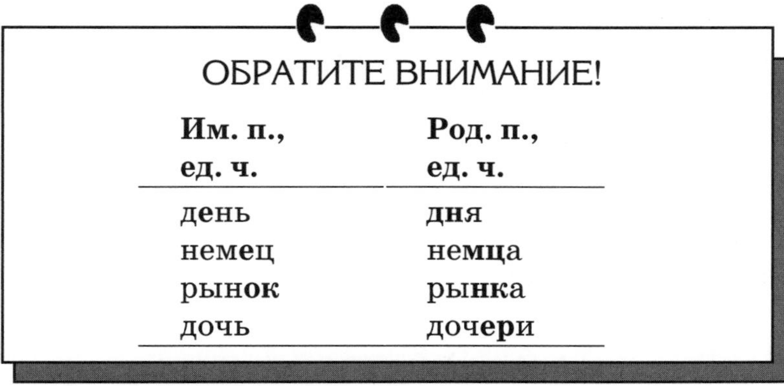
ОБРАТИТЕ ВНИМАНИЕ!

Им. п., ед. ч.	Род. п., ед. ч.
день	**дня**
неме**ц**	не**мца**
рын**ок**	ры**нка**
дочь	доч**ери**

Задание 3. Составьте словосочетания по модели.

Модель: два — человек, портфель, друг —
два человека, два портфеля, два друга

1) два — брат, сын, стол, компьютер, день, дворец, сосед, преподаватель, словарь, окно, здание, предложение, месяц, ребёнок, яблоко, японец, **плато́к**;

2) две — подруга, сестра, дочь, ручка, кровать, чашка, вилка, ложка, тарелка, газета, неделя, новость, папка, аудитория, деревня, студентка;

3) три — билет, комната, стул, кресло, ребёнок, полка, день, телефон, девушка, аудитория, бутылка, неделя, дворец, слово, кореянка, китаец;

4) четыре — дом, этаж, лифт, картина, рисунок, лампа, конверт, открытка, девушка, студент, день, американец

Задание 4. Продолжите предложения. Используйте слова, данные в скобках.

1) Мы были в Петербурге уже 2 ______________ (раз).
2) Мой коллега был в командировке 2 ______________ (неделя).
3) На занятии мы прочитали 2 ______________ (текст) и 3 ______________ (диалог).
4) Мой брат приехал в Москву на 3 ______________ (день).
5) Эта книга стоит 4 ______________ (доллар).
6) В нашем общежитии 23 ______________ (этаж).
7) В нашем учебнике по грамматике 233 ______________ (страница).
8) Экзамены начинаются через 2 ______________ (день), а каникулы — через 2 ______________ (неделя).
9) В нашей группе 4 ______________ (студент) и 3 ______________ (студентка).

10) На этом этаже живут 4 ______________ (немец), 2 ______________ (американец), 3 ______________ (японец), 2 ______________ (китаянка), 2 ______________ (француженка), 2 ______________ (китаец).
11) Мы были на экскурсии. Мы осмотрели 2 ______________ (дворец). Мне понравились 2 ______________ (мост), 2 ______________ (площадь).
12) Антон купил в магазине 2 ______________ (бутылка сока), 3 ______________ (яблоко), 4 ______________ (банан) и 2 ______________ (лимон).
13) Том привёз из Америки 2 ______________ (словарь), 3 ______________ (тетрадь), 4 ______________ (ручка) и 2 ______________ (линéйка).

РОДИТЕЛЬНЫЙ ПАДЕЖ СУЩЕСТВИТЕЛЬНЫХ
(множественное число)*

У Виктора один друг.

У Антона два **друга**. У Тома много **друзей**.

Падеж	Существительные				
Им. п. (№ 1)	*кто? что?*				
	студе́нт дворе́**ц** (*-е́ц*)	врач (после **ж, ш, щ, ч**) словарь *(м. р.: -ь)* тетрадь *(ж. р.: -ь)* мо́р**е** друг — друзья́ сын — сыновья́ мать — ма́тери дочь — до́чери	музе́й америка́нец (*-а́нец*) ме́сяц брат — бра́тья лист — ли́стья стул — сту́лья дерево — дере́вья	газе́та (*-а*) ма́**рка** де́вушка неде́ля *(-я)* пе́сня сло́во (*-о*) окно́ письмо́	аудито́р**ия** *(-ия)* зда́н**ие** *(-ие)*
Род. п. (№ 2) Мн. ч.	*кого? чего?*				
	-ов	**-ей**	**-ев**	-∅ **-ок** после **ж, ш, щ, ч** + **-ек**	**-ий**
	студе́н**тов** дворц**о́в**	врач**е́й** словар**е́й** тетра́д**ей** мор**е́й** друз**е́й** сынов**е́й** матер**е́й** дочер**е́й**	музе́**ев** америка́нц**ев** ме́сяц**ев** бра́ть**ев** ли́сть**ев** сту́ль**ев** дере́вь**ев**	газе́т ма́р**ок** де́вуш**ек** неде́ль пе́сен слов о́кон пи́сем	аудито́р**ий** зда́н**ий**

* Множественное число, именительный падеж: см. стр. 367.

ОБРАТИТЕ ВНИМАНИЕ!

1 (один, одно, одна)	**2 (два, две), 3, 4**	**5...20, мало, много, немного, сколько, несколько, большинство**
челове́к (лю́ди)	человека	5…20, сколько, несколько — человек, мало, много, большинство — людей
раз	раза	раз
год	года	лет
ребёнок (де́ти), сын (сыновья́), друг (друзья́), гость (го́сти), рубль, день (дни)	ребёнка, сы́на, дру́га, го́стя, рубля́, дня	дет**е́й**, сынов**е́й**, друз**е́й**, гост**е́й**, рубл**е́й**, дн**ей**
брат (бра́тья), лист (ли́стья), стул (сту́лья), де́рево (дере́вья)	бра́та, листа́, сту́ла, де́рева	бра́ть**ев**, ли́сть**ев**, сту́ль**ев**, дере́вь**ев**
гражданúн (гра́ждане), англича́нин (англича́не), крестья́нин (крестья́не), инопланетя́нин (инопланетя́не)	граждани́на, англича́нина, крестья́нина, инопланетя́нина	гра́ждан, англича́н, крестья́н, инопланетя́н
сестра́ (сёстры)	сестры́	сест**ё**р
неде́ля, кастрю́ля, дере́вня, пе́сня	неде́ли, кастрю́ли, дере́вни, пе́сни	неде́л**ь**, кастрю́л**ь**, дереве́н**ь**, пе́сен
америка́нец (америка́нцы), дворе́ц (дворцы́)	америка́нца, дворца́	америка́нц**ев**, дворц**о́в**
ры́нок (ры́нки), плато́к (платки́), рису́нок (рису́нки)	ры́нка, платка́, рису́нка	ры́нк**ов**, платк**о́в**, рису́нк**ов**

ОБРАТИТЕ ВНИМАНИЕ!

двое **трое** **четверо**	детей, внуков, друзей

У Владимира **двое детей:** мальчик и девочка.
У Марии Ивановны **трое внуков.**

Задание 5. Прочитайте (прослушайте) слова. Составьте словосочетания по модели. Используйте родительный падеж множественного числа.

Модель: стол — *много столов*

А. автобус, учебник, врач, брат, друг, словарь, студент, преподаватель, журнал, зал, дом, город, лист, трамвай, стул, музей, университет, экзамен, шкаф, этаж, рубль, портфель, день, язык, билет, вопрос, карандаш, нож, **плащ**, календарь, костюм, месяц, дворец, килограмм, профессор, писатель, звук, завод, ключ, телевизор, ребёнок, сын, конверт, продавец, японец, сотрудник, документ, отдел, строитель, клиент, кабинет, шахтёр, случай;

Б. книга, лампа, ручка, лекция, станция, поликлиника, улица, площадь, гостиница, аптека, чашка, вилка, девушка, тарелка, библиотека, дочь, мать, газета, тетрадь, карта, конфета, неделя, страница, ошибка, задача, группа, сестра, аудитория, женщина, мужчина, кошка, бутылка, рубашка, проблема, дверь, страна, вещь, куртка, достопримечательность, берёза, посылка, причина, яхта, шуба, красавица, **скре́пка**, **кно́пка**;

В. слово, упражнение, задание, предложение, окончание, общежитие, яблоко, блюдо, окно, письмо, занятие, дерево, впечатление, право, произведение, **расте́ние**

Запомните!

Множественное число

Им. п.	Род. п.
де́ньги	де́нег
очки́	очко́в
носки́	носко́в
брю́ки	брюк
боти́нки	боти́нок
перча́тки	перча́ток
но́жницы	но́жниц
кани́кулы	кани́кул

Задание 6. Ответьте на вопросы по модели.

Модель: — Сколько телефонов в кабинете? (3) — *В кабинете 3 телефона.*

1) — Сколько факультетов в университете? ____________________
____ (18)

2) — Сколько студентов в вашей группе? ____________________
____________________ (9)

3) — Сколько сотрудников в фирме? ____________________
____________________ (2.600)

4) — Сколько театров в городе? ____________________ (51)

5) — Сколько стульев в кабинете? ____________________
____________________ (16)

6) — Сколько квартир в доме? ____________________
____________________ (102)

7) — Сколько писем вы послали? ____________________ (3)

8) — Сколько этажей в общежитии? ____________________
____________________ (17)

9) — Сколько библиотек в университете? ____________________
____________________ (2)

10) — Сколько дней вы были в Москве? ____________________
____________________ (3)

11) — Сколько упражнений нужно написать? ____________________
____________________ (2)

12) — Сколько недель в месяце? ____________________ (4)

13) — Сколько месяцев в году? ____________________ (12)

14) — Сколько дней в году? ____________________ (365)

15) — Сколько бутылок воды купил Вадим? ____________________
____________________ (2)

16) — Сколько сестёр у Наташи? ____________________
____________________ (3)

17) — Сколько ошибок сделал Том в контрольной работе? ____________________
____________________ (5)

Задание 7. Раскройте скобки.

1) В нашей фирме работает много ____________________
____________________ (мужчины, женщины).

2) Фирма продаёт много ____________________
____________________ (планшеты, холодильники, телевизоры).

3) В зале было много ____________________
____________________ (преподаватели, студенты).

4) Друзья подарили мне несколько ____________________
____________________ (диски, книги).

5) У него много ____________________
____________________ (братья, сёстры, друзья).

6) На нашем факультете много ____________________
____________________ (аудитории, лаборатории, кабинеты).

7) В городе много ____
____
(парки, музеи, рестораны, дворцы, библиотеки, гостиницы, достопримечательности).

8) Секретарь купила много ____
____
(конверты, ручки, карандаши, скрепки, кнопки, папки, ножницы).

9) После вечеринки Антон вымыл много ________________________
________________________ (стаканы, тарелки, чашки, ножи, вилки, ложки).

10) Игорь интересуется модой. У него в шкафу много ________________
____
(костюмы, рубашки, галстуки, шарфы, перчатки, брюки, куртки, носки, ботинки).

11) Бабушка Оли любит читать. У неё на столе всегда много ________
____
(книги, журналы, газеты).

12) Президент пригласил на встречу много ________________________
____
(преподаватели, писатели, артисты, лётчики, студенты, строители, космонавты, врачи, бизнесмены, шахтёры, **свящéнники**).

13) После путешествия у него много ________________ (впечатления).

14) Том опоздал на занятия, потому что на дорогах много ________ (пробки).

Задание 8. Дополните предложения.

Модель: В кабинете один стол. — В кабинете три *стола*. В кабинете много *столов*.

1) У директора один переводчик. У директора три ________________. У директора много ________________.
2) В гараже стоит одна машина. В гараже стоит четыре ________________. В гараже стоит много ________________.
3) В холодильнике стоит пакет молока. В холодильнике стоит два ________________ молока. В холодильнике стоит несколько ________________ молока.
4) В городе находится один музей. В городе находится три ________________. В городе находится немного ________________.
5) Дайте, пожалуйста, чашку кофе! Дайте, пожалуйста, две ________________ кофе!
6) Возьмите стакан сока! Возьмите четыре ________________ сока!

7) Покажите, пожалуйста, матрёшку! Покажите, пожалуйста, две ______________ ! Покажите, пожалуйста, несколько ______________ .

Задание 9. Задайте вопросы со словом «сколько» и ответьте на них.

Модель: библиотека — 20 — *Сколько в городе библиотек?*
— *В городе 20 библиотек.*

1) театр — 4
2) ресторан — 98
3) музей — 5
4) университет — 3
5) школа — 28
6) парк — 4
7) гостиница — 22
8) больница — 36
9) здание — много
10) стадион — 7

Запомните!

В аудитории сидят студенты.
В аудитории **сидит несколько** студентов.
В аудитории сидели студенты.
В аудитории **сидело** (сидели) **несколько** студентов.
В аудитории **было** (были) 2 студента.

Задание 10. Прочитайте вопросы. Используйте глагол в форме прошедшего времени.

1) Сколько книг и словарей ______________ (лежать) на столе?
2) Сколько сотрудников ______________ (работать) раньше в фирме?
3) Сколько туристов ______________ (приезжать) в Петербург в прошлом году?
4) Сколько человек ______________ (быть) вчера на собрании?
5) Сколько зрителей ______________ (прийти) на вчерашний концерт?
6) Сколько студентов ______________ (получить) хорошие оценки?

Задание 11. Прочитайте (прослушайте) предложения. Измените их по модели. Используйте слова «много», «мало», «несколько».

Модель: Вчера у меня в гостях были друзья. — Вчера у меня в гостях *было много друзей*.

1) Раньше на этой улице были цветы и деревья.
2) На вечеринку пришли девушки.

3) У нас были гости.
4) На столе лежали документы.
5) В командировку ездили инженеры.
6) По улице гуляли родители и дети.
7) В кабинете стояли стулья и стол.
8) Раньше в этом городе были достопримечательности.
9) Раньше у фирмы были клиенты.
10) В этом университете учились студенты.
11) В университете раньше учились иностранцы.
12) В кафе были люди.

Запомните!

Существительные, которые не имеют множественного числа
(*см. также стр. 368*)

Именительный падеж	Родительный падеж: мало / много
вода, хлеб, колбаса, сыр, мясо, масло, картошка, свёкла, морковь, **мука́**, рис, мёд, икра, сметана, сок, соль, сахар	воды, хлеба, колбасы, сыра, мяса, масла, картошки, свёклы, моркови, муки, риса, мёда, икры, сметаны, сока, соли, сахара
энергия, солнце, снег, **пыль**, **грязь**, **му́сор**	энергии, солнца, снега, пыли, грязи, мусора
уголь, нефть, **желе́зо**, золото, **серебро́**, **медь**, **кислоро́д**, воздух, **хло́пок**, **янта́рь**	угля, нефти, железа, золота, серебра, меди, кислорода, воздуха, хлопка, янтаря
любовь, счастье, здоровье, **ра́дость**, **го́ре**, **шум**, **ю́мор**	любви, счастья, здоровья, радости, горя, шума, юмора

ОБРАТИТЕ ВНИМАНИЕ!

Желаю вам много счастья, здоровья, любви, радости!
На вечеринке друзья съели много фруктов.
Гольден — это **сорт** яблок.
В магазине много сортов яблок.
Футбол — это **вид** спорта.
В городе несколько видов общественного транспорта: автобусы, троллейбусы, трамваи, метро.

Задание 12. Раскройте скобки.

1) В мире много ______ (город, деревня, человек).
2) На улице мало ______ (мусор).
3) Для приготовления национального блюда он купил немного ______ (рис, морковь, лук, мясо).
4) Сейчас у меня мало ______ (время).
5) Сколько ______ (остановка) до станции метро?
6) Покажите, пожалуйста, несколько ______ (альбом и книга)!
7) Мама попросила меня купить немного ______ (сок, яблоко, бананы, виноград, огурец, помидор).
8) Чтобы приготовить торт, нужно немного ______ (мука, соль, сахар, молоко, яйцо, орехи, фрукты, мёд).
9) Каждый день я получаю много ______ (письма).
10) Мне не нравится район, где я живу. Здесь много ______ (завод, машина, люди, шум, грязь), но мало ______ (дерево, парк, цветы, ресторан, театр, банкомат).
11) В магазине большой выбор посуды: много ______ (чашка, ложка, вилка, ваза, чайник, кастрюля).
12) К Наташе завтра придут гости. Она купила в магазине немного ______ (хлеб, сыр, колбаса, масло, овощи, фрукты).
13) В России много ______ (уголь, нефть).
14) Зимой в Сибири много ______ (снег).
15) В бутылке осталось немного ______ (сок).
16) В музее много ______ (золото и серебро).
17) В буфете большой выбор ______ (бутерброд, пирожок, булочка).
18) Вчера у Лизы была свадьба. Друзья пожелали ей много ______ (любовь, счастье, радость, здоровье).
19) Господин Кузнецов — очень богатый человек. У него много ______ (деньги, золото, бриллиант, кольцо, дом, машина, яхта, самолёт, **охра́нник**).

УРОК 24

Задание 13. Ответьте на вопросы. Используйте данную информацию.

1) Сколько и каких продуктов купила Ирина?

яблоки — 3 кг
мясо — 2 кг
картошка — 10 кг
огурцы — 0,5 кг
помидоры — 1,5 кг
лук — 1 кг
рис — 2 кг
колбаса — 800 г
масло — 600 г
сахар — 5 кг
пакет молока — 2
бутылка сока — 3

2) Сколько и чего купила секретарь для отдела?

карандаш — 100
ручка — 80
пачка бумаги — 10
резинка — 20
ножницы — 10
коробка скрепок — 4
коробка кнопок — 5
папка — 40
ежедне́вник — 15

Задание 14. Прочитайте (прослушайте) тексты. Решите шуточные задачи, которые придумал Г. Остер.

1) У маленького мальчика Кузи ещё только 4 зуба, а у его бабушки уже только 3. Сколько всего зубов у бабушки и её внука?
2) Если мальчика Кузю **взве́сить** вместе с бабушкой — **полу́чится** 59 кг. Если взвесить бабушку без Кузи — получится 54 кг. Сколько **ве́сит** Кузя без бабушки?
3) У одной **многоде́тной** мамы было 5 (пятеро) детей. 2/5 этих детей — девочки. Догадайтесь, кто остальные и сколько их.
4) В доме 12 чашек и 9 тарелок. Дети **разби́ли** половину чашек и 4 тарелки. Сколько человек не сможет выпить чаю и съесть супа, если в семье 7 человек?
5) Сколько **хвосто́в** у семи котов?
Сколько носов у двух **псов**?
Сколько **па́льчиков** у четырёх мальчиков?
Сколько ушей у пяти малышей?
6) Из 24 учеников второго класса 12 уверены, что родители нашли их в капусте, 11 считают, что их принёс **а́ист**, а остальные сомневаются в этом. Сколько во втором классе учеников, которые сомневаются?
7) Иностранный студент должен выучить 40 русских слов. На то, чтобы запомнить каждое слово, он **тра́тит** 2 минуты. Сколько минут нужно студенту, чтобы забыть эти слова, если известно, что он забывает слова **вдво́е** быстрее, чем запоминает?

8) 40 бабушек ехали в одном лифте и **застря́ли** между этажами. Половина бабушек стала готовиться к худшему. 18 бабушек из другой половины стояли спокойно и надеялись на скорое **спасе́ние**. Остальные бабушки оказались **не́рвными**. Они начали **нажима́ть** на все кнопки, кричать «Помогите!» и ругать правительство. Сколько нервных бабушек застряло между этажами?

9) Пётр Петрович, добираясь на работу, ехал сначала на автобусе, потом на метро, а **оста́ток** пути шёл пешком. В автобусе Петра Петровича **толкну́ли** 12 человек, в метро — 18 человек, а когда он шёл пешком, только 2 человека. 29 человек, которые толкнули Петра Петровича, не **извини́лись** перед ним, а остальные **попроси́ли проще́ния**. Сколько вежливых людей толкнуло Петра Петровича?

взве́шивать — взве́сить *кого? что?*
ве́сить (НСВ) *кто? сколько?* (весит)
разбива́ть — разби́ть *что?*
тра́тить — истра́тить (деньги) *на что?*
застрева́ть — застря́ть *где?*
нажима́ть — нажа́ть *на что?*
толка́ть — толкну́ть *кого? что?*
извиня́ться — извини́ться *перед кем?*
проси́ть — попроси́ть (прощения) *у кого?*

Задание 15. Прочитайте (прослушайте) вопросы. Ответьте на них отрицательно.

Модель 1: — В вашем городе есть парки? — *Нет, там нет парков.*

24.5

1) — В библиотеке есть словари?
2) — В парке есть озёра?
3) — У Виктора есть сёстры и братья?
4) — У Светланы есть дети?
5) — У него есть ошибки в контрольной работе?
6) — В воздухе есть пыль?
7) — У неё есть документы?

Модель 2: — Здесь были студенты? — *Здесь не было студентов.*

24.6

1) — У вас были занятия?
2) — Раньше здесь были здания?
3) — У вас были собаки и кошки?
4) — Вчера у вас были гости?
5) — Осенью на улице были листья?
6) — На улицах был мусор?
7) — Зимой здесь был снег?
8) — В прошлом году в стране были **забасто́вки**?

Модель 3: — Здесь будут банки? — *Нет, здесь не будет банков.*

1) — В этом районе будут рестораны?
2) — На этом этаже будут банкоматы?
3) — Здесь будут деревья?
4) — Скоро здесь будут люди?
5) — У них будут деньги?
6) — У неё будут проблемы?
7) — Зимой будут дожди?

РОДИТЕЛЬНЫЙ ПАДЕЖ ПРИЛАГАТЕЛЬНЫХ, ПРИТЯЖАТЕЛЬНЫХ И УКАЗАТЕЛЬНЫХ МЕСТОИМЕНИЙ, ПОРЯДКОВЫХ ЧИСЛИТЕЛЬНЫХ
(множественное число)

У Тома хорошие друзья.
У Тома много **хороших друзей.**

Падеж	Прилагательные, притяжательные и указательные местоимения, порядковые числительные	
	Согласные перед окончанием: в, д, л, м, н, п, р, с, т	Согласные после окончанием: г, к, х, ж, ш, щ, ч, [н’]
Им. п. (№ 1)	*какие? чьи?*	
	красивые, удобные, первые	маленькие, синие, третьи, мои, твои, свои, наши, ваши, эти, одни, все
	его, её, их	
Род. п. (№ 2)	*каких? чьих?*	
	-ых	**-их**
	красив**ых**, удобн**ых**, перв**ых**	маленьк**их**, син**их**, треть**их**, мо**их**, тво**их**, сво**их**, наш**их**, ваш**их**, эт**их**, одн**их**, **всех**
	его, её, их	

Задание 16. Прочитайте (прослушайте) предложения. Составьте предложения по моделям.

Модель 1: — Эти подарки мы купили для друзей. — *Для каких друзей?*

1) — Мы получили информацию от преподавателей. ________________
2) — Это студенты факультетов. ________________
3) — Расскажите об истории стран. ________________
4) — Мы видели Антона недалеко от ресторанов. ________________

5) — Это картины художников. ______

6) — Эти студенты приехали из разных стран. ______

Модель 2: Это книги моего друга. — Это книги *моих друзей*.

1) Ольга получила письмо от своего брата. ______ 24.9

2) Марина купила подарки для своего сына. ______

3) Наташа показала нам фотографии своего ребёнка. ______

4) Я получил письмо от своего друга. ______

5) Справа — дом моего соседа. ______

6) Летом я был в гостях у моей сестры. ______

7) В журнале я видела фотографии богатого человека. ______

Модель 3: — У вас есть чёрные шарфы? — *У нас нет чёрных шарфов*.

1) — У вас есть мужские перчатки? ______ 24.10

2) — У вас есть белые рубашки? ______

3) — У вас есть тёмно-синие носки? ______

4) — У вас есть золотые часы? ______

5) — У вас есть **ко́жаные** куртки? ______

6) — У вас есть **меховы́е** шапки? ______

Модель 4: У Игоря нет марок. (японские) — У Игоря нет *японских марок*.

1) Простите, у вас нет журналов? ______ (французские)

2) В ресторане нет мест. ______ (свободные)

3) В магазине нет телевизоров. ______ (недорогие **ка́чественные**)

4) На этой улице нет зданий. ______ (большие красивые)

5) В магазине «Одежда» нет сумок. ______ (кожаные)

6) Простите, у вас нет газет? ______ (сегодняшние)

7) В этом магазине нет конфет. ______ (шоколадные)

8) Сегодня в кафе нет булочек. ______ (мягкие)

Задание 17. Продолжите предложения. Используйте, где возможно, слова «эти», «такие», «никакие».

Модель: Я хотел поймать машину, но на улице ______________.
Я хотел поймать машину, но на улице *не было никаких машин*.

1) Я хотел купить русско-английский словарь, но в магазине ______________ .
2) Я хотел купить билеты в театр, но в кассе ______________ .
3) Я хотел подарить подруге красивые длинные белые розы, но на рынке ______________ .
4) Андрей хотел купить недорогой качественный смартфон, но в магазине ______________ .
5) Я хотел найти в словаре эти слова, но там ______________ .
6) Мой фотоаппарат сломался. Я хотел купить такой же фотоаппарат, какой у меня был, но, к сожалению, в магазине ______________ .
7) Мне нужны тёплые зимние перчатки, но в магазине ______________ .
8) Начальник сказал, что на моём столе лежат важные документы, но на моём столе ______________ .
9) В этой аудитории должны сдавать экзамены иностранные студенты, но там ______________ .

Задание 18. Прочитайте (прослушайте) предложения. Составьте предложения по модели.

Модель 1: — В буфете есть свежие пирожки? — В буфете *нет свежих пирожков*.

24.11

1) — В ресторане есть свободные места? ______________
2) — В группе есть новые студенты? ______________
3) — В тексте есть незнакомые слова? ______________
4) — В киоске есть немецкие газеты? ______________
5) — В этом уроке есть трудные упражнения? ______________
6) — В кафе есть горячие блюда? ______________
7) — У тебя есть золотые часы? ______________
8) — У неё есть хорошие **нау́шники**? ______________
9) — У Романа есть **води́тельские права́**? ______________

Модель 2: У Ирины и Андрея есть билеты на самолёт, а у нас *нет билетов на самолёт.*

1) У нас вчера были занятия, а у них ______________________.
2) У него вчера было свободное время, а у меня ______________________
______________________.
3) У вас будут летом экзамены, а у нас ______________________
______________________.
4) Сегодня в автобусе были свободные места, а вчера ______________________
______________________.
5) В России зимой был снег, а в Европе в этом году ______________________
______________________.
6) Сегодня в магазине есть свежий хлеб, а вчера ______________________
______________________.
7) Сегодня в магазине есть такие словари, а завтра, возможно, в магазине уже ______________________.

Модель 3: — Это ваши фотографии? (мои друзья) — *Нет, это фотографии моих друзей.*

1) — Это ваша визитная карточка? ______________________
______________________ (мой сосед)
2) — Это ваши книги? ______________________
______________________ (мои родители)
3) — Это ваши вещи? ______________________
______________________ (мои друзья)
4) — Это японские флаги? ______________________
______________________ (другие страны)
5) — Это его наушники? ______________________
______________________ (его подруга)

Модель 4: — У неё одна подруга? — *Нет, у неё много подруг.*

24.12

1) — В городе один итальянский ресторан? ______________________
2) — У него один близкий друг? ______________________
3) — У неё одна кожаная сумка? ______________________
4) — В группе один корейский студент? ______________________
5) — В метро стоит один новый банкомат? ______________________
6) — У Виктора одна любимая девушка? ______________________
7) — У Марии одна чёрная кошка? ______________________
8) — У Владимира один футбольный мяч? ______________________
9) — У Романа один свободный день? ______________________
10) — В ресторане одно свободное место? ______________________

Задание 19. Раскройте скобки. Обратите внимание: данные в скобках существительные изменяются как прилагательные.

1) В лесу много ______________ (**ди́кие** животные).
2) В южных странах много ______________ (опасные насекомые).
3) В городе мало ______________ (хорошие парикмахерские).
4) Около моего дома несколько ______________ (прачечные и столовые).
5) В Санкт-Петербурге много ______________ (красивые набережные).
6) Летом в городе много ______________ (насекомые).
7) В университете работает много ______________ (известные учёные).
8) В театре Виктор встретил много ______________ (его знакомые).
9) Лена любит сладкое. На вечеринке она съела много ______________ (пирожные).
10) В этом тексте много ______________ (новые существительные и прилагательные)

Задание 20. Ответьте на вопросы по моделям.

Модель 1: — Чья машина стоит перед банком? (наш директор)
— *Перед банком стоит машина нашего директора.*

1) —Чьи ключи вы нашли в коридоре? — ______________ (мой сосед)
2) — Чьи игрушки вы положили на место? — ______________ (мои маленькие сын и дочь)
3) — Чью подругу они встретили в театре? —______________ (один мой русский знакомый)
4) — Чьи документы лежат на столе? — ______________ (американские студенты)
5) — Чьи вещи стоят в углу? — ______________ (немецкие туристы)

Модель 2: — Какую бытовую технику вы предпочитаете? (французские фирмы).
— *Я предпочитаю бытовую технику французских фирм.*

1) — Какие студенты сдавали вчера экзамен? — ______________ (филологический факультет)
2) — Какое письмо вы читаете? — ______________ (один мой школьный друг)
3) — Какую **рекла́му** показывают по телевизору? — ______________ (французские духи и косметика)

4) — На каком концерте вы были вчера? — ______________________________
______________________________ (известная оперная певица)

5) — Какие фотографии вы показали преподавателю? — ______________
______________________________ (мои школьные друзья)

Задание 21. Прочитайте словосочетания. **А.** Составьте с ними предложения, в которых выражается удивление.

Модель: красивые дворцы — *Как много (Как мало) в нашей стране красивых дворцов!*

1) интересные книги, 2) американские фильмы, 3) японские студенты, 4) французские туристы, 5) прекрасные музеи, 6) красивые девушки, 7) незнакомые слова, 8) грамматические ошибки, 9) дорогие гостиницы, 10) дешёвые продукты, 11) свежие газеты, 12) вкусные блюда, 13) весёлые дети, 14) талантливые музыканты, 15) хорошие компьютеры, 16) плохие дороги, 17) голодные собаки, 18) высокие здания

Б. Составьте свои предложения на темы «Санкт-Петербург», «Россия» по этой модели.

ОБРАТИТЕ ВНИМАНИЕ!

Объявление в общественном транспорте: «Места **для инвалидов, лиц пожилого возраста, беременных женщин** и **пассажиров** с детьми».

Задание 22. Прочитайте текст-шутку. Прокомментируйте её.

— Я не пью, не курю и никогда не изменяла мужу, — говорит актриса журналисту.

— Браво! Значит, у вас нет никаких **недоста́тков**?

— В общем, нет, но иногда я немножко вру.

врать — совра́ть *кому?*
я вру
ты врёшь
они врут

ОБРАТИТЕ ВНИМАНИЕ!

— Санкт-Петербург — красивый город?

— Да, это **один из самых красивых городов** Европы.

Один из ... / одна из... / одно из... + самых + № 2 мн. ч.

Задание 23. Прочитайте (прослушайте) предложения. Измените их по модели.

Модель: Санкт-Петербург — самый красивый город Европы.
— Санкт-Петербург — один из самых красивых городов Европы.

1) Москва — самый большой город мира. ____________________
2) Эрмитаж — самый известный музей мира. ____________________
3) Невский проспект — самый длинный проспект в Европе. ____________________
4) Фёдор Достоевский — самый известный русский писатель. ____________________
5) «Астория» — самая старая гостиница в Санкт-Петербурге. ____________________
6) Исаакиевский собор — самый высокий собор в Санкт-Петербурге. ____________________
7) Пеле — самый известный футболист в мире. ____________________
8) Дворцовая площадь — самая красивая площадь в Санкт-Петербурге. ____________________
9) Русский язык — самый красивый язык в мире. ____________________
10) Английский язык — самый распространённый язык в мире. ____________________
11) Китайский язык — самый трудный язык в мире. ____________________

Задание 24. А. Прочитайте (прослушайте) текст.

МОСКВА

Меня зовут Андрей. Я живу в Санкт-Петербурге, а мой друг живёт в Москве. Иногда мы ездим друг к другу в гости. В январе мой друг пригласил меня в Москву, но у меня не было времени, поэтому я не смог поехать ни в январе, ни в феврале.

В марте у меня **появи́лось** свободное время, и я решил поехать к другу в Москву. Я жил у него 5 дней. Мы много гуляли по Москве, были на экскурсии. Вот что нам рассказал о Москве экскурсовод.

Москва — столица России. Это самый большой город в стране и один из самых больших городов мира. Его население — 12 миллионов человек. В центре Москвы находится Красная площадь. Слово «красный» в **древнеру́сском** языке значило «красивый», «прекрасный». Красная площадь — одна из самых больших площадей Европы. Кроме того, Красная площадь — одна из самых известных площадей мира.

Недалеко от Красной площади находится Третьяковская галерея. Это один из самых известных музеев не только в России, но и в мире. Здесь находятся картины известных русских художников И. Репина, И. Левитана, И. Крамского, В. Серова, В. Сурикова и других. Этот музей основал Павел Михайлович Третьяков. В XIX веке Павел Третьяков был одним из самых богатых людей России. Он сорок лет собирал картины для музея и все свои деньги тратил на покупку картин.

В центральной части Москвы находится Большой театр. Это один из самых известных в мире театров оперы и балета. Это старый театр. Ему уже больше 200 (двухсот) лет.

Во время экскурсии мы видели здание Московского государственного университета (МГУ). Этот университет основан в 1755 году. Его основатель — известный русский учёный Михаил Ломоносов. МГУ имени Ломоносова — один из самых старых и известных университетов России.

Во время поездки в Москву я побывал на Красной площади, в ГУМе (самом большом магазине России и одном из самых больших универмагов мира), в Третьяковской галерее. В Большом театре я не смог побывать — в эти дни там не было спектаклей. Надеюсь, что это не последняя моя поездка в Москву и впереди меня ждёт удовольствие от посещения известного театра.

появля́ться — появи́ться
что? появилось *где? у кого?*

Б. Ответьте на вопросы.

1) Куда и на сколько ездил Андрей?
2) Почему Андрей не поехал в Москву в январе и в феврале?
3) Почему Андрей смог поехать в Москву в марте?
4) Что вы можете сказать о Москве?
5) Почему можно сказать, что Москва — один из самых больших городов мира?
6) Какие достопримечательности есть в Москве?
7) Где побывал Андрей в Москве?
8) Почему он не был в Большом театре?

В. Расскажите о Москве и её достопримечательностях.

1) Москва — это ____ .
2) Красная площадь — это _____________________________________ .
3) Третьяковская галерея — это ________________________________ .
4) Павел Третьяков — ____ .
5) Большой театр — это _______________________________________ .
6) МГУ (Московский государственный университет) — это _________
____ .
7) Михаил Ломоносов — _______________________________________ .
8) ГУМ (государственный универсальный магазин) — это __________
____ .

Задание 25. А. Прочитайте (прослушайте) текст.

КИЖИ

В каждой стране есть места, о которых знают люди разных **поколе́ний**. Эти места описаны во всех туристических **спра́вочниках**, сюда часто приезжают туристические группы. В России это старинные русские города Москва, Новгород, Псков, Тверь, Суздаль, город белых ночей Санкт-Петербург, известные храмы и **монастыри́**, красивые уголки природы, например озеро Байкал.

Каждый год много туристов посещает Карелию. Карелия расположена на севере России. Карелия — это **край** рек и озёр, диких лесов. Первые люди появились здесь примерно **6** тысяч лет назад.

Жемчу́жина Карелии — Онежское озеро. Один из самых красивых островов Онежского озера — остров Кижи. Главным «помощником» жителей острова всегда была природа. Реки и озёра давали человеку рыбу, лес — материал для строительства. Из дерева строили дома, церкви, делали **ло́дки**, посуду, мебель, игрушки. К счастью, до наших дней **сохрани́лись** многие деревянные церкви. Сейчас эти церкви — памятники архитектуры, и государство охраняет их.

На острове Кижи находится несколько таких церквей. Остров называют музеем под открытым небом. Его посещает много русских и иностранных туристов.

Если вы приедете на остров, вам обязательно расскажут легенду о создании самой большой и красивой церкви на острове, которая называется Преображенская церковь. Мастер построил эту прекрасную церковь одним **топоро́м**. А когда посмотрел на готовую церковь, то понял, что он уже никогда не **созда́ст** ничего лучше этой церкви. Он бросил топор в озеро и ушёл с острова. Больше люди никогда не видели его и ничего не слышали о нём. Имя этого мастера неизвестно, но его церковь стоит до сих пор, и тысячи людей **восхища́ются** его работой.

Б. Ответьте на вопросы.

1) О чём этот текст?
2) Что вы узнали о Карелии, об Онежском озере и об острове Кижи?
3) Почему на острове бывает много туристов?
4) О чём рассказывает легенда? Расскажите эту легенду.

В. Представьте себе, что ваш друг спросил у вас совет, куда поехать в выходные дни. Убедите своего друга поехать на экскурсию на остров Кижи.

Г. Представьте себе, что вы экскурсовод. Вы должны провести экскурсию по острову. Используйте выражения: *Вы находитесь на...; Это один из...; Обратите внимание на...*

сохрани́ться (сохраняться)
восхища́ться — восхити́ться *кем? чем?*

Задание 26. Расскажите о каком-либо городе или интересном месте, которое является достопримечательностью вашего города, вашей страны.

Задание 27. А. Прочитайте (прослушайте) текст.

СЧАСТЛИВЫЙ ЛИ Я ЧЕЛОВЕК?

Меня зовут Фёдор Иванович. Вы спрашиваете, счастливый ли я человек? Конечно! Почему?

Я не бизнесмен, не «нефтяной **коро́ль»**, не директор банка, больших денег у меня нет, но и **креди́тов** нет. Я работаю инженером. У меня нет даже счёта в банке, потому что мою маленькую зарплату мы тратим очень быстро. Большой и дорогой квартиры в престижном месте с охранниками у меня нет. Есть небольшая двухкомнатная квартира в спальном районе. Дорогой иномарки (иностранной машины) у меня нет, есть простая российская «Лада» старой модели. Большого загородного дома нет, даже дачи нет, старинного серебра и мебели нет, бриллиантов нет, дорогих картин нет. Я никогда не покупал дорогой одежды. У моей жены нет шубы из дорогого меха. Она носит зимой обычную тёплую куртку. А из **украше́ний** у неё — только серебряное кольцо с **янтарём** и жемчуг. Я не являюсь важным **чино́вником**, не работаю в **прави́тельстве**. Я не получал наследства, и богатых **ро́дственников** у меня тоже нет.

Поэтому мне не нужно бояться, что на даче будет **пожа́р**, а курс доллара упадёт. Мне не надо думать, что меня обманут в банке или убьют **престу́пники**.

Зато у меня есть любимая жена, которая вкусно готовит, двое детей — мальчик и девочка, любимая собака, которая всегда радостно встречает меня у двери, много свободного времени. В воскресенье я могу спокойно спать, сколько хочу, а потом мечтать о красивой жизни.

Б. Ответьте на вопросы. Используйте предложенные слова.

1) Кто такой Фёдор Иванович?
   - бизнесмен, директор банка, инженер, чиновник, **член** правительства, преступник;
2) Что есть и чего нет у Фёдора Ивановича?
   - деньги, кредиты, счёт в банке, большая зарплата;
   - жильё: квартира, дача, загородный дом, охранники в доме;
   - машина: дорогая иномарка, российская машина «Лада»;
   - богатство: старинное серебро, старинная мебель, дорогие картины, бриллианты, дорогие украшения, серебряное кольцо, янтарь, жемчуг, дорогая одежда, дорогая шуба, тёплая куртка;
   - наследство, богатые родственники;
   - жена, дети;
   - собака, кошка;
   - свободное время.
3) Почему Фёдор Иванович считает себя счастливым человеком?

В. Выскажите своё мнение. Ответьте на вопросы.

1) Что нужно для счастливой жизни?
2) Без чего можно, а без чего нельзя жить счастливо?

обма́нывать — обману́ть *кого?*

ОБРАТИТЕ ВНИМАНИЕ!

состоя́ть

Кто? что? **состои́т** *из чего?*

H_2O = молекула воды состоит из кислорода и водорода.

Задание 28. Известный современный писатель Михаил Жванецкий написал рассказ-шутку. **А.** Чтобы прочитать этот рассказ, раскройте скобки, и вы узнаете, кто из чего состоит.

Из чего состоит писатель? (мысли, ходьба, еда, прочитанные и написанные книги, письма, талант)

Из чего состоит актёр? (тексты, **репети́ции**, **засто́лья**, тала́нт, **бессо́нница**, **комплиме́нты**)

Из чего состоит девушка? (часы, телефоны, **похо́дка**, любопытные глаза)

Из чего состоит ребёнок? (мама, папа, солнце, море, **бег**, **цара́пины**)

Из чего состоит американец? (улыбка, фигура, зубы, деньги, путешествия)

Б. Продолжите идею автора и скажите, из чего состоит:

японец, русский, бизнесмен, бабушка, кот, собака…

ОБРАТИТЕ ВНИМАНИЕ!

1 (один)	новый	студент	1 (одна)	новая	студентка книга
2, 3, 4	новых	студент**а**	2 (две), 3, 4	нов**ых** нов**ых** (нов**ые**)	студентк**и** книг**и**
5…20		студент**ов**	5…20	нов**ых**	студенток книг

Задание 29. Раскройте скобки.

1) Наташа — большая модница. Она любит красиво одеваться, любит ходить по магазинам и заниматься шопингом. Недавно она ездила в Париж — столицу моды. Там она купила 5 ________________ (новое платье), 8 ________________ (новая **блу́зка**): 2 ________________ (белая

блузка), 5 ______________ (**ро́зовая** блузка) и 1 ______________ (чёрная блузка); 4 ______________ (новая кожаная сумочка): 2 ______________ (белая сумочка), 2 ______________ (чёрная сумочка); 4 ______________ (красивый платок из **шёлка**); 6 ______________ (тёплый свитер из **ше́рсти**); 3 ______________ (модная куртка); 1 ______________ (дорогая шуба); 6 ______________ (пара обуви); 5 ______________ (**элега́нтное** украшение); много ______________ (разная косметика) и 2 ______________ (новый чемодан), чтобы положить туда так много ______________ (новая вещь).

2) Ольга Сергеевна работает в детском саду. Она воспитательница, то есть она **воспи́тывает** детей. Как известно, дети любят играть, рисовать. Вчера Ольга Сергеевна купила много ______________ (новая игрушка) для ______________ (дети): 20 ______________ (новая игрушечная машина) для (мальчик); 20 ______________ (новая красивая кукла) для ______________ (девочка); много ______________ (цветной карандаш) для (рисование); 23 ______________ (новая книга) для (чтение); 5 ______________ (красный мяч) и 2 ______________ (чёрный мяч).

Запомните!

Глаголы, после которых употребляется родительный падеж
(*см. также стр. 374*)

желать — пожелать	*кому? чего?* / инф.
добива́ться — доби́ться	*чего?*
достига́ть — дости́гнуть (дости́чь)	*чего?*
тре́бовать — потре́бовать	*у кого? чего?* / инф.
пуга́ться — испуга́ться	*чего? кого?*
бояться (НСВ)	*чего? кого?* / инф.
стесняться (НСВ)	*чего? кого?* / инф.
зависеть (НСВ)	*от кого? от чего?*
добираться — добраться	*до чего?*

3) Иван Иванович много работает. Конечно, у каждого человека есть 2 ________________ (выходной день). Но иногда Иван Иванович работает в субботу, то есть у него 6 ________________ (рабочий день). Но на этой неделе был государственный праздник, поэтому у него было 3 ________________ (свободный день).

Задание 30. Раскройте скобки.

1) На дне рождения бабушки внуки пожелали ________________ (она) ________________ (долгие годы жизни).
2) Маленькая девочка боится ________________ (собаки).
3) А ещё эта девочка стесняется ________________ (незнакомые люди).
4) Каждый человек, наверное, хочет добиться ________________ (успех) в жизни.
5) У Ивана Ивановича проблемы на работе. Он хочет пойти к адвокату, чтобы добиться ________________ (справедливость).
6) На переговорах бизнесмены должны достигнуть ________________ (взаимопонимание). Это нужно, чтобы достигнуть ________________ (цель).
7) Сегодня на улицах Парижа много мусора. Почему? В городе забастовка. Рабочие требуют ________________ (повышение) ________________ (зарплата).
8) Скажите, пожалуйста, как добраться ________________ (аэропорт)?

Запомните!

изуча**ть** грамматик**у** (№ 4) — изуче**ние** грамматик**и** (№ 2)

Глаголы и отглагольные существительные	
воспи́тывать — воспита́ть	**воспита́ние**
выбира́ть — вы́брать	**вы́бор**
достига́ть — дости́гнуть (дости́чь)	**достиже́ние**
ждать — подожда́ть	**ожида́ние**
загрязня́ть — загрязни́ть	**загрязне́ние**
защища́ть — защити́ть	**защи́та**
изменя́ть — измени́ть	**измене́ние, изме́на**
изуча́ть — изучи́ть	**изуче́ние**
иссле́довать (НСВ, СВ)	**иссле́дование**

Глаголы и отглагольные существительные (*окончание*)	
обслу́живать НСВ	**обслу́живание**
объединя́ть — объедини́ть	**объедине́ние**
опи́сывать — описа́ть	**описа́ние**
осно́вывать — основа́ть	**основа́ние**
отменя́ть — отмени́ть	**отме́на**
охраня́ть (НСВ)	**охра́на**
повыша́ть — повы́сить	**повыше́ние**
погиба́ть — поги́бнуть	**ги́бель**
появля́ться — появи́ться	появле́ние
приглаша́ть — пригласи́ть	приглаше́ние
производи́ть — произвести́	**произво́дство**
развива́ть — разви́ть	**разви́тие**
разруша́ть — разру́шить	**разруше́ние**
расти́ — вы́расти	рост
реша́ть — реши́ть	**реше́ние**
создава́ть — созда́ть	**созда́ние**
сохраня́ть — сохрани́ть	**сохране́ние**
спаса́ть — спасти́	спасе́ние
сра́внивать — сравни́ть	сравне́ние
та́ять — раста́ять	**та́яние**
тепле́ть — потепле́ть	**потепле́ние**
тре́бовать — потре́бовать	**тре́бование**
увели́чивать — увели́чить	**увеличе́ние**
улучша́ть — улу́чшить	**улучше́ние**
уменьша́ть — уме́ньшить	**уменьше́ние**
уничтожа́ть — уничто́жить	**уничтоже́ние**
ухудша́ть — уху́дшить	**ухудше́ние**
уча́ствовать (НСВ)	уча́стие

Задание 31. Прочитайте (прослушайте) словосочетания. Измените их по моделям.

Модель 1: основать город — *основание города*

уменьшать зарплату, требовать повысить зарплату, обслуживать клиентов, воспитывать ребёнка, защищать права человека, разрушать город, получать зарплату, изучать грамматику, объединить банки, отменить концерт;

улучшать жизнь, уничтожать лес, спасать природу, спасать животных, сравнивать уровень жизни людей в разных странах, загрязнять природу, загрязнять воздух и воду, повысить уровень жизни, развивать экономику, создать систему охраны природы, охранять окружающую среду, решать экологические проблемы;

лёд тает, климат теплеет, температура повышается, воздух загрязняется, леса уничтожаются, экологическая ситуация ухудшается, количество воды уменьшается, качество жизни ухудшается, количество мусора увеличивается, количество углекислого газа увеличивается, производство товаров растёт, животные погибают, страны объединяются

Модель 2: а) температура повышается (НСВ) — ***происходит*** *повышение температуры*;
б) температура повысилась (СВ) — ***произошло*** *повышение температуры*;
в) температура повысится (СВ) — ***произойдёт*** *повышение температуры*

24.19

1) В настоящее время на Земле изменяется климат.
2) В последнее время климат потеплел.
3) Температура воздуха и воды повысилась.
4) Температура повысилась на несколько градусов.
5) Температура воздуха и воды постепенно повышается.
6) Через несколько лет температура повысится ещё на несколько градусов.
7) Экологическая ситуация ухудшается.
8) Каждый год в мире растёт производство.
9) На Земле уменьшается количество лесов.
10) На Земле уничтожаются леса.
11) На Земле уже уменьшилось количество видов животных.
12) В больших городах загрязняется воздух.
13) Вода тоже загрязняется.
14) На Земле увеличивается количество мусора.
15) Каждый день в воздухе увеличивается количество углекислого газа. Это опасно для здоровья.
16) Через несколько лет здоровье людей ухудшится.
17) Развиваются новые болезни.
18) В одних странах уровень жизни растёт (повышается), жизнь улучшается.
19) В других странах жизнь ухудшается.
20) Страны объединяются для решения экологических проблем.

Модель 3: Необходимо защищать природу. — ***Необходима защита природы.***

1) Необходимо охранять природу.
2) Необходимо создавать организации «зелёных».

3) Необходимо улучшать экологическую ситуацию (обстановку).
4) Необходимо повышать уровень жизни людей.
5) Необходимо развивать экономику.
6) Необходимо исследовать причины ухудшения экологической ситуации в мире.
7) Необходимо уничтожить причины экологических проблем.
8) Необходимо решать экологические проблемы.

происходи́ть — произойти́

прош. вр.
он произошёл
она произошла́
оно произошло́
они произошли́

Задание 32. А. Прочитайте (прослушайте) текст.

ПРОБЛЕМЫ ЭКОЛОГИИ

В наше время люди много говорят об экологии. Экология — это наука об охране природы, **окружа́ющей среды́**. Учёные всего мира считают, что на Земле происходит изменение климата. Летом становится теплее, а зимой — холоднее. Но в целом температура воздуха и воды постепенно повышается, происходит потепление климата. Повышение температуры становится причиной таяния льда и повышения уровня воды рек, морей и океанов. Это опасно для стран и городов, которые находятся ниже **у́ровня мо́ря**. В будущем такие страны могут погибнуть. На всей планете уничтожаются леса. Площадь пустыни растёт. Количество животных, птиц, насекомых на Земле постепенно уменьшается. Уменьшается количество нефти, газа и другого **сырья́**.

По мнению учёных, причиной экологической **катастро́фы**, которая происходит на Земле, стал человек. Каждый год растёт производство, а это значит, что увеличивается количество **углеки́слого га́за**, увеличивается количество мусора, пыли. Происходит загрязнение воздуха, воды. Человеку становится трудно дышать. Появляются новые болезни.

Что делать? Можно ли найти выход из такой ситуации? Каждому человеку понятно, что необходимо охранять природу, улучшать экологическую ситуацию (обстановку) во всём мире. Нужно уничтожить причины появления экологических проблем.

Учёные должны исследовать экологическую обстановку в разных странах, найти причины ухудшения экологии, понять, от чего зависит изменение климата. Учёные должны ответить на многие вопросы. Например, что **влия́ет** на изменение климата? Что влияет на загрязнение воздуха, на повышение количества углекислого газа? Какую роль в этом процессе играет **у́ровень жи́зни** людей в богатых странах и в бедных странах? Нужно повышать или понижать уровень производства товаров?

Конечно, нужно повышать уровень жизни людей во всех странах, но при этом нужно защищать, спасать природу. Нужно спасать леса́ и животных от уничтожения. Нужно спасать и самого человека от болезней, от гибели. Нужно создавать организации, которые будут заниматься спасением природы, спасением животных. Например, во многих странах есть организации «зелёных». Цель «зелёных» — охрана окружающей среды. «Зелёные» считают, что каждый человек должен участвовать в охране природы. Нужно правильно воспитывать детей. Уже в детстве они должны понимать, что главное богатство на Земле — это природа.

Добиться цели, достигнуть результата можно только, если все страны будут вместе бороться за спасение природы. Все страны должны объединиться для решения экологических проблем.

ОБРАТИТЕ ВНИМАНИЕ!

Им. п. и вин. п.	**лёд**
Род. п.	**льда́**
Дат. п.	льду́
Твор. п.	(со) льдо́м
Предл. п.	на льду́

Б. Продолжите предложения.

1) Экология — это наука об ______________________.
2) На Земле происходит изменение ______________________.
3) Температура воздуха и воды постепенно ______________________.
4) На Земле происходит потепление ______________________.
5) Повышение температуры становится причиной ______________________.
6) Страны и города, которые находятся ниже уровня моря, могут ______________________.

7) Леса на всей планете ________________________________ .
8) Количество животных на Земле постепенно ________________ .
9) Количество нефти, газа и другого сырья тоже _____________ .
10) Человек является _______________________________ .
11) Каждый год производство товаров ______________________ .
12) Количество углекислого газа _________________________ .
13) Количество мусора _______________________________ .
14) Происходит _______________________________ воздуха, воды.
15) Новые болезни _________________________________
16) Необходимо _______________ природу, _______________ экологическую ситуацию во всех странах.
17) Нужно _______________ причины появления экологических проблем.
18) Учёные должны _______________________ экологическую обстановку в разных странах, _______________ причины _______ экологии, понять, от чего зависит _______________ климата.
19) Учёные должны ответить на многие вопросы. Например, что _____ _______________ на изменение климата? Что _______________ на _______________ воздуха, на _______________________ количества углекислого газа?
20) Конечно, нужно _______________ уровень жизни людей во всех странах, но при этом нужно _______________ природу.
21) Нужно _______________ леса́ и животных от _______________ .
22) Нужно __________ и самого человека от болезней, от __________ .
23) Нужно _____________________ организации, которые будут заниматься _______________ природы.
24) Цель «зелёных» — ____________________ окружающей среды.
25) Каждый человек должен _________________ в охране природы.
26) Нужно правильно _______________________ детей.
27) _______________ результата, _______________ цели можно только, если все страны будут вместе бороться за __________ _______________ природы.
28) Все страны должны _________________________ для решения экологических проблем.

В. Ответьте на вопросы.

1) Что такое экология?
2) Почему в настоящее время люди много говорят об экологии?
3) Какие экологические проблемы вы можете назвать?
4) Что происходит с климатом на Земле?
5) Почему опасно повышение температуры?

6) Как вы думаете, является ли человек причиной ухудшения экологической ситуации?
7) Как человек влияет на природу, на окружающую среду?
8) Почему происходит загрязнение воздуха?
9) Почему появляются новые болезни?
10) Почему уменьшается количество животных?
11) Что нужно делать, чтобы решить экологическую проблему?
12) Что должны делать учёные для решения экологических проблем?
13) Что должен делать каждый человек для решения экологических проблем?
14) Чем занимаются экологические организации (например, организация «зелёных»?)
15) Нужны ли экологические организации?
16) Как можно улучшить экологическую ситуацию в мире?
17) Что вы думаете о проблемах экологии?

Г. Расскажите о проблемах экологии. Выскажите своё мнение.

Запомните!

На лекции было больше (меньше, около)

деся́ти	двухсо́т
двадца́ти	трёхсот
сорока́	четырёхсо́т
пяти́десяти	пятисо́т
шести́десяти	шестисо́т
семи́десяти	семисо́т
восьми́десяти	восьмисо́т
девяно́ста	девятисо́т
ста	ты́сячи

человек.

Задание 33. Прочитайте (прослушайте) предложения. Обратите внимание на чтение числительных.

1) В фирме работает около 800 сотрудников.
2) На экскурсии было меньше 10 человек.
3) В парке растёт более 1000 деревьев.
4) На факультете учится больше 500 человек.
5) Профессор Иванов знает более 30 языков.
6) В **авиакатастро́фе** погибло около 200 человек.
7) В моей библиотеке не менее 3000 книг.

8) Обычно в классе учится от 30 до 40 учеников.
9) В коллекции П. Третьякова было больше 2000 картин.
10) Рост **топ-моде́лей** должен быть не менее 170 сантиметров.
11) На факультете учатся иностранцы более чем из 20 стран.

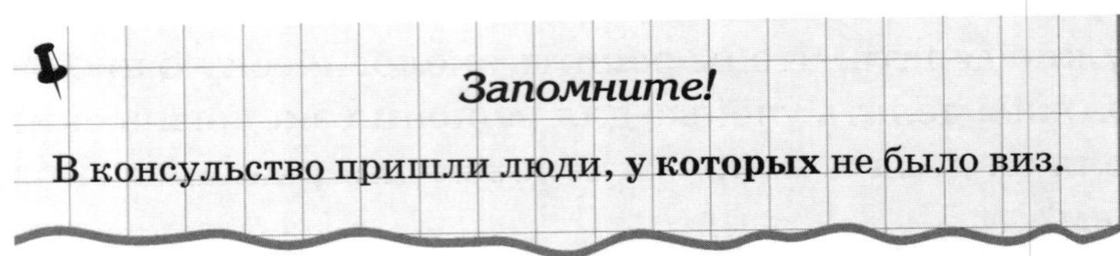

Запомните!
В консульство пришли люди, **у которых** не было виз.

Задание 34. Соедините два предложения в одно. Используйте слово «который».

1) Мне нужно купить книги. Без этих книг я не смогу сдать экзамен. ____________________
2) В школу пришли родители. Их дети учатся в пятом классе. ____________________
3) В журнале опубликовали статьи о странах. Из этих стран приехали наши студенты. ____________________
4) Алексей отправил ответ друзьям. От них он получил письма. ____________________

Словарь урока 24

авиакатастро́фа
а́ист
банкома́т
бег
бессо́нница
блу́зка
вдво́е
взаимопонима́ние
вид (спорта)
власть (*ж. р.*)
вне́шность (*ж. р.*)
води́тельские права́
воспита́ние
вы́бор
ги́бель
го́ре
грязь (*ж. р.*)
древнеру́сский
ди́кий
договорённость (*ж. р.*)
достиже́ние
ежедне́вник
желе́зо
жемчу́жина
забасто́вка
загрязне́ние
засто́лье
зато́
защи́та
игру́шечный
измене́ние
изуче́ние
иссле́дование
катастро́фа
ка́чественный
квалифика́ция
кислоро́д
кно́пка
ко́жаный
комплиме́нт
конкуре́нт
коро́ль (*м. р.*)
край
креди́т
лине́йка
ло́дка
медь (*ж. р.*)
мехово́й
многоде́тный
монасты́рь (*м. р.*)
мука́
му́сор
насле́дство
нау́шники
недоста́ток
незави́симость (*ж. р.*)
не́рвный

ничего́ стра́шного
но́жницы
обслу́живание
объедине́ние
ожида́ние
окружа́ющая среда́
описа́ние
основа́ние
оста́ток
отме́на
охра́на
охра́нник
оце́нка
па́лец (па́льчик)
плато́к
пёс
плащ
повыше́ние
подгото́вка
подходя́щий
пожа́р
поколе́ние
поку́пка
потепле́ние
похо́дка

прави́тельство
пра́здничный
престу́пник
произво́дство
пыль (*ж. р.*)
ра́дость (*ж. р.*)
разви́тие
разруше́ние
расте́ние
рекла́ма
репети́ция
реше́ние
ро́дственник
ро́зовый
свяще́нник
серебро́
скре́пка
созда́ние
сорт
сохране́ние
спасе́ние
справедли́вость (*ж. р.*)
спра́вочник
сравне́ние
сырьё

тала́нт
та́яние
топо́р
тре́бование
увеличе́ние
углеки́слый газ
украше́ние
улучше́ние
уменьше́ние
уничтоже́ние
у́ровень жи́зни
у́ровень мо́ря
ухудше́ние
хвост
хло́пок
цара́пина
чино́вник
член (прави́тельства)
шерсть
шёлк
шум
шут
элега́нтный
ю́мор
янта́рь (*м. р.*)

ве́сить *сколько?*
взве́шивать — взве́сить *кого? что?*
влия́ть — повлия́ть *на кого? на что?*
воспи́тывать — воспита́ть *кого?*
восхища́ться (НСВ) *кем? чем?*
врать — соврáть *кому?*
добива́ться — доби́ться *чего?*
достига́ть — дости́гнуть (дости́чь) *чего?*
загрязня́ть — загрязни́ть *что?*
застрева́ть — застря́ть *где?*
извиня́ться — извини́ться перед *кем?*
изменя́ть — измени́ть *кому? что?*
иссле́довать *что?*
критикова́ть (НСВ) *кого?*
нажима́ть — нажа́ть *на что?*
обслу́живать *кого? что?*
объединя́ть — объедини́ть *кого? что?*
отменя́ть — отмени́ть *что?*
охраня́ть (НСВ) *кого? что?*

получа́ться — получи́ться *сколько?*
появля́ться — появи́ться *кто? что? у кого? у чего?*
проси́ть — попроси́ть проще́ния *у кого?*
пуга́ться — испуга́ться *кого? чего?*
разбива́ть — разби́ть *что?*
развива́ть(ся) — разви́ть(ся)
разруша́ть — разру́шить *что?*
создава́ть — созда́ть *что?*
состоя́ть (НСВ) *из чего?*
сохрани́ться (СВ)
спаса́ть — спасти́ *кого? от чего?*
та́ять — раста́ять
толка́ть — толкну́ть *кого? что?*
тра́тить — истра́тить (деньги) *на что?*
тре́бовать — потре́бовать *чего?*
уничтожа́ть — уничто́жить *кого? что?*
хвата́ть — хвати́ть *кому? чему? / у кого? у чего?*
(не) хвата́ет *кого? чего?*

Урок 25

Повторите!

<table>
<tr><th colspan="6">Винительный падеж (№ 4)</th></tr>
<tr><th rowspan="2">Модели</th><th rowspan="2">Предлоги</th><th rowspan="2">Части речи</th><th colspan="2">Окончания ед. ч.</th><th rowspan="2">Окончания мн. ч.</th></tr>
<tr><th>м. р.; ср. р.</th><th>ж. р.</th></tr>
<tr><td rowspan="5">что? кого? во что? куда?
кто? читает (слушает…) что?
кто? любит (знает…) кого?
кого? как? зовут;
кто? идёт (едет, ходил, ездил, пойдёт, поедет)
куда?: в магазин; на почту;
куда?: за границу, за город, за стол;
играть во что?: в футбол;
когда (в какой день)?: в понедельник, в среду, в воскресенье;
через что?: год, месяц, неделю; год, месяц, неделю назад
как долго?: год, месяц, неделю; весь год; всё утро; всю неделю;
как часто?: каждый день, каждую субботу; раз в неделю, два раза в месяц</td><td rowspan="5">в;
на;
через;
за</td><td>имя сущ.</td><td>что? = № 1
кого? = № 2:
-а/-я</td><td>-у/ -ю/-ь</td><td>что? = № 1
кого? = № 2</td></tr>
<tr><td>имя прил.</td><td>какой?
какое? +
+ что? = № 1

какого? +
+ кого? = № 2:
-ого/ -его</td><td>какую?

-ую/
-юю</td><td>какие? +
+ что? = № 1

каких? +
+ кого? = № 2:
-ых/-их</td></tr>
<tr><td rowspan="2">притяж. мест.</td><td>чей? чьё? +
+ что? = № 1
чьего? +
+ кого? = № 2</td><td>чью?
мою
твою
нашу
вашу
свою</td><td>чьи? + что? =
= № 1
чьих? + кого? =
= № 2</td></tr>
<tr><td colspan="3">его, её, их</td></tr>
<tr><td>личное мест.</td><td colspan="3">меня, тебя, его, её, нас, вас, их</td></tr>
</table>

ПОВТОРИТЕ!

1. Вставьте выделенные словосочетания.

I. разные страны

1) Здесь учатся студенты из ______________________________.

2) Я мечтаю побывать в ______________________________.

II. важные политические события

1) Мы часто спорим ______________________.
2) Мы всегда обсуждаем ______________________.
3) Мы приглашаем вас на обсуждение ______________________.

III. мои близкие друзья

1) Я храню письма ______________________.
2) Я всегда забочусь о ______________________.

IV. последние экономические новости

1) Мы смотрели передачу о ______________________.
2) К сожалению, в этой газете нет ______________________.
3) Мы слушаем ______________________.

2. Продолжите предложения. Подберите подходящие по смыслу слова.

1) Том решил устроить (*что?*) (*когда?*) ______________________
____
2) Он пригласил на вечеринку (*кого?*) ______________________
____
3) Друзья Тома — спортсмены. Вместе с Томом они играют (*во что?*)
____
4) (*Как часто?*) ______________________ Том с друзьями ходит (*куда?*)
____
5) Том устраивает вечеринки (*как часто?*) ______________________
____
6) На вечеринке друзья ели (*что?*) ______________________, пили (*что?*)
____

3. Раскройте скобки.

1) Виктор взял в библиотеке ______________________ (интересная книга).
2) Кен приготовил ______________________ (национальное блюдо).
3) Антон окончил ______________________ (Санкт-Петербургский университет).
4) Преподаватель проверил ______________________ (контрольная работа).
5) Том часто получает ______________________ (электронные письма).
6) Художник нарисовал ______________________ (прекрасная картина).

7) Студент перевёл с русского языка на ______________ (родной язык) ______________ (трудный текст).
8) После занятий Питер всегда ждёт ______________ (его друг).
9) Том попросил ______________ (его преподаватель) объяснить ______________ (новая грамматика).
10) На улице Анна Ивановна встретила ______________ (её бывшая студентка). ______________
11) Иван Иванович очень любит ______________ (его жена, его сын, его дочь).
12) Питер, кажется, влюбился ______________ (его соседка).
13) Кен хочет пойти ______________ (корейский ресторан).
14) Поставьте сумку ______________ (этот стол)!
15) Том мечтает поехать ______________ (Африка).
16) ______________ (суббота) Том ходил ______________ (ночной клуб).

4. Прочитайте (прослушайте) тексты 1) и 2). **А.** Найдите предложения с винительным и родительным падежами.

1) Однажды знаменитый итальянский певец Энрико Карузо должен был получить большую **су́мму** денег. Когда он пришёл в банк, у него не было **при себе́** никаких документов. Кассир отказался выплатить деньги без документов. Карузо немного подумал и запел великолепную **а́рию** из оперы «Тоска». Кассир узнал голос великого певца и выдал ему деньги. Когда Карузо вышел из банка, он сказал:

— Никогда в жизни я не старался так петь, как сейчас.

2) Эта история получила неожиданное продолжение в России. Однажды известный русский артист, певец, которого зовут Леонид Утёсов, по дороге в гостиницу, где он жил, зашёл на почту, чтобы получить посылку. Там у него потребовали документы. Утёсов стал **угова́ривать** служащих дать ему маленькую посылку без документов:

— У меня нет с собой паспорта, но на обратном пути я зайду к вам и покажу свой паспорт.

— Мы не имеем права выдавать посылки без документов. Откуда мы знаем, кто вы?

Тогда Утёсов вспомнил историю, которая произошла с Карузо.

— Сейчас я докажу вам, что я Утёсов, — сказал он и запел свою очень **популя́рную** в то время песню. Сотрудница почты послушала песню и сказала:

— **Гражда́ни́н, переста́ньте хулига́нить**, тут не театр!

Так Утёсову и не **удало́сь** получить свою посылку. Пришлось ему идти в гостиницу за паспортом.

Б. Ответьте на вопросы.

1) Зачем Энрико Карузо пришёл в банк?
2) Почему кассир отказался выдать ему деньги?
3) Как решил эту проблему певец?
4) Почему Карузо очень старался?
5) Получил ли в конце концов Карузо деньги?
6) Как Карузо удалось получить деньги без документов?
7) Зачем певец Леонид Утёсов пришёл на почту?
8) Что потребовали у певца на почте? Что необходимо для получения посылки?
9) Что артист решил сделать для получения посылки? Почему артист начал петь на почте?
10) Удалось ли Утёсову получить посылку?

В. Сравните две ситуации: ситуацию, которая произошла с итальянским певцом Энрико Карузо, и ситуацию, которая произошла с русским певцом Леонидом Утёсовым.

Г. Расскажите тексты а) от имени певцов; б) от имени сотрудников банка / почты.

Д. Составьте диалоги, которые возможны в таких ситуациях в банке / на почте.

угова́ривать — уговори́ть *кого?* + инф.
перестава́ть — переста́ть + инф.
хулига́нить (НСВ)
удава́ться — уда́ться *кому?* удалось + инф.

ВИНИТЕЛЬНЫЙ ПАДЕЖ СУЩЕСТВИТЕЛЬНЫХ, ПРИЛАГАТЕЛЬНЫХ, ПРИТЯЖАТЕЛЬНЫХ И УКАЗАТЕЛЬНЫХ МЕСТОИМЕНИЙ, ПОРЯДКОВЫХ ЧИСЛИТЕЛЬНЫХ (множественное число)

Иван Иванович любит своего сына и свою дочь.
Иван Иванович очень любит **свои́х** детей.

Падеж	Прилагательные, притяжательные и указательные местоимения, порядковые числительные	
Им. п. (№ 1)	*какие? чьи?* (неодушевлённые существительные)	*какие? чьи?* (одушевлённые существительные)
	новые журналы	иностранные студенты
Вин. п. (№ 4)	*какие? чьи?* как именительный падеж	*каких? чьих?* как родительный падеж
	нов**ые** журналы	иностранн**ых** студент**ов**

УРОК 25

Задание 1. Прочитайте (прослушайте) предложения. Измените их по моделям.

Модель 1: В магазине я встретил своего нового соседа.
— В магазине я встретил *своих новых соседей*.

1) Я перевожу последнее предложение статьи.
2) На остановке мы встретили нашего преподавателя.
3) После занятий я купил сегодняшнюю газету.
4) Мы пригласили в гости знакомую девушку.
5) Вы пробовали китайское национальное блюдо?
6) Мои друзья хорошо знают моего младшего брата и старшую сестру.
7) Преподаватель отменил последний урок.
8) Секретарь **предупреди́ла** нового сотрудника о приезде начальника.
9) Землетрясение разрушило город.
10) Нужно создать экологическую организацию.
11) Родители должны хорошо воспитывать ребёнка.
12) Мальчик уговорил старшего брата пойти с ним в цирк.

Модель 2: Сегодня вечером приезжают *его родители*. Он едет на вокзал встречать ________________________ .
— Он едет на вокзал встречать *своих родителей*.

1) На фестиваль приехали *известные музыканты и певцы*. Мы ходили на концерт слушать ____ .
2) На столе лежат *разные учебники, цветные карандаши, тетради*. Маша взяла на урок в школу ____ .
3) Завтра день рождения Наташи, к ней придут *её русские и американские друзья и подруги*. Наташа пригласила на день рождения ____ .
4) *Мои родители* уехали в отпуск на море. Весь месяц я не увижу ____ .
5) Здание бизнес-центра построили *эти молодые талантливые архитекторы*. Я хорошо знаю ____ .
6) В городе строят *новые современные многоэтажные здания*. Вчера на экскурсии мы видели ____ .

Задание 2. Прочитайте текст. **А.** Скажите, какой вопрос задал Томас Манн ученице.

Однажды немецкий писатель Томас Манн посетил школу. Учитель **предста́вил** писателю самую **спосо́бную** ученицу и попросил его задать ей какой-нибудь вопрос.

— Каких известных писателей ты знаешь? — спросил девочку Манн.

— Гомер, Шекспир, Бальзак и вы, но я забыла вашу фамилию, — ответила способная ученица.

Б. Ответьте на вопрос Томаса Манна. Скажите, каких известных (русских, немецких...) писателей вы знаете.

В. Задайте друг другу вопросы по этой модели. Используйте слова «художник», «композитор», «учёный», «режиссёр», «актёр», «спортсмен», «футболист»...

ОБРАТИТЕ ВНИМАНИЕ!

представля́ть — предста́вить *кого? кому?*

— Разрешите представить вам моего друга: Антон Смирнов.

представля́ться — предста́виться

— Разрешите представиться: меня зовут Виктор Петров.

Запомните!

Глаголы, после которых употребляется винительный падеж

(*см. также стр. 377–378*)

влиять — повлиять оказывать — оказать **влия́ние**	*на кого? на что?*
влюбляться — влюбиться	*в кого?*
волноваться (НСВ)	*за кого?*
воспитывать — воспитать	*кого?*
выходить — выйти замуж	*за кого?*
заставля́ть — заста́вить	*кого?* + инф.
звать, называть — назвать	*кого? как?*
ненавидеть (НСВ)	*кого?* / + инф.
обижать — обидеть	*кого?*
обижаться — обидеться	*на кого?*
обманывать — обмануть	*кого?*
обожать (НСВ)	*кого?* / + инф.
обращать — обратить внимание	*на кого? на что?*
отменять — отменить	*что?*
предупреждать — предупредить	*кого? о чём?*
ругать — отругать	*кого? за что?*
сердиться — рассердиться	*на кого?*
убеждать — убедить	*кого?* + инф.
уважать (НСВ)	*кого?*
уговаривать — уговорить	*кого?* + инф.
хвалить — похвалить	*кого? за что?*

УРОК 25

Задание 3. Раскройте скобки.

1) Начальник похвалил ______________________ (сотрудники, хорошая работа).
2) Виктор уважает ______________________ (его родители).
3) Антон часто влюблялся ______________________ (его одноклассницы).
4) Мои подруги мечтают выйти замуж ______________________ (умные, добрые, сильные, красивые мужчины).
5) Обратите внимание ______________________ (эти старинные иконы)!
6) Мама всегда волнуется ______________________ (её маленькие дети).
7) Родители убедили ______________________ (их дети) поступили в университет.
8) Алексей предупредил ______________________ (его родители — его приезд).
9) Официант в ресторане никогда не обманывает ______________________ (его клиенты).

Задание 4. Продолжите предложения по модели.

Модель: Это *мои новые соседи*. —
В коридоре стоят вещи *моих новых соседей*. Мы говорим о *моих новых соседях*. Вчера я не видел *моих новых соседей*.

1) Вчера приехали *мои немецкие знакомые*. Я давно не видел ______________________ (1). Я встретил на вокзале ______________________ (2). Я беспокоюсь о ______________________ (3).
2) Каждую субботу по телевизору показывают *старые фильмы*. В газетах много писали о ______________________ (1). Мои родители очень любят смотреть ______________________ (2). В кинотеатре давно не было ______________________ (3).
3) Моя подруга очень любит *шоколадные конфеты и пирожные*. В магазинах большой выбор ______________________ (1). К сожалению, вчера я не купил ______________________ (2). Моя подруга мечтает о ______________________ (3). Она купила килограмм ______________________ (4).
4) *Его родители* живут в другом городе. Вчера он получил письмо ______________________ (1). Он очень любит ______________________ (2). Он часто думает о ______________________ (3). Виктор купил подарки для ______________________ (4).
5) На вечеринку пришли *весёлые девушки*. На вечеринку пришло 5 ______________________ (1). Это Том пригласил на вечеринку ______________________ (2). К сожалению, на дискотеке не было ______________________ (3). Мои друзья решили жениться ______________________ (4).

6) Этот документ называется «*водительские права*». Раньше у Антона не было ________________ (1). Он много лет мечтал о ________________ (2). Антон несколько месяцев учился водить машину, чтобы получить ________________ (3).

7) Суббота и воскресенье — это *выходные дни*. Иван Иванович много работает. Он работает без ________________ (1). Он хочет поехать за город в ________________ (2). Ночью он мечтает о ________________ (3).

8) **Тигр, лев** — это *дикие животные*. Скажите, каких ________________ (1) вы знаете? В зоопарке много ________________ (2). В этой книге можно прочитать о ________________ (3). В этом лесу нет ________________ (4).

9) Том, Кен, Питер — *бывшие студенты* преподавательницы Анны Ивановны. Анна Ивановна недавно встретила на улице ________________ (1). Анна Ивановна часто получает письма от ________________ (2). Она часто рассказывает детям о ________________ (3).

Задание 5. Ответьте на вопросы. Используйте выделенные словосочетания.

I. сегодняшняя утренняя газета

1) Что вы читаете? ________________
2) Что лежит на столе? ________________
3) Где вы прочитали о выставке? ________________

II. эти новые современные здания

1) Где находятся офисы известных фирм? ________________
2) Какие проекты создают архитекторы? ________________
3) Что находится в центре города? ________________

III. один мой знакомый

1) Кого вы встретили вчера в театре? ________________
2) О ком вы рассказали другу? ________________
3) Кто это? ________________

IV. европейские страны

1) Куда поехали ваши друзья? ________________
2) Где были ваши друзья? ________________
3) Откуда вернулись ваши друзья? ________________
4) О чём рассказали ваши друзья? ________________

V. финальный футбольный матч

1) Куда вы ходили в воскресенье? ________________
2) Где вы встретили друзей? ________________
3) Откуда вы вернулись так поздно? ________________
4) О чём писали все газеты? ________________

Задание 6. А. Прочитайте предложения.

Дети посетили зоопарк. В зоопарке живут разные дикие животные: тигр, лев, **слон**, **волк**, **медве́дь**, **обезья́на**, **змея́**, а также разные птицы, насекомые.

Б. Ответьте на вопрос: Кого дети видели в зоопарке?

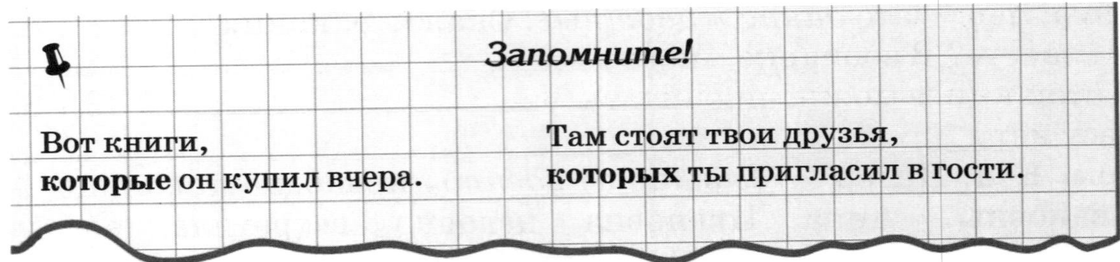

Запомните!

Вот книги,
которые он купил вчера.

Там стоят твои друзья,
которых ты пригласил в гости.

Задание 7. Соедините два предложения в одно. Используйте слово «который».

1) В театре Том встретил друзей. Их зовут Антон и Виктор. ________
2) Том положил в чемодан подарки. Он купил их для родителей. ________
3) Том хранит фотографии девушек. Он в них раньше влюблялся. ________
4) Том мечтает посмотреть американские фильмы. Он их ещё не видел. ________

Задание 8. Прочитайте (прослушайте) текст. **А.** Обратите внимание на чтение дат.

«ЮНОНА И АВОСЬ»

Это история о любви русского офицера и американской девушки из Сан-Франциско. Она произошла давно, в начале XIX века.

Николай Петрович Резанов родился в 1764 году в небогатой дворянской семье. Был офицером, а потом стал работать в российско-американской торговой компании. Для улучшения торговых связей между Россией и Америкой в 1806 году Резанов поплыл в Калифорнию на двух кораблях, которые назывались «Юнона» и «Авось». Там он познакомился с девушкой **по и́мени** Кончита, которой было 16 лет. Резанов и Кончита полюбили друг друга и решили пожениться. Но родители Кончиты были против: они не хотели, чтобы их дочь уехала в далёкую холодную Россию. Кроме того, у Кончиты и Николая была большая разница в возрасте. Несмотря на это, американская девушка вышла замуж за русского офицера.

Резанов должен был вернуться в Россию, а Кончита обещала его ждать. Она ждала его больше тридцати лет, но так и не дождалась. Её убеждали, что Николай обманул её, но это было не так. Дело в том, что по дороге в Петербург, в Сибири, Николай Петрович заболел и умер.

В наше время поэт Андрей Вознесенский рассказал об этой необыкновенной любви в поэме «Авось», а потом композитор Алексей Рыбников написал рок-оперу, которая называется «Юнона и Авось». Эта опера много лет идёт в разных театрах. Это грустная и красивая история о молодых людях, которые жили и любили друг друга 200 лет назад.

Б. Раскройте скобки.

1) Этот текст рассказывает ____________ (любовь) ____________ (русский офицер) и ____________ (американская девушка).
2) Эта история произошла ____________ (начало) ____________ (XIX век).
3) Николай Резанов родился ____________ (1764 г.) ____________ ____________ (небогатая дворянская семья).
4) Сначала он был ____________ (офицер), а потом он стал работать в ____________ (торговая компания).
5) Для ____________ (улучшение) ____________ (торговые связи) между ____________ (Россия и Америка) Резанов поплыл ____________ (Америка).
6) Он поплыл ____________ (Америка) (два) (корабль).
7) ____________ (Америка) он познакомился ____________ (девушка), ____________ (которая) (звать) Кончита.
8) ____________ (Кончита) ____________ (быть) 16 ____________ (год).
9) Резанов влюбился ____________ (Кончита).
10) Кончита тоже полюбила ____________ (русский офицер).
11) Родители ____________ (Кончита) не ____________ (хотеть), ____________ (их дочь) ____________ (выходить — выйти за́муж) ____________ (русский офицер).
12) Кончита ____________ (выйти замуж) ____________ (Николай).
13) Николай женился ____________ (Кончита).
14) ____________ (Николай) нужно было вернуться ____________ (Петербург).
15) Кончита обещала ждать ____________ (её муж), но она не дождалась ____________ (он).
16) Дело в том, что по ____________ (дорога) ____________ (Петербург) Николай ____________ (умереть).
17) Рок-опера «Юнона и Авось» идёт ____________ (разные театры) ____________ (Россия).

В. Ответьте на вопросы.

1) О чём рассказывает поэма Андрея Вознесенского «Авось»?
2) Когда произошла эта история?
3) Когда и в какой семье родился Николай Резанов?
4) Где он работал?
5) Что произошло в 1806 году? Зачем Резанов поплыл в Америку? На чём он поплыл в Америку?
6) Почему родители Кончиты не хотели, чтобы их дочь вышла замуж за Николая?
7) Сколько лет Кончита ждала Николая? Почему она не дождалась его?
8) Где можно посмотреть оперу «Юнона и Авось»?

Г. Расскажите историю, которая описана в поэме Андрея Вознесенского «Авось».

Д. Представьте себе, что вы решили посмотреть рок-оперу «Юнона и Авось» в театре. Убедите друга пойти вместе с вами на спектакль.

Задание 9. Ответьте на вопросы. Используйте все известные вам способы выражения времени.

1) Когда вы приехали в Россию?
2) Как долго вы будете жить в России?
3) Как часто вы получаете **электро́нную по́чту**?
4) Когда вы последний раз были в театре?
5) Когда люди говорят друг другу «Здравствуйте»?

ВЫРАЖЕНИЕ ВРЕМЕНИ В ПРОСТОМ И СЛОЖНОМ ПРЕДЛОЖЕНИЯХ

(*см. также стр. 373*)

<table>
<tr><th>Падеж</th><th>Вопрос</th><th colspan="6">Конструкция</th></tr>
<tr><td rowspan="6">Род. п.
(№ 2)</td><td>какого числа?
какого года?</td><td colspan="6">21 (двадцать первого) сентября
3 (третьего) марта
01.05.1995 (1 мая тысяча девятьсот девяносто пятого года)
2000 (двухтысячного) года
2001 (две тысячи первого) года
этого, прошлого, следующего, будущего года</td></tr>
<tr><td>во сколько?
в котором часу?
в какое время?</td><td colspan="6">в 7 часов вечера (утра́)
в 2 часа дня (ночи)</td></tr>
<tr><td>когда?</td><td colspan="6">в начале (в середине, в конце) дня, месяца, года, века, недели</td></tr>
<tr><td>как долго?</td><td colspan="6">с января до марта (но: по март);
с начала месяца до конца месяца;
с, до, около часу
двух, трёх, четырёх, пяти́, шести́, семи́, восьми́,
девяти́, десяти́, оди́ннадцати часо́в
с двух до трёх
в течение часа, месяца, года, урока, недели</td></tr>
<tr><td rowspan="2">после/до/
во время чего?</td><td colspan="6">после, до, во время урока (уроков), занятия (занятий), обеда, этого</td></tr>
<tr><td colspan="6">До того как Гагарин полетел в космос, он много тренировался.
(До того как полететь в космос, Гагарин много тренировался.)
После того как Гагарин вернулся из космоса, он позвонил в Кремль.</td></tr>
<tr><td rowspan="2">Дат. п.
(№ 3)</td><td>когда?
к какому времени?</td><td colspan="6">к обеду, завтраку, ужину
(Виктор вернулся домой к обеду.)
к часу
к двум, трём, четырём, пяти, шести, семи,
восьми, девяти, десяти, одиннадцати часам
(Приходите завтра к часу.)</td></tr>
<tr><td>как часто?
по каким дням?</td><td colspan="6">по понедельникам, вторникам, средам,
четвергам, пятницам, субботам, воскресеньям
по выходным дням, по праздникам</td></tr>
<tr><td rowspan="11">Вин. п.
(№ 4)</td><td rowspan="10">когда?
в какой день?</td><td rowspan="3">в</td><td>этот</td><td colspan="4">понедельник</td></tr>
<tr><td>прошлый</td><td colspan="4">вторник</td></tr>
<tr><td>следующий</td><td colspan="4">четверг</td></tr>
<tr><td rowspan="3">в</td><td>эту</td><td colspan="4">среду</td></tr>
<tr><td>прошлую</td><td colspan="4">пятницу</td></tr>
<tr><td>следующую</td><td colspan="4">субботу</td></tr>
<tr><td rowspan="3">в</td><td>это</td><td colspan="4" rowspan="3">воскресенье</td></tr>
<tr><td>прошлое</td></tr>
<tr><td>следующее</td></tr>
<tr><td colspan="6">Но: на следующий день</td></tr>
<tr><td>когда?
через сколько времени?</td><td>через</td><td>день
месяц</td><td>2 (два),
3, 4</td><td>дня
месяца</td><td>5...20,
несколько</td><td>дней
месяцев</td></tr>
</table>

<table>
<tr><th>Падеж</th><th>Вопрос</th><th colspan="6">Конструкция</th></tr>
<tr><td rowspan="8">Вин. п.
(№ 4)</td><td>сколько времени назад?</td><td></td><td>год
минуту</td><td>две</td><td>года
минуты</td><td></td><td>лет
минут</td></tr>
<tr><td rowspan="5">как часто?</td><td colspan="3">каждый</td><td>каждое</td><td colspan="2">каждую</td></tr>
<tr><td colspan="3">час, день, вечер, месяц, год
понедельник, вторник, четверг
январь, декабрь, март</td><td>утро
лето
воскресенье</td><td colspan="2">секунду, минуту,
ночь, неделю
зиму, весну, осень
среду, пятницу,
субботу</td></tr>
<tr><td>1 (один)</td><td colspan="2">раз</td><td colspan="3">в час, в день, в месяц, в год</td></tr>
<tr><td>2, 3, 4</td><td colspan="2">раза</td><td colspan="3">в минуту, в неделю</td></tr>
<tr><td>5...20,
сколько
несколько</td><td colspan="5">раз</td></tr>
<tr><td rowspan="2">сколько времени?
как долго?</td><td colspan="3">весь
один
день, вечер
месяц, год
понедельник,
вторник, четверг
январь…декабрь</td><td colspan="2">всё
одно
утро
лето
воскресенье</td><td>всю
одну
ночь, неделю
зиму, весну, осень
субботу, пятницу,
среду</td></tr>
<tr><td>2 (два),
3, 4

5...20,
сколько,
несколько</td><td colspan="2">дня,
вечера,
месяца,
года
дней,
вечеров,
месяцев,
лет</td><td colspan="2">2 (две),
3, 4
5...20,
сколько,
несколько</td><td>минуты,
недели, зимы
минут,
недель, зим</td></tr>
<tr><td rowspan="3">Твор. п.
(№ 5)</td><td rowspan="3">когда?</td><td colspan="3">этим
прошлым
будущим

этой
прошлой
будущей</td><td colspan="3">днём, утром, вечером
летом

ночью
зимой, весной, осенью</td></tr>
<tr><td colspan="6">за завтраком, обедом, ужином, чаем</td></tr>
<tr><td colspan="6">перед уро́ком, обедом, отъездом
Перед тем как Гагарин полетел в космос,
он побывал на Красной площади.
(Перед тем как полететь в космос,
Гагарин побывал на Красной площади.)</td></tr>
<tr><td>Предл. п.
(№ 6)</td><td>в каком году?</td><td colspan="6">в 1999 (тысяча девятьсот девяносто девятом) году
в 2000 (двухтысячном) году
в 2001 (две тысячи первом) году
в этом, прошлом, следующем, будущем году</td></tr>
</table>

Падеж	Вопрос	Конструкция
Предл. п. (№ 6)	*в каком месяце?*	**в** январе июне феврале июле марте августе апреле сентябре мае октябре и т. д.
		в этом, прошлом, следующем, будущем месяце
	в каком веке?	**в** XX (двадцатом) веке
		в этом, прошлом, следующем, будущем веке
	на какой неделе?	**на** этой, прошлой, следующей, будущей неделе
	в каком возрасте?	**в** детстве, юности, молодости, старости **в** 6 лет; когда мне было 6 лет
	когда?	**при** встрече, **расстава́нии**, входе, выходе
	когда? в какую ***эпо́ху****?* *при каком правителе?*	**при** Петре Первом

Задание 10. Ответьте на вопросы, используйте слова, данные справа.

1) Какое сегодня число? Когда у вас день рождения?	двадцать третье октября
2) Когда начинаются экзамены?	следующая неделя, вторник
3) Когда вы были в отпуске?	прошлое лето, август
4) Когда вы поедете на экскурсию?	эта суббота
5) Когда вы ремонтировали машину?	этот год
6) Какое число было вчера?	20, февраль
7) Когда вы были в гостях?	прошлая неделя, воскресенье
8) Как часто вы ездите в горы?	каждая зима
9) Когда Новый год?	1, январь
10) Когда вы приехали в Россию?	этот год, осень

Задание 11. Прочитайте (прослушайте) вопросы. Ответьте на них по моделям.

Модель 1: — Вы долго были на море? — *Всё лето.*

1) — Сколько времени вы убирали комнату после вечеринки?
2) — Ваша подруга долго разговаривала по телефону?
3) — Как долго вы готовили завтрак?
4) — Сколько времени шёл снег?
5) — Как долго дети отдыхали на море?
6) — Как долго продолжалась вечеринка?
7) — Как долго Питер готовился к экзамену?

Модель 2: — Вы пойдёте в театр в субботу? — *Да, но не в эту, а в следующую.*
— Вы были в театре в субботу? — *Да, но не в эту, а в прошлую.*

1) — Вы пойдёте в музей в воскресенье?
2) — Вы смотрели балет в пятницу?
3) — Ваш друг вернётся в понедельник?
4) — Вы поедете на родину зимой?
5) — Вы звонили другу в среду?
6) — Экзамены начинаются в четверг?
7) — Вы были во Франции летом?

Модель 3: — Как часто вы ездите за город? — *Три раза в неделю.*

1) — Как часто вы ходите в кафе?
2) — Как часто вы получаете электронную почту?
3) — Как часто вы ходите в бассейн?
4) — Как часто вы бываете в гостях?
5) — Как часто у вас бывают гости?
6) — Как часто вы пишете письма?
7) — Как часто вы получаете посылки?
8) — Как часто вы ходите в театр?

Задание 12. Продолжите предложения, используйте слова и словосочетания: «весь день», «всю неделю», «каждый месяц», «через неделю», «час назад», «месяц назад» и т. д.

1) Я увижу его в университете ______.
2) Самолёт прилетел ______.
3) ______ шёл дождь.
4) Каникулы начинаются ______.
5) Я хожу в театр ______.
6) Я купил машину ______ и ______ учился ездить на ней.
7) ______ я готовился к экзаменам.
8) Я купался и загорал ______.
9) По радио передают новости ______.

Задание 13. Прочитайте (прослушайте) ответы. Восстановите диалоги.

25.7

1) — ______?
— Я отдыхал на море две недели.
2) ______?
— Я уехал туда второго августа.
3) ______?
— Я купался и загорал каждый день.
4) ______?
— Да, я ходил там в кино.
5) ______?
— Фильмы начинаются в 18:30.
6) ______?
— Я поеду на юг в следующем году.

Задание 14. Раскройте скобки. Пишите цифры прописью.

1) У моего друга ______ (прошлая неделя) был день рождения.
2) Он родился ______ (02.04.1995 г.).
3) А мой день рождения ______ (август).
4) На лыжах можно кататься не только ______ (вся зима), но и ______ (лето), если поехать в горы.
5) Мы собираемся пойти в театр ______ ______ (следующая суббота).

Задание 15. Продолжите предложения по модели.

Модель: По средам ____________ — По средам *у нас бывает грамматика.*

1) По понедельникам ____.
2) По вторникам ____.
3) По средам ____.
4) По четвергам ____.
5) По пятницам ____.
6) По субботам ____.
7) По воскресеньям ____.

Задание 16. Вставьте окончания и предлоги.

1) Мы живём _______ двадцать перв... век... .
2) Мой отец читает газету _______ завтрак... .
3) Прошл... ноч... Том смотрел футбол по телевизору, поэтому _______ следующ... день он проспал.
4) _______ обед... я обычно гуляю.
5) Это здание построили _______ Петр... Перв... .
6) _______ воскресень... мы ездим за город и возвращаемся домой _______ ужин... .
7) Кажд... суббот... я хожу в театр.
8) Футбол по телевизору сегодня начнётся _______ семь час... вечер... .

Запомните!

Игорь познакомился с Наташей 2 года назад. **С тех пóр** они всегда вместе.
Виктор обещал Антону позвонить. Но **до сих пор** не позвонил.

Задание 17. Вставьте слова «с тех пор», «до сих пор».

1) Николай уехал из России 2 года назад. ____________________ он не был в России.
2) Николай начал изучать немецкий язык 2 года назад. Но ____________________ не говорит по-немецки.
3) Том приехал в Россию в сентябре. ____________________ прошло уже полгода.
4) Том ________________ не познакомился ни с одной русской девушкой, хотя мечтал об этом до приезда в Россию.

Задание 18. Прочитайте текст-шутку. Прокомментируйте его.

— Ты знаешь, что женщина на Востоке не видит своего мужа до самой свадьбы?
— У нас наоборот. Вот я не вижу своего мужа с самой свадьбы.

Задание 19. Вставьте выделенные глаголы (НСВ, СВ).

I. звонить — позвонить

Я ________________ (1) своему другу каждый день. Сегодня я обещал ему ________________ (2) в 7 часов, но до сих пор ещё не ________________ (3). Я обязательно ________________ (4) ему сегодня вечером.

II. брать — взять

— Это твой журнал?
— Нет, я ________________ (1) его у соседа.
— Дай почитать.
— Пожалуйста. Ты всегда можешь ________________ (2) у меня журналы.

III. успевать — успеть

Мой друг всегда опаздывает и никогда никуда не ________________ (1). Сегодня он тоже проснулся поздно и не ________________ (2) на автобус.

IV. объяснять — объяснить

Наша преподавательница всегда ________________ (1) новую тему очень понятно. Сегодня весь урок она ________________ (2) новую грамматику. Она ________________ (3) все правила, и мы начали делать упражнения.

V. сердиться — рассердиться

Сын разбил дорогую вазу, и мама очень ________________ (1) на него.

VI. встречать — встретить

Почти всегда, когда я бываю в театре, я ________________ (1) своих знакомых. Вот и вчера я ________________ (2) одного своего знакомого. Когда я ________________ (3) его, я очень обрадовался.

VII. стирать — постирать

У Тома сломалась стиральная машина. Теперь он должен ________________ (1) вещи руками. Это трудно. Вчера Том полчаса ________________ (2) футболку и свитер. Когда он ________________ (3) вещи, он лёг спать, потому что устал.

УРОК 25

Задание 20. А. Вспомните глаголы результативного действия.

ОБРАТИТЕ ВНИМАНИЕ!

Глаголы результативного действия обозначают процесс, который заканчивается результатом:
Художник **рисовал, рисовал** картину и наконец **нарисовал.**

Б. Прочитайте глаголы НСВ и напишите соответствующие глаголы СВ со значением результата действия.

1) писать — ____________
2) делать — ____________
3) читать — ____________
4) решать — ____________
5) переводить — ____________
6) строить — ____________
7) рисовать — ____________
8) готовить — ____________
9) мыть — ____________
10) проверять — ____________
11) учить — ____________
12) учиться (+ инф.) — ____________

В. Вставьте подходящие по смыслу глаголы (НСВ, СВ).

1) Андрей ____________ (1) водить машину 2 месяца. Наконец он ____________ (2) ездить на машине и получил водительские права.
2) Рядом с моим домом сейчас ____________ (1) дом. Его ____________ (2) уже несколько лет. Я не знаю, когда его ____________ (3).
3) Людмила Улицкая — известная современная писательница. каждый год переводчики ____________ (1) её произведения на разные языки. Том решил ____________ (2) один из рассказов Улицкой на английский язык. Он ____________ (3) его месяц. Было трудно. Но Том считает, что он ____________ (4) рассказ хорошо.
4) Питер изучает русский язык почти год. Сколько слов он знает? Питер считает, что он ____________ (1) уже примерно 3000 слов. Он ____________ (2) слова каждый день.
5) Игорь учится в школе. Его любимый предмет — история, а математику он не любит. Но он должен каждый день ____________ (1) задачи. Вчера он ____________ (2) трудную задачу очень долго, но не смог ____________ (3) её. Игорь попросил папу помочь ему ____________ (4) задачу. Игорь с помощью отца наконец ____________ (5) задачу.

Запомните!

Сколько времени? Как долго? (глагол НСВ)	*Как быстро?* (глагол СВ)
Виктор **читал** книгу *неделю*.	Андрей **прочитал** книгу **за** *три дня*.
Антон **шёл** в университет 20 *минут*.	Том **дошёл** до университета **за** 20 *минут*.
Процесс / время (№ 4)	Результат / время (за + № 4)

Задание 21. Вставьте выделенные слова. Где нужно, используйте предлог «за».

I. 30 минут — 10 минут

Максим писал письмо долго, ______________________ (1).
Андрей написал письмо быстро, ______________________ (2).

II. час — 15 минут

Анна готовила обед ______________ (1), потому что к ней должны были прийти гости. Марина приготовила обед ______________ (2), потому что у неё было мало времени.

III. 2 часа — 40 минут

Андрей хороший ученик. Он сделал домашнее задание ______________________ (1). Игорь плохо знает математику. Он делал домашнее задание ______________________ (2).

IV. неделя — месяц

Профессиональный переводчик перевёл рассказ Людмилы Улицкой ______________________ (1). Том ещё студент. Он переводил этот рассказ ______________________ (2).

V. 2 дня — месяц

Художник Гусев нарисовал 2 картины. Одну картину он нарисовал ______________________ (1). А **портре́т** жены он рисовал ______________________ (2).

VI. полтора часа — полчаса

У Тома плохая память. Вчера он учил новые слова ______________ (1).
А у Анны хорошая память. Она выучила слова ______________ (2).

VII. неделя — одна ночь

Питер готовился к экзамену ______________ (1), а Том подготовился к экзамену ______________ (2).

VIII. 10 минут — час

У Тома было мало ошибок в контрольной работе, поэтому он исправил их ________________ (1). У Кена было много ошибок. Он исправлял их ________________ (2).

IX. полчаса — весь вечер

У преподавательницы Анны Ивановны мало студентов, она проверила их тетради быстро, ________________ (1). У Нины Петровны много студентов. Она проверяла их тетради ________________ (2).

Задание 22. А. Восстановите предложения, используйте конструкции:
сколько времени? (*как долго?*) + глагол НСВ;
за сколько времени? (*как быстро?*) + глагол СВ.

А. 1) Вчера Игорь решал трудную задачу ________________ . А сегодня он решил лёгкую задачу ________________ .

2) Строители построили этот дом ________________. А бизнес-центр они строили ________________.

3) Нина убирала квартиру ________________ . А её соседка убрала квартиру ________________ .

4) Лена вымыла посуду ________________ . А её сестра мыла посуду ________________ .

5) Игорь дошёл до дома ________________ . А его друг шёл домой ________________ .

6) Виктор ехал в театр ________________ . А Саша доехал до театра ________________ .

7) Вера сделала домашнее задание ________________ . А Ира делала домашнее задание ________________ .

8) Если на дорогах много пробок, Том добирается до университета ________________ . Вчера пробок не было, и Том добрался до университета ________________ .

9) В этом ресторане Питер был первый раз. Он выбирал блюда ________________ . Кен хорошо знает меню. Он выбрал блюдо быстро, ________________ .

10) Артём не любит воду. Он учился плавать ________________ А Максим научился плавать ________________ .

11) Виктору нужно срочно отремонтировать машину. Он нашёл мастерскую, где машину отремонтировали ________________ .

Б. 1) Бабушка Антона несколько лет ________________ (1) водить машину, но так и не ________________ (2). А Антон ________________ (3) водить машину за 2 месяца.

2) Один учёный-математик за несколько дней ________________ (1) задачу, которую учёные всего мира ________________ (2) много лет, но так и не могли ________________ (3).

3) Вчера у Вадима что-то случилось с машиной. Он ____________ (1) домой почти два часа, хотя обычно он тратит на дорогу минут 40. Позавчера, например, он ____________ (2) за 45 минут.
4) Вчера Том ____________ (1) русский текст весь вечер, но так и не смог ____________ (2) весь текст. Том очень удивился, когда узнал, что его друг ____________ (3) этот трудный текст за час.
5) Писатель Смирнов решил написать исторический роман. Он ____________ (1) его несколько лет, но так и не ____________ (2). А роман о современной жизни он ____________ (3) за несколько месяцев.
6) Роман «**Преступле́ние** и **наказа́ние**» довольно трудно ____________ (1) быстро. Том сначала ____________ (2) его на английском языке, а потом начал ____________ (3) на русском. На английском языке он ____________ (4) роман за неделю. А по-русски он его уже 2 месяца ____________ (5).
7) Том спросил русского друга: «Как ты думаешь, за сколько времени можно ____________ (1) роман "Война и мир" Толстого?» Друг ответил, что он ____________ (2) этот огромный роман несколько месяцев, но так до конца и не ____________ (3) его.

Б. Задайте вопросы к составленным вами предложениям.

Задание 23. Продолжите предложения.

1) Игорь 2 часа ____________________.
   Иван за 2 часа ____________________.
2) Наташа за 20 минут ____________________.
   Маша 20 минут ____________________.
3) Светлана неделю ____________________.
   Ирина за неделю ____________________.
4) Андрей за день ____________________.
   Антон весь день ____________________.

Задание 24. Ответьте на вопросы.

1) Что можно сделать за 5 минут?
2) Что нельзя сделать за пять минут?
3) За сколько времени вы можете выучить 50 русских слов?
4) Как долго вы обычно делаете домашнее задание?
5) Как долго вы обычно добираетесь до университета?
6) За сколько времени можно доехать до университета на такси?
7) Как долго вы учились водить машину?
8) Сколько времени нужно, чтобы приготовить национальное блюдо?

9) Какое блюдо можно приготовить за 15 минут?
10) При каком условии можно перевести текст за 10 минут?
11) При каком условии можно сделать домашнее задание за 15 минут?

Задание 25. Прочитайте тексты-шутки. Прокомментируйте их.

1) Богатый бизнесмен попросил известного художника нарисовать его портрет. Художник выполнил его просьбу за пять минут и сказал, что портрет стоит тысячу долларов.

— Как?! — удивился бизнесмен. — Вы же рисовали только 5 минут!

— Правильно, — ответил художник. — И ещё тридцать лет учился делать это так быстро.

2) — Скажите, профессор, как вы считаете, **в чём смысл** использования компьютеров?

— Это очень просто: теперь десять тысяч человек должны работать целыми днями в течение года, чтобы сделать столько ошибок, сколько один компьютер может сделать за три секунды.

Задание 26. А. Прочитайте (прослушайте) текст.

ВОКРУГ ЗЕМЛИ ЗА 11 ДНЕЙ

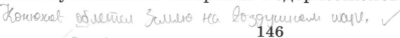

25.8 Фёдор Конюхов — российский писатель, художник, священник. Но во всём мире он известен как путешественник. Конюхов родился в 1951 году. За свою жизнь он совершил более 40 опасных и необычных путешествий, о которых рассказал в своих книгах. В 2016 году Фёдор Конюхов **облете́л** Землю на воздушном шаре. Это путешествие продолжалось 11 дней — с 11 по 23 июля. Полёт начался в Австралии и там же через 11 дней закончился. Это был самый короткий и самый успешный **полёт** вокруг Земли на **возду́шном ша́ре**. Шар пролетел 35 тысяч километров.

Путешествие было трудным. Конюхов летел один на высоте 11 200 метров. Во время полёта Фёдор почти не спал и очень мало ел, потому что он должен был всегда **контроли́ровать** высоту и направление полёта. «Лететь было опасно и страшно, но очень интересно. Земля такая маленькая и красивая! Люди должны **бере́чь** её», — сказал Конюхов после возвращения на землю. Фёдору Конюхову уже много лет, но он мечтает совершить ещё несколько необычных путешествий.

Б. Ответьте на вопросы.

1) Кто такой Фёдор Конюхов? Сколько ему лет?
2) Какое путешествие совершил Фёдор Конюхов в 2016 году?

3) Как долго продолжалось это путешествие?

4) За сколько времени Фёдор Конюхов облетел Землю?

5) Почему это путешествие было трудным?

6) Что рассказал Фёдор Конюхов о своём полёте? Каковы его впечатления?

В. Расскажите о полёте Фёдора Конюхова.

Задание 27. А. Прочитайте шуточный отчёт о работе одного сотрудника фирмы.

Отчёт о работе за январь текущего года

За январь этого года я:

1) поссорился с коллегами 5 раз;
2) опоздал на работу 18 раз;
3) позвонил любимой девушке 13 раз;
4) выпил 72 чашки кофе;
5) съел 20 гамбургеров;
6) ответил на 60 писем;
7) заключил контракты с двумя фирмами.

Б. Составьте свой отчёт за этот месяц.

Задание 28. А. Прочитайте (прослушайте) отрывок из романа Д. Гранина «Искатели».

СКОЛЬКО КНИГ МОЖНО ПРОЧИТАТЬ?

— Как вы думаете, сколько книг человек может прочитать за свою жизнь? — спросил Андрей.

— Тысяч сто, — немедленно ответил Пека.

— Тысяч триста, — сказал Ванюшкин.

Стали **рассуждáть**, какие книги, по сколько страниц в день. Андрей предложил сосчитать:

— **Допýстим**, Пека в среднем читает в день 50 страниц.

— Да, допустим, — согласился Пека.

— Читает он одну книжку в месяц, — засмеялся Ванюшкин.

— Средняя книга имеет, ну, страниц триста, — продолжал Андрей, — значит, одна книга в шесть дней. Значит, за триста шестьдесят дней ...

— Шестьдесят книг, — вычислил Пека.

— Так, а за пятьдесят лет?

— Три тысячи, — сказал Пека **разочарóванно**, посмотрел на Андрея, потом на ребят. Получалось что-то маловато.

— Три тысячи за всю жизнь, — говорил Андрей, — считая и учебники. А в публичной библиотеке больше пяти миллионов книг. Представляете себе, как надо **тща́тельно** отбирать, чтобы прочитать самое хорошее.

рассужда́ть (НСВ) *о чём?*

Б. Ответьте на вопросы.

1) Какой вопрос обсуждают герои романа?
2) Какой вывод сделали герои романа?

В. Решите похожие задачи. Например:

1) Сколько фотографий человек может сделать за неделю / за год / за жизнь…?
2) Сколько чашек кофе можно выпить за неделю / за год…?
3) Сколько новых слов можно выучить за месяц / за год…?

Задание 29. Вставьте подходящие по смыслу глаголы нужного вида.

1) Студенты ______________________________ к экзамену всю неделю.
2) Невозможно ________________ хорошо говорить по-русски за месяц.
3) За 10 месяцев Том ________________ (1) неплохо говорить по-русски. Но он говорит с ошибками. Том будет ____________________ (2) в университете ещё 4 месяца. Том надеется, что за 4 месяца он ________________ (3) говорить без ошибок.
4) Сегодня Том проспал. Он не хотел опаздывать на занятия. Он за 5 минут ___________________________ и поехал в университет.
5) Роман «Война и мир» Льва Толстого очень большой. Невозможно ____________________ его за один день.
6) Игорь должен был ________________ (1) 3 задачи. Одна задача была очень трудная, он ________________ (2) её целый час, а две другие — лёгкие, он ____________________ (3) их за 10 минут.
7) Михаил работает в автосервисе, там он занимается ремонтом машин. Вчера Михаил вернулся домой поздно, потому что он долго ____________________ (1) одну машину. А сегодня за 2 часа он ______________________________ (2) уже 3 машины.
8) Вера — опытная домохозяйка. Обычно она быстро ______________ (1) обед. Например, сегодня она ______________ (2) вкусный обед за час. На празднование Нового года в доме Веры обычно собираются готи. Праздничный обед Вера ______________ (3) долго, весь день.
9) Вчера Том ________________ (1) в университет больше часа, потому что была пробка на дороге. А сегодня он ____________________ (2) за 40 минут, потому что пробок не было.

10) Том обычно не тратит много времени на уборку. Обычно он ______________ (1) комнату за 15 минут. Но сегодня Том пригласил в гости девушку, поэтому он ______________ (2) комнату целый час.

ОБРАТИТЕ ВНИМАНИЕ!

Том **убирал** комнату 15 минут. = *процесс (НСВ) + время.*
Том **убрал** комнату **за** 15 минут. = *однократный результат (СВ) + время.*
Обычно Том **убирает** комнату **за** 15 минут. = *повторение результата (НСВ) + время.*

Задание 30. Дополните предложения по модели.

Модель: Том читал текст ______________, а Питер прочитал текст ______________.
— Том читал текст *20 минут*, а Питер прочитал текст *за 10 минут*.

1) Строители строили большую школу ______________ (1), а маленький детский сад они построили ______________ (2).
2) В этом году Артём начал учиться в школе. Сейчас он учится считать. Бабушка попросила его сосчитать посуду на кухне. Тарелки он сосчитал быстро, ______________ (1), а вилки и ложки он считал долго, ______________ (2).
3) Обычно Питер едет на занятия на автобусе. Обычно он добирается до университета ______________ (1). Вчера он проспал, ему пришлось взять такси, и он добрался ______________ (2). Сегодня на дорогах было много пробок, поэтому он добирался ______________ (3).
4) Галина — спортсменка. Она занимается бегом. Она мечтает пробежать 100 метров ______________ (1).
5) У Антона в комнате **беспоря́док.** Вдруг позвонила мама и сказала, что через 15 минут зайдёт к нему. Антон должен убрать комнату ______________ (1).
6) Пётр Петрович — **бухга́лтер.** Он должен писать финансовые отчёты. В августе он написал отчёт ______________ (1), а в конце года он писал отчёт ______________ (2).
7) Ваня — маленький мальчик. Вчера вечером с ним играла бабушка. Она **спря́тала** игрушку, а Ваня должен был найти её. Первый раз он искал игрушку ______________ (1), а во второй раз он нашёл её ______________ (2).

пря́тать — спря́тать *что? куда?*

УРОК 25

Задание 31. Вставьте выделенные глаголы (НСВ, СВ).

I. читать — прочитать, почитать

Зина обожает ______ (1). Она ______ (2) очень быстро. Она может ______ (3) толстую книгу за один вечер. Сегодня утром она купила книгу, которую раньше не ______ (4). Она пришла домой, переоделась, достала книгу из сумки, села на диван и начала ______ (5). Когда она ______ (6) полкниги, пришла младшая сестра и спросила: «Что ты делаешь?» — «______ (7)», — ответила Зина. «А обед ты приготовила?» — «Нет, я ______ (8) книгу». «Я хочу есть», — сказала сестра. Зина кончила ______ (9), встала, приготовила сестре обед и снова стала ______ (10). Она ______ (11) только 5 минут, потому что позвонила бабушка. Она сказала: «Зина, ты всегда ______ (12) новые книги. Какой **детекти́в** ты советуешь мне ______ (13)?» — «Бабушка, ты же знаешь, что я не ______ (14) детективы». После разговора с бабушкой Зина ещё немножко ______ (15) и легла спать.

II. ужинать — поужинать, смотреть — посмотреть

Шурик пришёл домой в 9 часов, вымыл руки и сел ______ (1). Он ______ (2) и ______ (3) новости по телевизору. Когда он ______ (4), он встал из-за стола, взял чашку с чаем, сел на диван и стал ______ (5) фильм. «Ты же раньше ______ (6) этот фильм, — сказала жена. — Я хочу, чтобы ты ______ (7), какое платье я купила. Нравится?» Шурик ______ (8) на жену и сказал: «Лучше я буду ______ (9) фильм».

III. ремонтировать — отремонтировать

Ольга и Сергей живут в квартире уже давно. Они решили эту квартиру ______ (1). В понедельник пришёл мастер и начал ______ (2) кухню. Он ______ (3) кухню месяц. Сергею не понравилось, что мастер так долго ______ (4) маленькую кухню. Сергей сказал мастеру, что если он будет так долго ______ (5) квартиру, Сергей найдёт другого мастера. Мастер стал работать быстрее и ______ (6) комнату за 5 дней. Когда мастер ______ (7) всю квартиру, Сергей заплатил деньги мастеру, и мастер ушёл.

IV. считать — сосчитать

Директор дал Галине задание ______ (1) всю мебель в офисе. Честно говоря, Галина не любит ______ (2). Но что делать? Ничего не поделаешь. Галина взяла калькулятор, бумагу и начала ______________ (3). Она ______________ (4) столы и стулья весь день. Директор начал ругать её: «Здесь мало мебели! Всю мебель можно ______________ (5) за полчаса. Почему вы так долго ______________ (6)?!» Когда Галина закончила ______________ (7), она сообщила директору результат. Директор пошутил: «Наверное, деньги в магазине вы ______________ (8) быстрее! Если бы я так медленно ______________ (9), наша фирма не получала бы прибыль!»

V. отдыхать — отдохнуть

Иван Иванович — бизнесмен. Он не может ______________ (1) долго. Он очень устал, он мечтает хорошо ______________ (2). Но у него будет только 3 свободных дня. Иван Иванович думает, что невозможно хорошо ______________ (3) за 3 дня. Иван Иванович хочет взять отпуск и ______________ (4) недели две на море.

VI. убирать — убрать

Вчера вечером после работы Тамара вернулась домой и начала ______________ (1) квартиру. У Тамары есть кошка и собака, поэтому приходится ______________ (2) квартиру каждый день. Когда она ______________ (3) квартиру, её муж смотрел футбол по телевизору. Когда Тамара ______________ (4) кухню, она начала ______________ (5) комнату. Когда она ______________ (6) комнату, пришла соседка и попросила дать ей немного сахара. Когда соседка ушла, Тамара продолжила ______________ (7) комнату. Комната большая, Тамара ______________ (8) её долго. Ей не хотелось так тратить время, поэтому она надела наушники и стала слушать английские упражнения. Она учила английский язык и ______________ (9) комнату. В спальне был порядок, поэтому спальню Тамара ______________ (10) быстро, за 15 минут. Когда Тамара ______________ (11) всю квартиру, она приняла душ и начала готовить ужин. Тамара очень устала. А почему муж смотрит телевизор и не помогает Тамаре ______________ (12) квартиру? Я не знаю.

Повторите!

приехать (поехать, ездить) взять дать остановиться	*на сколько времени?*	на неделю на два дня на минутку на месяц
быть жить отдыхать	*сколько времени?*	неделю два дня месяц

ОБРАТИТЕ ВНИМАНИЕ!

Он приехал в Россию **на** неделю. Он взял в библиотеке книгу **на** 3 дня.	Неделя = срок между «приехал в Россию» и «уехал из России». 3 дня = срок между «он взял книгу» и «он вернул книгу». взять — вернуть = антонимы
Он прочитал книгу **за** неделю.	Неделя = период времени между началом процесса и результативным окончанием этого же процесса.
Он читал книгу неделю.	Неделя = время протекания процесса.

Задание 32. Прочитайте (прослушайте) предложения. Измените предложения по модели.

Модель: Мы приехали в Петербург на год.
— *Мы будем жить в Петербурге год.*

1) Мои друзья поехали в отпуск на две недели.
2) Мои друзья приехали ко мне на три дня.
3) Мой коллега уехал в командировку на полгода.
4) Антон взял в библиотеке книгу на неделю.
5) Мой сосед взял у меня **утюг** на час, чтобы **погла́дить** рубашку.
6) Мама отвезла маленького сына к бабушке в деревню на всё лето.
7) Том приехал на вокзал рано. Он оставил свой чемодан **в ка́мере хране́ния** вокзала на 2 часа и пошёл гулять по городу.
8) Питер — студент-иностранец. Он не хочет жить в общежитии. Он снял квартиру на полгода.

Задание 33. А. Прочитайте (прослушайте) диалог.

— Саша, что ты собираешься делать во время отпуска?
— Собираюсь поехать в Узбекистан.
— Надолго?
— На 10 дней.
— Ты полетишь на самолёте?
— Да.
— Сколько времени самолёт летит от Петербурга до Ташкента?
— 3 часа.
— Не может быть! За 3 часа невозможно долететь от Петербурга до Ташкента!

Б. Ответьте на вопросы.

1) Что Саша собирается делать во время отпуска?
2) На сколько он хочет поехать в Узбекистан?
3) Как долго самолёт летит до Ташкента?
4) Почему друг Саши **удиви́лся**?

Задание 34. Прочитайте (прослушайте) предложения. Передайте содержание предложений другими словами. Используйте синонимичные конструкции.

Модель: *Саша*: Я сделал домашнее задание за 30 минут.
— *Это значит, что Саша делал домашнее задание 30 минут.*

1) *Нина*: — Вика, дай мне, пожалуйста, твой большой словарь на минуту. Мне нужно найти одно слово, а в моём словаре этого слова нет.

25.12

2) *Ира*: — Я начала переводить текст в 6 часов, а закончила в 7. Текст не очень трудный, и я быстро перевела его.
3) *Игорь*: — Я поеду в Москву в этот понедельник, а вернусь в следующий вторник.
4) *Лена*: — Сегодня вечером я буду дома готовиться к контрольной работе. Надеюсь, трёх часов мне хватит, чтобы подготовиться.
5) *Наташа*: — В библиотеке мне дали нужную книгу, но я должна вернуть её через 3 дня.
6) *Антон*: — Я опаздываю на поезд. У меня только 30 минут. Но я думаю, что успею доехать до вокзала.
7) *Иван*: — Я ездил в Мурманск на поезде. Дорога в одну сторону занимает 30 часов.

Запомните!

До приезда в Россию Виктор изучал русский язык на родине.
Перед отъе́здом в Россию Виктор попрощался с друзьями.

Задание 35. Ответьте на вопросы. Используйте предлоги «до», «перед», «после».

1) Когда нужно мыть руки? (еда)
2) Когда вы пойдёте домой? (занятия)
3) Когда вы повторяете новые слова? (занятия)
4) Когда нужно познакомить невесту с родителями? (свадьба)
5) Когда бабушка приняла лекарство? (еда)

Запомните!

До конца урока **осталось** 5 минут
(осталась минута, остался час).
Прошло 5 минут **после** начала урока.
Виктор получил визу **за** неделю **до** отъезда.
Через день **после** приезда в Россию Том позвонил домой.

за + до **через + после**

Задание 36. Ответьте на вопросы.

А. 1) Когда Антон пришёл в класс? (5 минут — начало урока)
2) Когда Антон ушёл из театра? (полчаса — окончание спектакля)
3) Когда Антон начал говорить по-английски? (6 месяцев — начало занятий)
4) Когда Антон женился на Лизе? (2 месяца — первая встреча)
5) Когда у Антона и Лизы родился ребёнок? (9 месяцев — свадьба)
6) Когда вы получили визу в Россию? (неделя — отъе́зд).

Б. 1) Когда пассажир должен быть в аэропорту?
2) Когда зрители должны прийти в театр?
3) Когда студенты должны приходить на занятия?
4) Когда вы сегодня пришли на занятия?

Задание 37. Раскройте скобки.

1) Брат послал телеграмму и ______ (другой день) получил ответ.
2) Группа молодых инженеров работала над созданием компьютера нового типа ______ (16 месяцев).
3) Я дам тебе свой учебник, но скоро он мне будет нужен. Я могу дать тебе учебник только ______ (2 дня).
4) Дети уехали в деревню ______ (всё лето).
5) ______ (старость) дедушка по-прежнему много ходил пешком.
6) Мать приготовила суп ______ (два дня).
7) ______ (март) появляются первые цветы.
8) ______ (три года) студенты хорошо выучили русский язык.
9) У сестры отпуск ______ (1, сентябрь).
10) — Подождите его, он вышел ______ (минутка).
11) Больной принял лекарство ______ (еда).

12) ____________________ (возвращение) в родной город он пошёл работать в банк.
13) Все сотрудники фирмы ушли домой, а Иван Иванович остался ____________________ (час), чтобы закончить работу.
14) Он приехал в Москву ____________________ (август, 2010 год).
15) Я зайду к тебе ____________________ (командировка).
16) Библиотеку закрыли ____________________ (месяц) на ремонт.
17) Мы доехали до Московского вокзала всего ____________________ (полчаса).
18) У студентов каникулы ____________________ (31 августа).

Задание 38. А. Посмотрите на рисунки.

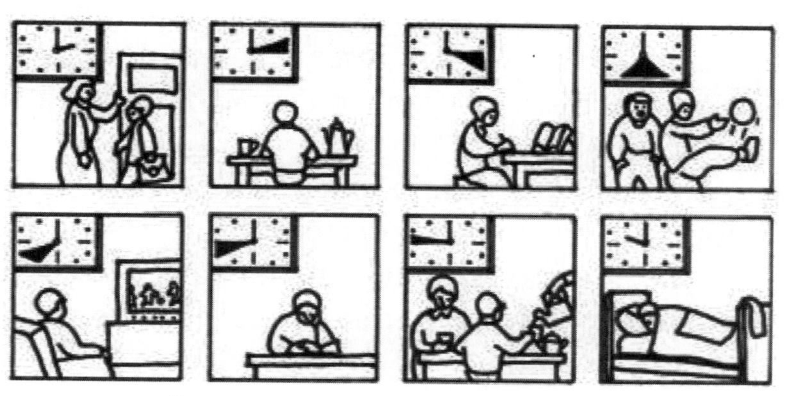

Б. Ответьте на вопросы.

1) Когда (Во сколько? В котором часу?) Максим пришёл из школы домой?
2) Сколько времени (со скольки́ до скольки́*) он обедал?
3) Во сколько он начал делать домашнее задание?
4) Сколько времени он делал домашнее задание?
5) За сколько времени он сделал домашнее задание?
6) Во сколько он пошёл играть в футбол?
7) Сколько времени (как долго) он играл в футбол?
8) До скольки он играл в футбол?
9) Он часто играет в футбол с друзьями?
10) Что он начал делать после того, как вернулся домой?
11) Сколько времени он смотрел телевизор? Со скольки до скольки он смотрел телевизор?
12) Что он делал после того, как посмотрел телевизор? Он читал книгу или переводил текст?
13) Как долго он переводил текст? За сколько времени он перевёл текст?

---

* Со скольки́ до скольки́ — разговорная форма. Со ско́льких до ско́льких — литературная форма.

14) Что он делал с девяти до десяти?
15) О чём Максим и его родители разговаривали за ужином?
16) Когда он лёг спать?

В. Расскажите (напишите) о том, что делал Максим, когда пришёл домой. Используйте конструкции выражения времени:
во сколько, сколько времени (как долго), со скольки(х) до скольки(х), за сколько времени, как часто…

Задание 39. А. Прочитайте (прослушайте) текст.

ПЕРВЫЙ ПОЛЁТ ЧЕЛОВЕКА В КОСМОС

В своей книге «Дорога в космос» первый **космона́вт** Земли Юрий Гагарин рассказал о том, что он делал за несколько дней до **полёта** в ко́смос, **накану́не** полёта, перед полётом, во время полёта и после возвращения на Землю.

Незадо́лго до полёта Гагарин побывал в Москве. Во время прогулки по Красной площади будущий космонавт думал о том, что сейчас люди ещё ничего не знают о космосе, но через несколько дней весь мир узна́ет о **грандио́зном** событии — первом полёте человека в космос.

Накануне полёта космонавт № 1 Юрий Гагарин и космонавт № 2 Герман Титов отдыхали. Они говорили о полёте, о детстве, о книгах, о будущем, много шутили. Все были уверены, что полёт пройдёт успешно. Вечером, **перед сно́м**, пришёл врач. Он проверил **давле́ние кро́ви, пульс**, температуру. Всё было в норме. После осмотра врача Юрий Гагарин лёг спать и **засну́л** очень быстро, за семь минут. Спал **кре́пко**, никаких снов не видел. А вот главный **констру́ктор** и врач не спали всю ночь — волновались.

В 5:30 врач разбудил будущих космонавтов. Гагарин и Титов встали, сделали **заря́дку**, позавтракали. После завтрака поехали на **космодро́м**. На космодроме было много людей. Все ждали **ста́рта** космического корабля и каждую минуту смотрели на часы. Наконец сообщили, что корабль готов к полёту. Перед тем как подняться в **каби́ну** корабля, Гагарин **произнёс речь**, которую потом много раз передавали по радио и телевидению. За несколько минут до старта он говорил об огромном счастье и об огромной **отве́тственности** человека, который первым в мире летит в космос.

В 9 часов 7 минут утра по московскому времени огромный космический корабль «Восток» начал медленно подниматься вверх. Гагарин сказал: «Поехали!» Через 70 секунд после взлёта космонавт почувствовал **невесо́мость**. По словам Гагарина, всё вдруг стало легче делать. В невесомости человек висит в кабине и **как бы** плавает в ней.

Во время полёта Гагарин работал, делал **за́писи** в журнале, сообщал на Землю обо всём, что видел. Он чувствовал себя хорошо. Пульс и дыхание были нормальные. Несмотря на необходимость выполнять программу полёта, Гагарин не мог не думать о своей жизни. Он вспомнил маму, вспомнил, как она целовала его перед сном...

«Восток» летел со скоростью 28 000 километров в час. Такую скорость трудно представить на Земле. Гагарин не чувствовал ни **голода**, ни **жа́жды**. Но в **определённое** время он поел и попил воду — этого требовала программа полёта.

Первый космонавт облетел Землю за 108 минут, и в 10 часов 25 минут корабль начал спускаться на Землю. Через несколько минут он **благополу́чно приземли́лся**. Для Гагарина было важно, что возвращение на Землю произошло в тех местах, где он впервые в жизни летал на самолёте. С тех пор прошло только 6 лет. За 6 лет всё изменилось: Гагарин теперь летал в 200 раз быстрее и в 200 раз выше.

После полёта Гагарин поехал с будущим космонавтом № 2 на берег реки Волги, где для них был приготовлен домик для отдыха. Там он принял душ, пообедал и поужинал сразу — на этот раз с хорошим аппетитом. После небольшой прогулки по берегу Волги они с Титовым немного поиграли на **билья́рде** и легли спать. Уже через несколько минут Гагарин спал спокойно, как и накануне полёта. Так закончился этот удивительный день — двенадцатое апреля тысяча девятьсот шестьдесят первого года.

приземля́ться — приземли́ться
произноси́ть — произнести́ речь

Б. Прочитайте (прослушайте) вопросы. Ответьте на них, укажите время.

1) Когда произошёл первый полёт человека в космос?
2) Когда Гагарин побывал в Москве?
3) Когда Гагарин думал о том, что люди ещё ничего не знают о будущем полёте человека в космос?
4) Когда космонавты отдыхали?
5) Когда к космонавтам пришёл врач?
6) Когда Гагарин лёг спать?
7) Когда Гагарин заснул?
8) Когда главный конструктор первого космического корабля и врач не спали?
9) Когда врач разбудил Гагарина?
10) Когда космонавты поехали на космодром?
11) Когда люди смотрели на часы каждую минуту?

12) Когда Гагарин произнёс речь?
13) Когда Гагарин говорил о счастье и об ответственности быть первым космонавтом?
14) Когда произошёл старт космического корабля?
15) Когда космонавт почувствовал невесомость?
16) Когда Гагарин выполнял программу полёта, ел, пил, вспоминал маму?
17) Когда корабль начал спускаться на Землю?
18) Когда корабль благополучно приземлился?
19) Когда Гагарин первый раз летал на самолёте?
20) Когда Гагарин поехал в домик для отдыха?
21) Когда Гагарин принял душ и пообедал?
22) Когда Гагарин поиграл на бильярде?
23) Когда Гагарин лёг спать?

В. Прочитайте (прослушайте) вопросы. Ответьте на них.

1) Когда Юрий Гагарин полетел в космос?
2) О чём Гагарин рассказал в своей книге «Дорога в космос»?
3) Что Гагарин делал за несколько дней до полёта?
4) О чём он думал во время прогулки по Красной площади?
5) Что космонавты делали накануне полёта?
6) Что делал врач накануне полёта Гагарина?
7) Как Гагарин спал накануне полёта?
8) Что делал главный конструктор накануне полёта?
9) Во сколько Гагарин проснулся в день полёта?
10) Что Гагарин делал утром в день полёта?
11) Что космонавты делали после завтрака?
12) Что Гагарин делал перед тем, как подняться в кабину корабля, за несколько минут до старта?
13) О чём сказал Гагарин в своей речи перед стартом?
14) Во сколько произошёл старт корабля?
15) Как чувствовал себя Гагарин в невесомости?
16) Что Гагарин делал во время полёта?
17) С какой скоростью летел корабль?
18) За сколько корабль облетел Землю?
19) Когда корабль начал спускаться на Землю?
20) Где произошло приземление корабля?
21) Когда Гагарин впервые летал на самолёте?
22) Что Гагарин делал после полёта?

Задание 40. А. Прочитайте (прослушайте) важные даты в истории **космона́втики**.

04.10.1957 — произошёл **за́пуск** первого **иску́сственного спу́тника** Земли.
03.11.1957 — в космос полетела собака Лайка — первое животное с планеты Земля. Собака погибла.
19.08.1960 — в космос полетели две собаки — Белка и Стрелка. Они первые вернулись на Землю живыми.
09.03.1961 и **25.03.1961** — совершены удачные полёты двух собак. Они обе вернулись живыми на Землю.
12.04.1961 — в космос полетел первый человек — Юрий Гагарин.
16.06.1963 — в космос полетела первая женщина-космонавт Валентина Терешкова.
18.03.1965 — космонавт Алексей Леонов впервые в истории вышел из космического корабля в открытый космос.
16.07.1969 — первый полёт человека на Луну.

Б. Составьте предложения, используйте сочетания «за — до»; «через — после».

1) Первый спутник был **запу́щен** ________ (4 года — первый полёт человека).
2) Первое животное полетело в космос ________ (месяц — запуск искусственного спутника).
3) Впервые собаки вернулись из космоса живыми ________ (3 года — первый полёт собаки в космос).
4) Впервые собаки вернулись живыми ________ (8 месяцев — первый полёт человека в космос).
5) Последний запуск собаки в космос произошёл ________ (18 дней — полёт человека в космос).
6) Первый полёт человека в космос был **совершён** ________ (4 года — запуск искусственного спутника).
7) Первая женщина полетела в космос ________ (2 года — полёт Гагарина).
8) Космонавт впервые вышел в открытый космос ________ (4 года — полёт первого человека в космос).
9) Первый полёт человека на Луну совершён ________ (12 лет — запуск искусственного спутника Земли).

УРОК 25

В. Ответьте на вопросы.

1) Сколько лет назад был совершён первый полёт человека в космос?
2) Когда вы впервые узнали имя Гагарина? От кого вы узнали о первом космонавте?
3) Как вы думаете, **челове́честву** нужны полёты в космос? Зачем люди летают в космос?

Запомните!

Сколько времени? Который час?

5–29 минут пол(овина) четверть	первого … двенадцатого
без пяти, десяти, пятнадцати, двадцати без четверти	час, два, …, пять …

Задание 41. Назовите время двумя способами.

Модель: 21:10 — 1) *двадцать один час десять минут*; 2) *десять минут десятого*

1:30; 4:15; 6:40; 15:45; 18:50; 2:20; 14:55; 20:10; 21:05; 00:25; 3:30; 17:15; 5:45.

Задание 42. Изобразите на часах время, которое укажут ваши друзья.

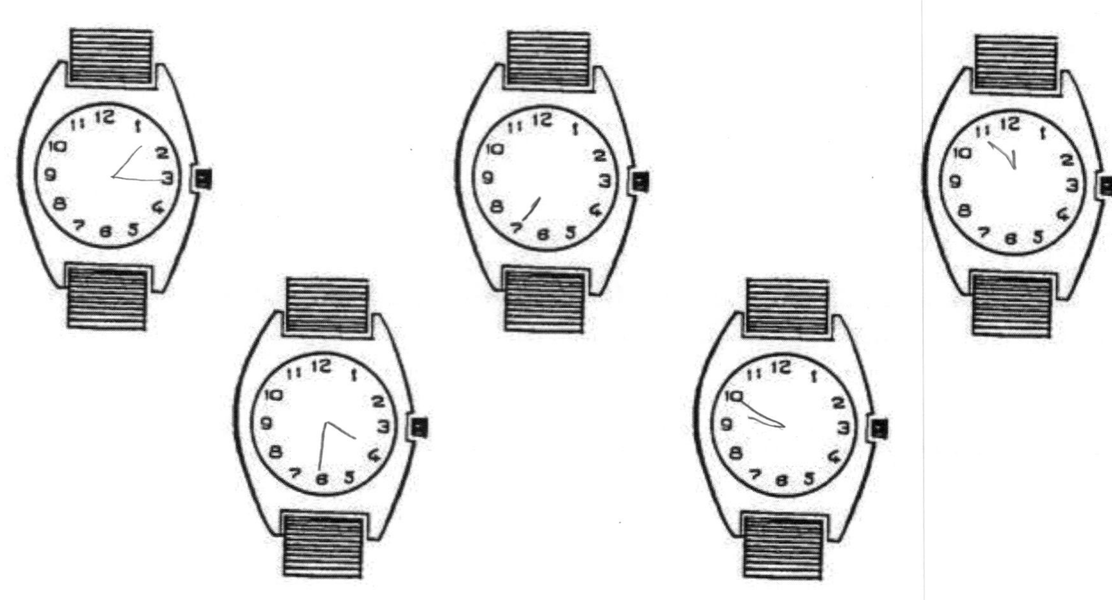

Словарь урока 25

а́рия
беспоря́док
билья́рд
благополу́чно
бухга́лтер
влия́ние
возду́шный шар
волк
го́лод
граждани́н
грандио́зный
давле́ние (крови)
детекти́в
до сих по́р
жа́жда
за́пись (*ж. р.*)
за́пуск
заря́дка (у́тренняя заря́дка)
змея́
иску́сственный спу́тник
каби́на
как бы
ка́мера хране́ния
констру́ктор
космодро́м
космона́вт
космона́втика
кре́пко
кровь (*ж. р.*)
лев
медве́дь (*м.р.*)
наказа́ние
накануне *чего?*
невесо́мость (*ж. р.*)
незадо́лго *до чего?*
обезья́на
(в) определённое время
отве́тственность (*ж. р.*)
по и́мени
полёт
популя́рный
портре́т
при себе́ *что?*
преступле́ние
пульс
разочаро́ванно
речь
с тех по́р
слон
смысл
сон (перед сно́м)
спосо́бный
старт
су́мма
тигр
тща́тельно
утю́г
челове́чество
чу́до
электро́нная по́чта
эпо́ха

бере́чь — сбере́чь *что?*
гла́дить — погла́дить *что?*
допуска́ть — допусти́ть (допу́стим, что ...)
запуска́ть — запусти́ть *что?*
засыпа́ть — засну́ть (уснуть)
контроли́ровать — проконтроли́ровать *кого? что?*
облета́ть — облететь *что?*
переставáть — переста́ть + инф.
представля́ть — предста́вить *кого? кому?*
предупрежда́ть — предупреди́ть *кого? о чём?*
приземля́ться — приземли́ться
произноси́ть — произнести́ речь
пря́тать — спря́тать *что? куда?*
рассужда́ть (НСВ) *о чём?*
соверша́ть — соверши́ть *что?*
угова́ривать — уговори́ть *кого?* + инф.
удава́ться — уда́ться *кому?* + инф.
удивля́ть — удиви́ть *кого?*
хулига́нить (НСВ)

В чём смысл?

Урок 26

ПОВТОРИТЕ!

1. Раскройте скобки.

1) Поездка произвела огромное впечатление ______ (мой брат и мои друзья).
2) По радио предупредили ______ (жители Санкт-Петербурга) ______ (возможное **наводнéние**).
3) Я **никáк** не могу дозвониться ______ (мои родители).
4) Рабочие требовали ______ (улучшение) ______ (условия труда).
5) За год учёные добились ______ (прекрасные результаты).
6) Никогда не надо сердиться ______ (ваши дети).
7) Я буду ходить в бассейн ______ (каждая среда).
8) Работы профессора оказали большое влияние ______ (его ученики).
9) Каждый день работники зоопарка должны кормить ______ (животные).

Повторите!

Дательный падеж (№ 3)

Модели	Пред-логи	Части речи	Окончания ед. ч.		Окончания мн. ч.
			м. р.; ср. р.	**ж. р.**	
кому? чему? к кому? по чему? *кто?* дал (показал...) *что?* ***кому?***; *кто?* помог (посоветовал...) ***кому?*** + инф.; ***кому?*** нравится (понравилось) *что? кто?*; ***кому?*** нужно (можно) + инф. ***кому?*** нужен билет, нужна виза, нужно пальто, нужны деньги; ***кому?*** холодно (жарко...); ***кому?*** сколько лет; *кто?* ездил / ходил (приехал, поедет) ***к кому?***; *кто?* идёт (шёл, гулял...) ***по чему?***: по улице; ***когда? / как часто? / по каким дням?***: по средам...	к; по	имя сущ.	**-у / -ю**	**-е / -и (-ии)**	**-ам / -ям**
		имя прил.	*какому?* **-ому / -ему**	*какой?* **-ой / -ей**	*каким?* **-ым / -им**
		притяж. мест.	*чьему?* моему твоему нашему вашему своему	*чьей?* моей твоей нашей вашей своей	*чьим?* моим твоим нашим вашим своим
			его, её, их		
		личное мест.	мне, тебе, ему (к нему), ей (к ней), нам, вам, им (к ним)		

2. А. Вставьте окончания.

В прошл… *суббот*… я ходил в гости к сво… стар… школьн… друг… *Антон*… . *Ему* исполнил… 30 лет, и я ходил к нему, чтобы поздрав… *его* с дн… рождения.

Вс… пятниц… я ходил *по город*… и думал, что подарить *Антон*… на день рождения. Я хотел купить *ему* хорош… недорог… *подарок*. Наконец я подошёл *к магазин*… «Книги», котор… находится на Больш… проспекте, и остановился. В окн… магазин… я увидел *красив*… книг… о Русск… музе… . Книга была на английск… язык… . Я подумал, что это хорош… подарок. Во-первых, Антон собирает книги *по искусств*…, и так… книг… у него нет. Во-вторых, он изучает *английск*… язык, и эта книга, как мне кажется, может помочь *ему* подготовиться *к экзамен*… *по английск*… язык… .

Я заплатил *деньги*, вышел из магазин… и пошёл домой. В суббот… я подарил *книг*… *Антон*… . Как я и думал, книга очень понравилась мо… *друг*… .

Б. Определите падеж выделенных слов.

В. Задайте вопросы к выделенным словам.

3. Продолжите предложения. Используйте дательный падеж, а где необходимо — винительный падеж и инфинитив.

1) Мама дала __________ .
2) Муж позвонил __________ .
3) Бабушка подарила __________ .
4) Мне нужно помочь __________ .
5) Врач посоветовал __________ .
6) Начальник сказал __________ .
7) Я написал(-а) __________ .
8) Мама не разрешает __________ .
9) Врач запретил __________ .
10) Анна Ивановна преподаёт __________ .
11) Журналист задал __________ .
12) Экскурсовод показал __________ .
13) После путешествия Антон рассказал __________

Повторите!

кому? сколько? лет

4. Прочитайте (прослушайте) предложения. Составьте предложения по модели.

Модель: Мой русский друг окончил школу. — *Моему русскому другу 17 лет. В этом году он окончил школу.*

26.1

1) Мой брат начал ходить в школу. ______
2) Моя сестра окончила школу. ______
3) Мой отец стал пенсионером. ______
4) Моя бабушка вышла на пенсию. ______
5) Мой друг окончил университет. ______
6) Мой друг собрался жениться. ______
7) Мой сосед вернулся из армии. ______
8) Моя подруга поступила в университет. ______
9) Моя дочь начала говорить. ______
10) Мой сын начал ходить. ______
11) Мой племянник научился плавать. ______

5. Прочитайте (прослушайте) предложения. Измените их. Используйте глагол «нравиться — понравиться».

Модель 1: *Вера*: Я была в кино. Прекрасный фильм! — ***Вере понравился фильм.***

26.2

1) *Ирина*: — Я была на концерте. Отличный концерт!
2) *Антон*: — Я люблю футбол.
3) *Наташа*: — Я была на экскурсии. Было неинтересно.
4) *Рита*: — Я прочитала книгу. Так себе.
5) *Светлана*: — Я была в Париже. Париж — это сказка!!!
6) *Игорь*: — Я люблю путешествовать.
7) *Владимир*: — Я был на футболе. Матч был скучный.
8) *Тамара*: — Я была на дискотеке в клубе. Было классно!
9) *Даша*: — Я люблю цветы. Особенно розы.

Модель 2: Вчера я был в Эрмитаже. — *Мне понравился Эрмитаж.*

26.3

1) Вчера мы были на спектакле.
2) Вчера он смотрел балет.
3) Вчера она слушала оперу.
4) Вчера они были на экскурсии.
5) Вчера я прочитал книгу.
6) Вчера Олег был на дискотеке.
7) Вчера Таня была в ресторане.
8) Вчера Ира и Таня были в музее.
9) Вчера Игорь был на концерте.
10) Вчера у нас была экскурсия.

6. Прочитайте (прослушайте) диалог. Замените прямую речь косвенной.

Виктор: — Антон, что ты делал вчера вечером?
Антон: — Я ходил в театр на балет.
Виктор: — Тебе понравился балет?
Антон: — Да, очень.
Виктор: — Антон, расскажи, пожалуйста, о балете. Я тоже хочу посмотреть этот балет.
Антон: — Конечно, расскажу, но только не сейчас. Сейчас я очень спешу. Приходи ко мне завтра.
Виктор: — Хорошо, приду. А во сколько лучше прийти?
Антон: — Приходи часов в пять.

кому?, **что...**	*кому?* **+ инфинитив**	*кого?*
говорить — сказать рассказывать — рассказать отвечать — ответить сообщать — сообщить	советовать — посоветовать предлагать — предложить разрешать — разрешить запрещать — запретить обещать — пообещать желать — пожелать	спрашивать — спросить просить — попросить + *инф.* приглашать — пригласить + *куда?* благодарить — поблагодарить + *за что?* поздравлять — поздравить
с кем?	*от чего?* / **+ инфинитив**	**+ инфинитив**
здороваться — поздороваться прощаться — попрощаться	отказываться — отказаться	соглашаться — согласиться

7. Прочитайте (прослушайте) предложения. Замените прямую речь косвенной. Используйте разные глаголы.

Модель: — *Виктор*: — Антон, открой, пожалуйста, окно. — ***Виктор попросил Антона открыть окно.***

1) *Виктор*: — Я хочу подарить сестре новый словарь.
2) *Виктор*: — Дорогие родители! Поздравляю вас с Новым годом!
3) *Александр*: — Мама, посмотри фильм «Адмирал», это интересный фильм.
4) *Максим*: — «Лена, приходи ко мне на день рождения!
Лена: — Спасибо за приглашение!
5) (После вечеринки) *Лена*: — Максим, до свидания!
6) *Игорь*: — Виктор и Наташа! Давайте пообедаем вместе!
Виктор и Наташа: — С удовольствием!
7) *Директор школы*: — Дети! Сейчас нельзя громко кричать! Идёт экзамен!
Дети: — Мы не будем кричать!

8) *Андрей*: — Кирилл, можно взять твой словарь?
Кирилл: — Конечно, можно!

9) *Вера*: — Алексей, сфотографируй меня, пожалуйста!

10) *Питер*: — Ирина, приезжай ко мне в гости в Германию!
Ирина: — Нет, Питер. Я не могу.

11) *Роман*: — Том, напиши новые слова на **ка́рточках** — так легче их запомнить.

12) *Рита*: — Оля, ты не знаешь, какую сумку выбрать? Купи вот эту — она большая, удобная.
Оля: — Спасибо за совет.

13) *Муж*: — Дорогая! Принеси мне, пожалуйста, кофе.
Жена: — Вот, пожалуйста.

14) *Жена*: — Дорогой, давай поедем в этом году отдыхать в Египет!
Муж: — Почему бы и нет? Хорошая идея. А сколько стоит тур в Сочи?
Жена: — Точно не знаю. Нужно позвонить в туристическое агентство и уточнить.
Муж: — Позвони завтра и узнай всё подробно.
Жена: — Без проблем. Позвоню.

8. Измените предложения по модели.

Модель: Я должен сделать домашнее задание. (Том) — *Тому тоже нужно сделать домашнее задание.*

1) Я должен позвонить бабушке. ______________________ (моя сестра)
2) Моя бабушка должна пойти к зубному врачу. ______________________ (мой дедушка)
3) Моя сестра должна навестить родителей. ______________________ (мой брат)
4) Я должен купить подарок подруге. ______________________ (мой друг)
5) Мой друг должен показать свою собаку врачу. ______________________ (моя подруга)
6) Я должен подготовиться к экзамену по русскому языку. ______________________ (мои друзья)
7) Том должен убрать комнату перед прихо́дом гостей. ______________________ (его сосед)
8) Иван Иванович должен поехать в командировку. ______________________ (его начальник)

кому? **нужно** *что?*		
кому?	**ну́жен** **нужна́** **ну́жно** **нужны́** **ну́жно**	паспорт виза молоко деньги спать (инф.)

9. Прочитайте (прослушайте) предложения. Измените их по модели. Используйте слова «нужен», «нужна», «нужны», «нужно» и слова для справок.

Модель: Студент хочет изучать русский язык. — *Студенту, который хочет изучать русский язык, нужен словарь.*

26.6

1) **Человек хочет купить новую машину.** Человеку, который хочет купить новую машину, нужны деньги.
2) **Хозяйка купила много продуктов.** Хозяйке, которая купила много продуктов, нужен большой пакет.
3) **Бизнесмен должен поехать в командировку в Москву на поезде.** Бизнесмену, который должен поехать в командировку в Москву на поезде, нужен билет на поезд.
4) **Турист хочет поехать в Россию.** Туристу, который хочет поехать в Россию, нужна виза.
5) **Девушка собирается выйти замуж.** Девушке, которая собирается выйти замуж, нужно белое платье
6) **Студент собирается приехать в Россию на год.** Студенту, который собирается приехать в Россию на год, нужна страховка.
7) **Туристы приехали в Москву на 3 дня.** Туристам, которые приехали в Москву на 3 дня, нужна карта Москвы.
8) **Человек хочет поехать в горы кататься на лыжах.** Человеку, который хочет поехать в горы кататься на лыжах, нужна страховка.
9) **У человека украли документы.** (steal) Человеку, у которого украли документы, нужно обратиться в полицию.
10) **Девушка едет отдыхать на море.** Девушке, которая едет отдыхать на море, нужен купальник.
11) **Дедушка заболел.** Дедушке, который заболел, нужно обратиться к врачу
12) **Человек стал плохо видеть.** Человеку, который стал плохо видеть, нужны очки.

Слова для справок: большой пакет, карта Москвы, обратиться в полицию, обратиться к врачу, белое платье, деньги, очки, виза, билет на поезд, купальный костюм (купальник), **страхо́вка**.

У него украли телефон
У меня украли деньги.

Безличные предложения	
кому?	холодно, жарко грустно трудно (не)понятно **сты́дно** весело скучно больно (не)удобно

10. Вставьте в безличные предложения подходящие по смыслу слова.

1) Наташа сняла шарф и шапку, потому что ей ____________.
2) Алла закрыла окно, потому что ей стало ____________.
3) Виктор едет в метро. Ему ____________ разговаривать по телефону.
4) Нина упала. Ей очень ____________.
5) Вчера Ира и Вадим были на вечеринке. Им было очень ____________.
6) Вчера Алексей ушёл со спектакля, потому что ему было ____________.
7) У Юрия плохая память. Ему ____________ изучать иностранные языки.
8) Вера сказала мужу неправду. Теперь ей ____________.
9) Тамара купила стиральную машину и долго изучала инструкцию, потому что ей было ____________, как пользоваться машиной.

подходи́ть — подойти́ *к кому? к чему?*
Антон подошёл к девушке
и спросил, как её зовут.

---

11. Вставьте слова, данные в скобках, в нужной форме.

1) Я весь вечер звонил вам домой, но никто не подошёл ____________ (телефон).
2) Машина подъехала ____________ (магазин): она привезла свежие овощи и фрукты.
3) Мы подошли ____________ (лифт) и увидели, что он не работает.
4) Больной попросил врача подойти ____________ (он) поближе.
5) Девушка подошла ____________ (окно) и посмотрела на улицу.
6) Том подошёл ____________ (дверь), достал ключ из кармана и открыл дверь.

ОБРАТИТЕ ВНИМАНИЕ!

быть, находиться	ходить, идти, ехать, гулять, путешествовать, подниматься — подняться, спускаться — спуститься
где?	*по чему?*
Мы **были на** Невском проспекте.	Мы **гуляли по** Невскому проспекту (движение).

12. Продолжите предложения.

Модель: Недавно Виктор был в Москве. Он ездил на экскурсию.
— Он ездил на экскурсию *по Москве*.

1) Станция метро находится на Невском проспекте. Этот автобус идёт ________________?
2) Вчера мы ездили в парк. Мы долго гуляли ________________.
3) В субботу туристы были в Эрмитаже. Они очень долго ходили ________________.
4) Эта набережная очень красивая. Иногда я гуляю ________________.
5) Я живу на берегу моря. Вечером я люблю гулять ________________.

13. Раскройте скобки.

1) Туристы путешествовали ________________ (Южная Америка).
2) Весь день мы гуляли ________________ (праздничный город).
3) Лифт сломался, и мне пришлось подниматься ________________ (**ле́стница**).
4) — Как дойти до ближайшей станции метро?
— Идите прямо ________________ (набережная), потом **поверни́те** направо.
5) Сначала мы ехали ________________ (Большой проспект), а потом повернули налево.
6) Когда я думаю, я обычно хожу ________________ (комната).

повора́чивать — поверну́ть *куда?*

Запомните!

лекция	**по** физике
занятие	**по** русск**ому** язык**у**
экзамен	**по** математике
специалист	**по** компьютер**ам**
коллега	**по** работе
партнёр	**по** бизнесу
сосед	**по** комнате

Задание 1. Ответьте на вопросы. Используйте слова, данные справа.

1) Какие специалисты нужны фирме?	нефть и газ
2) Какие книги вам нужно купить в магазине?	грамматика и фонетика
3) Какое занятие он пропустил?	математика
4) Какую тетрадь потерял ученик?	физика
5) Какой экзамен будет летом?	русский язык
6) Какие тесты нужно сдавать, чтобы получить сертификат первого уровня?	говорение, письмо, аудирование, чтение, грамматика
7) Какие лекции нравятся Антону больше всего?	русская история

Задание 2. А. Прочитайте (прослушайте) текст.

Скоро Новый год. Виктор очень любит этот праздник: вместе собирается вся семья. В дом к родителям всегда приезжают его сестра, бабушка, дедушка, иногда тётя и дядя. Мама готовит вкусный ужин, все разговаривают, поют песни, шутят… Сейчас Виктор живёт в другом городе, поэтому в этом году на Новый год он тоже поедет к родителям. На следующий день он пойдёт к друзьям.

На Новый год в России обычно дарят подарки. Уже в ноябре Виктор начинает думать, что кому подарить. В этом году он хочет подарить своему отцу свитер из шерсти, так как он любит кататься на лыжах. Маме он уже купил модную сумку — мама Виктора большая модница. Бабушке он решил подарить красивый тёплый шарф (бабушка говорит, что ей всё время холодно), дедушке — книгу об Италии (ему очень нравится итальянское искусство, он уже много лет мечтает побывать в этой стране). Сестре Виктора 25 лет, она хочет стать стюардессой, поэтому изучает иностранные языки. Ей нужны разные словари. Виктор подарит ей большой русско-французский словарь. У Виктора ещё есть младший брат. В прошлом году Виктор подарил ему книгу. Но этот подарок брату не очень понравился, он сказал, что ему хочется что-нибудь оригинальное. Виктор — добрый брат, поэтому в этом году он подарит ему современный дорогой телефон. Виктор надеется, что этот подарок понравится брату. А что подарить друзьям? Наверное, Виктор купит всем шоколад, который они вместе съедят на вечеринке.

Виктор надеется, что его подарки понравятся его родственникам и друзьям.

Б. Раскройте скобки. Продолжите, где необходимо, предложения.

1) На Новый год Виктор поедет к родителям (родители).
2) Первого января Виктор обычно ходит к друзьям (друзья).
3) На Новый год Виктор хочет подарить своему отцу свитер (свитер из шерсти) из шерсти (его отец), потому что его отец любит кататься на лыжах.
4) Виктор уже купил в качестве подарка своей матери модную (модная сумка) сумку (его мать), потому что она большая модница.
5) Виктор собирается подарить своей бабушке (тёплый шарф) тёплый шарф (его бабушка), потому что ей всегда холодно.
6) Виктор планирует подарить своему дедушке книгу об [illegible] (книга об Италии) Италии (его дедушка), потому что * он любит...
7) Виктор решил подарить своей старшей сестре русско-французский (русско-французский словарь) словарь (его старшая сестра), потому что она хочет стать стюардессой.
8) Старшей сестре Виктора (старшая сестра Виктора) 25 лет.
9) Старшей сестре Виктора (старшая сестра Виктора) нужны разные словари.
10) В прошлом году (прошлый год) Виктор подарил своему младшему брату (книга) книгу. (его младший брат).
11) В этом году (этот год) Виктор хочет подарить его младшему брату (его младший брат) современный мобильный телефон. (современный мобильный телефон).

12) Виктор надеется, что телефон понравится ______________ (его брат).

13) Виктор хочет подарить шоколад ______________ (друзья).

В. Прочитайте (прослушайте) предложения. Скажите, правильно или неправильно передана информация текста.

Модель: Виктор любит Новый год. — *Да, действительно, Виктор любит Новый год. / Нет,* ***на са́мом де́ле*** *он не любит Новый год.*

26.8

1) На Новый год Виктор всегда приезжает к родителям.
2) Сейчас Виктор живёт с родителями.
3) В этом году Виктор не поедет к родителям на встречу Нового года.
4) Первого января Виктор пойдёт к друзьям.
5) Виктор всегда дарит подарки родителям, сестре, младшему брату, бабушке, дедушке.
6) В этом году Виктор хочет подарить дедушке свитер.
7) Виктор хочет подарить своей маме красивую сумку.
8) Виктор хочет подарить своему отцу книгу об Италии.
9) Виктор хочет подарить своему младшему брату тёплый шарф.
10) Виктор хочет подарить своему младшему брату книгу.
11) Виктор хочет подарить своей сестре телефон.
12) Виктор хочет подарить своей сестре словарь.
13) Сестре Виктора 25 лет.
14) Виктор хочет подарить своим друзьям торт.
15) Виктор надеется, что его подарки понравятся его родственникам.

Г. Задайте вопросы к тексту.

Д. Расскажите о себе: что кому вы хотите подарить на Рождество (на день рождения...) и почему.

ДАТЕЛЬНЫЙ ПАДЕЖ СУЩЕСТВИТЕЛЬНЫХ, ПРИЛАГАТЕЛЬНЫХ, ПРИТЯЖАТЕЛЬНЫХ И УКАЗАТЕЛЬНЫХ МЕСТОИМЕНИЙ, ПОРЯДКОВЫХ ЧИСЛИТЕЛЬНЫХ

(множественное число)

Виктор хочет подарить подарки папе и маме.

Виктор хочет подарить подарки **своим родителям.**

Падеж	Прилагательные, притяжательные и указательные местоимения, порядковые числительные		Существительные	
	Согласные перед окончанием: в, д, л, м, н, п, р, с, т	Согласные перед окончанием: г, к, х, ж, ш, щ, ч, [н’]	—	после основы на мягкий согласный
Им. п. (№ 1)	*какие? чьи?*		*кто? что?*	
	красивые интересные первые	маленькие синие третьи мои, твои, свои, наши, ваши эти, одни, все	студенты врачи острова страны подруги	музеи преподаватели моря здания площади деревни лекции друзья деревья
	его, её, их			
Дат. п. (№ 3)	*каким? чьим?*		*кому? чему?*	
	-ым	**-им**	**-ам**	**-ям**
	красив**ым** интересн**ым** перв**ым**	маленьк**им** син**им** треть**им** мо**им**, тво**им**, сво**им**, наш**им**, ваш**им**, эт**им**, одн**им**, **всем**	студент**ам** врач**ам** остров**ам** стран**ам** подруг**ам**	музе**ям** преподавател**ям** мор**ям** здани**ям** площад**ям** деревн**ям** лекци**ям** друзь**ям** деревь**ям**
	его, её, их			

Задание 3. Прочитайте (прослушайте) предложения. Измените их по моделям.

Модель 1: Игорь купил билеты в театр своему другу. —
Игорь купил билеты в театр своим друзьям.

26.9

1) Начальник дал задание новому сотруднику.
2) Мы показали выставку иностранному гостю.
3) Ирина купила новогодние подарки своему другу и своей подруге.
4) Экскурсовод рассказал о Петербурге английскому туристу.
5) Сергей помогает своему младшему брату делать уроки.
6) Новый спектакль очень понравился известной журналистке.

Модель 2: В прошлом году родители были у своих детей в Москве. —
В прошлом году родители ездили к своим детям в Москву.

26.10

1) Студенты были у учёных в химической лаборатории.
2) В августе мой друг был у своих родителей во Франции.
3) Неделю назад моя бабушка была на консультации у известного врача.
4) Вчера они были в гостях у своих хороших знакомых.
5) Летом моя подруга была за границей у своих старых друзей.

Запомните!

Глаголы, после которых употребляется дательный падеж
(*см. также стр. 375–376*)

зави́довать — позави́довать	*кому?*
принадлежа́ть (НСВ)	*кому? чему?*
ревнова́ть — приревнова́ть	*кого? к кому?*
относи́ться (НСВ) я отношу́сь ты отно́сишься они отно́сятся	*к кому? к чему? как?*
уступа́ть — уступи́ть	*что?* (место) *кому?*
скуча́ть — соску́читься	*по кому? по чему?*
гото́виться — подгото́виться	*к чему?*
доверя́ть — дове́рить	*что? кому? чему?*
обраща́ться — обрати́ться	*к кому? к чему?*
привыка́ть — привы́кнуть *прош. вр.* он привы́к она привы́кла они привы́кли	*к кому? к чему?*; + инф.

Задание 4. Прочитайте (прослушайте) предложения. Задайте вопросы по модели.

Модель: Я дал книгу студентам. — *Каким студентам? Американским?*

1) Давай уступим место женщине!
2) Мы гуляли вечером по проспекту.
3) Машина подъехала к гостинице.
4) Виктор написал письмо друзьям.
5) Я завидую людям.
6) Виктор ходил к начальнику.
7) Как вы относитесь к спортсменам?
8) Вам нужно обратиться к врачу.
9) Мне нужно показать город туристам.
10) Нужно сказать «спасибо» преподавателям.
11) Нужно сообщить об этом решении клиентам.
12) Мне нужно готовиться к экзаменам.
13) Этот завод принадлежит компании.

Задание 5. Дополните предложения по модели.

Модель: В университет приехали *известные поэты*. В университет пригласили *известных поэтов*. Мы много читали об *известных поэтах*.

1) На открытие выставки приедут *иностранные журналисты*. Мы расскажем о выставке ______. Мы ждём ______.
2) На конференции выступали *известные американские учёные*. Мы читали статьи ______. Наш университет очень понравился ______.
3) В техническом университете учатся *будущие инженеры*. Мы познакомились ______. Сотрудники завода показали ______ современную технику.
4) Вчера в общежитии были *наши русские преподаватели*. Мы подарили цветы ______. Мы встретили ______. Мы написали своим друзьям о ______.
5) Его родители — *пожилые люди*. В городе много ______. В транспорте нужно уступать место ______. Государство должно заботиться ______.

ОБРАТИТЕ ВНИМАНИЕ!

Объявление в общественном транспорте:
— Уважаемые пассажиры! **Уступайте** места беременным женщинам, инвалидам и пассажирам с детьми!

Запомните!
Преподаватель разговаривал со студентами, **которым** нужно сдать экзамен.

Задание 6. Соедините два предложения в одно. Используйте слово «который».

1) У Игоря много друзей. Он им всегда помогает. ______
2) Светлана написала **спи́сок** людей. Этим людям нужно позвонить. ______
3) Наташа никогда не разговаривает с людьми. Этим людям она не доверяет. ______
4) Игорю трудно забыть места. Он привык к этим местам. ______

Запомните!

приходи́ться — прийти́сь
кому? пришло́сь / всегда прихо́дится / придётся + инф.
удава́ться — уда́ться
кому? удало́сь / всегда удаётся / уда́стся + инф.
везти́ — повезти́
кому? повезло́ / всегда везёт / повезёт

Задание 7. Продолжите предложения по моделям.

Модель 1: *кому?* пришлось + инф.

1) Автобуса долго не было, и мне ______________________ .
2) Виктор заболел, и ______________________ .
3) Андрей хотел поехать в лес, но начался сильный дождь, и ______________________ .
4) В субботу Ивану Ивановичу позвонил начальник, и ______________________ .
5) У Питера кончилась виза, и ______________________ .

Модель 2: *кому?* (не) удалось + инф.

1) В театральной кассе не было билетов, но ______________________ .
2) Виктор очень хотел побывать на концерте известного певца, но ______________________
3) Наташа хотела поступить на юридический факультет, но ______________________
4) Лена и Антон ходили в лес за грибами, но ______________________ .

Задание 8. Вставьте глаголы.

Слова для справок: (не) удаваться — удаться, (не) приходиться — прийтись, (не) везти — повезти.

1) В прошлом году Стив сдавал тест по русскому языку. Стив неплохо знает русский язык, но он не сдал тест, потому что на экзамене по чтению у него был слишком трудный текст. Можно сказать, что Стиву ______________ (1) на экзамене. Стиву ______________ (2)

снова сдавать этот экзамен через две недели. Со второго раза ему ________ (3) сдать тест и получить сертификат.

2) У Андрея есть машина. Однажды он ехал с очень большой скоростью, и ему ________ (1) заплатить **штраф**. Я думаю, ему очень ________ (2), что не было **ава́рии**. Если бы произошла авария, ему ________ (3) бы сесть в **тюрьму́**. Но сам Андрей считает, что ему всегда ________ (4) на дорогах и аварии не будет.

3) Иван Иванович — хозяин небольшой фирмы. Он не любит платить **нало́ги**. Но что делать? Ему ________ (1) каждый год платить налоги. В этом году ему, конечно, тоже ________ (2) заплатить налоги.

4) Однажды Том **чуть не** опоздал на самолёт. У него был билет на самолёт до Лондона. Утром Том вышел из дома вовремя, но на улице он вспомнил, что забыл дома паспорт. Ему ________ (1) вернуться домой за паспортом. Времени оставалось мало, но свободных такси не было. Наконец ему ________ (2) поймать такси, и он поехал в аэропорт. Тому очень ________ (3), что на дорогах не было пробок. Если бы на дорогах были пробки, ему не ________ (4) бы приехать в аэропорт вовремя. Но всё кончилось хорошо. Том не опоздал на самолёт.

Задание 9. Прочитайте (прослушайте) текст. **А.** Найдите словосочетания с дательным падежом.

Я обожаю его. Он такой красивый, добрый, умный, **ла́сковый**. Я полюбила его сразу, как только увидела. Мне понравились его глаза — такие большие, зелёные. А какие у него великолепные **усы́**!

Иногда я завидую ему: он может целыми днями лежать на диване, спать, ходить по комнате, есть, когда ему захочется. Ему не надо никуда спешить. Да, он немного ленивый. Но они все ленивые! Хотя он ленивый, он моет себя несколько раз в день. Он большой чистюля.

В первый же день ему удалось стать хозяином в доме. Он вошёл в комнату и сразу лёг на диван. Я не могла запретить ему спать на моём диване. Мне пришлось уступить ему своё место. Он изменил мою жизнь. **Благодаря́** ему я стала добрее, мягче, спокойнее. Я сразу поняла: мне повезло, что у меня есть он.

Иногда я ревную его к своим подругам. Когда подруги приходят ко мне, он сразу подходит к ним и ласково смотрит им прямо в глаза. Наверное, так он относится ко всем людям, а мне казалось, что я у него

еди́нственная, что только я одна нужна ему! Ведь я кормлю его, мою, **ласка́ю**, пою ему песни. Моё сердце принадлежит ему. Когда я на работе, я скучаю по нему. А он скучает по мне. Я привыкла к нему, а он привык ко мне. Я не могу жить без него, а он не может жить без меня. Конечно, не может. Им трудно жить без человека.

Б. Догадайтесь, о ком рассказала Мария Ивановна. Объясните, как вы пришли к такому выводу.

В. Вставьте словосочетание «её любимый кот».

1) Мария Ивановна обожает ___.
2) Она с любовью относится ___.
3) Ей нравятся глаза и усы ___.
4) Мария Ивановна завидует ___, потому что он может лежать на диване целыми днями.
5) ___ не надо никуда спешить.
6) ___ немного ленивый.
7) В первый день ___ удалось стать хозяином в доме.
8) Мария Ивановна не могла запретить ___ спать на диване.
9) Ей пришлось уступить место на диване ___.
10) Мария Ивановна стала лучше, добрее благодаря ___.
11) Она ревнует ___ к своим подругам.
12) Мария Ивановна кормит, ласкает ___.
13) Она поёт песни ___.
14) Её сердце принадлежит ___.
15) Она привыкла ___.
16) Она скучает ___.
17) Она не может жить без ___.

Задание 10. Составьте вопросы и ответьте на них по модели. В вопросах вы можете использовать слова, данные ниже.

Модель: — Я хочу знать ваше мнение. Скажите, как вы относитесь к классической музыке?
— *(Я отношусь к классической музыке) положительно. Я очень люблю классическую музыку и часто хожу на концерты классической музыки.*

Слова для вопросов: балет, опера, джаз, группа «Beatles», футбол, гольф, политика, **сме́ртная казнь**, кошки, собаки; люди, которые всегда улыбаются; люди, которые никогда не улыбаются, и др.

Слова для ответов: мне (не) нравится, очень люблю, обожаю, **терпе́ть не могу́**, ненавижу, хорошо, плохо, **положи́тельно, отрица́тельно**, нормально, никак…

Задание 11. Раскройте скобки.

1) Директор позвонил ________________ (клиенты).
2) Как вы относитесь ________________ (эта проблема)?
3) Она соскучилась ________________ (её дом, её родители, её друзья).
4) Я благодарю ________________ (вы).
5) Я благодарен (благодарна) ________________ (вы).
6) Спасибо ________________ (вы).
7) Это не зависит ________________ (я).
8) Как добраться ________________ (театр)?
9) Он достиг ________________ (большие успехи).
10) Обратитесь ________________ (секретарь)!
11) Мама заставляет ________________ (её сын) играть на пианино.
12) Отец запретил ________________ (его сын) играть на компьютере.
13) Антон подошёл ________________ (его любимая девушка) ________________ и поцеловал ________________ (она).
14) Я ещё не привык ________________ (новая работа).
15) Я завидую ________________ (люди), у которых много свободного времени.
16) Мой друг ревнует ________________ (его жена — его друг).
17) Если у меня проблемы, я всегда могу обратиться ________________ (мои друзья) за помощью.

Задание 12. Продолжите предложения.

1) Он привык ________________.
2) Мне не удалось ________________.
3) Если у вас есть вопрос, обратитесь ________________!
4) Мне повезло, что ________________.
5) Я немножко завидую ________________.
6) Студентам нужно готовиться ________________.
7) Я хорошо отношусь ________________.
8) Я соскучился (соскучилась) ________________.

ВЫРАЖЕНИЕ ПРИЧИНЫ И СЛЕДСТВИЯ

Повторите!

сле́дствие — причина	**потому́ что; так как**	Том изучает русский язык, **потому что (так как)** он хочет работать в России.
причина — следствие	**так как**	**Так как** Том хочет работать в России, он изучает русский язык.
	поэ́тому	Том хочет работать в России, **поэтому** он изучает русский язык.

Задание 13. Соедините два предложения в одно, укажите причину и следствие.

1) Алекс хорошо сдал экзамены. Он много занимался.
2) Многие люди перестали ходить на концерты, на стадионы. Они боятся терактов.
3) Баскетболисты высокого роста. Для них купили специальные кровати.
4) В этом году была тёплая зима. Многие птицы не улетели на юг.
5) Маленькая Танечка заплакала. Она сломала новую игрушку.
6) Денис обожает компьютерные игры. Он сидит за компьютером с утра до вечера.

Запомните!

Мы не поехали в лес **из-за** дождя / **из-за того, что** пошёл дождь.
Из-за чего вы не поехали на экскурсию?

Задание 14. Соедините два предложения в одно. Укажите причину, которая помешала выполнить действие.

Модель: Мы не поехали на экскурсию. Шёл дождь. — *Мы не поехали на экскурсию из-за дождя (из-за того, что шёл дождь).*

1) Мы опоздали на урок. Долго не было автобуса.
2) Мы вчера не пошли в театр. На улице было очень холодно. (холод)

3) Виктор не приготовил домашнее задание. Он очень устал. **(уста́лость)**

4) Андрей очень **расстро́ился**. Он потерял свой любимый телефон. **(потеря)**

5) Максим не спал всю ночь. В комнате соседа слишком громко играла музыка.

6) Наташа пропустила занятия. Она заболела. **(боле́знь)**

7) Светлана не купила словарь. У неё не хватило денег. **(нехва́тка)**

8) Игорь не прочитал книгу. У него не было времени. **(отсу́тствие)**

9) Антон не перевёл текст. У него не было словаря. (отсутствие)

10) Рейс самолёта отменили. Был сильный **урага́н**.

11) Владимир не участвовал в соревнованиях. Он сломал ногу.

12) Муж и жена поссорились. Жена не приготовила обед во́время.

13) Муж и жена **развели́сь**. У мужа плохой характер.

14) Воздух в больших городах очень грязный. На улицах много автомобилей. (большое количество автомобилей)

15) Во многих регионах мира люди болеют и умирают. Не хватает воды. (нехватка)

16) Многие люди разводятся. Нет любви. (отсутствие любви)

17) Китайский язык трудный для изучения. Нужно выучить много **иеро́глифов**.

18) Русский язык трудно изучать. Нужно запоминать большое количество окончаний. (необходимость)

расстра́иваться — расстро́иться
ссо́риться — поссо́риться
серди́ться — рассерди́ться *из-за чего?*
разводи́ться — развести́сь
расстава́ться — расста́ться

Запомните!

благодаря *кому? чему?*	Я смог посмотреть этот балет **благодаря** другу, который купил мне билет.
благодаря тому, что	Я смог посмотреть балет **благодаря тому, что** друг купил мне билет.

Задание 15. Измените предложения. Укажите причину успешного выполнения действия. Если возможно, используйте синонимичные конструкции.

Модель: Джон смог совершить путешествие, потому что родители помогли ему. (помощь) — *Джон смог совершить путешествие благодаря родителям, которые помогли ему. (... благодаря помощи родителей; ... благодаря тому, что родители помогли ему).*

1) Иван быстро поправился, потому что его правильно лечили. (лечение) ____________

2) Иван быстро поправился, потому что его лечили прекрасные врачи. ____________

3) Наташа смогла хорошо подготовиться к экзамену по английскому языку, потому что она ездила на стажировку в Англию. (поездка) ____________

4) Я хорошо говорю по-английски, потому что у меня был прекрасный преподаватель. ____________

5) Саша смог получить прекрасное образование в самом престижном университете, потому что родители оплатили его учёбу. ____________

6) Если бы не друзья, Андрей не познакомился бы с этой прекрасной девушкой. ____________

7) Если бы друзья не помогли Максиму, он никогда не смог бы найти такую хорошую работу. ____________

8) Это вы помогли мне стать хорошим дипломатом. ____________

Запомните!

Словосочетания с предлогами, выражающие причину

	по + дат. п.
нео́пытность, **неаккура́тность**, ошибка, **глу́пость** **привы́чка**, **традиция**, просьба, совет, **вина́**	Он сделал это по неопытности, по ошибке, по глупости. Он сделал это по привычке, по традиции, по просьбе *кого?*, по совету *кого?*
	из + род. п.
ве́жливость, уважение, **жа́лость**, **сочу́вствие**, **за́висть**, **ре́вность**, интерес, **не́нависть**, любовь, **любопы́тство**, **скро́мность**, **честолю́бие**, **чу́вство отве́тственности**	Он сделал это из вежливости, из уважения, из жалости, из сочувствия, из зависти, из ревности, из интереса, из ненависти, из любви, из любопытства, из скромности, из честолюбия, из чувства ответственности.
	от + род. п.
А) болезнь, **рак**, **СПИД**, **инфа́ркт**, **ране́ние**, **ста́рость**, жажда, голод, холод Б) **боль**, горе, **оби́да**, **злость**, усталость, **волне́ние**, **огорче́ние**, **удивле́ние**, **ску́ка**, **испу́г**, радость, **страх**, **стыд**, **неожи́данность**, стресс, **напряже́ние** В) **шум**, **крик**, **стук** Г) время, жара, **сы́рость**, **за́суха**, **перегре́в**	А) Он умер (погиб) от голода, от холода, от болезни, от рака, от СПИДа, от инфаркта, от ранения, от старости. Б) Он **побледне́л** (**покрасне́л**, закричал, засмеялся, замолчал, забыл, **вздро́гнул**) от горя, от обиды, от огорчения, от злости, от усталости, от волнения, от удивления, от скуки, от испуга, от радости, от страха, от стыда, от неожиданности, от напряжения. В) Он **просну́лся** от шума, от крика, от стука. Г) Картины **испо́ртились** от времени, от жары, от сырости.

ОБРАТИТЕ ВНИМАНИЕ!

Он сделал это **из** жалости.	Человек сознательно (осознанно) совершает действие: **из** + чувства, которые стали причиной действия.
Она закричала **от** страха.	Человек совершает действие неосознанно: **от** + эмоции, которые человек обычно не может контролировать.
Деревья погибли **от** жары. = Деревья погибли **из-за** жары.	Иногда предлоги **от** и **из-за** синонимичны.

Задание 16. Измените предложения. Укажите причину с помощью **А)** предлога «по»; **Б)** предлогов «из», «от».

А. 1) Антон взял чужую тетрадь, потому что он ошибся. (ошибка)
По ошибке Антон взял чужую тетрад.

2) Русские люди встречают гостей хлебом и солью, потому что есть такая традиция. По традиции русские люди встречают гостей хлебом и солью.

3) Во время операции врач совершил ошибку, потому что он неопытный. (неопытность) Во время операции врач совершил ошибку по неопытности.

4) Максим встал в 7 утра в воскресенье, потому что так привык. (привычка) По привычке Максим встал в 7 утра в воскресенье

5) Денис поступил на юридический факультет, потому что его родители посоветовали ему сделать это. (совет)
Денис поступил на юридический факультет по совету родителей.

6) Виктор сделал эту ошибку, потому что он невнимательный. (невнимательность) По невнимательности Виктор сделал эту ошибку.

7) Иван потерял здоровье. В этом виноваты врачи. (вина)
Иван потерял здоровье по вине врачей.

8) Я прислал вам эти документы, потому что вы просили. (просьба)
По вашей просьбе я прислал вам эти документы.

из – контролируют   от – изменение в состоянии, не зависит от человека

Б. 1) Деревья погибли, потому что было слишком холодно. (холод)
Деревья погибли от холода.

2) Люди смотрели на автомобильную аварию, потому что они любопытные. (любопытство) Люди смотрели на автомобильную аварию из любопытства.

3) Я пришёл на вечер встречи с этим поэтом, потому что я его уважаю. (уважение) ____________________

4) Наташа взяла **щенка́** домой, потому что ей было жалко его. (жалость) ____________________

5) В наше время многие люди умирают, потому что болеют СПИДом. ____________________

6) Мальчик покраснел, когда сказал неправду, потому что ему было стыдно. (стыд) ____________________

7) В Африке многие деревья погибли, потому что было мало дождей. (засуха) ____________________

8) Антон согласился прийти в гости к этому человеку, потому что он вежливый. (вежливость) ____________________

9) Некоторые люди хотят быть начальниками, потому что они **честолюби́вы.** (честолюбие) ____________________

10) Марина покраснела, потому что ей было стыдно. (стыд) ____________________

11) Антон проснулся, потому что кто-то стучал в дверь. (стук) ____________________

12) После работы Андрей с трудом стоял на ногах, потому что устал. (усталость) ____________________

13) Наташа испугалась и замолчала. (испуг) ____________________

14) Ирина отказалась от премии, потому что она очень скромная. (скромность) ____

15) Муж Алисы очень ревнивый, поэтому он чуть не убил жену. (ревность) ____

16) Вера на экзамене не могла говорить, потому что она очень волновалась. (волнение) ____

17) Девочка побледнела, потому что ей было страшно. (страх) ____

18) Когда Зина увидела новое платье подруги, она заплакала, потому что она завидует подруге. (зависть) ____

19) У Ивана Ивановича часто болит голова, и он очень устаёт, потому что у него постоянные стрессы. ____

Задание 17. Продолжите предложения, укажите причину. Используйте все известные вам способы выражения причины.

1) Андрей стал киноактёром ________________.
2) Она умерла ________________.
3) В Японии во время праздников надевают национальную одежду ________________.
4) Игорь бросил учёбу в университете ________________.
5) Он помогает больным людям ________________.
6) Ребёнок закричал ________________.
7) Девочка засмеялась ________________.
8) Мария смотрела на драку ________________.
9) Антон сделал ошибку ________________.
10) Оксана заболела ________________.
11) Сегодня ночью Дима проснулся ________________.
12) У собаки умер хозяин. Через несколько дней собака тоже умерла ________________.
13) В пустыне люди могут умереть ________________.
14) Если люди заблудились зимой в горах, они могут умереть ________________.

Задание 18. Прочитайте тексты-шутки. Прокомментируйте их.

1) Однажды одному преступнику задали вопрос:
— Сделали ли вы людям что-нибудь хорошее?
— О да! Благодаря мне десять детективов постоянно имели работу, — гордо ответил он.

2) — Почему ты так хвалишь этот мост?
— Потому что сам его строил.
— А почему ты боишься по нему ходить?
— По этой же причине.

Задание 19. Прочитайте (прослушайте) текст. **А.** Найдите в нём конструкции, обозначающие причину.

БЛОКАДА ЛЕНИНГРАДА

Вы, наверное, уже знаете, что самый страшный период в истории Ленинграда (Санкт-Петербурга) — это **блока́да**, которая началась через два с половиной месяца после начала Великой Отечественной войны и продолжалась 900 дней. Армия Гитлера окружила город, и город оказался без продуктов, без света, тепла.

Немецкие специалисты по проблемам питания считали, что через несколько месяцев после начала блокады в городе не останется ни одного жителя — все умрут от голода, холода, болезней, погибнут от **бомбёжек**, и гитлеровская армия сможет свободно войти в город. По плану Гитлера Москву и Ленинград нужно было **по́лностью** уничтожить.

Да, действительно, во время блокады умерло около миллиона человек. Люди умирали от холода, от голода. Голод был страшным. Люди умирали дома, на улице. Смерть была везде. Люди даже перестали бояться смерти. Они могли думать только о еде и тепле. **Удиви́тельно**, что в таких условиях люди продолжали работать, старались сохранить человеческие чувства. Всю войну, всю блокаду в городе работали Дом радио, Музыкальный театр, Большой зал филармонии и даже **зоопа́рк**.

Накануне войны в зоопарке было более 500 животных: слон, **бегемо́т**, тигры, обезьяны, медведи, волки и так далее. Зоопарк был очень популярным местом отдыха ленинградцев. За месяц до начала войны планировали организовать **передвижно́й** зоопарк, для чего построили три железнодорожных вагона. Но этим планам помешала война.

Благодаря этим вагонам уже 30 июля 1941 года сотрудники зоопарка смогли **вы́везти 80 це́нных** животных в Казань. В июле пришлось

застрели́ть несколько крупных **хи́щных** животных из-за опасности их выхода **из клéток** во время бомбёжек.

8 сентября 1941 года началась полная блокада Ленинграда. Этой ночью от **бóмбы** погибли многие животные, в том числе **люби́мица** детей слониха Бетти. Во время бомбёжки животные **нéрвничали**, **бéгали** по территории зоопарка. Некоторые животные умерли от страха.

Но самые большие трудности начались зимой 1941 года, когда **отключи́ли** воду и электричество. Животные стали погибать ещё и от голода и холода. Сотрудники делали всё возможное, чтобы сохранить животных.

В зоопарке осталось немного сотрудников — около 20, остальные ушли на **фронт**. Многие жили прямо в зоопарке: у них не было сил добираться до дома. Голодные, **обесси́ленные** люди должны были заботиться о питании животных. Конечно, никакого мяса и рыбы не было. Животных кормили овощами, травой. Хищные животные отказывались есть такую пищу.

Большие проблемы были с бегемотом. По норме ему нужно было получать 36–40 кг **кóрма**, а получал он только 4–6 кг. Бегемот не погиб только благодаря сотруднице Е.И. Дашиной. Каждый день она приносила 40 вёдер **(ведрó)** воды из Невы, **грéла** её и мыла бегемота тёплой водой. Без этого бегемот погиб бы, так как без воды **кóжа** бегемота **высыхáет**. Но бегемот выжил и жил в зоопарке до 1951 года.

Зоопарк закрывался для посетителей на несколько недель только в самую страшную зиму 1941/42 годов. Зоопарк **игрáл** очень большую **роль** в жизни блокадного города. Само существование в городе зоопарка в те страшные дни помогало жителям города верить в **побéду**.

Чтобы лучше представить себе **пóдвиг** сотрудников зоопарка, нужно сказать, что ни одно животное не вернулось из Казани. Там не смогли сохранить им жизнь.

игрáть — сыгрáть (роль) *в чём?*

Б. Раскройте скобки.

1) Блокада Ленинграда началась ______________________________ ______________________________ (2 месяца — Великой Отечественной войны).
2) Ленинградская блокада продолжалась 900 ______________ (день).
3) Армия Гитлера окружила ______________________ (Ленинград).

4) Почти 3 года Ленинград жил без ______________________________
______________________________ (продукты, свет, тепло).
5) Немецкие специалисты считали, что ______________________________
______________ (несколько месяцев — начало блокады) все жители города умрут ______________________________ (голод, холод, болезни, бомбёжки) и армия Гитлера сможет свободно войти в ______________ (город).
6) По ______________ (план) ______________ (Гитлер), нужно было полностью уничтожить ______________ (Москва и Ленинград).
7) Во время ______________ (блокада) в Ленинграде умерло около ______________ (миллион) ______________ (человек).
8) Голод был ______________________________ (страшный).
9) Люди перестали бояться ______________ (смерть), потому что могли думать только о ______________ (еда, тепло).
10) ______________ (вся блокада) в городе работал зоопарк.
11) Накануне ______________ (война) в зоопарке было более ______________ (500) ______________ (животные).
12) Зоопарк был ______________ (популярное место) ______________ (отдых) ______________ (ленинградцы).
13) ______________ (месяц — начало войны) планировали организовать ______________ (передвижной зоопарк).
14) Для ______________ (создание) ______________ (передвижной зоопарк) построили три ______________ (железнодорожный вагон).
15) Война помешала ______________ (создание) ______________
______________ (передвижной зоопарк).
16) Благодаря ______________ (эти вагоны) из города вывезли 80 ______________ (ценные животные).
17) В ______________ (июль) пришлось застрелить несколько ______________ (крупные хищные животные) из-за ______________ (опасность) ______________ (их выход) из ______________ (клетки) во время ______________ (бомбёжка).
18) ______________ (сентябрь) многие животные, в том числе слониха Бетти, погибли ______________ (бомба).
19) Во время ______________ (бомбёжка) некоторые животные умерли ______________ (страх).
20) Зимой ______________ (1941 год) отключили ______________
______________ (вода и электричество), и тогда начались самые большие трудности.

21) Животные стали погибать ______________ (голод, холод).
22) В зоопарке было мало ______________ (сотрудники), потому что многие из них ушли на фронт.
23) У ______________ (люди) не было ______________ (силы) добираться до ______________ (работа), поэтому они жили в зоопарке.
24) Люди заботились о ______________ (питание) ______________ (животные).
25) Сотрудники кормили ______________ (хищные животные) ______________ (овощи, трава).
26) Хищные животные отказывались от ______________ (вегетарианская пища).
27) Большие проблемы были с ______________ (бегемот).
28) Бегемот не погиб ______________ (одна сотрудница), которая носила ______________ (вода) из ______________ (река).
29) Она мыла бегемота ______________ (тёплая вода).
30) Работа зоопарка помогала ______________ (люди) верить в ______________ (победа).

В. Продолжите предложения.

1) Блокада Ленинграда — это самый страшный ______________ .
2) Блокада Ленинграда началась ______________ и продолжалась ______________ .
3) По плану Гитлера, ______________ .
4) Армия Гитлера окружила город, и люди остались без ______________ .
5) Во время блокады умерло ______________ .
6) Люди умирали ______________ .
7) Люди думали только ______________ .
8) Люди перестали бояться ______________ .
9) Но даже в таких условиях люди продолжали ______________ .
10) Накануне войны в зоопарке было более ______________ .
11) Среди них ______________ .
12) За месяц до начала войны построили три ______________ .
13) Благодаря этим вагонам ______________ .
14) В начале войны пришлось застрелить ______________ .
15) В сентябре от бомбы ______________ .
16) Животные умирали ______________ .
17) В зоопарке осталось мало______________ .
18) Сотрудники заботились ______________ .

19) Сотрудники кормили ______________________________.
20) Хищные животные отказывались ______________________________.
21) Большие проблемы были с бегемотом: ______________________________.
22) Бегемот не погиб благодаря ______________________________.
23) Эта сотрудница каждый день ______________________________.
24) Во время блокады зоопарк играл очень большую роль в жизни людей: ______________________________.

Г. Объясните причины, по которым произошли следующие действия.

1) Ленинград оказался в блокаде.
2) В городе не было продуктов, света, тепла.
3) Блокада считается самым страшным периодом в истории города.
4) Немецкие специалисты по проблемам питания считали, что через несколько месяцев в городе не останется ни одного человека.
5) Люди умирали.
6) Ленинградцы-блокадники думали только о еде.
7) Люди перестали бояться смерти.
8) В городе продолжали работать радио, театр, филармония, зоопарк.
9) Сотрудники зоопарка не организовали передвижной зоопарк.
10) В начале войны сотрудники смогли вывезти из города ценных животных.
11) В начале войны пришлось застрелить некоторых животных.
12) 8 сентября 1941 года погибли многие животные.
13) Животные погибали зимой 1941/42 гг.
14) Сотрудники не ходили домой, а жили в зоопарке.
15) Животные отказывались есть вегетарианскую пищу.
16) Бегемот чуть не погиб.
17) Бегемот остался **жив.**
18) Животные выжили во время блокады.
19) Люди выжили во время блокады.

Д. Расскажите, что вы узнали о блокаде Ленинграда.

окружа́ть — окружи́ть *кого? что?*
вывози́ть — вы́везти *кого? что? откуда? куда?*
застрели́ть (СВ) *кого?*
выжива́ть — вы́жить
не́рвничать (НСВ)
отключа́ть — отключи́ть *что?*
корми́ть — накорми́ть *кого?*
греть — согре́ть *кого? что?*
высыха́ть — вы́сохнуть

Задание 20. А. Прочитайте (прослушайте) текст.

СОБАКИ-КОСМОНАВТЫ

В мире есть много разных памятников. Есть даже памятники собакам. Памятники ставят **ве́рным** собакам, которые годами ждут своего хозяина на том месте, где они расстались с ним, где видели его последний раз. Памятники ставят собакам, которые спасают людей на воде, ищут людей после землетрясений, помогают инвали́дам. Известен памятник «Собаке Павлова», который поставили в память о собаках, которые участвовали в медицинских экспериментах. Мы хотим рассказать о памятнике собакам-космонавтам. Чтобы человек смог полететь в космос, пришлось принести в **же́ртву** науке жизнь 18 собак. Американцы использовали для своих **экспериме́нтов** обезьян, а русские выбрали собак.

Собаки стали космонавтами благодаря тому, что они быстро привыкают к человеку, доверяют ему, легко и быстро учатся, их легко тренировать, готовить к полёту в космос. Первую собаку-космонавта звали Лайка. Ей было около двух лет, весила она 6 килограммов. Она погибла во время полёта — через 5–7 часов после старта — от стресса и перегрева, так как внутри корабля была слишком высокая температура. Это уже после этого полёта учёные научились понижать температуру внутри космического корабля и создавать нормальные условия для жизни.

Белка и Стрелка полетели в космос через три года после Лайки. Им впервые удалось в настоящем космическом корабле больше **су́ток** летать вокруг планеты и вернуться домой живыми и здоровыми. После возвращения они стали **геро́ями**. У Стрелки родились дети (щенки). Одного из щенков Стрелки подарили жене и дочери американского президента Джона Кеннеди.

Полёты собак, их смерти помогли учёным сделать вывод о том, какие условия должны быть на космическом корабле, чтобы человек мог полететь в космос и благополучно вернуться на Землю. Благодаря собакам учёные СССР смогли добиться успехов в **осво́ении** космоса.

Но не все люди положительно относятся к использованию животных в научных экспериментах.

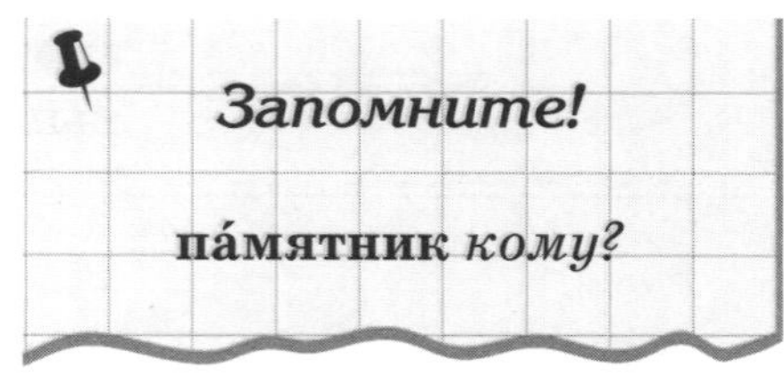
Запомните!
па́мятник кому?

Б. Раскройте скобки.

1) В мире много ________ (памятник) ________ (собаки).
2) Собаки помогают ________ (больные дети, инвалиды).
3) Собаки спасают ________ (люди) после ________ (землетрясения).
4) Собаки ждут ________ (их хозяин) на ________ (то место), где они расстались ________ (их хозяин).
5) Собаки участвуют ________ (медицинские эксперименты).
6) В Москве есть памятник ________ (собаки), которые помогли ________ (учёные) подготовить ________ (человек) ________ (полёт в космос).
7) Собаки быстро привыкают ________ (человек).
8) Собаки доверяют ________ (человек).
9) Американцы использовали в ________ (эксперименты) ________ (обезьяны).
10) ________ (Первая собака-космонавт) звали Лайка.
11) ________ (Лайка) было около ________ (2 года).
12) Она погибла во время ________ (полёт), ________ (5–7 часов) ________ (старт).
13) Она погибла ________ (стресс и перегрев).
14) Внутри ________ (космический корабль) было очень жарко.
15) Благодаря ________ (собаки) учёные научились создавать нормальные условия внутри ________ (корабль).
16) Белка и Стрелка полетели в космос ________ (3 года) ________ (Лайка).
17) ________ (Они) удалось вернуться ________ (Земля) ________ (живые и здоровые).
18) После ________ (полёт) ________ (Стрелка) родились щенки.
19) ________ (Один щенок) подарили ________ (жена и дочь) ________ (американский президент).
20) Не все люди положительно относятся ________ (использование) ________ (животные) ________ (научные эксперименты).

В. Ответьте на вопросы.

1) Кому обычно ставят памятники?
2) Почему люди ставят памятники собакам?

3) О каком памятнике идёт речь в тексте?
4) Почему поставили памятник собакам-космонавтам?
5) Почему учёные решили использовать именно собак для участия в космических экспериментах?
6) Какая собака первой полетела в космос? Что вы можете рассказать о ней?
7) Почему (из-за чего? от чего?) погибла Лайка?
8) Какие собаки первыми вернулись из космоса живыми? Расскажите о них.
9) Какова **судьба́** Стрелки?
10) Какую роль сыграли собаки в освоении космоса?
11) Можно ли назвать собак-космонавтов жертвами?
12) Как вы относитесь к использованию животных в научных экспериментах?

Г. Расскажите о собаках-космонавтах или о других животных, которые помогают людям.

СКЛОНЕНИЕ РУССКИХ ФАМИЛИЙ. НАПИСАНИЕ ДРУЖЕСКИХ И ОФИЦИАЛЬНЫХ ПИСЕМ, ЗАЯВЛЕНИЙ

Это мой отец — **Иванов** Андрей Петрович.
Это моя мать — **Иванова** Нина Петровна.

ОБРАТИТЕ ВНИМАНИЕ!

	он	**она**
Фамилия	Иванов	Иванов**а**
Имя	Андрей	Нина
Отчество	Петрович	Петровн**а**

Им. п.	Иванов Андрей Петрович	Иванова Нина Петровна
Род. п.	Иванова Андрея Петровича	Ивановой Нины Петровны
Дат. п.	Иванову Андрею Петровичу	Ивановой Нине Петровне
Вин. п.	Иванова Андрея Петровича	**Иванову** Нину Петровну
Твор. п.	**Ивановым** Андреем Петровичем	Ивановой Ниной Петровной
Предл. п.	(о, об) Иванове Андрее Петровиче	Ивановой Нине Петровне

ОБРАТИТЕ ВНИМАНИЕ!

Так пишутся фамилия и имя адресата в русских письмах:

Кому: Смирновой Тамаре Петровне.

Мужские фамилии изменяются как существительные, кроме творительного падежа. В творительном падеже мужские фамилии изменяются по типу прилагательного.

Женские фамилии изменяются как прилагательные, кроме винительного падежа. В винительном падеже женские фамилии изменяются по типу существительного.

Задание 21. Продолжите предложения, используя слова, данные в скобках.

1) Мы получили заявление от ____________________
____________________.
(Игорь Андреевич Крылов и Нина Ивановна Фадеева).

2) Позвоните, пожалуйста, ____________________!
(Александр Васильевич Петров и Ирина Владимировна Сергеева).

3) Мне нужно встретиться с ____________________
____________________.
(Евгений Николаевич Калугин и Елена Александровна Суворина).

4) Я часто вспоминаю о нашей преподавательнице ____________________
____________________ (Екатерина Ивановна Смирнова).

5) Я давно не видел ____________________
____
(Марина Анатольевна Матвеева и Сергей Степанович Медведев).

Задание 22. А. Прочитайте (прослушайте) письмо.

Привет, Андрей! В своём последнем письме ты просишь меня рассказать о моей учёбе в Санкт-Петербурге, об изучении русского языка. С удовольствием выполняю твою просьбу.

Как ты уже знаешь, русский язык — это уже второй мой иностранный язык. В школе и в университете я изучал английский. В Японии большинство молодых людей говорят по-английски. Для этого есть несколько причин. Английский язык считается языком международного общения. Это один из самых распространённых языков в мире. Благодаря знанию английского языка я во всех странах могу чувствовать себя свободно, так как почти везде молодёжь говорит по-английски.

Я считаю, что лучший **спо́соб** изучения иностранного языка — это поехать в страну, где люди говорят на этом языке, где этот язык родной, и пожить там примерно год. Чтобы улучшить свой английский, я поехал в Америку. Я жил там 10 месяцев. За это время, как мне кажется, я стал лучше говорить по-английски, мой **запа́с** слов увеличился. Правда, **произноше́ние** у меня ещё не очень хорошее, но мне важно, что я научился **выража́ть** свои мысли на английском языке. Конечно, я не могу выразить все свои чувства, но для обычного общения моего английского хватает. Я общаюсь на английском без проблем.

Сейчас я изучаю русский. Почему я выбрал именно этот язык? Он мне нужен для работы. Сейчас русско-японские **отноше́ния** развиваются, японский бизнес пришёл на русский рынок. В Японии нужны специалисты со знанием русского языка. Кроме этого мне нравится русский язык. Он очень красивый. Думаю, что это один из самых красивых языков мира. Я мечтаю прочитать произведения Достоевского и Толстого в **по́длиннике**, научиться понимать русскую **ду́шу**. Конечно, русский язык трудный, нужно запомнить много окончаний, **спряже́ние** глаголов, ударение в словах постоянно меняет место... Ужас! Но ничего! У меня хорошая память. Сейчас моя ближайшая цель — сдать тест первого уровня. Чтобы запомнить новые слова, я записываю их на карточках и учу везде — в транспорте, в кафе... Они висят у меня на стене над столом. Стараюсь говорить с русскими при первой возможности.

По опыту я знаю, что нужно заниматься иностранным языком регулярно, понемногу, но каждый день. Андрей, ты сказал мне, что мечтаешь выучить китайский язык. Ну и как? Сколько иероглифов ты уже выучил? Посоветуй мне, как лучше изучать русский. Какой способ ты считаешь лучшим? Что ты можешь мне посоветовать?

Надеюсь, я ответил на твой вопрос. Буду ждать твоего ответа.

Пока! Твой друг Кен

выража́ть — вы́разить *что?* (мысли)

Б. Определите, какое это письмо: деловое (официальное) или дружеское. Выделите признаки, по которым это письмо можно считать дружеским. Ответьте на вопросы.

1) Как Кен обращается к Андрею: на «ты» или на «вы»?
2) Как Кен приветствует Андрея? Возможно ли в **официа́льном** письме приветствие «Привет!»?
3) Как Кен заканчивает письмо? Как он прощается с Андреем? Возможно ли в официальном письме слово «Пока!»?
4) Какова тема письма?

В. Вставьте подходящие по смыслу слова.

1) Андрей ______ Кена рассказать об ______ русского языка.
2) Кен с удовольствием ______ просьбу Андрея.
3) В школе Кен ______ английский язык.
4) В Японии ______ молодых людей, которые ______ по-английски.
5) Для этого есть несколько ______
6) Во-первых, английский язык считается языком ______ .
7) Английский язык — один из самых ______ языков в мире.
8) Благодаря ______ английского языка Кен во всех странах ______ себя свободно.
9) По мнению Кена, лучший ______ изучения иностранного языка — это поехать в страну, где люди говорят ______ .
10) Чтобы ______ свой английский, Кен поехал в ______ .
11) Кен поехал в Америку ______ месяцев.
12) Благодаря поездке в Америку запас слов Кена ______ .
13) Он научился ______ свои мысли на английском языке.
14) Правда, Кен считает, что у него не очень хорошее ______ .
15) Он ______ на английском без проблем.
16) Сейчас Кен ______ русский язык.
17) Сейчас русско-японские ______ развиваются.
18) В Японии ______ специалисты со знанием русского языка.
19) По ______ Кена, русский язык очень красивый.
20) Кен мечтает прочитать ______ Достоевского и Толстого в ______ .
21) Кен хочет понять русскую ______ .
22) Русский язык трудный, потому что нужно запоминать много ______ .
23) Сейчас ______ Кена — сдать тест первого ______ .
24) Чтобы ______ новые слова, Кен записывает их на ______ .
25) Кен считает, что нужно заниматься иностранным языком ______ .

Г. Ответьте на вопросы.

1) Кому написал письмо Кен?
2) Каково содержание письма? О чём он пишет своему другу?
3) Почему Кен написал об этом (по чьей просьбе)?
4) Почему Кен изучал английский язык? **Перечи́слите** причины.
5) Помогла ли Кену поездка в Америку научиться говорить по-английски?
6) Почему Кен изучает русский язык?
7) Почему Кен считает русский язык трудным?
8) Какова ближайшая цель Кена?
9) Какие способы изучения иностранного языка использует Кен?
10) Какой, по мнению Кена, лучший способ изучения иностранного языка?
11) С какой просьбой, с какими вопросами Кен обращается к Андрею в конце письма?

Д. Представьте себе, что ваш русский друг попросил вас написать ему письмо. Напишите ему дружеское письмо. Правильно обратитесь к другу, правильно закончите письмо, не путайте обращение на «ты» и на «вы». Выберите тему письма:

1) Как я изучаю иностранные языки;
2) Город, в котором я живу в России;
3) Моя жизнь в России.

Задание 23. А. Прочитайте письмо Сергея.

В одну популярную газету пришло такое письмо:

Дорогие друзья! Меня зовут Сергей. Мне 26 лет. Я, кажется, неглупый, у меня интересная работа; начальник обещает повысить мне зарплату. Я среднего роста, у меня обычная внешность. Обратиться к вам меня заставила одна очень для меня важная проблема: я никак не могу познакомиться с хорошей девушкой. Я несколько раз пытался подойти к девушке, но у меня ничего не получилось. Я не хочу всю жизнь быть **холостяко́м**. Помогите мне! Посоветуйте, что мне делать?

С уваже́нием, Сергей.

Мой e-mail: ...

Б. Ответьте на вопросы.

1) Как письмо начинается? Какое обращение использует Сергей?
2) Как письмо заканчивается?

3) Что Сергей пишет о себе?
4) Почему Сергей обратился в газету? С какой просьбой он обратился в газету?
5) Что вы можете посоветовать Сергею?
6) Вы писали когда-нибудь письма в газету?
7) Вы общаетесь с кем-нибудь в Интернете? У вас есть блог? О чём вы там пишете?

Задание 24. А. Прочитайте официально-деловое письмо. Обратите внимание на форму письма, на то, как оно начинается и как заканчивается.

Директору фирмы «Импульс»
господину Петрову С.И.

Уважаемый господин Петров!

Я обращаюсь к Вам с предложением обсудить вопрос о нашем **сотру́дничестве**. Если Вы не возражаете, мы могли бы встретиться с Вами в удобное для Вас время. Прошу сообщить о своём решении и назвать точную дату переговоров.

С уважением,
Иванов И.П., директор фирмы «Сатурн»

Дата: **По́дпись:**

ОБРАТИТЕ ВНИМАНИЕ!

Адресат письма (кому адресовано письмо = дательный падеж) указывается в правом верхнем углу.

Письмо начинается с обращения: *Уважаемый господин + фамилия адресата;* или *Уважаемый + имя, отчество адресата.*

Местоимение «Вы» пишется с большой буквы.

Письмо заканчивается фразой: *С уважением*, + *фамилия и должность отправителя.*

В письме должна быть указана *дата* и стоять *подпись.*

Б. Ответьте на вопросы.

1) Кто кому написал письмо?
2) Зачем господин Иванов написал письмо господину Петрову?
3) Каково содержание письма?
4) Чем отличается деловое письмо от дружеского?

В. Представьте себе, что вы деловой человек, например бизнесмен. Напишите деловое письмо. Выберите тему письма:

1) Предложение делового сотрудничества;
2) Благодарность за помощь; за согласие сотрудничать...;
3) Информация о чём-либо (об открытии выставки, например);
4) Приглашение на выставку (на банкет...).

Задание 25. А. Прочитайте официальные заявления.

1)

Декану филологического факультета МГУ
Иванову А.А.

от стажёра из Германии
Шульца Питера (*от кого?*)

Заявле́ние

Прошу разрешить мне **досро́чно** сдать экзамен по русскому языку **в связи́** с тем, что мне необходимо поехать на родину по семейным обстоятельствам.

Дата: Подпись:

2)

Директору школы № 123
г. Санкт-Петербурга
Петрову В.В.

от гражданина Германии
Шульца Питера, проживающего по адресу:
Санкт-Петербург, ул. Кораблестроителей, д. 20, кв. 601.
Паспорт №....

Заявление

Прошу принять меня с 10.03.2016 года на работу на должность учителя немецкого языка.

Документы об образовании и копия паспорта прилагаются.

Дата: Подпись:

3)

Начальнику отделения полиции
Центрального района Санкт-Петербурга

от гражданина Германии Шульца Питера,
проживающего по адресу:
Санкт-Петербург, ул. Кораблестроителей, д. 20, кв. 601.
Паспорт № ... Телефон 333-22-11

Заявление

20.08.2010 года в кафе «Большая ложка», которое находится на Невском проспекте, дом 25, у меня украли мобильный телефон «Samsung». Телефон черный, модель 12345. Его цена 15000 рублей. Прошу найти мой телефон.

Дата: Подпись:

Б. Расскажите о том, как нужно писать официальные заявления.

В. Напишите заявление:

1) декану факультета с просьбой перенести сроки экзаменов;
2) директору фирмы о приёме на работу;
3) в полицию о краже кошелька в автобусе.

УПОТРЕБЛЕНИЕ ЧАСТИЦЫ пусть

Императив 3-го лица. Просьба

Пусть Виктор переведёт этот текст.
Скажите Виктору, **пусть** он позвонит мне сегодня вечером.
Передайте Виктору, **пусть** он придёт завтра к директору.
Попросите Виктора, **пусть** он купит мне тетрадь.

Задание 26. Продолжите диалоги по модели.

Модель: — Антон идёт в магазин.
— *Скажи(те) Антону, пусть он купит пакет молока.*

1) — Виктор идёт в библиотеку.
— ______________________________

2) — Антон идёт в кассу театра.
— ______________________________

3) — Светлана поедет в Москву.
— ______________________________

4) — Андрей идёт на почту.
— ______________________________

5) — Ирина идёт в аптеку.
— ______________________________

6) — Джон скоро поедет в Россию.
— ______________________________

ОБРАТИТЕ ВНИМАНИЕ!

Я хочу, **чтобы Виктор принёс** завтра словарь.	**Пусть Виктор** завтра **принесёт** словарь.
Скажите Виктору, **чтобы он принёс** завтра словарь.	

Задание 27. Прочитайте (прослушайте) предложения. Составьте предложения по модели.

Модель: Скажите Виктору, чтобы он принёс завтра словарь. — *Пусть Виктор завтра принесёт словарь.*

1) Скажите Питеру, чтобы он сегодня вечером взял у Тома билеты в театр.
2) Скажите Лене, чтобы она взяла такси, когда поедет в аэропорт.
3) Скажите Пьеру, чтобы он купил карту города, когда приедет в Москву.
4) Скажите Кену, чтобы он не переводил этот текст.
5) Скажите Анне, чтобы она не покупала это лекарство.
6) Я хочу, чтобы Том позвонил мне завтра.
7) Я хочу, чтобы Наташа принесла нам кофе.
8) Я хочу, чтобы ребёнок сначала сделал домашнее задание, а потом шёл гулять.

ОБРАТИТЕ ВНИМАНИЕ!

Императив 2-го лица	Императив 3-го лица	Императив совместного действия
Антон, **напиши(те)** письмо бабушке!	Виктор, скажи Антону, **пусть** он **напишет** письмо бабушке.	Антон и Виктор, **давайте** вместе **напишем** письмо бабушке.

Задание 28. Вставьте разные формы императива. Где необходимо, используйте частицу «пусть».

I. заказать

Кен: — Том! Через неделю мы с тобой и с Питером поедем в Хельсинки. Давайте ______________ (1) гостиницу через Интернет!

Том: — Хорошая идея! Но у меня сейчас не работает Интернет. ______________ (2) Питер ______________ (3) гостиницу. Скажи ему об этом. Я спешу.

Кен: — Хорошо, сейчас я позвоню ему. Питер, ______________ (4) гостиницу в Хельсинки!

Питер: — Хорошо, закажу.

II. купить

Мама: — Лена, скажи Игорю, ______________ (1) торт и сок. Сегодня вечером к нам придут гости.

Лена: — Мама, а почему только торт? Давай ______________ (2) ещё мороженое, конфеты, фрукты!

Мама: — Хорошо. Иди в магазин сама и ______________ (3) что хочешь.

III. приготовить

Мама: — Игорь, ______________ (1) сегодня суп!

Игорь: — Я? Почему я? Я не умею готовить. ______________ (2) Лена. Она девушка.

Мама: — Мужчины тоже должны уметь готовить. Хорошо. Давай вечером ______________ (3) суп вместе!

IV. сказать

Лена: — Маша, ты знаешь, что Игорь сегодня не ходил в школу? Это ужасно! Давай ______________ (1) об этом маме!

Маша: — Это нехорошо. Я не буду говорить. Если хочешь, ______________ (2) сама.

Лена: — Я одна боюсь. Надо поговорить с Игорем. ______________ (3) сам маме.

Разрешение
— Саша хочет взять твой словарь.
— **Пусть** берёт. (обычно НСВ)

Задание 29. Прочитайте (прослушайте) диалоги. Продолжите диалоги по модели.

Модель: — Наша дочь хочет выйти замуж.
— *Пусть выходит.*

26.17 1) — **Антон хочет открыть окно.**
— ____________________

2) — **Наташа хочет включить телевизор.**
— ____________________

3) — **Вера хочет поступить в медицинский институт.**
— ____________________

4) — **Анна хочет посмотреть фотографии.**
— ____________________

5) — **Маша хочет купить фотоаппарат.**
— ____________________

6) — **Игорь хочет поехать в Париж.**
— ____________________

> **Совет**
> — Андрей заболел. Что делать?
> — **Пусть** сходит к врачу.

Задание 30. Прочитайте (прослушайте) диалоги. Продолжите диалоги по модели.

Модель: — У Наташи болит горло.
— ***Пусть выпьет тёплое молоко с мёдом.***

26.18 1) — **Виктор опаздывает в университет.**
— ____________________

2) — **Антон не может перевести текст.**
— ____________________

3) — **Андрею нужен словарь.**
— ____________________

4) — **Игорь не знает, что происходит дома.**
— ____________________

5) — **Ольга не знает, какой спектакль сегодня идёт в театре.**
— ____________________

Словарь урока 26

ава́рия
бегемо́т
благодаря́ *кому? чему?*
блока́да
боле́знь (*ж. р.*)
боль (*ж. р.*)
бо́мба
бомбёжка
в связи́ *с чем?*
ведро́
ве́жливость (*ж. р.*)
ве́рный
вина́
волне́ние
геро́й
глу́пость (*ж. р.*)
досро́чно
дра́ка
душа́
еди́нственный
жа́лость (*ж. р.*)
же́ртва
жив (жива́, жи́вы)
за́висть (*ж. р.*)
запа́с (слов)
за́суха
заявле́ние (документ)
злость (*ж. р.*)
зоопа́рк
иеро́глиф
инфа́ркт
испу́г
ка́рточка
кле́тка
ко́жа
корм
крик
ла́сково
ле́стница
люби́мец (люби́мица)
любопы́тство
на са́мом де́ле
наводне́ние
нало́г
напряже́ние
неаккура́тность (*ж. р.*)
не́нависть (*ж. р.*)
неожи́данность (*ж. р.*)
нео́пытность (*ж. р.*)
нехва́тка
ника́к
нового́дний
обесси́ленный
оби́да
огорче́ние
освое́ние
отноше́ния (*мн. ч.*)
отрица́тельно
отсу́тствие
официа́льный
па́мятник
перегре́в
передвижно́й
побе́да
по́двиг
по́длинник
по́дпись (*ж. р.*)
по́лностью
положи́тельно
потому́ что
поэ́тому
привы́чка
произноше́ние
рак (болезнь)
ране́ние
ре́вность (*ж. р.*)
скро́мность (*ж. р.*)
ску́ка
сле́дствие
сме́ртная казнь
сотру́дничество
сочу́вствие
СПИД
спи́сок
спо́соб
спряже́ние
ста́рость (*ж. р.*)
страх
страхо́вка
стук
стыд
сты́дно
судьба́
су́тки
сы́рость (*ж. р.*)
тради́ция
тюрьма́
уваже́ние: с уваже́нием
удиви́тельно
удивле́ние
урага́н
уста́лость (*ж. р.*)
усы́
фронт
хи́щный
холостя́к
це́нный
честолюби́вый
честолю́бие
чу́вство
ответ́ственности
чуть не
штраф
щено́к
экспериме́нт

УРОК 26

бéгать (НСВ)
бледнéть — побледнéть
вздрáгивать — вздрóгнуть
вывози́ть — вы́везти *кого? что? откуда? куда?*
выживáть — вы́жить
выражáть — вы́разить *что?* (мысли)
высыхáть — вы́сохнуть
греть (согревáть) — согрéть *кого? что?*
застрели́ть (СВ) *кого?*
игрáть — сыгрáть роль в жи́зни
корми́ть — накорми́ть *кого?*
краснéть — покраснéть
ласкáть (НСВ) *кого?*
нéрвничать (НСВ)
обращáться — обрати́ться *к кому? к чему?*
окружáть — окружи́ть *кого? что?*
отключáть — отключи́ть *что?*
относи́ться (НСВ) *к кому? к чему? как?*
перечисля́ть — перечи́слить *что?*
поворáчивать — поверну́ть *куда?*
подходи́ть — подойти́ *к кому? к чему?*
попадáть — попáсть *куда?*
привыкáть — привы́кнуть *к кому? к чему?*; + инф.
принадлежáть (НСВ) *кому? чему?*
приходиться — прийти́сь
просыпáться — просну́ться
разводи́ться — развести́сь *с кем? из-за чего?*
расставáться — расстáться *с кем?*
расстрáиваться — расстрóиться *из-за кого? из-за чего?*
ревновáть — приревновáть *кого? к кому?*
серди́ться — рассерди́ться *из-за чего?*
ссóриться — поссóриться *с кем? из-за чего?*
терпéть не мочь + инф.; *кого? что?*
удавáться — удáться
уступáть — уступи́ть *что?* (место) *кому?*

Урок 27

ПОВТОРИТЕ!

1. Раскройте скобки.

1) Пьер уже привык ____________________ (жизнь в России).
2) Как вы относитесь ____________________ (политика)?
3) У вас проблемы с сердцем. Вам нужно обратиться ____________ (врач).
4) Всегда уступайте место в автобусе ____________________ (дети и пожилые люди).
5) В хорошую погоду мы любим гулять по ____________ (набережная).
6) Не завидуйте ____________________ (богатые люди)!

2. Продолжите предложения, укажите причину. Используйте разные предлоги.

1) Муж и жена развелись ____________________ .
2) Ольга поссорилась с подругой ____________________ .
3) Михаил проснулся среди ночи ____________________ .
4) Девочка покраснела ____________________ .
5) Собака умерла ____________________ .
6) Продукты испортились ____________________ .
7) Иван Иванович часто **заде́рживается** в офисе после работы ____________________ .
8) Марина помогает больным людям ____________________ .
9) Виктор пришёл на день рождения директора ____________________ .

3. Вставьте глаголы «заниматься», «интересоваться», «увлекаться».

Модель: Моя сестра __________ (**фи́тнес**). — Моя сестра *занимается фитнесом*.

1) Ирина ____________________ (балет).
2) Андрей ____________________ (древнерусское искусство).
3) Ольга ____________________ (испанский язык).
4) Олег ____________________ (американский футбол).
5) Марина ____________________ (современная **жи́вопись**).
6) Мои родители ____________________ (русская история).
7) В школе Том ____________________ (**борьба́**).
8) Моя бабушка совсем не ____________________ (политика).
9) В детстве он ____________________ (компьютерные игры, звёздные войны).

Повторите!

Творительный падеж (№ 5)

Модели	Предлоги	Части речи	Окончания ед. ч.		Окончания мн. ч.
			м. р.; ср. р.	**ж. р.**	
с кем? с чем? кем? чем? *кто?* гулял (познакомился, встретился...) ***с кем?*** *кто?* работает (был, стал) ***кем?*** *что?* (кофе, мясо...) ***с чем?*** *кто?* занимается (интересуется, увлекается) ***чем?*** *кто?* пишет (пользуется...) ***чем?*** летать ***чем?***: самолётами *что?* находится ***где?***: под/ над/ перед/за... ***чем?***: за столом... ***когда? перед чем?***: перед обедом/занятиями... ***когда?***: за завтраком... ***за чем?***: он пошёл в магазин за соком... ***где?***: за границей; за городом; за столом	с ме́жду перед над под за	имя сущ.	**-ом/-ем**	**-ой/-ей/-ью**	**-ами/-ями**
		имя прил.	*какѝм?* **-ым/-им**	*какой?* **-ой/-ей**	*какими?* **-ыми/-ими**
		притяж. мест.	*чьим?* моим твоим нашим вашим своим (со своим)	*чьей?* моей твоей, нашей вашей своей (со своей)	*чьими?* моими твоими нашими вашими своими (со своими)
			его, её, их		
		личное мест.	(со) мной, тобой, им (с ним), ей (с ней), нами, вами, ими (с ними)		

4. Вставьте глаголы «быть», «работать», «стать», «заниматься».

1) Всю жизнь мой дед ______________________ (археология).
2) Моя старшая сестра ______________________ (адвокат), когда окончит университет.
3) Раньше мой отец ______________________ (директор фирмы), а сейчас он на пенсии.
4) Мой младший брат мечтает ______________________ (космонавт).
5) Сейчас моя мама — домохозяйка, а раньше она ______________________ (секретарь директора).

5. Прочитайте (прослушайте) предложения. Измените их по модели. Используйте глаголы «являться» («быть», «стать»).

Модель: Москва — столица России. — Москва *является столицей России*.

27.1

1) Рим — столица Италии. ______________________
2) Владимир Путин — президент России. ______________________
____
3) Мёд — хорошее лекарство от простуды. ______________________
____

4) Сочи — столица зимней Олимпиады — 2014. ______

5) Господин Джонс — директор торговой фирмы. ______

6) Знание английского языка — **дополни́тельное** условие для **приёма** на работу. ______

7) Фёдор Достоевский — самый известный за границей русский писатель. ______

8) Пётр Первый — основатель Петербурга. ______

быть сидеть отдыхать	*где?*	за границей за столом за́ городом	поехать сесть ездить	*куда?*	за границу за стол за́ город

6. Вставьте словосочетания с предлогом «за».

1) Мне нужна виза, я хочу поехать ______ .
2) Гости сидят ______ .
3) На улице хорошая погода. Поедем ______ !
4) Садитесь, пожалуйста, ______ !
5) После окончания университета Виктор 2 года работал ______ .
6) Воскресенье мы обычно проводим ______ .

7. Скажите, когда были совершены эти действия, используйте предлог «перед» и подходящие по смыслу существительные.

1) ______ Ира вымыла руки.
2) ______ Наташа повторила грамматику.
3) ______ Антон попрощался с друзьями.
4) ______ Игорь ещё раз проверил, взял ли он паспорт.

Запомните!

с трудо́м	с любо́вью
с внима́нием	с уваже́нием
с удово́льствием	с удивле́нием
с го́рдостью	с восхище́нием
с интере́сом	с волне́нием
с ра́достью	с любопы́тством

УРОК 27

Задание 1. А. Прочитайте (прослушайте) предложения. Задайте вопросы к выделенной части предложений по модели.

Модель: Они слушали выступление учёного *с огромным интересом.* —
Как *они слушали выступление учёного?*

1) Андрей рассказывал о своём отце *с гордостью.*
2) Мой друг сдал экзамен *с большим трудом.*
3) Андрей читал письмо брата *с удивлением.*
4) Сотрудники фирмы относятся к своему начальнику *с уважением.*
5) Виктор ждал встречи с подругой *с большим волнением.*
6) Мать смотрела на своего маленького сына *с любовью.*

Б. Дополните предложения.

Модель: Отец всегда рассказывал о своём сыне ______________ . —
Отец всегда рассказывал о своём сыне *с гордостью.*

1) Я купил новую книгу и прочитал её ______________ .
2) Мой друг заказал так много блюд в ресторане, что съел всё ______________ .
3) Мы ______________ ждали встречи с нашим новым преподавателем.
4) Игорь ______________ рассказывал о своём родном городе.
5) Сотрудники должны относиться к директору ______________ .
6) Мне очень понравился балет «Щелкунчик», я ______________ посмотрю его ещё раз.
7) Мой сын ______________ вспоминает свою первую учительницу.

Запомните

Глаголы, после которых употребляется творительный падеж
(*см. также стр. 379–380*)

беседовать — побеседовать видеться — увидеться встречаться — встретиться здороваться — поздороваться **общáться — пообщáться** прощаться — попрощаться проститься	*с кем?*
договариваться — договориться советоваться — посоветоваться спорить — поспорить	*с кем? о чём?*
разводиться — развестись **расставáться — расстáться** ссориться — поссориться	*с кем? из-за чего?*

владе́ть — овладе́ть *чем?*
пользоваться — воспользоваться

восхища́ться — восхити́ться
гордиться (НСВ) *кем? чем?*
любова́ться — полюбова́ться

Задание 2. Раскройте скобки.

1) Виктор вошёл в класс и поздоровался ________________ (его преподаватель).
2) После окончания экскурсии туристы попрощались ________________ ________________ (экскурсовод).
3) Ему нужно посоветоваться ________________ (мой отец).
4) Михаил поспорил ________________ (его друг) о результатах футбольного матча.
5) Андрей никогда не ссорится ________________ (его жена).
6) Господин Иванов, мне срочно нужно увидеться ________________ (вы).
7) Ольга ещё не научилась пользоваться ________________ (компьютер).
8) Мы договорились встретиться ________________ (наш тренер) в 6 часов.
9) У Максима была любимая девушка, но неделю назад он расстался ________________ (она).
10) К сожалению, моя подруга развелась ________________ (её муж).
11) После экскурсии туристы долго восхищались ________________ (красота Петербурга).
12) Я давно не общался ________________ (мой русский друг).
13) В Москву приехал президент Польши ________________ ________________ (двухдневный официальный **визи́т**).

ТВОРИТЕЛЬНЫЙ ПАДЕЖ СУЩЕСТВИТЕЛЬНЫХ, ПРИЛАГАТЕЛЬНЫХ, ПРИТЯЖАТЕЛЬНЫХ И УКАЗАТЕЛЬНЫХ МЕСТОИМЕНИЙ, ПОРЯДКОВЫХ ЧИСЛИТЕЛЬНЫХ
(множественное число)

Том познакомился с китайским студентом.
Том познакомился с **китайскими студентами**.

Падеж	Прилагательные, притяжательные и указательные местоимения, порядковые числительные		Существительные	
	Согласные перед окончанием: в, д, л, м, н, п, р, с, т	Согласные перед окончанием: г, к, х, ж, ш, щ, ч, [н’]	—	после основы на мягкий согласный
Им. п. (№ 1)	*какие? чьи?*		*кто? что?*	
	красивые удобные первые	маленькие синие третьи мои, твои, свои, наши, ваши, эти, одни, все	студенты врачи острова страны подруги	музеи преподаватели моря здания площади деревни лекции друзья деревья
	его, её, их		Исключения: люди, дети	
Твор. п. (№ 5)	*(с) какими? чьими?*		*(с) кем? (с) чем?*	
	-ыми	**-ими**	**-ами**	**-ями**
	красив**ыми** интересн**ыми** перв**ыми**	маленьк**ими** син**ими** треть**ими** **моими**, **твоими**, **своими**, **нашими**, **вашими**, **этими**, **одними**, **всеми**	студе́нт**ами** врач**а́ми** остров**а́ми** стра́н**ами** подру́г**ами**	музе́**ями** преподава́тел**ями** мор**я́ми** зда́ни**ями** площад**я́ми** деревн**я́ми** ле́кци**ями** друзь**я́ми** дере́вь**ями**
	его, её, их		Исключения: люд**ьми́**, дет**ьми́**	

Задание 3. Ответьте на вопросы. Раскройте скобки.

А. 1) С кем студенты договорились об экзаменах? ________________ ________________ (преподаватели)

2) С кем Игорь ходил в цирк? ________________ (родители)

3) С кем разговаривает профессор? ________________ ________________ (студенты и студентки)

4) С кем вы пойдёте в кафе? ________________ ________________ (друзья)

5) С кем была встреча? ________________ ________________ (дети из Африки)

6) Кем станут студенты, которые учатся на филологическом факультете? ________________ ________________ (переводчики или преподаватели)

7) Кем станут студенты театрального института? ________________ ________________ (актёры и режиссёры)

Б. 1) Какие блины вы любите? С чем? ________________ (яблоки)

2) Чем едят в Японии и Корее? ________________ (палочки)

3) Чем интересуется ваш старший брат? ______________ (машины)
4) Чем занимается ваш знакомый? ______________ (шахматы)
5) С чем вы любите есть рис? ______________ (овощи и соус)
6) Чем увлекается ваша подруга? ______________ (музыка и театр)

Задание 4. Прочитайте (прослушайте) предложения. Измените их по модели.

Модель: Он подошёл к шкафу, в котором стояли книги. — Он подошёл к шкафу *с книгами*.

1) Хозяйка приготовила салат, в который положила грибы и майонез. ______________. 27.3
2) Я поставил на стул портфель, в котором были документы. ______________.
3) Официант принёс тарелку, на которой лежали макароны. ______________.
4) Мне очень понравилась ваза, в которой стояли розы. ______________.
5) Дайте мне, пожалуйста, открытки, на которых есть виды Петербурга! ______________.
6) Передайте, пожалуйста, блюдо, на котором лежат бананы, апельсины и ананасы. ______________.

Задание 5. Скажите, куда и за чем пошли/пойдут эти люди.

Модель: У Виктора кончились продукты. — Виктор пошёл *в магазин за продуктами*.

1) Наташе нужно купить билеты в театр. ______________
2) Игорю нужно купить лекарство. ______________
3) Стив хочет получить визу. ______________
4) Ирине нужен хлеб. ______________
5) Светлане нужны марки. ______________
6) Андрею нужны шахматы. ______________
7) Иван забыл в классе перчатки. ______________
8) Максим хочет взять газеты из почтового ящика. ______________

Задание 6. Ответьте на вопросы. Раскройте скобки.

1) С какими друзьями ты поедешь на Байкал? ______________ (новые, университетские)

2) С какими врачами нужно посоветоваться Валентине? ______________
______________ (опытные)
3) Между какими домами находится поликлиника? ______________
______________ (первый и пятый дома)
4) Какими карандашами любит рисовать ребёнок? ______________
______________ (цветные)
5) Какими духами пользуется ваша подруга? ______________
______________ (французские)
6) С какими девушками обычно знакомится Антон? ______________
______________ (красивые, умные, весёлые)
7) Какими самолётами обычно летает Иван Иванович? ______________
______________ (российские)

Задание 7. Раскройте скобки.

1) Вы владеете ______________ (иностранные языки)?
2) Во время экскурсии туристы любовались ______________ (виды города).
3) В детстве Том часто ссорился ______________ (его братья).
4) После занятий Кен попрощался ______________ (его преподаватели).
5) Питер сказал мне, что расстался ______________ (все его подруги).
6) В Интернете можно общаться ______________ (незнакомые люди).
7) Антон гордится ______________ (его родители).
8) В выходные дни Стив любит встречаться ______________ (его друзья).
9) В России Кен познакомился ______________
______________ (американские, корейские, немецкие студенты).

Задание 8. Измените предложения по модели.

Модель: На конференции я познакомился с известным журналистом. —
На конференции я познакомился *с известными журналистами*.

1) По воскресеньям я хожу в спортзал со своим сыном.
____
2) Я ходил на выставку со своим русским другом.
____

3) Я давно знаком с этой симпатичной девушкой.

____

4) Мой друг доволен хорошей оценкой на экзамене.

____

5) Я случайно познакомился с известным немецким спортсменом.

____

6) Мать гуляет со своим маленьким ребёнком.

____

Задание 9. Ответьте на вопросы, используйте слова, данные справа.

1) С кем вы встретились?	мои русские друзья
2) Чем гордится ваш друг?	его успехи в спорте
3) С чем этот салат?	солёные огурцы
4) С кем вы только что поздоровались?	наши новые студенты
5) С кем будет беседовать журналист?	российские экономисты и политики

дово́лен (довольна, довольны) *кем? чем?; тем, что...*
изве́стен (известна, известны) *чем?; тем, что...*
бога́т (богата, богаты) *чем?*

Задание 10. А. Прочитайте (прослушайте) вопросы. Ответьте на них по модели.

Модель: — Ну и как поездка? — *Я (не)доволен поездкой.*

27.4

1) — Ну и как ваша новая работа? — _______________.
2) — Ну и как ваша новая квартира? — _______________.
3) — Ну и как путешествие? — _______________.
4) — Ну и как жизнь в Санкт-Петербурге? — _______________.
5) — Ну и как вам ваш новый директор? — _______________.
6) — Ну и как вам ваш новый кабинет? — _______________.
7) — Ну и как вам игра футболистов вашей команды? — _______________
_______________.
8) — Ну и как успехи сына в учёбе? — _______________.
9) — Ну и как вам занятия в университете? — _______________.
10) — Ну и как результаты вашей работы? — _______________.

Б. Дополните предложения по модели.

Модель: Этот город известен (красивый парк). — Этот город известен *красивым парком*.

1) Санкт-Петербург известен ____
____
(красивые дворцы, большие площади, великолепные соборы).
2) Петергоф известен ______________________ (фонтаны).
3) Москва известна ____
(Красная площадь, Кремль).
4) Город Выборг известен ____
______________________ (прекрасный парк и старинная крепость).
5) Россия богата ______________________ (нефть, газ, леса).
6) Новгород известен ____
(его история; архитектурные памятники).

Задание 11. Продолжите предложения, используйте выделенные слова.

I. его друзья
1) Перед отъездом он попрощался ______________________ .
2) Вчера вечером он ездил ______________________ .
3) Он давно не видел ______________________ .
4) В своём письме он написал о ______________________ .

II. наши новые соседи
1) Сегодня утром я ехал в лифте ______________________ .
2) ______________________ попросили нас помочь им принести вещи.
3) Вчера вечером ______________________ были гости.
4) Мы очень довольны ______________________ .
5) Мы помогаем ______________________ изучать русский язык.
6) Мы редко общаемся ______________________ .

III. красивые девушки
1) Недавно Том познакомился ______________________ .
2) Он спросил ______________________ , где они живут.
3) ______________________ пригласили Тома в гости.
4) В субботу вечером он пойдёт в гости ______________________ .
5) Том купил торт и цветы для ______________________ .
6) Тому нравится общаться ______________________ .

IV. их опытные начальники

1) Молодые сотрудники часто советуются ____________________ .
2) Они часто звонят по телефону ____________________
и рассказываютдрузьям о ____________________ .
3) Эту информацию сотрудники получили ____________________ .
4) Вчера они поздравили с Новым годом ____________________ .
5) Они пожелали ____________________ счастья и успехов в работе.

V. иностранные языки

1) Студенты в университете изучают ____________________ .
2) Чтобы получить хорошую работу, нужно владеть ____________________
____________________ .
3) Мой знакомый знает несколько ____________________ .
4) Профессор пишет статьи ____________________ .
5) Мой сосед поступил в Институт ____________________ .

VI. большие успехи

1) Этот человек добился ____________________ .
2) Я восхищаюсь его ____________________ .
3) Мы долго обсуждали его ____________________ .
4) Мы разговаривали о его ____________________ .
5) Многие завидуют его ____________________ .
6) Желаю вам ____________________ !

VII. эти замечательные картины

1) В музее мы долго любовались ____________________ .
2) Люди всегда долго стоят около ____________________ .
3) Они с восхищением смотрят ____________________ .
4) К сожалению, он не видел ____________________ .
5) Написано много статей ____________________ .
6) Невозможно не восхищаться ____________________ .

VIII. домашние дела

1) Анна Ивановна с утра до вечера занимается ____________________ .
2) Она жить не может без ____________________ .
3) Она может весь день говорить о ____________________ .
4) Она стала хорошим «специалистом» по ____________________ .

Запомните!

Я написал письмо друзьям, **с которыми** познакомился в прошлом году.

УРОК 27

Задание 12. Вставьте слово «который» в нужной форме.

1) Здесь живут мои друзья, ____________ я обычно езжу за город по выходным дням.
2) Я общаюсь только с людьми, ____________ я уважаю и ____________ я доверяю.
3) Андрей купил духи, ____________ пользуется его подруга.
4) Нам нужна реклама, ____________ все будут восхищаться.
5) Нам нужны рекламные фильмы, благодаря ____________ фирма сможет быстро продать свой товар.
6) В прошлом году был **фина́нсовый кри́зис**, из-за ____________ фирма не смогла добиться успеха.
7) Виктор принял лекарство, от ____________ перестала болеть голова.

Задание 13. Измените предложения по модели. Используйте глаголы «быть», «являться».

Модель: Антон Чехов — самый известный писатель начала XX века. — Антон Чехов *был/является самым известным писателем начала XX века*.

1) Михаил Ломоносов — основатель Московского университета.
____
2) Пётр Чайковский — любимый композитор Сергея Рахманинова.
____
3) Юрий Гагарин — первый космонавт.
____
4) Анна Павлова — известная русская балерина.
____
5) Пётр I — основатель Санкт-Петербурга.
____
6) Сергей — хороший спортсмен.
____
7) Виктор — лучший ученик в классе.
____
8) Наташа — лучшая студентка в группе.
____
9) Норильск — самый северный город в России.
____
10) Экскурсия интересная.
____
11) Экзамен трудный.
____
12) Чарли Чаплин — самый популярный артист кино.
____

13) Книга «Робинзон Крузо» — моя любимая книга в детстве.

14) Роналду — самый популярный футболист в мире несколько лет назад.

15) Господин Иванов — первый директор нашей фирмы.

16) Игорь и Андрей — мои самые близкие друзья.

Задание 14. Прочитайте (прослушайте) текст. **А.** Найдите и подчеркните конструкции с творительным падежом.

АЛЕКСАНДР БОРОДИН

Многие люди знают имя русского композитора Александра Бородина, но не все знают, что Александр Бородин был не только известным композитором, но и учёным-химиком.

Бородин родился в Санкт-Петербурге, в богатой дворянской семье. Большую роль в жизни мальчика сыграл отец. Отец Александра был очень талантливым человеком. Он хорошо знал французский, свободно владел немецким, английским языками, прекрасно рисовал и пел. Особенно он интересовался музыкой. Отец научил сына говорить по-английски, по-французски, по-немецки, играть на разных музыкальных инструментах, рисовать.

Когда Александру было 6 лет, он начал учиться в гимназии. Александр был очень способным **ю́ношей**, он учился с большим интересом. Уже в гимназии Александр начал серьёзно заниматься химией, физикой, математикой, биологией. Его любимой книгой был учебник по химии.

Родителям мальчика нравилась медицина, поэтому они хотели, чтобы их сын стал врачом. По совету родителей Александр поступил в медицинский институт, который являлся тогда одним из лучших **вы́сших уче́бных заве́дений** страны и **по́льзовался** большой **популя́рностью** у молодых людей. После окончания гимназии Александр стал студентом первого курса медицинского института. В институте Александр с удовольствием изучал свои любимые предметы: химию, биологию, физику.

После окончания института он начал работать врачом в военном госпитале. Молодому врачу было 22 года. Но Бородин понял тогда, что он не сможет заниматься медициной всю жизнь. Ему больше нравилась самостоятельная работа в химической лаборатории. Он решил изменить профессию, стать химиком, чтобы серьёзно заниматься любимым делом. Бородин уехал в Москву и создал там химическую лабораторию. Он написал интересную научную работу по химии.

Но учёный не забывал о музыке. В свободное время он часто играл на пианино или на скрипке. Занятия музыкой стали его любимым отдыхом. Кроме музыки А. Бородин серьёзно интересовался историей. Он гордился историей русского **наро́да**, считал русский народ **герои́ческим**. Когда Бородину было 35 лет, он написал прекрасную оперу «Князь Игорь» об истории русского народа.

Б. Раскройте скобки.

1) Александр Бородин был не только ______________________ ______________________ (известный композитор, но и учёный-химик).
2) Отец сыграл ______________________ (большая роль) ______________________ (жизнь) ______________________ (Александр).
3) Отец Александра был ______________________ ______________________ (талантливый человек).
4) Он владел ______________________ ______________________ (французский, немецкий, английский языки).
5) Он занимался ______________________ (рисование, музыка и пение).
6) Он играл ______________________ ______________________ (разные музыкальные инструменты).
7) Александр был ______________________ (очень способный юноша).
8) В ______________________ (гимназия) он учился ______________________ (большой интерес).
9) В гимназии он начал заниматься ______________________ ______________________ (химия, физика, математика, биология).
10) Учебник химии был ______________________ (любимый учебник) ______________________ (Александр).
11) ______________________ (Родители Александра) ______________________ (нравиться) ______________________ (медицина).
12) Родители хотели, ______________________ (Александр) ______________________ (стать) ______________________ (врач).
13) После ______________________ (окончание) ______________________ (гимназия) Александр поступил ______________________ (медицинский институт).
14) Медицинский институт в то время являлся ______________________ (один из) ______________________ (самое лучшее высшее учебное заведение) ______________________ (страна).
15) После ______________________ (окончание) ______________________ (институт) Александр стал ______________________ (врач).

16) Но ______ (Александр) не ______ (нравится) заниматься ______ (медицина).
17) Он хотел заниматься ______ (химия).
18) Бородин уехал ______ (Москва) и создал там ______ (химическая лаборатория).
19) Он написал ______ (интересная научная работа) ______ (химия).
20) В свободное время Бородин занимался ______ (музыка), играл ______ (скрипка).
21) Кроме ______ (музыка) он интересовался ______ (история).
22) Он гордился ______ (история) ______ (русский народ).
23) Он считал русский народ ______ (героический).

В. Передайте мысль другими словами.

1) Большое влияние на Александра оказал его отец.
2) Отец Александра свободно говорил на английском, немецком и французском языках.
3) Благодаря отцу Александр научился говорить на английском, играть на скрипке, на пианино и т. д.
4) В 6 лет Александр пошёл в гимназию.
5) Александр хорошо учился в гимназии.
6) Ему было интересно учиться.
7) Он серьёзно изучал химию, биологию, математику.
8) Особенно он любил учебник по химии.
9) Родители Александра любили медицину.
10) Они мечтали видеть сына врачом.
11) Они посоветовали Александру поступить в медицинский институт.
12) Медицинский институт был хорошим институтом.
13) Александр поступил на первый курс.
14) Когда он окончил институт, он получил профессию врача.
15) Но он решил оставить работу врача.
16) Бородин серьёзно интересовался историей России.
17) Он любил историю России.
18) Он стал автором исторической оперы.

Г. Ответьте на вопросы.

1) Кто такой Александр Бородин?

______

2) Где он родился?

___

3) Кто оказал большое влияние на А. Бородина?

___

4) Каким человеком был отец А. Бородина?

___

5) Какими языками он владел?

___

6) Чему он научил Александра?

___

7) Каким учеником был Александр?

___

8) Какими предметами он начал заниматься в гимназии?

___

9) Почему он поступил в медицинский институт?

___

10) Где он работал после окончания института?

___

11) Почему он сменил работу?

___

12) Где он работал потом?

___

13) Чем он занимался в свободное время?

___

14) Почему он написал историческую оперу?

___

Д. Расскажите текст по плану.

1) Кто такой Александр Бородин?
2) Детство Александра.
3) Отец Александра. Его роль в жизни сына.
4) Учёба в гимназии.
5) Выбор профессии.
6) Начало трудовой деятельности.
7) Решение о смене работы.
8) Бородин и музыка.

смени́ть (СВ) *что?*

Задание 15. Прочитайте (прослушайте) текст. **А.** Найдите конструкции с творительным падежом.

КАК СТАТЬ МИЛЛИАРДЕРОМ

В мире сейчас более 1000 миллиардеров. И **несмотря́ на** мировой финансовый кризис, их число постоянно растёт. **Среди́** самых богатых людей мира на первом месте — американцы, на втором — немцы, на третьем — японцы. Неожиданно четвёртое место **за́няли** мексиканцы.

Самым богатым человеком на Земле несколько лет считался Билл Гейтс, который владеет корпорацией «Майкрософт». Но в последние годы, по данным журнала «Форбс», самым богатым человеком стал мексиканский бизнесмен.

Какой же бизнес сейчас является самым **вы́годным**? Оказывается, выгоднее всего заниматься производством и продажей продуктов питания. Хороший доход приносят **сре́дства ма́ссовой информа́ции** (СМИ). **Что бы ни** произошло в мире, люди не перестанут есть и читать.

Большой доход получают бизнесмены, которые занимаются нефтью и **недви́жимостью**. Нефть, дома и земля всегда пользуются большим **спро́сом**.

Однако и в XXI веке действует правило: с каждым годом богатые становятся богаче, а бедные — беднее. И в последнее время разрыв между бедными и богатыми всё больше увеличивается.

Б. Раскройте скобки.

1) Какой бизнес является ________________ (самый выгодный)?
2) Выгодно заниматься ________________ (производство и продажа) ________________ (продукты питания).
3) Чтобы стать ________________ (богатый человек), нужно заниматься ________________ ________________ (продажа продуктов питания, средства массовой информации, нефть, недвижимость, продажа земли).
4) Нефть, недвижимость, СМИ, продукты питания всегда пользуются ________________ (большой спрос).
5) Билл Гейтс много лет считался ________________ (самый богатый человек) в мире.
6) Билл Гейтс владеет ________________ (корпорация «Майкрософт»).
7) Американцы занимают ________________ (первое место) в списке ________________ (самые богатые люди).

8) Американцы являются ______________________ (самые богатые люди) в мире.
9) Немцы стоят на ______________________ (второе место), а японцы — ______________________ (третье).

В. Скажите, о чём говорится в этом тексте.

Г. Задайте друг другу вопросы по тексту.

Д. Расскажите о том, как стать богатым.

занима́ть — заня́ть *какое?* (место)
стоять (НСВ) *на каком?* (месте)

Задание 16. Прочитайте тексты-шутки. **А.** Обратите внимание на использование творительного падежа. **Б.** Прокомментируйте тексты.

1) — Ты доволен своим мотоциклом?
   — Не совсем: постоянно кто-то из нас в ремонте.
2) — Наш начальник — **обма́нщик**, — говорит сотрудник фирмы жене. — Но он **справедли́вый** человек.
   — Как же обманщик может быть справедливым человеком? — удивляется жена.
   — Очень просто. Он обманывает всех без исключения.
3) — Папа, почему у тебя нет машины?
   — Потому что у меня нет денег на её покупку. Но если ты будешь хорошо учиться в школе, то сможешь купить себе машину, когда станешь **взро́слым**!
   — Папа, почему же ты в школе был таким **лени́вым**?
4) Один скрипач советуется с другим:
   — Я собираюсь жениться. Как ты думаешь, может ли **ге́ний** быть хорошим мужем?
   — Не знаю, спроси лучше мою жену.

МЕСТОИМЕНИЕ себя

Им. п.	—	—
Род. п.	себя	Она **у себя** в кабинете?
Дат. п.	себе	Он пригласил нас **к себе** в гости.
Вин. п.	себя	Как вы **себя** чувствуете?
Твор. п.	собой	Они взяли **с собой** маленького сына.
Предл. п.	о себе	Он много рассказывал **о себе**.

Задание 17. Прочитайте (прослушайте) текст. **А.** Обратите внимание на использование местоимения «себя» и видов глаголов.

Композитор Александр Бородин был очень **рассéянным** человеком. Однажды он пригласил к себе на вечер гостей. Они исполняли его произведения, **бесéдовали**, ужинали. Вдруг Бородин встал, надел пальто и стал прощаться со всеми.

— Куда вы, Александр Прокофьевич?

— Будьте здоровы, мне пора домой. У меня завтра лекция... Все засмеялись, и только тогда хозяин понял, что он у себя дома.

Б. Перескажите текст.

бесéдовать — побесéдовать *с кем? о чём?*

Запомните!

быть **у себя** (дома, в кабинете)
пригласить **к себе** в гости
чувствовать **себя** хорошо/плохо
читать текст **про себя**
вестú себя́ плохо/хорошо
взять/носить документы **с собой**
заказать блюдо в ресторане **с собой**
Представьте **себе** ситуацию: в мире исчезли все компьютеры.
выйти **из себя**
взять **себя** в руки
держать **себя** в руках
не думать **о себе**
Надписи на дверях: **«К себе»**, **«От себя»**.

Задание 18. Вместо пропусков вставьте местоимение «себя» или конструкции со словом «себя».

1) Простите, господин Андреев ____________________ ?
2) Не забудь взять ____________ документы: без паспорта нельзя продлить визу.
3) Я ничего не знаю о нашем директоре. Он никогда не рассказывал нам о ____________ .
4) В субботу у меня день рождения, я хотел бы пригласить к ________ ________ своих друзей и знакомых.

5) Вчера я был в книжном магазине: своему другу я купил учебник по грамматике, а ________________ — англо-русский словарь.
6) Моя подруга всегда думает только о ________________ — она опять забыла предупредить нас об экскурсии.
7) На уроке преподаватель часто просит нас прочитать текст ________________ , а потом ответить на вопросы.
8) Не волнуйтесь, не нервничайте так сильно, ________________ !
9) Виктор очень рассердился на своего друга, а потом ________________ .
10) Иван Иванович всегда носит ________________ фотографию детей.
11) Когда Антон понял, что его обманули, он ________________ .
12) Этот ребёнок уже большой, но он совсем не умеет ________________ ________________ .
13) Я не знаю, как ________________ в гостях у иностранцев.

СКЛОНЕНИЕ МЕСТОИМЕНИЙ весь, всё, вся, все

Падеж	М. р.	Ср. р.	Ж. р.	Мн. ч.
Им. п.	весь	всё	вся	все
Род. п.	всего́		всей	всех
Дат. п.	всему́		всей	всем
Вин. п.	всего/весь	всё	всю	всех/все
Твор. п.	(со) всем		(со) всей	(со) всеми
Предл. п.	(обо) всём		(обо) всей	(обо) всех

Задание 19. Вставьте словосочетание «все немецкие студенты».

1) Виктор знает ________________ .
2) Он был в гостях ________________ .
3) Он познакомился ________________ .
4) Он может рассказать ________________ .
5) ________________ были на экскурсии.
6) ________________ есть компьютеры.
7) Он написал письма ________________ .
8) Он встретил на вечере ________________ .
9) ________________ нравится балет.
10) Расскажите об этом ________________ .
11) Мы желаем счастья ________________ !
12) Мы поздравляем с праздником ________________ !
13) Мы хотим пригласить на вечер ________________ .

Задание 20. Вставьте местоимения «весь», «всё», «вся», «все».

1) Я съел ________________ суп.
2) Я выпил ________________ молоко.
3) Я прочитал ________________ книгу.
4) Я потерял ________________ деньги.
5) Я работал ________________ день.
6) Я не спал ________________ ночь.
7) Я сохранил ________________ письма.
8) Я забыл ________________ стихотворение.

Задание 21. Раскройте скобки.

1) После полёта Ю. Гагарин стал получать письма ________________ ________________ (все страны мира).
2) Виктор написал письма ________________ (вся семья).
3) Перед отъездом Том попрощался ________________ (вся семья).
4) Алексей мечтает путешествовать ________________ (весь мир).
5) Во время ________________ (всё путешествие) он вёл дневник.
6) Иван Иванович отмечал свой **юбилéй** вместе ________________ ________________ (все сотрудники фирмы).
7) В Новый год президент передаёт поздравление ________________ (весь народ).
8) Он пожелал счастья ________________ (весь народ).
9) Президент должен заботиться ________________ (весь народ).
10) Антон доверяет ________________ (все люди).

УПОТРЕБЛЕНИЕ ЧАСТИЦ -нибудь, -то

Давай пообедаем в **каком-нибудь** ресторане.
Том вчера обедал в **каком-то** ресторане.

ОБРАТИТЕ ВНИМАНИЕ!

— Виктор, я хочу есть. Давай **гдé-нибудь** пообедаем!
— Где, например?
— Мне всё равно. Можно в китайском ресторане, можно в итальянском...

— Дай мне **какýю-нибудь** ручку.
— Какую? Чёрную? Синюю? Красную? Ты можешь выбрать.
— Всё равно. Моя ручка не пишет.

— Игорь, открой дверь. **Ктó-то** пришёл.
— Кто пришёл?
— Я не знаю.

Задание 22. Вставьте подходящие местоимения с частицей «-нибудь».

1) Так скучно! Давай пригласим ________________ в гости! Как ты на это смотришь?
2) Погода хорошая. Давай ________________ погуляем!
3) У ________________ есть ручка? Моя не пишет.
4) Я очень устал. Хочу ________________ отдохнуть, ________________ поехать. Например, на море.
5) — Ты не знаешь, во сколько начинается спектакль?
   — Не знаю. Спроси ________________ из нашей группы.
6) — Мне нужно сделать домашнее задание, а у меня нет учебника. Что делать?
   — Попроси ________________ .
7) — Я забыл, какое у нас домашнее задание.
   — Позвони ________________ и спроси.
8) Тебе нужно каждый день говорить с ________________ по-русски.

Задание 23. Вставьте подходящие местоимения с частицей «-нибудь».

1) Давай посмотрим ________________ фильм!
2) Тебе скучно? Почитай ________________ книгу.
3) Мы опаздываем, а такси нет. Давай возьмём ________________ машину.
4) Я очень хочу познакомиться с ________________ хорошей девушкой.
5) Я хочу выучить ________________ русскую песню.
6) — Ты едешь в Финляндию? Где ты остановишься в Финляндии?
   — В ________________ гостинице.
7) — Где Антон?
   — Наверное, он на ________________ дискотеке или в ________________ ресторане. Он любит **развлека́ться**.

развлека́ться — развле́чься

Задание 24. Вставьте подходящие местоимения с частицей «-то».

1) — Антон, где твой словарь?
   — Я его ________________ дал, но не помню кому.
2) — Анна, где твой ключ?
   — Я его ________________ положила, но не помню куда.
3) — Максим, ты не знаешь, где мой учебник?
   — Я его ________________ видел, но не помню где.

4) — Виктор дома?
— Нет, он ______________________ ушёл, но не знаю, куда.
5) — Анна дома?
— Нет, она ______________________ пошла в театр, но не знаю, с кем.
6) — Наташа, смотри, здесь ______________ шарф. Ты не знаешь, чей?
7) — Игорь, смотри, ______________________ забыл свой кошелёк.

Задание 25. Вставьте местоимения с частицами «-то», «-нибудь».

1) Давай закажем ______________________ сок!
2) Он купил ______________________ шоколад.
3) Виктор ______________ потерял телефон. Теперь ему нужно купить ______________________ телефон.
4) У Антона ______________________ украл кошелёк.
5) Анна забыла ручку дома. По дороге в университет она хочет купить ______________________ дешёвую ручку, чтобы писать на занятиях.
6) Скоро Том уезжает домой. Ему нужно купить ______________ сувениры для родственников. На прошлой неделе в ______________ магазине он видел красивые подарки. Надо вспомнить, где этот магазин находится.
7) Вчера Пьер ходил на дискотеку с ______________ девушкой. Он давно мечтал познакомиться с ______________ девушкой. И кажется, познакомился.
8) У Марты болит голова. Она хочет принять ______________ лекарство от головной боли. Она помнит, что привезла ______________ лекарства из дома, но у неё нет сил искать их.

ВЫРАЖЕНИЕ УСТУПИТЕЛЬНЫХ ОТНОШЕНИЙ
(*хотя; несмотря на; несмотря на то что*)

Хотя был сильный дождь, мы поехали за́ город.
Несмотря на плохую погоду, мы поехали за́ город.
Несмотря на то что был сильный дождь, мы поехали за́ город.

ОБРАТИТЕ ВНИМАНИЕ!

Причина	Уступка
Вчера была плохая погода, **поэтому** мы не пошли гулять.	**Хотя** вчера была плохая погода, мы пошли гулять. **Несмотря на то что** вчера была плохая погода, мы пошли гулять. **Несмотря на** плохую погоду, мы пошли гулять.

Задание 26. Составьте предложения по модели. Используйте разные способы выражения причины и уступки.

Модель: Рита плохо себя чувствовала. Она не пошла на работу. / Она пошла на работу. — *Так как Рита плохо себя чувствовала, она не пошла на работу. Хотя Рита чувствовала себя плохо, она пошла на работу.*

1) **Виктор не готовился к экзамену. Он не сдал экзамен. / Он сдал экзамен.** ____

____.

2) **Наступило лето. На улице холодно. / На улице стало жарко.**

____

____.

3) **Вчера Антон был очень занят. Он нашёл время, чтобы позвонить подруге. / Он не позвонил подруге.** ____________________

____

____.

4) **Анна живёт очень далеко от университета. Она всегда опаздывает на занятия. / Она всегда приходит на занятия вовремя.** __________

____

____.

5) **Вода в озере была очень холодная. Друзья всё равно искупались. / Никто не стал купаться.** ____________________________

____.

6) **Вера терпеть не может рок-музыку. Она не пошла на концерт с другом. / Она всё-таки пошла с другом на концерт.** __________

____

____.

7) **Джон жил год в России. Он прекрасно говорит по-русски. / Он совсем не говорит по-русски.** ____________________________

____.

8) **Денис работал весь день. Он совсем не устал. / Он очень устал.**

____

____.

9) **Этот компьютер новый. Он плохо работает. / Он работает прекрасно.** ____

____.

10) **У Нины маленькая зарплата. Она каждый год ездит на море. / Она проводит отпуск дома.** ____________________________

____.

11) Виктор очень замёрз во время прогулки. Он даже не простудился. / Он серьёзно заболел.

____

____.

12) Володя и Ира очень спешили. Им удалось успеть на поезд. / Они опоздали на поезд. ____

____.

13) На лекции профессор говорил очень тихо. Никто не слышал его. / Все студенты его прекрасно слышали. ____

____

____.

14) Лариса не любила Андрея. Она не вышла за него замуж. / Она вышла за него замуж. ____

____.

15) В комнате было тихо. Инна быстро уснула. / Инна никак не могла уснуть. ____

____.

16) Сейчас в мире финансовый кризис. Количество богатых людей в мире увеличилось. / Количество богатых людей в мире уменьшилось. ____

____.

Задание 27. Прочитайте (прослушайте) текст. **А.** Найдите в нём конструкции, в которых выражены уступительные отношения.

АННА АХМАТОВА

27.8

Анна Ахматова является одной из самых известных в мире женщин-поэтов. Её **настоя́щая** фамилия — Горенко. Ахматова — её поэтический **псевдони́м**.

Анна Ахматова родилась в 1889 году в Одессе. Но всю свою жизнь она прожила в Царском Селе (город Пушкин) и в Санкт-Петербурге — Ленинграде.

Свои первые стихи она написала в возрасте 11 лет. С 1911 года её стихи начинают регулярно **печа́таться** в петербургских и московских журналах. Её имя становится популярным в России, потому что уже в ранних стихах ей удалось описать сильные любовные чувства женщины.

Тира́ж её книг с каждым годом увеличивался, несмотря на то что в это время шла Первая мировая война, в стране началась революция. Популярность стихов Ахматовой объясняется несколькими причинами. Ахматова писала в основном о любви. Но, несмотря на личный характер стихов, в них содержатся серьёзные философские мысли, сложный психологический **ана́лиз** человеческих чувств, которые **свя́заны** с событиями войны, политической жизнью страны.

Анна Ахматова не приняла революцию 1917 года. Несмотря на это, она не уехала из России, как это сделали многие её друзья — писатели, поэты. Она оставалась на родине до последних дней своей жизни, хотя эта жизнь не была лёгкой. В 1921 году **арестова́ли** и **расстреля́ли** её мужа — известного поэта Николая Гумилёва. Был арестован её единственный сын Лев — известный историк. Саму Ахматову постоянно критиковали и не давали ей возможности **публикова́ть** свои стихи. Иногда у неё не было денег, не было жилья. Оставалось только надеяться на помощь друзей. Несмотря на все трудности, Ахматова продолжала писать стихи и любить свою страну, свой народ. Все, кто знал Ахматову, восхищались силой её характера, её талантом. Её стихи, написанные во время Великой Отечественной войны, помогали людям верить в победу, надеяться на счастье, любить жизнь.

Анна Ахматова умерла в 1966 году. Она **похоро́нена** на **кла́дбище** в Комарово, недалеко от Санкт-Петербурга.

Б. Вставьте подходящие по смыслу слова.

1) ________________ фамилия Ахматовой — Горенко.
2) Бо́льшую часть жизни она ________________ в городе на Неве.
3) С 1911 года её стихи начинают регулярно ________________ в журналах.
4) Анне Ахматовой удалось ________________ чувства женщины в стихах.
5) Тираж её книг с каждым годом ________________ .
6) Популярность стихов ________________ несколькими причинами.
7) В её стихах ________________ серьёзные мысли и чувства.
8) Эти чувства ________________ не только с событиями в личной жизни, но и с политическими событиями.
9) Ахматова не ________________ революцию, но она не ________________ из России.
10) Она ________________ в России до последних дней жизни.
11) В 1921 году ________________ и ________________ её мужа.
12) Все, кто знал Ахматову, ________________ её талантом, силой её характера.
13) Ахматова ________________ в 1966 году.
14) Ахматову ________________ на кладбище в Комарово.

В. Соедините части предложения, выражая причинно-следственные и/или уступительные отношения.

1) Ахматова родилась в Одессе — она всю жизнь прожила в Санкт-Петербурге — Петрограде — Ленинграде.
2) Её стихи быстро стали популярными — ей удалось точно описать любовные чувства женщины.
3) В стране началась революция, шла Первая мировая война — тираж её книг постоянно увеличивался.
4) Стихи Ахматовой стали очень популярными — она писала о разных чувствах человека.
5) Стихи Ахматовой очень личные — в стихах много философских мыслей.
6) Анна Ахматова не приняла революцию 1917 года — она не уехала из России, как это сделали многие её друзья.
7) У Ахматовой была очень трудная жизнь — она осталась жить России.
8) Можно сказать, что жизнь Ахматовой была трудной — был арестован и расстрелян её муж, арестован сын, у неё не было денег, жилья.
9) Муж Ахматовой Николай Гумилёв был известным поэтом — его арестовали, а потом расстреляли.
10) У Ахматовой было много трудностей в жизни — Ахматова продолжала писать стихи и любить свою страну, свой народ.
11) Ахматову постоянно критиковали, не давали ей печатать стихи — люди знали и любили стихи Ахматовой.
12) Ахматова продолжала писать стихи — друзья помогали ей. У неё было много друзей.
13) Многие люди помогали Ахматовой — любили её стихи, восхищались её талантом.

Г. Расскажите об Анне Ахматовой.

печа́тать(ся) — напеча́тать(ся)
публикова́ть — опубликова́ть *что?*
расстре́ливать — расстреля́ть *кого?*
аресто́вывать — арестова́ть *кого?*
хорони́ть — похорони́ть *кого? где?*

УРОК 27

ТВОРИТЕЛЬНЫЙ ПАДЕЖ В ПАССИВНЫХ КОНСТРУКЦИЯХ

Сейчас строители строят школу.
Школа **строится** строителями.
Строители построили школу в прошлом году.
Школа **построена** (строителями) в прошлом году.

Несовершенный вид	
Активная конструкция	Пассивная конструкция
Строител**и** стро**ят** школ**у**.	Школ**а** стро**ится** строител**ями**.
№ 1 — переходный глагол НСВ — № 4	№ 1 — переходный глагол + -**ся** — № 5

ОБРАТИТЕ ВНИМАНИЕ!

Пассивные конструкции образуются только в том случае, если в предложении есть переходный глагол, то есть глагол, который требует винительного падежа (№ 4). При этом не все переходные глаголы образуют пассивную форму.
В пассивных конструкциях объект становится субъектом (падеж № 1), а активный субъект выражается формой творительного падежа (№ 5).

№ 4 ⟶ № 1; № 1 ⟶ № 5

Если в предложении не называется активный субъект, то глагол стоит в форме 3-го лица множественного числа.

Эта школа **строится** уже много лет. = *пассив*
Эту школу **строят** уже много лет. = *актив*

Задание 28. Замените активные конструкции с глаголами НСВ пассивными.

Модель: Строители строят школу. — *Школа строится строителями.*

А. 1) Студенты изучают грамматику. ______________________________.

2) Студенты изучают эту литературу на первом курсе. ______________________________.

3) Эту больницу строят уже два года. ______________________________.

4) Эту гостиницу охраняет фирма «Щит». ______________________________.

5) Кто охраняет эту парковку автомобилей? ______________________________.

6) Это общежитие охраняют охранники. ______________________________.

7) Учёные уже много лет исследуют космос. ____________________
____.

8) В наше время стихи Анны Ахматовой печатают большими тиражами. ____________________
____.

9) Произведения писательницы Людмилы Улицкой переводят на разные языки мира. ____________________
____.

10) Страховые компании **страху́ют** нашу жизнь. ____________________
____.

11) Только иностранцы **заполня́ют** эти **анке́ты.** ____________________
____.

12) **Деклара́цию** заполняют на границе. ____________________
____.

13) Этот товар продают в другом магазине. В нашем магазине такие товары не продают. ____________________
____.

14) Мою машину **ремонти́руют** уже месяц. ____________________
____.

15) Иностранцев **регистри́руют** в этой гостинице. ____________________
____.

16) К сожалению, в наше время человек уничтожает лес на планете.
____.

17) Анкету заполняют ручкой, а не карандашом. ____________________
____.

Б. 1) Сотрудники фирмы уже час обсуждают эту проблему. ____________________
____.

2) Машину «Лада» производят на заводе, который находится в городе Тольятти. ____________________
____.

3) Фирма гарантирует качество товара. ____________________
____.

4) Бизнесмены каждый день **анализи́руют** важную деловую информацию. ____________________
____.

5) Эти товары **экспорти́рует** фирма «Импульс». ____________________
____.

6) Многие компании **импорти́руют** российскую нефть. ____________________
____.

7) Каждую неделю переговоры переносят на другое время. ____________________
____.

8) Обычно контракт подписывают директор фирмы или начальник отдела. ______________________________
______________________________ .

9) Документы оформля́ют на **тамо́жне.** ______________________________
______________________________ .

Задание 29. Вставьте пассивную форму глагола НСВ.

Модель: Раньше такие дома строились долго, а в наше время они *строятся* быстро.

1) Раньше эта гостиница не охранялась, а теперь она ______________________________
______________________________ .
2) Раньше российская нефть не экспортировалась в Китай, а теперь она ______________________________ .
3) Раньше на таможне документы оформлялись медленно, а теперь они ______________________________ быстро.
4) Раньше эти учебники продавались в этом магазине, а теперь они ______________________________ в другом.
5) Раньше эта грамматика не изучалась студентами первого уровня, а теперь она ______________________________ .
6) Раньше документы подписывались директором фирмы, а теперь они ______________________________ начальником отдела.

Задание 30. Вставьте подходящие по смыслу глаголы НСВ в пассивной или активной форме.

1) Здесь не опасно жить? Это здание кем-нибудь ____________________ ?
2) Где, в каком магазине ____________________ такие учебники?
3) На каком заводе ____________________ эти машины?
4) Сколько лет, как долго ____________________ этот завод?
5) На каком курсе ____________________ эта грамматика?
6) Помогите мне, пожалуйста. Я не знаю, как ____________________ эта анкета.
7) Кто, какая компания ____________________ российскую нефть?
8) В Китае сейчас ____________________ очень много разных товаров.

анализи́ровать — проанализи́ровать *что?*
гаранти́ровать (НСВ) *что?*
заполня́ть — запо́лнить *что?* (анкету, декларацию)
импорти́ровать (НСВ) *что?*
производи́ть — произвести́ *что?*
охраня́ть (НСВ) *кого? что?*
регистри́ровать — зарегистри́ровать *кого? что?*
страхова́ть — застрахова́ть *кого? что?*
экспорти́ровать (НСВ) *что?*

Совершенный вид	
Активная конструкция	Пассивная конструкция
Строители построили школу.	Школа построена строителями.
№ 1 — переходный глагол СВ — № 4	№ 1 — краткое причастие СВ — № 5

ОБРАТИТЕ ВНИМАНИЕ!

Пассивные формы глаголов СВ — это краткие пассивные причастия с суффиксами

-н, -ен, -ён, -т.

Они изменяются только по числам и родам.

Пётр Первый — великий русский император. Он **основа́л** Санкт-Петербург.
Санкт-Петербург — известный русский город. Он (был) **осно́ван** Петром Первым.
Город (был) **осно́ван** в 1703 году.

Основа глагола СВ	Суффиксы	Краткое пассивное причастие
сделать	-н	он (был) сде́лан; она (была) сде́лана; оно (было) сде́лано; они (были) сде́ланы
построить* украсть	-ен	он (был) постро́ен; она (была) постро́ена; оно (было) постро́ено; они (были) постро́ены укра́ден, укра́дена, укра́дено, укра́дены
Часто: перевести́ принести́ спасти	**-ён (ена́, ено́, ены́)**	переведён, переведена́, переведено́, переведены́ принесён, принесена́, принесено́, принесены́

Основа глагола СВ	Суффиксы	Краткое пассивное причастие
произве**сти́** изобре**сти́** приве**зти́** изме**ни́ть** отме**ни́ть** освобод**и́ть** **охлади́ть** реш**и́ть** приглас**и́ть** (с/ш)	**-ён (ена́, ено́, ены́)**	произведён, произведена́, произведено́, произведены́ отменён, отменена́, отменено́, отменены́ приглашён, приглашена́, приглашено́, приглашены́
Часто: вым**ыть** откр**ыть** вз**ять** разб**ить** над**еть**	-т	 вымыт, вымыта, вымыто, вымыты открыт, открыта, открыто, открыты забыт, забыта, забыто, забыты разбит, разбита, разбито, разбиты убит, убита, убито, убиты
* Если инфинитив глагола СВ оканчивается **не** на **-ать**, нужно уточнить, есть ли чередование согласных в форме 1-го лица единственного числа, которое сохраняется и в причастии: куп**ить** — я куплю (п/пл) — он куплен.		

изобрета́ть — изобрести́ *что?*
я изобрету
ты изобретёшь
они изобретут
прош. вр.
он изобрёл; она изобрела́; они изобрели́
освобожда́ть — освободи́ть
охлажда́ть — охлади́ть
спаса́ть — спасти́
прош. вр.
он спас, она спасла́, они спасли́

Задание 31. Прочитайте (прослушайте) предложения. Замените пассивные конструкции активными с глаголами СВ.

А. 1) Зимний дворец, где сегодня находится музей Эрмитаж, построен архитектором Растрелли.

2) Эта картина нарисована известным русским художником Карлом Брюлловым.

3) — Вымой, пожалуйста, посуду.
— Посуда уже вымыта.

4) Этот человек был убит на войне.
5) Эти вещи забыты кем-то в метро.
6) Кем и где изобретена бумага?
7) Нами был заказан столик в ресторане.
8) У него украдены все деньги.
9) Машина уже отремонтирована.
10) Все учебники уже проданы.
11) Во время землетрясения многие люди были спасены собаками.
12) Пётр Первый и многие другие русские цари похоронены в соборе Петропавловской крепости.
13) Из-за забастовки многие **авиаре́йсы** отменены.
14) Выставка уже открыта. Приходите!

Б. 1) — Почему вы не обменяли деньги в банке?
— Он был уже закрыт.
2) Нами получено неприятное сообщение.
3) Все гости уже приглашены на свадьбу.
4) Какой у вас адрес? Где вы зарегистрированы?
5) Действительно, эти документы были подписаны мною.
6) Эти документы были найдены мною в метро.
7) Ею был потерян паспорт.
8) — Вы отправили письма?
— Да, все письма уже отправлены.
9) — Вы выбрали подарок для друга?
— Да, подарок уже выбран.
10) Эти компьютеры произведены в Японии.
11) Где произведён этот телефон? Чьё это производство?
12) Этот товар застрахован?
13) — Переговоры будут сегодня?
— Нет, они перенесены на следующую неделю.

ОБРАТИТЕ ВНИМАНИЕ!

Часто в пассивных конструкциях личные местоимения в творительном падеже (№ 5) имеют следующую форму:

Я — мной ⟶ **мною;** ты — тобой ⟶ **тобою;** она — ей ⟶ **ею.**
Я подписал эти документы. — Эти документы подписаны **мною.**

Задание 32. Замените активные конструкции с глаголами СВ на пассивные.

А. 1) Санкт-Петербург основали в 1703 году.
2) Считается, что Юрий Долгорукий основал Москву в 1147 году.
3) Московский университет основал Михаил Ломоносов.
4) Этот завод ещё не построили.
5) Эту посуду сделали в Китае.
6) Письмо уже отправили.
7) Роман «Преступление и наказание» написал Фёдор Достоевский.
8) Факс уже получили.
9) Художник Репин нарисовал эту картину.
10) Мой начальник подписал этот контракт.
11) Директор фирмы пригласил сотрудников на обед.
12) Эту машину купили 2 дня назад.
13) Эту машину произвели в Германии.
14) Анну Ахматову похоронили на кладбище в Комарово.
15) Произведения Людмилы Улицкой уже перевели на разные языки.
16) После вечеринки девушки вымыли всю посуду.

Б. 1) Наконец мою машину отремонтировали!
2) У Тома украли документы.
3) У Анны украли сумку.
4) Этот текст на русском языке напечатал я.
5) К сожалению, словарей нет. Все словари уже про́дали.
6) Возьмите тетради. Их уже проверили.
7) Кто написал эти слова на стене?
8) Вы знаете, что концерт отменили из-за болезни артиста?
9) К сожалению, из-за плохой погоды многие авиарейсы отменили.
10) Я не вижу, что написали на том рекламном **плака́те**.
11) К сожалению, много видов животных уже уничтожили.
12) Эту картину подарили президенту на день рождения.
13) Лампочку изобрёл учёный Эдисон.
14) — Вы исправили ошибку в контрольной работе?
15) Мужа Анны Ахматовой арестовали и расстреляли в 1921 году.
16) Вы застраховали свой товар?

В. 1) — Нужно покормить собаку.
— Собака, есть не хочет. Её уже накормили.
2) — А где твоя любимая ваза?
— К сожалению, её разбила моя кошка.

3) — Я хочу сидеть в ресторане за этим столиком.
— К сожалению, этот столик занят. Его уже заказали.
4) — Я хочу купить машину, которую я вчера смотрел.
— К сожалению, её уже купили.
5) — Где твои деньги?
— Все деньги я проиграл.
6) — У вас по расписанию сейчас грамматика.
— Нет, сейчас у нас разговор. Расписание вчера изменили.
7) — Здесь было старое здание? Где оно?
— Его в прошлом году разрушили. Здесь построят новое здание.
8) — Твой дедушка ещё жив?
— Нет, его убили во время войны.

Задание 33. Вставьте подходящие по смыслу глаголы или краткие пассивные причастия СВ.

1) Скажите, пожалуйста, кто ____________ Московский университет?
2) А вы знаете, кем ____________ этот город?
3) Скажите, кто ____________ эту вечеринку?
4) Как здорово! Вся посуда уже ____________ .
5) Я забыл, кем ____________ роман «Война и мир».
6) В Санкт-Петербурге есть Волковское кладбище, на котором ____________ многие известные люди: писатели, композиторы, художники, учёные.
7) — Здравствуйте! Вчера в вашем ресторане нами был ____________ столик на четверых.
8) — Вы уже ____________ декларацию?
— Да, она уже ____________ . Возьмите!
9) — Нужно решить эту проблему побыстрее.
— Не волнуйтесь! Мы уже ____________ эту проблему. Проблема уже ____________ .
10) — Нужно отправить этот факс.
— Этот факс уже ____________ . Наша секретарь ____________ его.
11) — Вы ____________ гостиницу для нашего сотрудника?
— Конечно, гостиница ____________ . Я ещё вчера её ____________ .
12) Человек уничтожает природу. К сожалению, уже ____________ много лесов, видов животных.
13) Заводы загрязняют воздух. Вода морей и океанов тоже ____________ .

14) Преподаватель заболел, поэтому наши занятия ______________ .
15) Этим художником ______________ очень много картин.
16) Этот писатель ______________ только один роман и стал известным.
17) Том сам ______________ текст на принтере.
18) Этот человек совершил преступление. Он ______________ несколько человек. Кроме этого, им были ______________ картины из музея.
19) К счастью, этот человек не погиб. Его ______________ спасатели.
20) Ты знаешь, кто ______________ компьютер? А кем был ______________ телефон? Интересно, какие ещё вещи ______________ в XXI веке?

ОБРАТИТЕ ВНИМАНИЕ!

В русском языке есть глаголы с постфиксом **-ся** без пассивного значения. Например:

1) глаголы с возвратным значением	мыть — помыть *кого? что?* мыть**ся** — помыть**ся** брить — побрить *кого?* брить**ся** — побрить**ся**	раздевать — раздеть *кого?* раздевать**ся** — раздеть**ся** поднимать — поднять *что?* поднимать**ся** — поднять**ся**
2) глаголы со значением взаимного действия	встречать — встретить *кого?* встречать**ся** — встретить**ся** *с кем?* советовать — посоветовать *кому?* советовать**ся** — посоветовать**ся** *с кем?* знакомить — познакомить *кого? с кем?* знакомить**ся** — познакомить**ся** *с кем?*	
3) глаголы со значением непроизвольного действия (в безличных предложениях)	хотеть — хотеть**ся** — захотеть**ся**: Ему захотелось спать. Ему не спится.	
4) глаголы без **-ся** имеют другое значение	находить — найти; находить**ся** занимать — занять; занимать**ся**	
5) глаголы не употребляются без **-ся**	борот**ься**, боят**ься**, гордит**ься**, заботит**ься**, казат**ься**, любоват**ься**, надеят**ься**, нравит**ься** — понравит**ься**, ложит**ься**, ошибат**ься** — ошибит**ься**, пользоват**ься**, появлят**ься** — появит**ься**, просыпат**ься** — проснут**ься**, смеят**ься**, соглашат**ься** — согласит**ься**, улыбат**ься** — улыбнут**ься**	

Словарь урока 27

авиаре́йс
ана́лиз
анке́та
борьба́
взро́слый
визи́т
вы́годный
вы́сшее учёбное заведе́ние
деклара́ция
ге́ний
герои́ческий
деклара́ция

дополни́тельный
жи́вопись (*ж. р.*)
кла́дбище
лени́вый
наро́д
настоя́щий
недви́жимость (*ж. р.*)
несмотря́ на
обма́нщик
плака́т
приём
псевдони́м
рассе́янный

СМИ (сре́дства ма́ссовой информа́ции)
справедли́вый
спрос
среди́
тамо́жня
тира́ж
фина́нсовый кри́зис
фи́тнес
что бы ни...
юбиле́й
ю́ноша

анализи́ровать — проанализи́ровать *что?*
аресто́вывать — арестова́ть *кого?*
бесе́довать — побесе́довать *с кем? о чём?*
вести́ себя́
владе́ть — овладе́ть *чем?*
гаранти́ровать (НСВ) *что?*
заде́рживаться — задержа́ться
занима́ть — заня́ть ме́сто
заполня́ть — запо́лнить *что?* (анкету, декларацию)
изобрета́ть — изобрести́ *что?*
импорти́ровать (НСВ) *что?*
любова́ться — полюбова́ться *кем чем?*
обща́ться — пообща́ться *с кем?*
освобожда́ть — освободи́ть
охлажда́ть — охлади́ть *что?*

печа́тать(ся) — напеча́тать(ся)
по́льзоваться спро́сом, популя́рностью
производи́ть — произвести́ *что?*
публикова́ть — опубликова́ть *что? где?*
развлека́ться — развле́чься
расстава́ться — расста́ться *с кем? с чем?*
расстре́ливать — расстреля́ть *кого?*
регистри́ровать — зарегистри́ровать *кого? что?*
ремонти́ровать
свя́зывать — связа́ть *что? с чем? кого? что?*
смени́ть *что?* (СВ)
страхова́ть — застрахова́ть *кого? что?*
хорони́ть — похорони́ть *кого? где?*
экспорти́ровать (НСВ) *что?*

Урок 28

ПОВТОРИТЕ!

1. Раскройте скобки.

1) В ________________ (этот книжный магазин) я купил ________________ (редкая книга) ________________ (современное искусство).
2) Дайте ________________ (эта детская книга) ________________ (маленький мальчик), который стоит около ________________ (окно)!
3) Мой друг собирает книги на ________________ (английский и русский языки).
4) Я сегодня познакомился с ________________ (один интересный русский студент).
5) В ________________ (этот текст) слишком много ________________ (трудные незнакомые слова).
6) Я купил сувениры для ________________ (все мои родственники и друзья).
7) Передайте привет ________________ (все наши знакомые)!
8) В детстве все девочки мечтают стать ________________ ________________ (известные балерины и популярные певицы).
9) Будьте добры, дайте мне 5 ________________ (бутылка, сок) и 3 ________________ (коробка, шоколадные конфеты)!
10) Мы с другом живём ________________ (один дом), но ________________ (разные этажи).
11) ________________ ________________ (все города России, все школы и университеты) учебный год начинается 1 сентября.
12) Наташа хочет сделать **пласти́ческую опера́цию.** Она недовольна ________________ (её внешность).

2. Вставьте выделенные слова в нужной форме.

I. все мои знакомые и друзья

1) Я часто посылаю электронные письма ________________ .
2) Я мечтаю когда-нибудь пригласить в гости ________________ .
3) Я хочу, чтобы вы познакомились ________________ .

4) Сегодня ко мне придут в гости ____________________

5) ____________________ есть интересные компьютерные и

6) Скоро Рождество. Мне нужно поздравить с праздником ____________________ ____________________

II. известные российские артисты

1) Одна моя подруга собирает **авто́графы** ____________________ ____________________.

2) В журналах и газетах много пишут об ____________________ ____________________.

3) На кинофестивалях есть возможность познакомиться ____________________ ____________________.

4) У ____________________ много поклонников.

5) Многие известные модельеры создают костюмы и платья для ____________________.

III. красивые набережные и мосты

1) Все туристы и гости Петербурга любуются ____________________ ____________________.

2) Русские писатели и поэты много писали ____________________ ____________________.

3) Во всех **путеводи́телях** по Петербургу можно найти фотографии ____________________ ____________________.

4) Когда Том уедет из Санкт-Петербурга, он будет скучать ____________________ ____________________.

5) Когда Том жил в Санкт-Петербурге, он любил гулять ____________________ ____________________.

IV. Дальний Восток и Западная Сибирь

1) Мы много слышали о погоде на ____________________ и в ____________________.

2) Мне нужно купить карту ____________________.

3) Бизнесмен поедет в командировку ____________________.

4) Мы путешествовали по ____________________.

ГЛАГОЛЫ ДВИЖЕНИЯ БЕЗ ПРИСТАВОК

Задание 1. А. Вспомните, как и когда используются глаголы **движе́ния** без приставок:

идти — ходить
ехать — ездить

Б. Вставьте глаголы «идти», «ходить», «ехать», «ездить». Обратите внимание на ситуации, в которых используются эти глаголы.

1) — Посмотри в окно: кто ________ (1) по дороге? Антон?
— Антон! Привет! Откуда и куда ты ________ (2)?
— Я ________ (3) в бассейн, а сейчас ________ (4) домой.
— Ты часто ________ (5) в бассейн?
— Я ________ (6) в бассейн 2 раза в неделю. А ты почему не ________ (7) в бассейн? Это очень хорошо для здоровья.
— Я тоже так думаю. Вчера я купил абонемент и теперь буду ________ (8) в бассейн 2 раза в неделю.
2) У Наташи маленький ребёнок. Ему 10 месяцев. Он учится ________.
3) Учёный Романов, когда думает, ________ по комнате.
4) Вчера Наташа и Лена гуляли по городу. Они медленно ________ по Невскому проспекту от Московского вокзала в сторону Невы, фотографировали достопримечательности, разговаривали.
5) Юрий живёт в маленьком городе. На прошлой неделе он ________ (1) в Москву на 2 дня, чтобы купить там машину. Туда он ________ (2) на поезде. Он ________ (3) 8 часов. Когда он ________ (4) в Москву, он мечтал о новой машине. В Москве в первый день Юрий ________ (5) по городу, по магазинам, искал хорошую машину. Наконец Юрий купил машину и обратно, домой, он ________ (6) на машине. Юрий давно мечтал ________ (7) на своей машине.

ОБРАТИТЕ ВНИМАНИЕ!

Глаголы движения без приставок являются глаголами несовершенного вида (НСВ).

Глаголы типа «идти», «ехать» (левые глаголы пары) обозначают движение в одном направлении. *Сейчас он **идёт** в магазин.* (Он на улице, по дороге в магазин.) *Он **едет** в Москву.* (Он находится в поезде, по дороге в Москву). *Вчера они **шли** и разговаривали. Она **шла** пешком, медленно. Они **ехали** до Москвы 8 часов.* (Находились в пути, в дороге 8 часов.) Эти глаголы могут быть использованы также для обозначения движения в близком будущем, которое уже подготовлено в настоящем: *После занятий я **иду** (=пойду) домой. Вечером я **иду** в театр. У меня уже есть билет.*	Глаголы типа «ходить», «ездить» обозначают движение «туда» и «обратно» или движение в разных направлениях, или движение без направления (действие вообще). *Вчера он **ходил** в театр.* (Он был в театре. Факт однократного посещения театра.) *Он **ездил** в Москву на неделю.* (Он был в Москве неделю.) *Он часто (редко, иногда, обычно, никогда не…) **ходит** в театр, **ездит** в командировку. Он будет часто (каждый день…) **ходить** в театр. Писатель думает и **ходит** по комнате. Ребёнок ещё не умеет **ходить**.*

Задание 2. Измените предложения по модели. Используйте глаголы движения «ходить», «ездить».

Модель: Они были в театре на балете. — *Они ходили в театр на балет.*

1) На каникулах внуки были у бабушки и дедушки в другом городе.
2) — Где ты была?
   — В соседнем доме, у подруги.
3) Друзья по выходным часто бывают за городом и на даче.
4) Мой отец недавно был в командировке в Англии, в одном небольшом городе.
5) Прошлым летом мои родители отдыхали на озере в горах.

Запомните!

лете́ть — лета́ть	**плыть — пла́вать**
я лечу́	я плыву́
ты лети́шь	ты плывёшь
он лети́т	он плывёт
они летя́т	они плыву́т
бежа́ть — бе́гать	**ползти́ — по́лзать**
я бегу́	я ползу́
ты бежи́шь	ты ползёшь
он бежи́т	он ползёт
они бегу́т	они́ ползу́т

Задание 3. Вставьте выделенные глаголы движения.

I. лететь — летать

1) Из Петербурга в Москву и обратно самолёты ________ (1) несколько раз в день. Последний самолёт ________ (2) сегодня в 10 часов вечера. Вчера самолеты не ________ (3) из-за плохой погоды.
2) Когда я ________ (1) на самолёте в Москву, я обычно читаю или сплю.
3) Что делают птицы, **ба́бочки, комары́** и **му́хи**? Они ________ (1). Я завидую птицам. Я тоже мечтаю ________ (2) как птица. К сожалению, человек не умеет ________ (3). Он может ________ (4) только на самолёте. К счастью, я почти каждую ночь ________ (5) во **сне** (сон). Это так здорово!
4) Смотрите: в небе самолёт! Интересно, куда он ________ (1)?

II. плыть — плавать

1) Я занимаюсь плаванием. Сейчас я ____________ (1) ещё плохо, но надеюсь, что через год буду ____________ (2) хорошо, потому что меня учит ____________ (3) хороший тренер. А летом я поеду на море и буду ____________ (4) там с утра до вечера. Я надену маску и буду смотреть, как ____________ (5) красивые рыбы под водой.
2) Когда Виктор ____________ (1) на корабле из Одессы в Стамбул, он познакомился с будущей женой.
3) Посмотрите, по морю ____________ (1) большой корабль. Наверное, он ____________ (2) в Турцию.

III. идти — ходить

— Куда ты сейчас ____________ (1)?
— Я ____________ (2) домой.
— А куда ты вчера ____________ (3)?
— Я ____________ (4) в цирк.
— А что ты будешь делать сегодня вечером?
— Вечером я ____________ (5) в театр. У меня уже есть билеты.

IV. ехать — ездить

Вчера я ____________ (1) за город. Когда я ____________ (2) в электричке, я встретил нашего преподавателя. Мы вместе ____________ (3) до Петергофа и разговаривали. А обратно я ____________ (4) один.

V. бежать — бегать

1) По утрам Вадим часто ____________ (1) в парке у реки. Сначала он ____________ (2) **вдоль** реки. Потом он поворачивает направо и ____________ (3) прямо по дорожке по **направлéнию** к дому.
2) Смотрите, как красиво ____________ (1) этот спортсмен!
3) — Игорь, куда ты ____________ (1)?
   — Я очень спешу, ____________ (2) на работу, боюсь опоздать.

VI. ползти — ползать

1) Ребёнок не умеет ходить, но он уже ____________ по комнате.
2) Смотри, змея ____________ !
3) Как медленно **двúжется** трамвай! Не едет, а ____________ .

двúгаться (НСВ)

Задание 4. Замените выделенные глаголы глаголами движения. Измените предложения, если это необходимо.

— Вы были когда-нибудь в России?
— Да, я был в России 3 года назад.
— А где именно?
— Я *был* в Москве на курсах русского языка. Там часто бывают студенты и стажёры из разных стран.
— А как вы туда *добирались*?
— На самолёте. Мы *были в пути* около 2 часов.
— Вам понравился Кремль?
— Да, я *был* там. Ещё я *осмотрел* Третьяковскую галерею, много *гулял* по Арбату и улицам старой Москвы. Они мне тоже очень понравились.
— Вы любите *бывать* за границей?
— Очень. В этом году летом я *отправляюсь* на море, в Италию.

ПЕРЕХОДНЫЕ ГЛАГОЛЫ ДВИЖЕНИЯ БЕЗ ПРИСТАВОК

Он **идёт** домой и **несёт** книги.

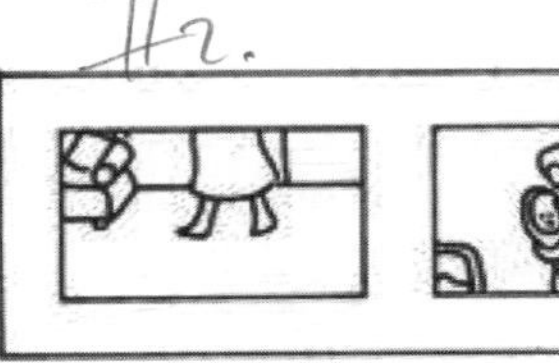

Она **хо́дит** по комнате и **но́сит** ребёнка.

Она **несёт** ребёнка.

Она **ведёт** ребёнка.

Она **везёт** ребёнка.

28.1

везти́			**вози́ть**	
		прош. вр.		
я везу́	мы везём	он вёз	я вожу	мы во́зим
ты везёшь	вы везёте	она везла́	ты во́зишь	вы во́зите
он везёт	они везу́т	они везли́	он во́зит	они во́зят
вести́			**води́ть**	
		прош. вр.		
я веду́	мы ведём	он вёл	я вожу	мы во́дим
ты ведёшь	вы ведёте	она вела́	ты во́дишь	вы во́дите
он ведёт	они веду́т	они вели́	он во́дит	они во́дят

нести́						носи́ть			
				прош. вр.					
я	несу́	мы	несём	он	нёс	я	ношу́	мы	но́сим
ты	несёшь	вы	несёте	она	несла́	ты	но́сишь	вы	но́сите
он	несёт	они	несу́т	они	несли́	он	но́сит	они	но́сят

Задание 5. Скажите, что вы видите на картинках.

Модель: *Девушка несёт цветы.*

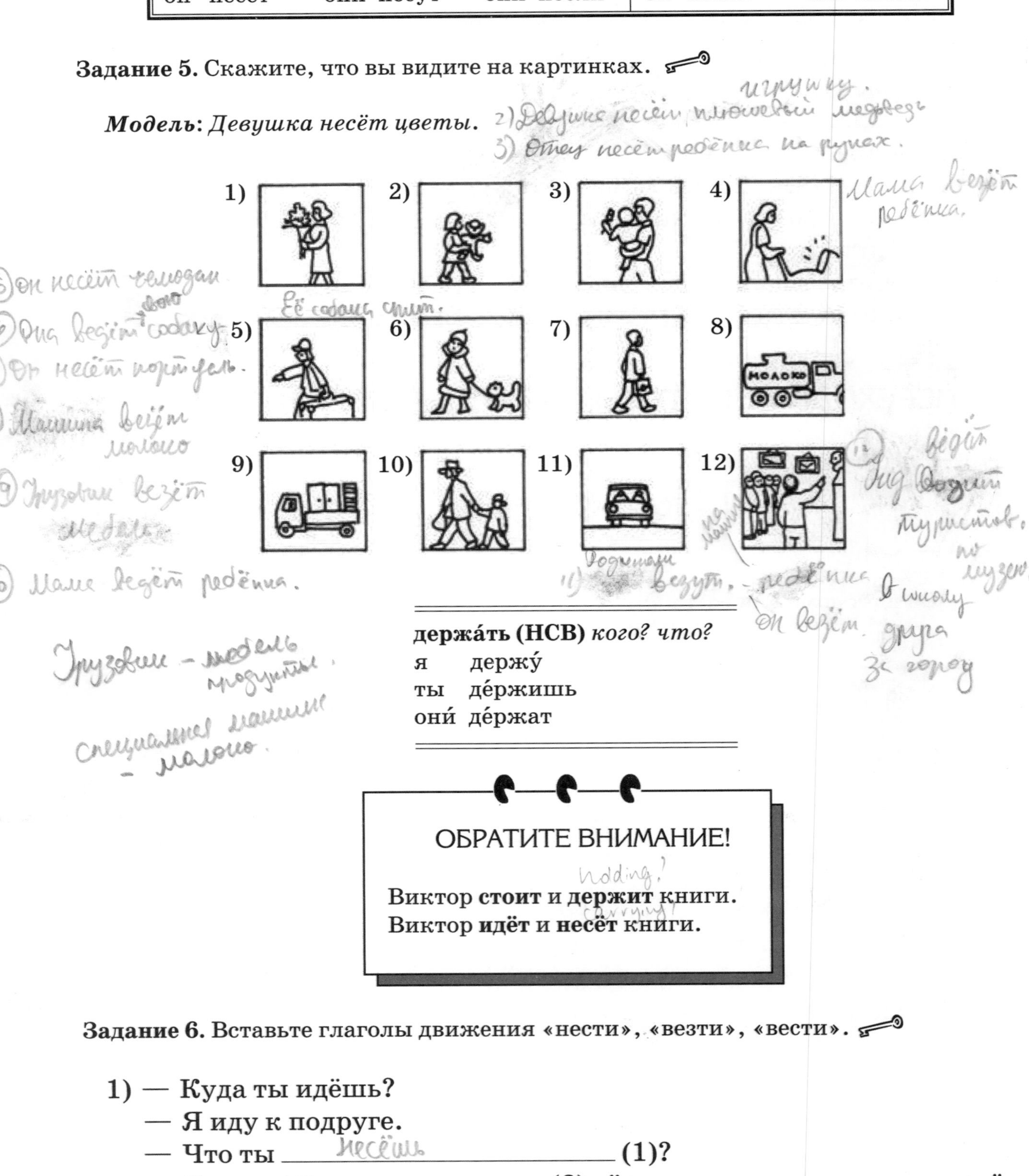

держа́ть (НСВ) *кого? что?*
я держу́
ты де́ржишь
они́ де́ржат

ОБРАТИТЕ ВНИМАНИЕ!

Виктор **стоит** и **держит** книги.
Виктор **идёт** и **несёт** книги.

Задание 6. Вставьте глаголы движения «нести», «везти», «вести».

1) — Куда ты идёшь?
— Я иду к подруге.
— Что ты ________________ (1)?
— Я ________________ (2) ей книги, которые я взял у неё.

2) — Привет! Куда ты едешь?
— Еду на дачу к друзьям, ______________ (1) им продукты, которые они просили.

3) *В самолёте:* — Андрей! Какая встреча! Откуда ты летишь?
— Лечу из отпуска с моря. Посмотри, какие подарки я ______________ родителям и друзьям.

4) Смотри! По Неве плывёт маленький корабль. Наверное, он ______________ туристов, которые хотят полюбоваться городом.

5) Я сижу у окна и вижу, как по улице идут люди. Вот идёт мужчина с ребёнком: наверное, это папа ______________ (1) сына в детский сад. А вот девушка ______________ (2) цветы: наверное, у неё день рождения. На другой стороне идёт девочка с собакой: наверное, она ______________ (3) собаку в парк гулять.

Задание 7. Вставьте глаголы движения без приставок.

Слова для справок: идти — ходить, ехать — ездить, бежать — бегать, плыть — плавать, нести — носить, вести — водить.

1) Дети играют и ______________ (1) во дворе. Что они видят? Их папа ______________ (2) на машине. Дети знают: папа ______________ (3) им конфеты, фрукты, подарки. Вот папа остановился, открыл машину и зовёт детей. Дети ______________ (4) к нему.

2) Вот наши друзья, они ______________ (1) сюда. Они ______________ (2) в магазин и купили там мороженое для всех нас. Сейчас они ______________ (3) нам мороженое. Мы будем сидеть на берегу реки, есть мороженое и мечтать, как мы будем ______________ (4) по этой реке на корабле или на лодке. Красиво!

3) Мой брат хорошо ______________ (1). Он научился ______________ (2), когда ему было 5 лет.

4) Я всегда ______________ (1) в институт на метро. Сейчас половина девятого, поэтому в метро много народу: все ______________ (2) на работу. А вечером все ______________ (3) домой. Смотрите! Многие женщины ______________ (4) с сумками. Они ______________ (5) продукты домой. Наверное, по дороге домой они купили продукты в магазине, который находится около работы.

5) Мать каждый день ______________ (1) ребёнка в детский сад. Но я вижу: сегодня бабушка ______________ (2) ребёнка в

детский сад. Наверное, мама занята или плохо себя чувствует. 2 раза в неделю мама (или бабушка) ____________ (3) сына на занятия спортом. В эти дни они ____________ (4) с собой рюкзак, где лежит спортивный костюм.

6) Студенты каждый день ____________ (1) на занятия в университет. Во время перерыва многие из них ____________ (2) в кафе, чтобы пообедать. Но не всем студентам нравится обедать в кафе: дорого и невкусно. Некоторые из них едят прямо в аудитории, поэтому они ____________ (3) с собой бутерброды или фрукты.

7) Иван Иванович всегда ____________ (1) с собой фотографию сына.

8) — У Нины такая большая сумка! Интересно, что она ____________ (1) в ней?

— Давай спросим! Вон она ____________ (2) и ____________ (3) свою большую сумку.

9) — Анна! Ты замужем?

— Почему ты так думаешь?

— Ты ____________ (1) кольцо на левой руке.

— Это в Америке замужние женщины ____________ (2) кольцо на левой руке, а в России наоборот: замужние женщины ____________ (3) кольцо на правой руке. Так что я не замужем. Кроме того, это **кольцо́** не **обруча́льное**. Его можно ____________ (4) на любом пальце.

10) К Питеру приехали родители из Германии. В субботу он весь день ____________ (1) их по городу, показывал достопримечательности. Родители были в восторге от Северной столицы.

ОБРАТИТЕ ВНИМАНИЕ!

Кроме названных глаголов, в русском языке́ есть ещё другие глаголы движения.

Непереходные глаголы:

брести́ — броди́ть

ла́зить — лезть

Переходные глаголы:

гнать — гоня́ть

кати́ть — ката́ть

тащи́ть — таска́ть

Задание 8. Прочитайте (прослушайте) текст. **А.** Обратите внимание на использование глаголов движения.

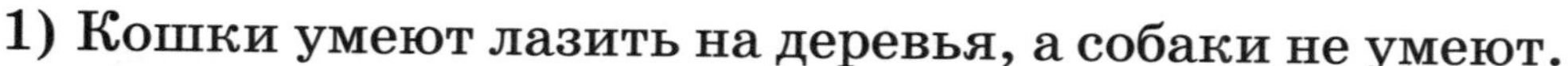

1) Кошки умеют лазить на деревья, а собаки не умеют.
2) Виктор живёт на первом этаже. Однажды он потерял ключ, и ему пришлось лезть в окно.
3) Игрушка упала под стол. Ребёнок лезет за ней под стол.
4) В Санкт-Петербурге красивые набережные. Летом по вечерам люди любят бродить по набережным и любоваться видами города.
5) Смотри, какая симпатичная влюблённая пара: они медленно бредут по улице в сторону дома девушки. Наверное, молодой человек провожает девушку до её дома, и они не хотят расставаться.
6) Около берега моря вода совсем тёплая. Приятно вечером **босико́м** бродить по тёплой воде.
7) Весь день **коро́вы** гуляли в поле. Вечером **пасту́х** гонит коров на ферму.
8) Это колесо очень тяжёлое. Его трудно нести на руках, поэтому шофёр катит колесо по земле.
9) Сумка очень тяжёлая. Девушка с трудом тащит её.

Б. Вставьте пропущенные глаголы.

1) Весь день коровы гуляли в поле. Вечером пастух ______________ коров на ферму.
2) Около берега моря вода совсем тёплая. Приятно вечером босиком ______________ по тёплой воде.
3) Виктор живёт на первом этаже. Однажды он потерял ключ, и ему пришлось ______________ в окно.
4) Сумка очень тяжёлая. Девушка с трудом ______________ её.
5) Смотри, какая симпатичная влюблённая пара: они медленно ______________ по улице в сторону дома девушки. Наверное, молодой человек провожает девушку до её дома, и они не хотят расставаться.
6) Игрушка упала под стол. Ребёнок ______________ за ней под стол.
7) Это колесо очень тяжёлое. Его трудно нести на руках, поэтому шофёр ______________ колесо по земле.
8) Кошки умеют ______________ на деревья, а собаки не умеют.
9) В Санкт-Петербурге красивые набережные. Летом по вечерам люди любят ______________ по набережным и любоваться видами города.

ГЛАГОЛЫ ДВИЖЕНИЯ С ПРИСТАВКАМИ

Приставка		Глаголы СВ (приставка + группа глаголов типа «идти», «ходить»)	Глаголы НСВ (приставка + группа глаголов типа «ходить», «ездить»)	Вопрос
по-		пойти́ пое́хать		*куда?* *к кому?*
при-		прийти́ прие́хать	приходи́ть приезжа́ть	*куда?* *к кому?*
у-		уйти́ уе́хать	уходи́ть уезжа́ть	*откуда?* *от кого?*
в- (во-)		войти́ въе́хать	входи́ть въезжа́ть	*куда?* *к кому?*
вы-		вы́йти вы́ехать	выходи́ть выезжа́ть	*откуда?* *от кого?*
под-		подойти́ подъе́хать	подходи́ть подъезжа́ть	*к чему?* *к кому?*
от-		отойти́ отъе́хать	отходи́ть отъезжа́ть	*от кого?* *от чего?*
про-		пройти́ прое́хать	проходи́ть проезжа́ть	*что?* ***ми́мо** чего?* *сколько километров?* ***(расстоя́ние)*** ***внутрь** чего?* ***(движение)*** *внутрь чего?*
пере-		перейти́ перее́хать	переходи́ть переезжа́ть	*что?* *через что?*
за-		зайти́ зае́хать	заходи́ть заезжа́ть	*куда?* *(за что?)* *за кем?* *за чем?*

об- (обо-)		обойти́ объе́хать	обходи́ть объезжа́ть	*что?* *вокруг чего?*
до-		дойти́ дое́хать	доходи́ть доезжа́ть	*до чего?*
раз- (рас-; разо-) + -ся		разойти́сь разъе́хаться	расходи́ться разъезжа́ться	*куда?*

ОБРАТИТЕ ВНИМАНИЕ!

Глаголы однонаправленного движения (левые глаголы пары) с приставками являются глаголами совершенного вида, а глаголы разнонаправленного движения (правые глаголы пары) с приставками являются глаголами несовершенного вида.

Приставка **по-** в значении ***начала движения*** соединяется только с глаголами однонаправленного движения. Такие глаголы являются глаголами СВ: *Он встал, позавтракал и пошёл в университет.*

Приставка **по-** с глаголами ***разнонаправленного движения*** означает ***движение, которое продолжалось недолго и уже закончилось***: *Дети побегали немного по парку и побежали домой.* Таким образом, *побегали = кончили бегать*, а *побежали = начали бежать.*

Задание 9. Вставьте глаголы движения с приставками «при-» или «под-». Где необходимо, используйте предлог «к» + дательный падеж.

1) Я вы́звал врача на́ дом, и он ____________________ очень быстро.
2) Антон ехал в автобусе. Вдруг ____________________ контролёр и проверил билет.
3) На улице я увидел **полице́йского**, ____________________ и спросил, как добраться до театра.
4) Студент ____________________ и показал на карте свой родной город.
5) Я ____________________ в гости, и мы с ней **проболта́ли** весь вечер.

6) В зоопарке животные не боятся людей, ________________, берут еду из рук.
7) Она ________________ и посмотрела на улицу.
8) Вчера из Москвы ко мне в гости ________________ моя подруга.
9) Дети увидели маму, ________________ и поцеловали её.
10) Сейчас мимо станции пройдёт поезд. Пожалуйста, не ________________ к краю платформы!

Задание 10. Вставьте глаголы движения с приставками «при-» или «в- (во-)».

1) Пассажиры поднялись по трапу и ________________ в самолёт.
2) Мы ________________ в аэропорт очень рано, потому что боялись опоздать на самолет.
3) Перерыв кончился, и студенты ________________ в аудиторию.
4) Сегодня он ________________ на занятия за 20 минут до начала урока.
5) Он всегда рано ________________ на занятия.
6) Весна. Птицы уже ________________ с юга. Они всегда весной ________________ в это время.
7) В открытое окно ________________ птица.
8) Летом, в период белых ночей, в Санкт-Петербург ________________ много туристов из разных стран.
9) Двери лифта открылись, и мы ________________ в лифт.
10) Он ________________ в комнату и включил свет.
11) Автобус подошёл к остановке, люди ________________ в него и поехали.

Задание 11. Вставьте глаголы движения с приставками «у-», «вы-» или «от-».

1) В аудитории никого нет, потому что все студенты уже ________________ домой.
2) Когда вы ________________ из дома, всегда выключайте свет.
3) Ребёнок слишком близко подошёл к телевизору, и мама сказала ему: «________________!»
4) Во сколько ты обычно ________________ из дома, когда идёшь на занятия?
5) Студент сдал экзамены, книги ему больше не нужны, и он ________________ их в библиотеку.
6) Мои часы сломались, и я ________________ их в ремонт.
7) — А почему студента нет на уроке?
— Он ________________ в туалет. Сейчас вернётся.
8) Утром бабушка ________________ внука в детский сад.
9) — Где твоя собака?
— Собаки нет. Она ________________ от меня, когда мы с ней гуляли в парке. Я не могу её найти.

10) Осенью птицы всегда ________________ на юг.
11) Том часто опаздывает на урок. Но сегодня он ________________ из дома пораньше, поэтому не опоздал.
12) Анна купила куртку, но куртка оказалась слишком маленькой, и Анна ________________ куртку обратно в магазин.
13) Пианист ________________ на сцену, сел за рояль и начал играть.
14) Вера и Маша заблудились в лесу. Когда они, наконец, ________________ из леса, они увидели незнакомую деревню.
15) На этой станции поезд стоит 20 минут. Пассажиры ________________ из вагонов подышать свежим воздухом. А на предыдущей станции поезд стоял всего 2 минуты, и **проводни́к** сказал: «Не ________________ из вагонов, пожалуйста!»
16) Во сколько самолёт ________________ из Москвы?
17) В коридоре университета Том встретил нового студента, который не мог найти свою аудиторию. Том помог ему: он ________________ студента в нужную аудиторию.

ОБРАТИТЕ ВНИМАНИЕ!

Приставка **от-** с переходными глаголами (*нести*, *вести*, *везти*) имеет значения:
вернуть объект (*взять книгу у друга — отнести / отдать книгу другу*);
дать на время (*отнести / отдать часы в ремонт*).

Задание 12. Вставьте глаголы движения с приставками «при-» или «до-». Используйте, где необходимо, подходящие существительные с предлогами.

1) Туристы ________________ и повернули налево.
2) Анна ________________, переоделась и начала готовить суп.
3) — Скажите, пожалуйста, как пешком ________________?
4) — Скажите, на каком транспорте можно ________________?
5) — Как добраться до метро? Очень просто. Идите прямо, когда ________________, поверните направо и там увидите метро.
6) Во время антракта друзья вышли из театра на улицу. Они ________________ и повернули назад.
7) Однажды Том чуть не опоздал на самолёт. К счастью, ему удалось поймать такси, и он ________________ вовремя.
8) Спортсменка ________________ до **фи́ниша** за 10 секунд.
9) Невозможно ________________ от дома до университета за 5 минут.
10) Машина ________________ и остановилась.

11) В аэропорту Анна встретила свою подругу, которая ________ из Парижа, и спросила: «Ну, как ________ ?»
12) Скажите, на этом автобусе я ________ ?
13) Когда ты ________ домой, позвони мне!
14) Вчера Том ________ домой поздно, в 11 часов.
15) ________ ко мне в гости!

ОБРАТИТЕ ВНИМАНИЕ!

Что вы слышите или говорите до, во время или после поездки на транспорте

На железнодорожном вокзале; в поезде	Поезд отправляется со второго пути. Поезд прибывает на первый путь. Время **движе́ния** (время в пути) — 8 часов. **Проводник:** — Внимание! Поезд подъезжает к станции. — Не подходите к краю платформы! Это опасно. — Проходите, пожалуйста, в вагон. — Поезд стоит 2 минуты. Не выходите из вагона, пожалуйста! — Привет! Рад тебя видеть! Как доехали? Как добрался? Всё нормально? — Спасибо, что встретил. Доехал отлично. Всё в порядке.
В аэропорту, в самолёте	— Во сколько вылетает самолёт? — Самолёт вылетает из Санкт-Петербурга в 14 часов. Наш самолёт вылетел вовремя. Через час он приземлился в Москве. Самолёт приземлился благополучно. **Стюардесса:** — Проходите, пожалуйста, в салон. Наш самолёт летит (пролетает) над океаном. Пристегните ремни! Самолёт идёт на посадку. — Здравствуйте! Как долетели? — Спасибо, всё нормально.
В автобусе, в трамвае, в троллейбусе	— Вы выходите на следующей остановке? — Да, выхожу. — Разрешите пройти. — Проходите, пожалуйста. **Кондуктор:** — Оплатите, пожалуйста, проезд. — Заплатите, пожалуйста, за проезд.
В маршрутке	— Остановите, пожалуйста, на остановке (перед перекрёстком, за перекрёстком; перед светофором, за светофором; на углу дома). — Эта маршрутка идёт до Мариинского театра? — Я доеду до Мариинского театра?
В такси	— Мне до Московского вокзала. — Сколько стоит доехать до аэропорта? — Сколько (денег) я вам должен (должна)? — Сколько с меня?

Задание 13. Придумайте начало предложения. Используйте глаголы движения с приставками. Дайте несколько вариантов, если это возможно.

Модель: ________________ и увидели преподавателя.
— *Мы вошли в аудиторию* и увидели преподавателя.

1) ________________ и спросила, где находится ближайший банк.
2) ________________, и пассажиры вышли из автобуса.
3) ________________, и купили открытки к Новому году.
4) ________________, он переоделся и немного отдохнул.
5) ________________ и забыла оставить свой адрес.
6) ________________ и повернул назад.
7) ________________, и мы вместе пойдём в театр.
8) ________________ и купим рис и овощи.
9) ________________, и все пассажиры вышли из вагона.
10) ________________ и включил свет.
11) ________________ увидел, что идёт дождь, и вернулся за зонтом.
12) ________________, чтобы купить кофе.
13) ________________ и заплатил за проезд.
14) ________________ и поздоровался с преподавателем.
15) ________________ и спросил, как добраться до университета.
16) ________________ и посмотрела, не идёт ли дождь.
17) ________________ и включил свет.

Задание 14. Посмотрите на рисунки и составьте рассказ о том, как Наташа ходила на прогулку с собакой.

Задание 15. Вставьте подходящие глаголы движения с приставками.

В прошлое воскресенье у Марины был день рождения. ____________ (1) все её друзья. Они ____________ (2) много цветов и разных подарков.

Конечно, из Киева ________________ (3) подруга Марины, которая ________________ (4) любимый торт Марины — «Киевский». Марина очень любит цветы и сладкое, поэтому друзья, когда ________________ (5) к Марине, всегда ________________ (6) с собой что-нибудь вкусное к чаю.

Задание 16. Закончите предложения.

1) Артём дошёл до перекрёстка и ________________.
2) Артём перешёл через мост и ________________.
3) Артём вышел из дома и ________________.
4) Артём пришёл домой и ________________.
5) Артём сел в автобус и ________________.
6) Артём купил продукты и ________________.
7) Артём взял у друга словарь, перевёл текст и ________________.
8) Утром Артём взял маленького сына за руку и ________________.
9) У Артёма заболела кошка, поэтому ________________.
10) Артём доехал до театра на автобусе и ________________.
11) Артём вошёл в театр, разделся и ________________.
12) Артём пришёл в гости к другу, разделся в прихожей и ________________.
13) Артём приехал в аэропорт, вошёл в зал и ________________.

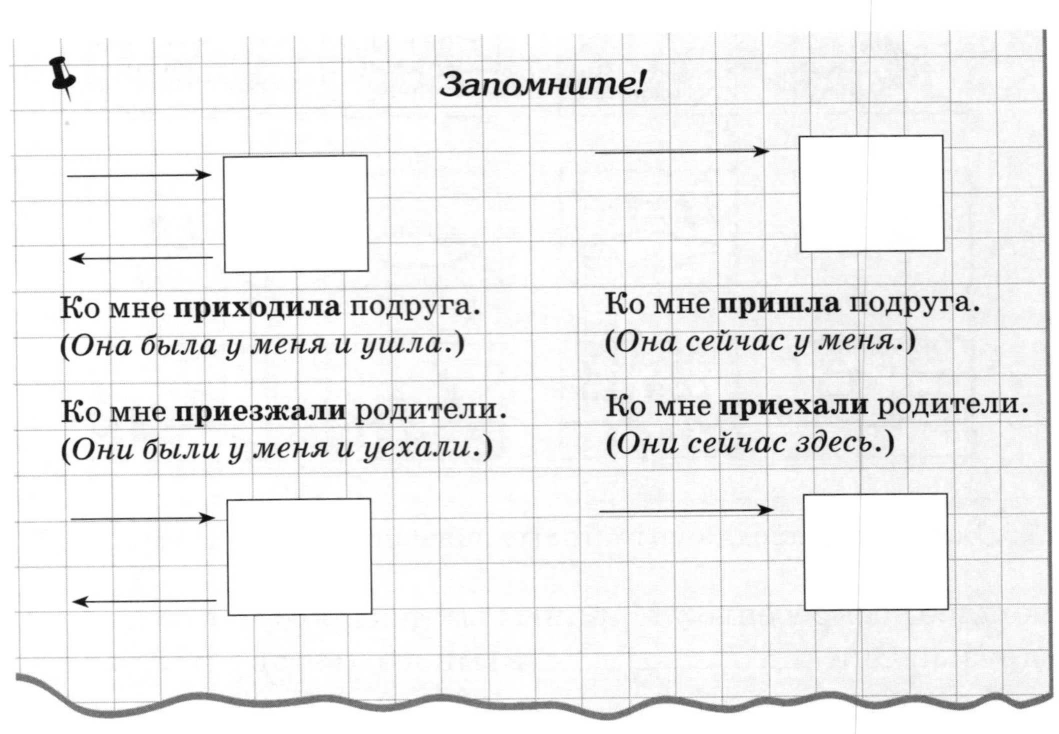

Запомните!
Ко мне **приходила** подруга.
(*Она была у меня и ушла.*)
Ко мне **пришла** подруга.
(*Она сейчас у меня.*)
Ко мне **приезжали** родители.
(*Они были у меня и уехали.*)
Ко мне **приехали** родители.
(*Они сейчас здесь.*)

ОБРАТИТЕ ВНИМАНИЕ!

Императив НСВ

1) Просьба, совет не совершать действие: *не* + императив НСВ:
   Не ходи в театр. Спектакль скучный.
2) Приглашение:
   Приходите в гости! Приезжайте в наш город!
3) Побуждение совершить действие немедленно или изменить характер действия:
   Почему вы ещё здесь? Идите на урок!
   Почему вы идёте так медленно? Идите быстрее!

Задание 17. Вставьте выделенные глаголы НСВ или СВ.

I. приезжать — приехать

1) Моя сестра живёт в другом городе. Прошлым летом она ________ ко мне на каникулы. В этом году она тоже собирается ________ . Я хочу, чтобы она ________ ко мне каждый год.
2) — ________ к нам ещё раз! Мы всегда рады вас видеть.
3) На прошлой неделе с двухдневным официальным визитом в Россию ________ президент Польши. Сейчас в России находится президент Франции. Он ________ в Москву вчера.

II. приходить — прийти

1) Питер всегда ________ на занятия вовремя. Он никогда не опаздывает. Сегодня он тоже ________ вовремя. Вчера Питер не ________ на занятия. Наверное, он заболел.
2) Наташа сказала мужу, что, когда его не было дома, к нему ________ сосед, чтобы взять у него какой-то инструмент для ремонта. Сосед сказал, что вечером снова ________ .
3) — ________ ко мне в гости! Посидим, выпьем чаю, поболтаем.
4) — Не ________ ко мне никогда! Я не хочу тебя видеть!

III. уезжать — уехать

1) — Ты ходила на выставку «Современная мода»?
   — К сожалению, в сентябре меня не было в Петербурге.
   Я ________ в командировку.
2) — Обсудите этот вопрос без меня, я должен срочно ________ .
3) — Я очень скучаю по младшей сестре, месяц назад она ________ учиться в Америку.
4) — Пожалуйста, не ________ ! Я умру без тебя! Я не смогу без тебя жить!

IV. уходить — уйти

1) Когда Олег позвонил Сергею, его уже не было дома: он ________________ на стадион.
2) Денис хочет развестись со своей женой. Он уже несколько раз ________________ из дома, но всегда возвращался, потому что он скучает по детям.
3) — Друзья! Не ________________ ! Ещё рано! Давайте ещё посидим, поговорим!

V. выходить — выйти

1) — Я звонил тебе вчера вечером. Где ты был?
   — Наверное, ты звонил, когда я ________________ в аптеку за аспирином.
2) — Чтобы не опоздать в театр, мы должны ________________ из дома в 6 часов.
3) В прошлом году Ирина ________________ замуж за Дениса.
4) — Девушки! Не ________________ замуж без любви!
5) — ________________ , пожалуйста, на минутку из дома на улицу. Мне нужно что-то сказать тебе не по телефону.

VI. заходить — зайти

1) Когда тебя не было, ________________ Андрей, хотел попросить у тебя последний журнал по компьютерам. Он сказал, что ________________ ещё раз вечером, часов в семь.
2) — ________________ ко мне, когда будете в нашем районе!
   — Спасибо за приглашение! Мы обязательно ________________ к вам.
3) Когда Том шёл из университета домой, он ________________ в магазин и купил сок. Он всегда ________________ в этот магазин за соком по дороге домой.
4) — Маша, ты не забыла, что сегодня мы идём в театр? Я ________________ ________________ за тобой в 6 часов. Будь готова!

VII. идти — пойти; ходить

1) Вчера я ________________ на выставку. Выставка мне не понравилась. Я сказал Тому: «Не ________________ на эту выставку, ничего интересного». Но Том сказал, что хочет ________________ на эту выставку, потому что он любит импрессионистов. Он сказал, что ________________ на выставку завтра.
2) Маленький Артём ________________ в детский сад. Сейчас Ирина ведёт сына в детский сад. Мама говорит: « ________________ ________________ быстрее! Мы можем опоздать!»
3) Они ________________ по улице и разговаривали.
4) Поезд ________________ со скоростью 100 километров в час.

VIII. отвозить — отвезти

— Где ваша маленькая дочь?

— Я ______ её к своим родителям в другой город. Они очень любят её.

IX. отходить — отойти

1) У Алисы маленький сын. Он всё время плачет. Алиса не может ________________ от ребёнка ни на минуту.
2) Не ________________ от ребёнка, если в комнате есть опасные для ребёнка вещи!
3) «Я не хочу с тобой разговаривать! ________________ от меня!»
4) Мы опоздали всего лишь на минуту! Как жаль! Поезд только что ________________ от станции. Я ещё вижу последний вагон.

Задание 18. Вставьте подходящие глаголы движения без префиксов и с префиксами.

А. 1) Самолёты ________________ в Лондон и обратно каждый день.
2) **У́тки** ________________ по озеру.
3) Интересно, куда сейчас ________________ этот корабль?
4) Кошку надо раз в месяц ________________ к ветеринару.
5) Антон учится водить машину. Он ____________ до перекрёстка и остановился.
6) Когда Том ____________ в Санкт-Петербург, он познакомился в самолёте с красивой девушкой.
7) Джон скоро ________________ из Америки в Россию. Он обещал ________________ из Америки новый большой словарь.
8) Подруги разговаривали и не заметили, что ____________ (1) улицу на красный свет. На остановке они сели в автобус и ____________ (2) на вокзал. Но они так **увлечённо болта́ли**, что не заметили, как ________________ (3) свою остановку.
9) Том и Питер учатся в России. Их группу часто ________________ на автобусе на экскурсии.
10) У Тома заболел друг. Он не может ходить в магазин за продуктами. Том — добрый друг. Он спросил: «Хочешь, я буду каждый день ________ (1) к тебе и ____________ (2) продукты? Друг согласился. Теперь Том каждый день ____________ (3) к больному другу и ____________ (4) ему продукты. Вчера Том ________________ (5) другу обед из ресторана. Завтра он тоже ____________ (6) к другу и ____________ (7) что-нибудь на обед.
11) — Иван Иванович ещё в Москве?

— Нет, он уже ________ из Москвы домой, в Санкт-Петербург.
12) —Где вы были вчера?

— ________________ (1) по магазинам, искали новый диван. Но ничего не купили. Завтра снова ____________ (2) в магазин.

13) На прошлой неделе мы с друзьями ________________ (1) в Москву. Мы ________________ (2) из Санкт-Петербурга в 11 часов вечера и ________________ (3) в Москву в 7 часов утра. В Москве мы ________________ (4) все музеи, долго ________________ (5) по улицам столицы. Мы ________________ (6) назад, в Санкт-Петербург, сегодня утром.

14) Питер бегает по утрам. Каждый день он ________________ (1) примерно 5 километров. А вчера он ________________ (2) 10 километров.

Б. 1) Мой друг доволен своей машиной. Она ________________ 90 тысяч километров без ремонта.

2) Том ________________ (1) в аэропорт. Там он ________________ (2) таможенный и паспортный контроль без проблем. На таможенном контроле его спросили: «Что вы ________________ (3) в багаже? Вы ________________ (4) **ору́жие**»?

3) Вечером опасно ________________ (1) по улицам.

4) Эту стену только что **покра́сили**, а ты стоишь слишком близко. ________________ !

5) Дверь лифта открылась, 2 человека ________________ (1) из лифта, а я ________________ (2) в лифт.

6) Первый космонавт Юрий Гагарин ________________ Землю за 108 минут.

7) Футболист ________________ (1) с мячом через всё футбольное поле, ________________ (2) к воротам и ударил по мячу. Мяч ________________ (3) в **воро́та! Гол!!!**

8) Спортсменка ________________ 100 метров за 9 секунд.

9) Этот профессор, когда читает лекцию студентам, ________________ по аудитории.

10) Том на всякий случай всегда ________________ с собой паспорт, документ о регистрации.

11) — Ивана Ивановича нет, он ________________ в командировку на две недели.

12) Обычно Иван Иванович ________________ с работы домой не раньше девяти вечера.

13) Когда мы ________________ из театра, пошёл дождь.

14) Почему ты ________________ как **черепа́ха**? Иди быстрее!

В. 1) Завтра Том ________________ (1) в Москву. Ему нужно ________________ (2) документы в американское посольство.

2) По дороге с работы домой Володя всегда ________________ (1) к своей старой больной бабушке, ________________ (2)

ей лекарства. Вчера он тоже ненадолго ______ (3) к ней и ______ (4) лекарство.

3) Наташа ______ (1) с работы и увидела на столе 2 чашки. Она спросила мужа: «Кто к тебе ______ (2)? Ольга? А когда она ______ (3) от тебя? Зачем она ______ (4)?»

4) Иван Иванович любит машины марки «Лада». Он всю жизнь ______ (1) на этой машине. Он всегда ______ (2) на работу на машине. Он не любит ______ (3) на общественном транспорте. Если Иван Иванович **заработает** много денег, он купит «Мерседес» и будет ______ (4) на «Мерседесе».

5) Когда Максим и его жена ______ (1) на новую квартиру, они взяли с собой только самые необходимые вещи. Когда они ______ (2) на новую квартиру, они пригласили друзей на вечеринку, чтобы отметить новоселье.

6) В детском саду воспитатели часто ______ детей на экскурсии.

7) Полицейский остановил машину Питера, потому что он ______ с очень большой скоростью.

8) У бабушки болят ноги. Ей трудно ______ (1). Завтра нужно ______ (2) её к врачу.

9) Перед уроком Том всегда ______ в кафе, чтобы выпить чашечку кофе.

10) В открытое окно ______ птица.

11) Мои друзья ______ почти все книжные магазины, но так и не купили нужный им словарь.

12) — Наконец-то вы ______ (1)! Мы ждали вас 2 часа. Как ______ (2)?
— Спасибо, нормально.

13) Лодка ______ к берегу и остановилась.

14) **Тарака́ны** ночью ______ по грязному столу.

Задание 19. Прочитайте (прослушайте) описание ситуации. Ответьте на вопрос, используйте глаголы движения.

1) Что вы сделаете, чтобы посмотреть на карту города, которая висит на стене? ______ 28.3

______

2) Ваш друг жил в Санкт-Петербурге. Что вы ответите на вопрос, где он сейчас живёт? ______

______

3) Аптека находится на другой стороне улицы. Что нужно сделать, чтобы **попа́сть** туда? ______

______

4) Вы медленно шли на урок, посмотрели на часы и увидели, что до начала урока осталось мало времени. Что вы сделали? ____________

____

5) Урок начинается в 9:30. Когда вы должны быть на уроке? ____________

____

6) Один человек хочет поговорить с вашим другом-иностранцем, который уже вернулся на родину, в Корею. Что вы скажете?

____

7) Вашего друга сейчас нет в комнате, но скоро он должен вернуться. Что вы ответите подруге, которая ищет его? ____________

____

8) Вы едете в метро, вам нужна другая линия. Что вы сделаете? ____________

____

9) Скоро начнутся летние каникулы. Что вы будете делать? ____________

____

10) Вы с другом едете на метро из центра. Вы выходите на конечной остановке, а ваш друг хотел выйти раньше. Что вы скажете ему?

____

11) Ваш друг хочет отремонтировать свой компьютер. Что вы посоветуете ему? ____________

____

12) Ваш друг идёт домой мимо магазина. Как вы попросите его купить вам сок? ____________

____

13) Вы хотите пригласить подругу в гости. Что вы ей скажете?

____

14) Вы хотите пригласить русского друга в свой родной город, в свою страну. Что вы ему скажете? ____________

____

15) Вы не знаете, где находится ближайшая станция метро. Какой вопрос вы зададите человеку на улице, чтобы узнать дорогу?

____

16) Вы идёте по узкому коридору. Большая группа студентов закрыла вам путь. Что вы им скажете? ____________

____

Задание 20. Вставьте подходящие по смыслу глаголы движения.

1) В комнате было **ду́шно**, и я ____________ на балкон.
2) Когда я возвращаюсь из университета домой, я всегда ____________ в магазин за продуктами.
3) Из моего окна виден парк. Каждое утро я ____________ к окну и любуюсь прекрасным видом.

4) Сегодня вечером ко мне ____________________ друзья, и мы будем слушать музыку.
5) Павловск — небольшой город. Его можно ____________________ за час.
6) Учительница объяснила детям, как нужно ____________________ через улицу.
7) Над нами ____________________ какая-то огромная птица.
8) Наш самолёт сейчас ____________________ над океаном.
9) Том опоздал на самолёт. Когда он приехал в аэропорт, самолёт уже ____________________ .
10) Мама каждый день ____________________ сына в детский сад.
11) Из Франции мой друг ____________________ много сувениров.
12) Питер ____________________ в аэропорт, ____________________ паспортный и таможенный контроль, сел в самолёт и ____________________ в Германию.
13) У Питера очень тяжёлый чемодан и огромная сумка. Он с трудом ____________________ вещи до стойки регистрации.
14) Том спросил симпатичную девушку на улице, как ____________________ (1) до Эрмитажа. Девушка сказала: «____________________ (2) улицу, сядете на троллейбус номер один, ____________________ (3) три остановки и ____________________ (4) на четвёртой. Потом ____________________ (5) прямо. ____________________ (6) до площади, поверните налево и там увидите большое красивое здание. Это и есть Эрмитаж».

ОБРАТИТЕ ВНИМАНИЕ!

Как задать вопрос, если нужно узнать дорогу:

Как добраться до Мариинского театра?
Как дойти до чего?
Как доехать до чего?
Как пройти куда? к чему?
Как попасть куда?

Как объяснить дорогу				
При-ставка	**Глаголы**	**Императив**	**нужно + инф.**	**Будущее время**
-/по-	идти — **пойти** *куда? вдоль чего?; по какой улице?*	Идите прямо, вперёд, назад, направо, налево.	Вам нужно идти /пойти прямо.	Пойдёте прямо.
вы-	**вы**ходить — **вы**йти *откуда? куда?*	Выйдите из дома.	Вам нужно выйти из дома...	Выйдете из дома...
пере-	**пере**ходить — **перей**ти **пере**езжать — **пере**ехать *куда? через что?*	Перейдите через улицу. Перейдите на другую линию метро.	Вам нужно перейти через улицу.	Перейдёте через дорогу.
про-	**про**ходить — **прой**ти **про**езжать — **про**ехать *что? через что? мимо чего? сколько метров? сколько остановок?*	Пройдите мимо парка. Пройдите через площадь. Пройдите сто метров.	Вам нуж-но пройти мимо парка, проехать три остановки.	Пройдёте мимо ресторана. Проедете две остановки.
об-/ обо-	**об**ходить — **обой**ти **объ**езжать — **объ**ехать *что?*	Обойдите здание справа.	Вам нужно обойти это здание.	Обойдёте здание.
до-	**до**ходить — **дой**ти **до**езжать — **до**ехать *до чего? до какого места?*	Дойдите до школы.	Вам нужно дойти до школы.	Дойдёте до школы.
Другие выражения	садиться — сесть *куда? в/на какой автобус?*	Садитесь / сядьте на троллейбус № 11.	Вам нужно сесть на троллейбус № 11.	Сядете на другой автобус.
	переса́живаться — пересе́сть делать — сделать пересадку *на какой автобус?*	Пересядьте на другой автобус. Сделайте пересадку.	Вам нужно пересесть на другой троллейбус.	Пересядете на другой троллейбус.
	поворачивать — повернуть *куда?*	Поверните налево/ направо.	Вам нужно повернуть налево.	Повернёте направо.

Задание 21. Объясните маршрут движения. **А.** Ответьте на вопросы.

1) Я первый раз в городе. Скажите, как отсюда пешком добраться до метро?
2) Ты был в Мариинском театре? Объясни, как до него доехать.
3) Как добраться от общежития до университета?
4) Где находится ближайший банк? Как туда попасть?

Б. Посмотрите на схему города на следующей странице. Представьте себе, что вам нужно добраться до какого-то места, но вы не знаете, как это сделать. Составьте диалоги, которые возможны в такой ситуации.

Задание 22. Вставьте подходящие глаголы движения.

В воскресенье мы решили ________________ (1) за город, к другу на дачу. Мы ________________ (2) из дома рано, часов в семь. На метро мы быстро ________________ (3) до вокзала, купили билеты, сели в электричку и ________________ (4). До нужной станции мы ________________ (5) около часа.

Когда мы ________________ (6) до станции, мы ________________ (7) из вагона и ________________ (8) пешком по направлению к даче. До дачи нужно ________________ (9) пешком или ________________ (10) на машине. Автобусы туда не ________________ (11). Погода была хорошая, мы ________________ (12) пешком не спеша. Мы ________________ (13) мимо озера, ________________ (14) через небольшой лес и ________________ (15) к огромному дубу. Это значит, что мы ________________ (16) половину пути. Я посмотрел на часы. Мы ________________ (17) до дерева за полчаса. Мы немного посидели под деревом, отдохнули и ________________ (18) дальше. Накануне был сильный ветер, и на дорогу упала большая берёза. Нам пришлось ________________ (19) упавшее дерево. Через 40 минут мы ________________ (20) до дачи. Дорога была красивая, мы не заметили, как ________________ (21) 5 километров. Мы хорошо провели время у друга на даче: несколько раз ________________ (22) на озеро купаться, ________________ (23) на лодке, загорали. Вечером мы ________________ (24) назад, в город.

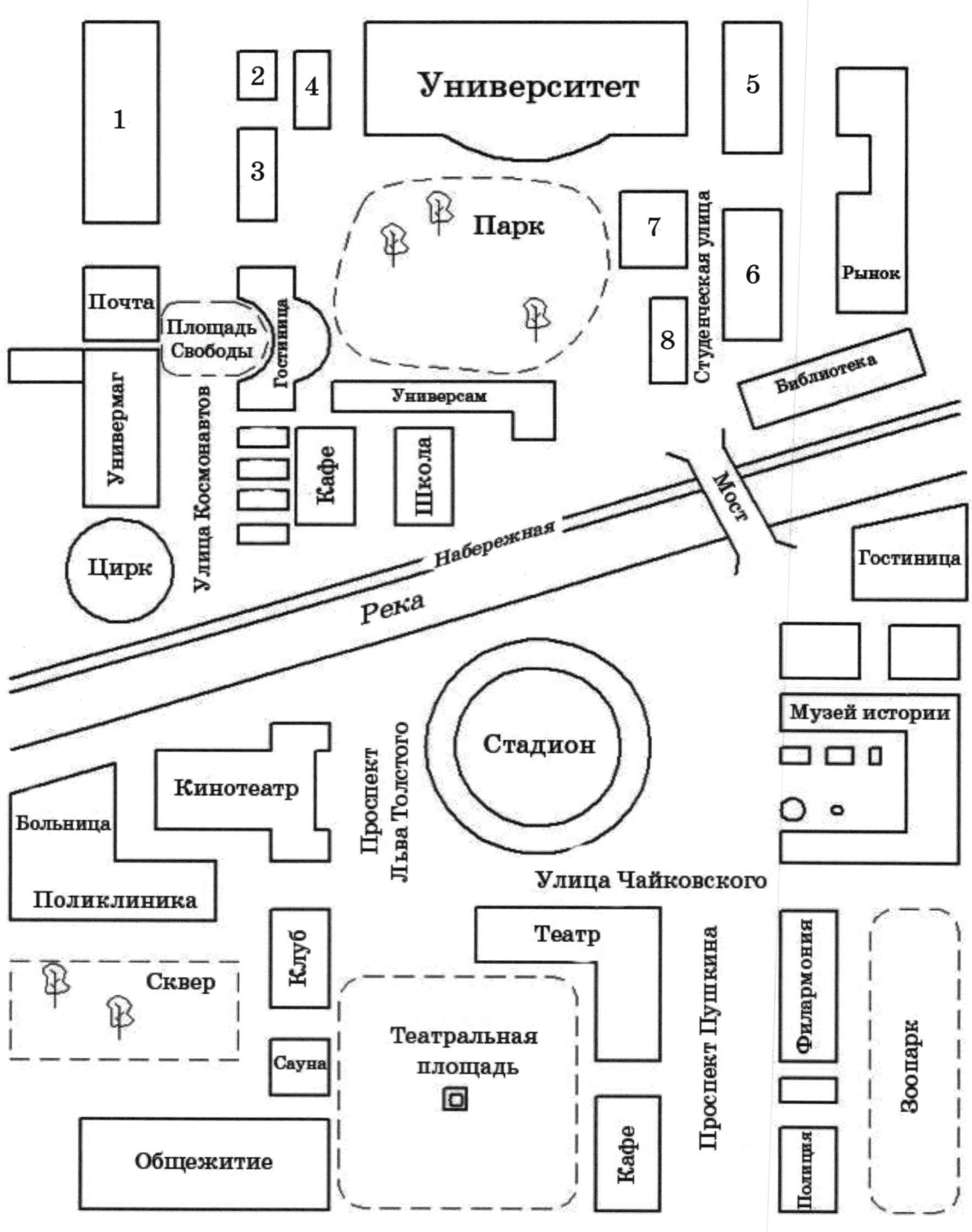
1
2
3
4
Университет
5
Парк
7
Студенческая улица
6
Рынок
8
Почта
Площадь Свободы
Гостиница
Универсам
Библиотека
Универмаг
Улица Космонавтов
Кафе
Школа
Мост
Набережная
Цирк
Река
Гостиница
Музей истории
Стадион
Кинотеатр
Проспект Льва Толстого
Больница
Поликлиника
Улица Чайковского
Театр
Клуб
Сквер
Проспект Пушкина
Филармония
Зоопарк
Театральная площадь
Сауна
Общежитие
Кафе
Полиция

Запомните!

Глаголы движения в непрямом значении

идти	Сейчас в кинотеатре **идёт** фильм «Возвращение». Эти часы не **идут** (не ходят). Сегодня на улице **идёт** снег (дождь). Это платье тебе очень **идёт**. Этот цвет тебе не **идёт**. Очередь **идёт** быстро.
проходить	В Москве **проходит** кинофестиваль. Где будут **проходить** следующие Олимпийские игры? Где обычно **проходят** переговоры?
происходить — произойти	Это событие **произошло** три года назад. Когда **произошла** трагедия в Нью-Йорке? Что **произошло**? Что случилось? Я надеюсь, ничего не **произойдёт**, ничего не случится. Всё будет хорошо. С Томом всегда **происходят** необычные истории.
проводить — провести	Том рассказал, как он **провёл** выходные дни. Мы с друзьями всегда **проводим** время вместе.
вести, проводить — провести	Обычно сам директор **проводит** переговоры. Кто у вас **ведёт** грамматику? В нашей группе грамматику **ведёт** Анна Ивановна. Рита, вы можете **провести** экскурсию по Эрмитажу для наших студентов?
производить — произвести	Какое впечатление **произвела́** на вас эта выставка?
подходить	В 9 часов я не могу встретиться с вами. Это время мне не **подходит**. Я в это время занят.
подходить — подойти	Эти ботинки мне не **подошли**: они слишком большие, они мне велики / они мне малы. Мне нужен другой размер. Наконец **подошла** моя очередь.
выходить — выйти замуж	Анна **вышла замуж** за американца и уехала с ним в Америку.
всходить — взойти заходить — зайти	Сегодня солнце **взошло** в 5 часов утра, а **зашло** в 23 часа.
приходить — прийти	Мне в голову **пришла** интересная мысль. Я думаю: что делать? К сожалению, ничего интересного мне не **приходит** в голову.

вылетать — вылететь	Я совсем забыл о встрече с этим человеком. Это совсем **вылетело** у меня из головы! Фёдор — очень невнимательный ребёнок. Вся информация **влетает** ему в одно ухо, а из другого — вылетает.
доходить — дойти	Том отправил посылку своему другу. Но друг посылку не получил. Посылка почему-то не **дошла**.
входить — войти (в положение)	Я прошу понять меня, прошу вас **войти** в моё положение.
вести себя	Этот ребёнок всё время кричит, мешает всем. Он не умеет **вести себя**. У него плохое поведение. Родители должны научить его **вести себя** в обществе. Антон пришёл в гости к китайским друзьям. Он не знал, как **вести себя** за столом, потому что не знал китайские традиции.
сходи́ть — сойти́ с ума́	Роман, ты что, **сошёл с ума**? Нельзя плавать (купаться) в незнакомом месте. Это очень опасно. Ты же не **сумасше́дший**! Только сумасшедшие ездят по городу с такой скоростью! О! Нужно запомнить так много слов! **Я сойду с ума!**
везти — повезти	На экзамене мне **повезло**: текст, который я должен был прочитать, был совсем не трудный. Антону всегда **везёт**: он во всех играх всегда выигрывает.
приходиться — прийтись	Автобуса долго не было, и мне **пришлось** взять такси, чтобы не опоздать на урок.

Задание 23. Вставьте вместо пропусков подходящие глаголы движения в непрямом значении или выражения с ними.

1) Когда у меня каникулы, время ________________ очень быстро.
2) Вчера на экзамене моему другу не ________________ : он получил **дво́йку**.
3) Мать говорит маленькой дочери: «Мы возьмём тебя в цирк, если ты будешь хорошо себя ________________ ».
4) — Почему ты не позвонил мне вчера? Мы же договорились!
— О! Извини! Это совсем ________________ !
5) Артур, кажется, совсем ________________ : он встречается сразу с тремя девушками!
6) — Что будем делать в выходные? У кого есть предложение?
— Идея! ________________ : давайте поедем на Крестовский остров, там есть интересный парк аттракционов.

7) — Ну как тебе эти ботинки? Нравятся?
— Ботинки хорошие. Но они мне не ________________ . Они мне велики. Нужен другой размер.

8) — Оля! Купи это платье. Оно тебе очень ________________ . И цвет ________________ к твоим глазам.

9) Каждый год в Санкт-Петербурге ________________ музыкальный фестиваль «Белые ночи».

10) Летом солнце ________________ рано, а ________________ поздно.

11) — Сколько времени?
— Не знаю. Мои часы не ________________ . Они стоят. Наверное, **батаре́йка** села (кончилась).

12) — Анна Ивановна, я не могу завтра прийти на занятия. Мне нужно поехать в Москву, чтобы встретить невесту, она прилетает из Токио рано утром.
— Кен, но завтра экзамен! Все студенты должны быть на занятии.
— Разрешите мне сдать экзамен в другой день! ________________ . Моя подруга не говорит по-русски. Ей будет трудно одной добираться до Санкт-Петербурга.

Задание 24. Прочитайте (прослушайте) рассказ Алексея. **А.** Объясните употребление глаголов движения.

Месяц назад ко мне приезжал мой друг из Москвы. Он жил у меня неделю, а потом уехал домой. Мой друг всегда говорил мне, что ему не везёт с погодой, но я только смеялся над этими словами и не верил ему. Но когда он приехал, я получил возможность убедиться, что он говорил правду.

Я приехал в аэропорт за полчаса до прибытия самолёта из Москвы, чтобы встретить своего друга. Когда я входил в здание аэропорта, я услышал объявление по радио, что его самолёт задерживается по техническим причинам на 2 часа. Пришлось ждать прибытия самолёта. Я долго ходил по аэропорту, обошёл все залы аэропорта, пять раз заходил в буфет, чтобы выпить кофе, несколько раз выходил на улицу погулять. Время шло медленно. Наконец, объявили прибытие самолёта.

Через несколько минут я увидел своего друга. Он прошёл паспортный контроль и вышел в зал. Он увидел меня, подошёл ко мне, извинился за опоздание. Я спросил, как долетели. Он ответил, что если бы не задержка, всё было бы прекрасно. Мы вышли из здания и пошли к остановке автобуса, который должен был отвезти нас в город. На остановке стояла очередь. К счастью, очередь шла быстро: автобусы часто подъезжали к остановке, люди быстро занимали места, и автобусы уезжали. Когда подошла наша очередь, мы сели в автобус и поехали в город. Мы ехали и смотрели в окно. Была неплохая погода, и мой друг радовался, что ему повезло с погодой и он сможет хорошо провести время в Санкт-Петербурге.

В принципе, от аэропорта до города можно доехать довольно быстро. Но в нашем автобусе был мой друг. Когда машина въехала в город, мы сразу попали в огромную **про́бку**. Мы ехали медленно, можно сказать, **ползли́** как черепахи. Наконец, мы подъехали к конечной остановке. Здесь нам нужно было пересесть на автобус, который идёт к моему дому. Автобус подошёл к остановке, мы сели в него и поехали. Мы ехали по городу и разговаривали о нашей жизни. Время летело быстро, и я не заметил, как мы проехали свою остановку. Нам пришлось выйти из автобуса, перейти на другую сторону улицы и снова сесть в автобус. Когда мы подъехали к дому, вдруг пошёл дождь. Мы посмотрели вверх: по небу плыли чёрные **ту́чи**, и мы поняли, что другу не повезло с погодой.

Но погода не смогла **испо́ртить** настроение моему другу. Он погулял по городу, обошёл все музеи, сходил в филармонию, где в те дни проходил музыкальный фестиваль «Белые ночи». Время пролетело быстро. Пора было уезжать из Петербурга. Когда я провожал друга, он сказал мне: «Петербург красив в любую погоду. Мне повезло, что у меня есть здесь друг и я смогу приезжать сюда часто».

Б. Вставьте пропущенные глаголы движения в прямом и непрямом значениях.

Месяц назад ко мне ____________ (1) мой друг из Москвы. Он жил у меня неделю, а потом ____________ (2) домой. Мой друг всегда говорил мне, что ему не ____________ (3) с погодой, но я только смеялся над этими словами и не верил ему. Но когда он ____________ (4), я получил возможность убедиться, что он говорил правду.

Я ____________ (5) в аэропорт за полчаса до прибытия самолёта из Москвы, чтобы встретить своего друга. Когда я ____________ (6) в здание аэропорта, я услышал объявление по радио, что его самолёт задерживается по техническим причинам на 2 часа. ____________ (7) ждать прибытия самолёта. Я долго ____________ (8) по аэропорту, ____________ (9) все залы аэропорта, пять раз ____________ (10) в буфет, чтобы выпить кофе, несколько раз ____________ (11) на улицу погулять. Время ____________ (12) медленно. Наконец, объявили прибытие самолёта.

Через несколько минут я увидел своего друга. Он ____________ (13) паспортный контроль и ____________ (14) в зал. Он увидел меня, ____________ (15) ко мне, извинился за опоздание. Я спросил, как он ____________ (16). Он ответил, что если бы не задержка, всё было бы прекрасно. Мы ________________ (17) из здания и ________________ (18) к остановке автобуса, который должен был ________________ (19) нас в город. На остановке стояла очередь. К счастью, очередь ________________ (20) быстро: автобусы часто ________________ (21) к остановке, люди быстро занимали места, и автобусы ________________ (22). Когда ________________ (23) наша очередь, мы сели в автобус и ________________ (24) в город. Мы ________________ (25) и смотрели в окно. Была неплохая погода, и мой друг радовался, что ему ________________ (26) с погодой и он сможет хорошо ________________ (27) время в Санкт-Петербурге.

В принципе, от аэропорта до города можно ________________ (28) довольно быстро. Но в нашем автобусе был мой друг. Когда автобус ________________ (29) в город, мы сразу попали в огромную пробку. Мы ________________ (30) медленно, можно сказать, ________________ (31) как черепахи. Наконец, мы ________________ (32) к конечной остановке. Здесь нам нужно было пересесть на автобус, который ________________ (33) к моему дому. Автобус ________________ (34) к остановке, мы сели в него и ________________ (35). Мы ________________ (36) по городу и разговаривали о нашей жизни. Время ________________ (37) быстро, и я не заметил, как мы ________________ (38) свою остановку. Мы ________________ (39) из автобуса, ________________ (40) на другую сторону улицы и снова сели в автобус. Когда мы ________________ (41) к дому, вдруг ________________ (42) дождь. Мы посмотрели вверх: по небу ________________ (43) чёрные тучи, и мы поняли, что другу опять не ________________ (44) с погодой.

Но погода не смогла испортить настроение моему другу. Он погулял по городу, ________________ (45) все музеи, ________________ (46) в филармонию, где в те дни ________________ (47) музыкальный фестиваль «Белые ночи». Время ________________ (48) быстро. Пора было ________________ (49) из Петербурга. Когда я провожал друга, он сказал мне: «Петербург красив в любую погоду. Мне ________________ (50), что у меня есть здесь друг и я смогу ________________ (51) сюда часто».

Задание 25. Прочитайте рассказ Александра. Вставьте пропущенные глаголы движения в прямом и непрямом значениях.

Это событие ________________ (1) в январе. Однажды в субботу мой друг ________________ (2) ко мне и сказал: «Мы так много работаем, пора отдохнуть! Давай ________________ (3) в кино!» Мы не знали, какие фильмы ________________ (4) в кинотеатрах, но мы сто лет не были в кино, поэтому я согласился.

Мы оделись, ____________ (5) из дома и ____________ (6) к автобусной остановке. Погода была хорошая, и мне в голову ____________ (7) интересная мысль: «Давай ____________ (8) пешком! Мы слишком мало ____________ (9) пешком и совсем не **ды́шим** свежим воздухом», — предложил я. Друг не возражал, поэтому мы не сели в автобус, который в это время ____________ (10) к остановке, а ____________ (11) пешком.

От моего дома до кинотеатра можно ____________ (12) примерно за час. Мы не спешили, ____________ (13) медленно. Сначала ____________ (14) было приятно: светило солнце, ветер был слабый. Но вдруг солнце ____________ (15) за **облака́**, ____________ (16) снег, начался сильный ветер. Ветер дул нам в лицо, ____________ (17) было трудно, поэтому мы решили ____________ (18) на метро. Но когда мы ____________ (19) к станции, мы обратили внимание, что никто не ____________ (20) в метро и не ____________ (21) из него. Оказалось, что станция закрыта на ремонт.

Мы увидели остановку автобуса и автобус, который ____________ (22) к этой остановке. Мы быстро ____________ (23) к остановке, но опоздали. Мы ____________ (24) к остановке, когда автобус уже ____________ (25).

Мы замёрзли и решили ____________ (26) в кафе, чтобы согреться. Мы ____________ (27) через дорогу и ____________ (28) в маленькое кафе. Мы выпили по чашке кофе и ____________ (29) из кафе.

Мы хотели поймать машину, но все машины, не останавливаясь, ____________ (30) мимо нас. Нам пришлось ____________ (31) пешком. Мы ____________ (32) до моста, ____________ (33) через него и наконец ____________ (34) до кинотеатра.

«Ну вот, мы и ____________ (35)! — сказал мой друг. — Тут мы согреемся. Надеюсь, фильм будет о южном солнце и о любви. **Кста́ти**, а как он называется?» Я ____________ (36) к **афи́ше** и прочитал: **«Мете́ль»**.

Задание 26. Прочитайте рассказ Веры. Вставьте подходящие глаголы движения в прямом и непрямом значениях.

У моей подруги скоро день рождения. Она пригласила меня и ещё двух подруг в гости. Мы с подругами решили встретиться у меня дома и ________________ (1) вместе в универмаг, чтобы купить **оди́н** подарок **на всех.**

Одна моя подруга ________________ (2) ко мне на 10 минут раньше, чем мы договорились, поэтому я пригласила её ________________ (3) в комнату и выпить по чашке кофе. Мы выпили по 2 чашки кофе, но другая подруга так и не ________________ (4). Мы решили, что подождём ещё 10 минут и ________________ (5) без неё. Но через 5 минут наша подруга ________________ (6) и сказала, что она не могла ________________ (7) на лифте — он сломался, и ей пришлось ________________ (8) пешком на двенадцатый этаж.

Теперь мы все вместе ________________ (9) в магазин. Мы ________________ (10) на трамвае до ближайшего универмага. Мы ________________ (11) в магазин и ________________ (12) искать подарок. Сначала мы ________________ (13) в отдел «Часы», потом ________________ (14) в отдел «Сувениры». Мы долго ________________ (15) по магазину, ________________ (16) почти все отделы, но так и не нашли подходящий подарок. И вот, когда мы ________________ (17) через отдел «Иску́сство», мне в голову ________________ (18) мысль: а не купить ли нам в подарок картину? Дело в том, что наша подруга — художник-**абстракциони́ст.** Наверное, она будет рада, если мы ________________ (19) ей в подарок какую-нибудь картину.

Высоко на стене висела интересная картина. Я увидела на ней гору, с горы ________________ (20) река, а под горой у реки ________________ (21) верблюды, по небу ________________ (22) облака. Я увидела даже бабочек, которые ________________ (23) с **цветка́** на цветок. Я подумала, что этот спокойный **пейза́ж** понравится подруге.

Но моя подруга сказала, что эта картина ________________ (24) на неё мрачное впечатление: «Посмотри! Там ________________ (25) змеи, ________________ (26) огромные рыбы и ________________ (27) страшные птицы». Мы ________________ (28) поближе и увидели, что на картине нарисованы просто **квадра́ты, круги́** и линии. Мы ________________ (29) от неё на несколько шагов и снова увидели разные пейзажи.

Мы купили эту картину и ________________ (30) её домой. Дома мы решили посмотреть, кто автор картины. В нижнем углу картины стояла подпись нашей подруги.

УРОК 28

Задание 27. Вставьте подходящие глаголы.

Вчера Андрей ____________ (1) к подруге на день рождения. В 6 часов вечера он ____________ (2) из дома и ____________ (3) к метро. Когда Андрей ____________ (4) 100 метров, он вспомнил, что забыл дома подарок. Он вернулся домой, взял подарок и ____________ (5) из дома. Он посмотрел на часы и ____________ (6), что опаздывает. А ему ещё надо ____________ (7) в магазин за цветами. Он так спешил, что ____________ (8) до метро за 10 минут.

Около метро он ____________ (9) в магазин и купил цветы. В метро он ____________ (10) пересадку. Через час он ____________ (11) к подруге.

Задание 28. Опишите один из своих маршрутов по городу. По возможности нарисуйте схему движения для того, чтобы вашим друзьям было легче следить за вашим рассказом.

Словарь урока 28

абстракциони́ст
авто́граф
афи́ша
ба́бочка
батаре́йка
босико́м: ходи́ть босико́м
вдоль *чего?*
внутрь *чего?*
воро́та
гол
движе́ние
дво́йка
ду́шно
запрещённый
квадра́т
кома́р
коро́ва
круг
кста́ти
мете́ль (*ж. р.*)
ми́мо *чего?*
му́ха
направле́ние
о́блако (*мн. ч.* облака́)
обруча́льное кольцо́
оди́н на всех
ору́жие
пасту́х
пейза́ж
пласти́ческая опера́ция
полице́йский
про́бка (на дороге)
проводни́к
путеводи́тель (*м. р.*)
расстоя́ние
сон (видеть *что? кого?* во сне)
сумасше́дший
тарака́н
ту́ча
увлечённо
у́тка
фи́ниш
цвето́к (*мн. ч.* цветы́)
черепа́ха

бежа́ть, бе́гать (НСВ)
болта́ть — поболта́ть *о ком? о чём?*
брести́ (НСВ) — броди́ть (НСВ)
везти́ (НСВ) — вози́ть (НСВ) *кого? что?*
вести́ (НСВ) — води́ть (НСВ) *кого? что?*
гнать (НСВ) — гоня́ть (НСВ) *кого? что?*
дви́гаться (НСВ)
держа́ть (НСВ) *кого? что?*
дуть — поду́ть
дыша́ть (НСВ) *чем?*
зараба́тывать — зарабо́тать *что?*
кати́ть (НСВ) — ката́ть (НСВ) *что?*
кра́сить — покра́сить *что?*
лезть (НСВ) — ла́зить (НСВ)
нести́ (НСВ) — носи́ть (НСВ) *кого? что?*
переса́живаться — пересе́сть *куда?*
ползти́ (НСВ) — по́лзать (НСВ)
попада́ть — попа́сть *куда?*
по́ртить — испо́ртить *что? кому?*
производи́ть — произвести́ *на кого?*
сходи́ть — сойти́ с ума́
тащи́ть (НСВ) — таска́ть (НСВ)

Урок 29

ПОВТОРИТЕ!

1. А. Вставьте глагол нужного вида.

I. гулять — погулять

1) Мальчик немного ________________, а потом начал делать уроки.
2) Дети _____________ в лесу и громко кричали, чтобы не заблудиться.
3) Когда Маша _______________________ в парке с ребёнком, она вдруг вспомнила, что не приготовила обед для мужа.
4) Когда Маша _________________________ в парке с ребёнком, её муж работал в фирме.
5) Когда Маша _____________ в парке с ребёнком, она разговаривала по телефону с подругами.

II. говорить — поговорить

1) Подруги ______________________ о детях, об их воспитании и снова начали заниматься домашними делами.
2) Когда подруги ________________ о воспитании детей, один ребёнок громко заплакал.
3) Мужчины _______________________ о последнем футбольном матче и разошлись.
4) Когда мужчины __________________ о последнем футбольном матче, их жёны готовили обед.

III. переводить — перевести

1) Когда Том ________________________ статью, он смотрел незнакомые слова в словаре.
2) Когда Том __________________________________ статью, пришёл его друг.
3) Когда Том __________________________ статью, его друг ждал, когда он освободится.
4) Когда Том ____________________________ статью, он вместе с другом пошёл в кафе.

IV. включать — включить, смотреть — посмотреть

1) Том пришёл домой и ___________________________________ телевизор.
2) Том _________________ телевизор и начал _______________ футбол.
3) Когда Том ___________________ телевизор, вдруг позвонила мама.
4) Том _________________________ футбол и лёг спать.

V. пить — выпить

1) Бабушка Оли ______________ лекарство и стала смотреть любимый фильм по телевизору.
2) Оля думала о предстоящих экзаменах и медленно ______________ кофе.

Б. Найдите предложения, которые передают:

1) последовательность действий;
2) одновременное выполнение действий;
3) частичное совпадение действий во времени.

2. Вставьте подходящие по смыслу глаголы нужного вида. Объясните правила употребления видов глагола.

А. 1) Оля стояла у окна и ______________________ на улицу.
2) Когда бабушка ______________ лекарство, она думает о здоровье.
3) Друзья ________________ к Антону домой и увидели, что он не один, а с подругой.
4) Антон и его подруга __________ по Невскому проспекту и думали, в какой кинотеатр им пойти.
5) Когда Антон ______________ фильм о любви, он решил позвонить подруге и помириться с ней.
6) Оля ____________________ в комнату и стала ждать, когда придёт бабушка.
7) Когда Оля ____________________ в комнате, она повторяла английские слова.
8) Преступник пришёл в кафе, увидел, что Антон смотрит только на свою девушку, и ________________ его кошелёк, который лежал на столе.
9) Когда Антон ______________ душ, кто-то позвонил, и Антон не смог ответить.
10) Когда Антон ______________ душ и оделся, он взял телефон и посмотрел, кто ему звонил.
11) Рабочие ______________________ одну квартиру и начали ремонтировать следующую.
12) Антон сделал Анне предложение стать его женой и __________ её.

Б. 1) Питер ________________ занятия из-за болезни и теперь не понимает, что говорит преподаватель.
2) Том ______________________, поэтому опоздал на самолёт.
3) Анна обиделась на Антона, поэтому целую неделю не ______________ на его письма.

4) Марина всю ночь ______________ к экзамену, поэтому она не выспалась.
5) Если Том хорошо ______________ к экзамену, он сможет сдать его на «отлично».
6) Бизнесмены каждый день внимательно ______________ информацию, поэтому принимают правильные решения.
7) Так как бабушка сама не умеет водить машину, она боится, что Оля ______________ в аварию.
8) Игорь ______________ улицу на красный свет, поэтому заплатил штраф.
9) Если вы хорошо ______________ за время отпуска, вы сможете лучше работать.

ДЕЕПРИЧАСТИЕ

Антон завтракал и читал газету. = **Завтракая**, Антон читал газету.
Антон позавтракал и пошёл на занятия. = **Позавтракав**, Антон пошёл на занятия.

Деепричастия	
НСВ	СВ
Суффиксы: **-я (-ясь), -а (-ась)**	Суффиксы: **-в, -вшись**

Вид	Инфинитив	Форма глагола	Суффикс	Деепричастие
НСВ		*3-е л. мн. ч.*		
	читать	чит**а**-ют	**-я**	чита**я**
	слышать	слы**ш**-ат	**-а**	слыш**а**
	возвращаться	возвраща-ют-**ся**	**-я + сь**	возвраща**ясь**
СВ		*прош. вр.*		
	прочитать	прочит**а**-л	**-в**	прочита**в**
	вернуться	верну-л-**ся**	**-вши + сь**	верну**вшись**

ОБРАТИТЕ ВНИМАНИЕ!

Деепричастие — это неспрягаемая форма глагола, которая обозначает дополнительное действие субъекта. Это значит, что основное действие, выраженное глаголом, и дополнительное действие, выраженное деепричастием, совершаются одним лицом.

Вернувшись домой, Олег **снял** пальто и **повесил** его на вешалку. = Когда Олег вернулся домой, он снял пальто и повесил его на вешалку. Действия (*вернулся*, *снял*, *повесил*) произошли последовательно. Деепричастие СВ выражает действие, которое произошло раньше других.

Возвращаясь домой, Олег **думал** о работе. = Когда Олег возвращался домой, он думал о работе. Два действия (*возвращался* и *думал*) происходили одновременно.

Возвращаясь домой, Олег **зашёл** в магазин за продуктами. = Когда Олег возвращался домой, он зашёл в магазин за продуктами. Два действия (*возвращался* и *зашёл*) частично совпали по времени.

Деепричастие СВ выражает: 1) действие, которое в ряду последовательных действий произошло раньше других; 2) однократное результативное действие, которое произошло на фоне процесса.

1) СВ – СВ

⟶ ⟶ — **Позавтракав**, он **пошёл** на работу.

2) НСВ – СВ

⟶ * ⟶ — **Завтракая** с друзьями, он вдруг **вспомнил**, что не сделал важное дело.

Деепричастие НСВ выражает: 1) процесс, который происходил одновременно с другим процессом; 2) процесс, во время которого произошло какое-либо однократное результативное действие.

1) НСВ – НСВ

⟶
⟶ — **Завтракая**, он **смотрел** новости по телевизору.

2) НСВ – СВ

⟶ * ⟶ — **Завтракая** с друзьями, он вдруг **вспомнил**, что не сделал важное дело.

Деепричастия различаются только по виду, но не имеют времени, поэтому лицо, число, время совершения действий определяет основной глагол.

Позавтракав,
он пошёл на работу/ пойдёт на работу.
она пошла на работу / пойдёт на работу.
они пошли на работу / пойдут на работу.
я пошёл на работу / пойду на работу.
он смотрел новости по телевизору.
будет смотреть новости по телевизору.
он всегда смотрит новости по телевизору.

Завтракая,
она смотрела новости по телевизору.
они смотрели новости по телевизору.
он вдруг вспомнил, что не сделал важное дело.

Завтракая с друзьями, она вдруг вспомнила...

Так как все действия выполняет один субъект, при трансформации предложения с деепричастием в предложение с глаголом нужно указать субъект действия в начале предложения:

Позавтракав, **Антон** пошёл на работу = Когда **Антон** позавтракал, **он** пошёл на работу.

Деепричастие с зависимыми от него словами называется «деепричастный оборот».

Запомните!

ждать = ожидать ⟶ ожида́я
смотреть = глядеть ⟶ глядя
хотеть = желать ⟶ жела́я
давать ⟶ дава́я (*хотя*: они дают)
передавать ⟶ передава́я
вставать ⟶ встава́я
быть ⟶ **бу́дучи**
От глаголов *писа́ть, пить, петь* и др. деепричастия не образуются.

УРОК 29

Задание 1. От данных глаголов образуйте деепричастия.
А. Образуйте деепричастия НСВ.

Модель: читать — читают — *читая*

рассказывать, обедать, изучать, получать, отвечать, покупать, гулять, помогать, отправлять, посылать, работать, убирать, рисовать, целовать, чувствовать, путешествовать, ремонтировать, анализировать, заниматься, советоваться, радоваться, смеяться, улыбаться, молчать, слышать, учить, кричать, верить, ссориться, сидеть, требовать, говорить, ждать, давать, хотеть, вставать, сдавать, уставать, передавать

Б. Образуйте деепричастия СВ.

Модель: прочитать — прочитал — *прочитав*

написать, нарисовать, купить, получить, устать, потерять, опоздать, согласиться, обрадоваться, договориться, поссориться, влюбиться, научиться, передать, продать, сдать

ОБРАТИТЕ ВНИМАНИЕ!

Обычно глаголы с инфинитивом на **-ти, -сти, -зти** образуют деепричастия НСВ и СВ с помощью суффикса **-я**. В случае с глаголами движения вид определяется отсутствием/наличием приставки.

ид**ти** — прий**ти** ⟶ идя — придя
не**сти** — прине**сти** ⟶ неся — принеся
ве**зти** — приве**зти** ⟶ везя — привезя
най**ти** ⟶ найдя
переве**сти** ⟶ переведя

Идя по улице, подруги **ели** мороженое. = Когда подруги шли по улице, они ели мороженое.

Придя домой, Мария сразу **начала** готовить обед. = Когда Мария пришла домой / После того как Мария пришла домой, она сразу начала готовить обед.

Задание 2. От данных глаголов образуйте деепричастия. Обращайте внимание на вид глагола.

подписывать, подписать, подождать, ждать, соглашаться, согласиться, отказаться, обойти, встретиться, удивляться, получить, войти, доехать, жить, обменять, менять, нарисовать, рисовать, приезжать, приехать, уходить, уйти, переходить, перейти, проходить, пройти, сидеть, садиться, положить, класть, бояться, заниматься, передавать, уехать, уезжать

Задание 3. Прочитайте (прослушайте) предложения. Измените предложения по моделям, замените деепричастие глаголом. Укажите возможные варианты. Обращайте внимание на вид и время глаголов.

Модель 1: Разговаривая со мной, мама смотрела в окно.
— *Мама разговаривала со мной и смотрела в окно.*
(Когда / В то время как мама разговаривала со мной, она смотрела в окно.)

Модель 2: Позвонив родителям, он лёг спать.
— *Он позвонил родителям и лёг спать.*
(Когда / После того как он позвонил родителям, он лёг спать.)

А. 1) Подписав контракт, бизнесмены пошли в ресторан обедать.
2) Подождав подругу 10 минут, Виктор пошёл в кино один.
3) Согласившись выйти замуж за Антона, Анна пошла в магазин выбирать себе белое платье.
4) Отказавшись стать женой Антона, Марина пошла на свидание с Павлом.
5) Встречаясь с Антоном, Марина всегда думала о Павле.
6) Нарисовав новую картину, художник отнесёт её в магазин. Хотя мечтает отнести в музей.
7) Встретившись на вокзале, друзья купили билеты на электричку и поехали за город.
8) Встречаясь с одноклассниками, Антон всегда вспоминает школьные годы с удовольствием.
9) Получив сразу 20 электронных писем, Андрей начал отвечать сначала на самые важные.
10) Обменяв доллары на рубли, Том пойдёт в магазин и купит себе новую куртку.
11) Доехав наконец до дома, Наташа вышла из такси и поднялась на свой этаж.
12) Уходя из дома, Вера всегда выключает свет.
13) Придя домой из магазина и положив продукты в холодильник, Маша начала готовить обед для семьи.
14) Пройдя половину пути, туристы сели на землю, чтобы отдохнуть.
15) Пройдя таможенный контроль, Том пойдёт в зал ожидания посадки на самолёт.
16) Разговаривая с подругой по скайпу, Том видел, как она улыбается.

УРОК 29

Б. 1) Отвечая на экзамене, Рита очень волновалась.
2) Подойдя к остановке, Андрей вспомнил, что забыл выключить утюг.
3) Перейдя улицу, друзья пошли к автобусной остановке.
4) Закончив работу, Иван Иванович возьмёт свои вещи и пойдёт домой.
5) Уезжая в отпуск, моя подруга всегда оставляет мне ключи от своей квартиры. На всякий случай.
6) Читая книгу, Оля всегда что-нибудь ест, например шоколад.
7) Узнав о свадьбе друга, мы сразу же купили ему подарок.
8) Переходя улицу, Вера всегда смотрит сначала налево, а потом направо.
9) Олег всегда думает о работе, возвращаясь домой.
10) Танцуя на дискотеке, не забывайте о своих вещах! Следите за тем, чтобы их не украли.
11) Вы едите попкорн, сидя в кинозале?
12) Убирая комнату, Оля слушает музыку.
13) Приезжая в новый город, Кен сразу же идёт в «Макдоналдс». Ему интересно сравнивать кафе в разных странах и городах.
14) Приехав в Санкт-Петербург, Кен тоже пошёл в «Макдоналдс».
15) Попробовав гамбургеры, Кен сделал вывод, что, в принципе, везде блюда одинаковые.

Задание 4. Вставьте данные ниже деепричастия НСВ — СВ.

I. изучая — изучив

1) ______________________ природу, учёные путешествовали по миру.
2) ______________________ русский язык достаточно хорошо, вы сможете работать переводчиком.

II. завтракая — позавтракав

1) ______________________ на кухне, мы не слышали, как в комнате звонил телефон.
2) ______________________ , моя сестра вымыла посуду.

III. собирая — собрав

1) ______________________ грибы в лесу, мы любовались природой.
2) ______________________ много грибов, все пошли к электричке, чтобы вернуться в город.

IV. принося — принеся

1) ______________________ цветы домой, Ирина сразу поставила их в вазу.

V. радуясь — обрадовавшись

1) ______________________, что мама подарила красивую куклу, маленькая Верочка поцеловала маму.

VI. смеясь — засмеявшись

1) Весело ______________________, девушки обсуждали вчерашнюю вечеринку.

VII. уходя — уйдя

1) ______________________ утром в университет, сын пообещал матери вернуться не позднее шести часов.
2) Уже ______________________ вечером с работы, Андрей вспомнил, что не позвонил днём жене.

VIII. открывая — открыв

1) ______________________ дверь, Настя сломала свой красивый длинный **но́готь.**
2) ______________________ дверь, Олег увидел своих друзей.

Задание 5. Прочитайте (прослушайте) текст. **А.** Найдите в нём деепричастия.

«Алиса в стране чудес» — одна из самых известных детских сказок. Прочитав эту сказку, **короле́ва** Англии Виктория приказала немедленно купить для неё все произведения автора сказки, так как сказка ей очень понравилась. Получив книги, королева была удивлена и **разочаро́вана.** Оказалось, что автор сказки Льюис Кэрролл — математик и все его произведения — это книги по высшей математике.

29.2

Б. Восстановите предложения.

1) ______________________ — одна из самых известных детских сказок.
2) ______________________, королева Виктория приказала купить для неё все произведения автора сказки.
3) ______________________, королева Виктория была удивлена и разочарована.
4) Оказалось, что Льюис Кэрролл — ______________________.

В. Ответьте на вопросы.

1) Что такое «Алиса в стране чудес»?
2) Когда и почему королева Виктория приказала купить для неё все произведения Льюиса Кэрролла?
3) Когда и почему королева разочаровалась?

Г. Перескажите текст с деепричастиями и без них.

ОБРАТИТЕ ВНИМАНИЕ!

Действие, выраженное деепричастием, может передавать время, причину, условие, уступку, образ действия.

Отдыхая на море, сестра редко звонила домой.	**Когда** сестра отдыхала на море, она редко звонила домой.
Попрощавшись с друзьями, я пошёл домой.	**После того как** я попрощался с друзьями, я пошёл домой.
Сдав экзамен, студент вышел из аудитории.	**Как только** студент сдал экзамен, он вышел из аудитории.
Не **сдав** экзамен вовремя, вы не сможете поехать домой.	**Если** вы не сдадите экзамен вовремя, вы не сможете поехать домой.
Хорошо **зная** иностранный язык, вы сможете работать переводчиком.	**Если** вы хорошо знаете / будете знать иностранный язык, вы сможете работать переводчиком.
Плохо **зная** русский язык, Питер не понял, о чём разговаривали его русские друзья.	**Так как** Питер ещё плохо знает русский язык, он не понял, о чём разговаривали его русские друзья.
Не **разбираясь** в компьютерах, я не могу помочь вам.	Я не могу помочь вам, **потому что** я не разбираюсь в компьютерах.
Живя в трудных условиях, Анна Ахматова продолжала писать стихи.	**Хотя** Анна Ахматова жила в трудных условиях, она продолжала писать стихи.
Конечно, Тому нравится ехать в автобусе **сидя**. Но иногда ему приходится ехать стоя, если в автобусе много народу.	**Как** Том предпочитает ехать — **стоя** или сидя?

Задание 6. Ответьте на вопросы.

1) Как вы предпочитаете читать — сидя или лёжа?
2) Как вы обычно ездите в троллейбусе — стоя или сидя?
3) Что вы обычно делаете, слушая музыку?
4) Что вы в первую очередь делаете, вернувшись из университета?
5) Что может делать иностранец, зная русский язык?
6) Что вы говорите, поздравляя друга с днём рождения?
7) Что вы будете делать, вернувшись на родину?
8) Что нужно не забывать делать, уходя из дома?
9) О чём вы думаете, собираясь в отпуск?

Задание 7. Прочитайте (прослушайте) предложения. Замените деепричастия глаголами, используя союзы.

Слова для справок: когда, как только, после того как, так как, потому что, если.

1) Посмотрев на часы, мой брат подумал, что пора ехать в аэропорт.
2) Получив приглашение, вы сразу сможете оформить визу.
3) Интересуясь творчеством Достоевского, я купил все его книги.
4) Потеряв ваш номер телефона, я не смог позвонить вам.
5) Вернувшись домой из командировки, Ирина увидела гору грязной посуды.
6) Увидев гору грязной посуды, Ирина подумала, что её сын часто устраивал вечеринки дома, пока она отдыхала на юге.
7) Андрей проехал свою остановку, думая о сегодняшней вечеринке.
8) Не зная историю, нельзя понять, что происходит в мире сегодня.
9) Мы шли по улице, разговаривая о погоде.
10) Живя в деревне и работая в центре Петербурга, Татьяна тратит на дорогу много времени.
11) Критикуя начальника, вы рискуете получить неприятности на работе.
12) Каждый день, возвращаясь домой с работы, мать приносит детям какой-нибудь подарок.
13) Разведясь со своей женой, Пётр продолжал присылать ей деньги.

Задание 8. Прочитайте (прослушайте) предложения. Замените деепричастный оборот конструкцией с глаголом.

1) Опоздав на самолёт, Виктор сдал билет в кассу.
2) Друзья поссорились, поэтому обедали молча.
3) Разбив вазу, Наташа расстроилась.
4) Перескажите текст, не глядя в учебник.
5) Составьте предложения, используя деепричастия.
6) Купив все продукты, мама вернулась домой.
7) В автобусе все места были заняты, поэтому мы ехали стоя.
8) Ожидая поезд, не стойте у края платформы.
9) Окончив школу, Лена поступила в университет.
10) Получив большую зарплату, Андрей решил купить новый костюм.
11) Увидев **стра́нный** предмет в метро, немедленно сообщите об этом в полицию.
12) У нас было достаточно времени, поэтому мы шли не спеша.
13) Машина ехала с огромной скоростью, не останавливаясь перед светофорами.

Задание 9. Посмотрите на рисунки. Восстановите предложения, используя деепричастия. В случае затруднения смотрите слова, данные ниже.

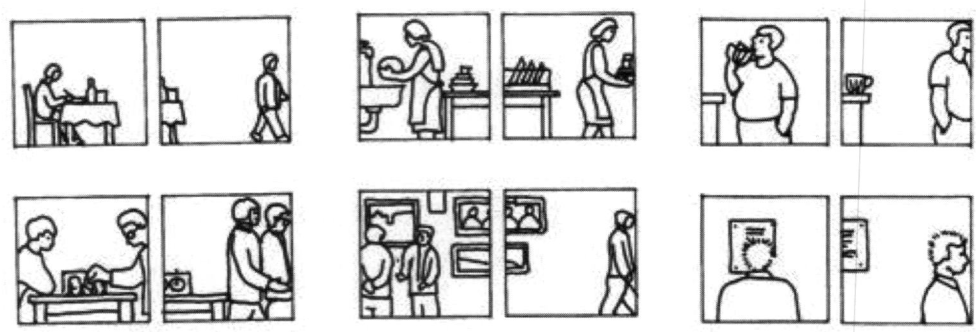

Модель: ________ , Антон пошёл в университет.
— *Позавтракав*, Антон пошёл в университет.

1) ______________________________ , Антон пошёл работать дальше.
2) ______________________________ , Ирина поставила её в шкаф.
3) ____________ , Виктор поставил чашку и пошёл смотреть футбол.
4) ______________________________ , друзья пошли играть в карты.
5) ______________________________ , Антон пошёл в другой зал музея.
6) ______________________________ , Игорь пошёл домой.

Слова для справок: читать — прочитать объявление об отмене концерта; мыть — вымыть посуду; обедать — пообедать; осматривать — осмотреть картины в первом зале; пить — выпить чашку чая; играть — сыграть партию в шахматы.

Задание 10. Посмотрите на рисунки. Вставьте подходящие по смыслу деепричастия. При желании и необходимости измените конструкцию предложения.

Модель: Они разговаривали, ______________ по парку.
— Они разговаривали, *гуляя* по парку.

1) Марина гуляла с Борисом по парку, ____________ ему о своём отце.
2) Студенты сидели в аудитории, внимательно ____________ лекцию профессора.
3) Том ходил по музею, ____________ произведения искусства.
4) Мальчик очень расстроился, ____________, что билетов в кино нет и что ему не удастся посмотреть фильм.
5) Иван Иванович с женой обедали в ресторане, ____________ о покупке новой машины.
6) Экскурсовод водил туристов по городу, ____________ им достопримечательности.
7) Бабушка с дедушкой сидели в парке, ____________ на своего внука, который играл рядом.
8) ____________ к Анне в гости на день рождения, друзья подарили ей цветы.
9) ____________ ногу во время футбольного матча, Роман не смог продолжить игру.
10) Роман лежал на кровати, ____________ книгу.
11) Рита разговаривала по телефону, ____________ на диване.
12) Ирина разговаривала со своим мужем, ____________ посуду.

Задание 11. Восстановите предложения, используя свои словосочетания с деепричастиями (деепричастные обороты) или словосочетания, данные ниже. Обращайте внимание на вид деепричастий и основных глаголов.

1) ____________, подруги не заметили, как пролетели 2 часа.
2) ____________, Том вернулся на дискотеку.
3) ____________, Том всегда даёт им свой номер телефона.
4) Составьте предложения, ____________.
5) ____________, Борис где-то потерял свой телефон.
6) ____________, Иван Иванович уже много лет живёт счастливо.
7) ____________, футболисты очень расстроились.
8) Мама убирала квартиру, ____________, потому что дети спали.
9) ____________, Вадим упал и сломал ногу.
10) После этого он встал и продолжил кататься, ____________.
11) ____________, вы почувствуете, что ваше здоровье улучшилось.
12) Рабочие завода устроили забастовку, ____________.
13) Марина ехала в поезде, ____________.
14) ____________, Игорь ушёл с вечеринки.
15) ____________, Иван Иванович продолжал думать о работе.

Слова для справок: не чувствуя боли; любуясь видом из окна; проиграв футбольный матч; болтая по телефону; катаясь на коньках; знакомясь с девушками; уехав в отпуск; требуя повышения зарплаты; возвращаясь с вечеринки; женившись по любви; стараясь не шуметь; проводив девушку до дома; поссорившись с подругой; плавая каждый день в бассейне; используя деепричастия.

Задание 12. Образуйте деепричастия от данных глаголов. Обратите внимание на вид глагола. Составьте с некоторыми из них предложения или словосочетания.

завидовать, привыкнуть, волноваться, летать, прибежать, сломать, поссориться, вернуться, возвращаться, кататься, смотреть, посмотреть, бегать, улыбаться, улыбнуться, любоваться, целоваться, прийти, выходить, уезжать, попрощаться, поздороваться, поблагодарить, ждать, подождать, получить, отправить, гулять, идти, входить, войти, потерять, найти, искать, уронить, падать, упасть, попросить, доказывать, доказать, класть, положить, остановить, поймать, приготовить

Задание 13. Прочитайте ещё раз предложения из заданий «*Повторите!*» (*с. 280–282*»), которые находятся в начале урока. Трансформируйте предложения с глаголами в предложения с деепричастиями, где это возможно. Если такая трансформация невозможна, объясните почему.

Задание 14. Продолжите предложения по модели.

Модель: Купив продукты, ____________ . — Купив продукты, *Анна пошла домой*.

1) Сдав экзамены, ______________________________________ .
2) Опоздав на поезд, ____________________________________ .
3) Проголодавшись, _____________________________________ .
4) Накормив ребёнка, ____________________________________ .
5) Окончив школу, ______________________________________ .
6) Окончив университет, _________________________________ .
7) Научившись водить машину, ____________________________ .
8) Найдя хорошую работу, ________________________________ .
9) Узнав о том, что скоро к нему приедут родители, __________ .
10) Выключив телевизор, _________________________________ .
11) Поблагодарив друга за помощь, _________________________ .
12) Хорошо подготовившись к контрольной работе, ____________
____ .
13) Изучив русский язык, _________________________________ .

Задание 15. Вставьте деепричастия и деепричастные обороты. Постарайтесь, чтобы у вас получился связный рассказ на тему «Один день Кена».

Модель: Кен оделся и пошёл в магазин. ____________________, Кен пошёл домой. — *Купив продукты в магазине*, Кен пошёл домой.

1) Проснувшись в 7 утра, Кен встал и принял душ. ______________, Кен пошёл завтракать.
2) ______________________________, Кен оделся и пошёл на занятия.
3) Он ехал в автобусе, ______________________________.
4) ______________, Кен вошёл в здание и прошёл в свою аудиторию.
5) ______________________________, он сел на своё место.
6) Он сидел на занятиях, ______________________________.
7) Во время перерыва Кен пошёл в кафе. ______________, он вернулся в аудиторию.
8) В 2 часа занятия кончились. ______________, Кен пошёл домой.
9) Кен шёл по улице, ______________________________.
10) ______________, Кен включил свет, снял куртку и прошёл в комнату.
11) ______________________________, он начал готовить себе обед.
12) ______________________________, он пообедал.
13) ______________________________, он начал мыть посуду.
14) ______________________________, он слушал музыку.
15) ______________________________, он начал делать домашнее задание.
16) ______________, он вспомнил, что обещал позвонить подруге.
17) ______________, он продолжил делать домашнее задание.
18) ______________, он пошёл к другу, чтобы поиграть в шахматы.
19) Они играли в шахматы, ______________________________.
20) ______________________________, Кен вернулся к себе домой.

Задание 16. А. Образуйте деепричастия от известных вам (трудных) глаголов. По возможности составьте с ними предложения или найдите примеры с деепричастиями в СМИ.

Б. Определите, от каких глаголов образовали деепричастия другие учащиеся.

Задание 17. Прочитайте текст. **А.** Раскройте скобки. Определите вид глагола.

У одного старого человека был сын. Однажды старик ______________ (1) (болеть — заболеть). Он ______________ (2) (звать — позвать) жену и ______________ (3) (говорить — сказать) ей:

— Когда я ______________ (4) (умирать — умереть), ______________ (5) (отдавать — отдать) мои вещи и деньги бедным людям. Наш сын ленивый, он не любит работать и не знает, что такое **труд**. Он развлекается целыми днями. Я не хочу, чтобы он ______ (6) (получать — получить) наследство.

Мать ______ (7) (решать — решить) помочь сыну. Она ______ (8) (давать — дать) ему деньги и ______ (9) (говорить — сказать):

— Скажи отцу, что ты сам ______ (10) (зарабатывать — заработать) эти деньги.

Целый день сын ______ (11) (гулять — погулять), ______ (12) (развлекаться — развлечься), а вечером ______ (13) (приходить — прийти) к отцу и ______ (14) (давать — дать) ему деньги. Отец ______ (15) (брать — взять) деньги и ______ (16) (бросать — бросить) их в **ого́нь.**

— Эти деньги ______ (17) (зарабатывать — заработать) не ты, — ______ (18) (говорить — сказать) отец. Сын ______ (19) (смеяться — засмеяться) и ______ (20) (бежать — побежать) на улицу к друзьям. А мать ______ (21) (понимать — понять), что невозможно обмануть отца. На другой день она ______ (22) (говорить — сказать) сыну:

— Тебе надо заработать деньги самому.

Сын ______ (23) (уходить — уйти) и всю неделю ______ (24) (работать — поработать). Когда он ______ (25) (приходить — прийти) домой и ______ (26) (давать — дать) деньги отцу, отец опять ______ (27) (бросать — бросить) деньги в огонь. Сын ______ (28) (кричать — закричать):

— Что ты ______ (29) (делать — сделать)! Я ______ (30) (работать — поработать) всю неделю, а ты ______ (31) (бросать — бросить) мои деньги в огонь.

И сын ______ (32) (доставать — достать) деньги из огня. Тогда отец ______ (33) (говорить — сказать):

— Теперь я верю, что ты сам ______ (34) (зарабатывать — заработать) эти деньги.

броса́ть — бро́сить *что? куда?*
пуга́ться — испуга́ться
горе́ть — сгоре́ть
достава́ть — доста́ть *что? откуда?*

Б. Прочитайте предложения и замените, где возможно, глаголы деепричастиями. Обращайте внимание на вид глаголов и деепричастий.

1) Когда один старый человек заболел, он позвал свою жену и сказал, чтобы она отдала его вещи бедным людям.

2) Он позвал жену и сказал ей, чтобы она отдала его вещи бедным людям.
3) Сын не хочет работать и развлекается целыми днями.
4) Сын не знает, что такое труд, поэтому не имеет права получить наследство.
5) Мать решила помочь сыну и дала ему деньги.
6) Сын взял деньги и пошёл развлекаться.
7) Мать дала деньги сыну, и сын пошёл гулять.
8) Сын весело провёл день. Он весь день развлекался.
9) Вечером сын пришёл к отцу и дал ему деньги.
10) Отец взял деньги и бросил их в огонь.
11) Сын засмеялся и побежал на улицу к друзьям.
12) Мать поняла, что невозможно обмануть отца, и сказала сыну, чтобы он сам заработал деньги.
13) Если сын заработает деньги, он получит наследство.
14) Сын понимал, что он не получит наследство, и пошёл работать.
15) Сын проработал неделю и снова пришёл к отцу.
16) Отец взял деньги и снова бросил их в огонь.
17) Сын увидел, что отец бросил деньги в огонь, и закричал.
18) Когда отец бросил деньги в огонь, сын закричал: «Что ты сделал!?»
19) Сын испугался, что деньги сгорят, и достал их из огня.
20) Отец увидел, что сын испугался, и поверил ему.

В. Перескажите текст, используя глаголы и, где возможно, деепричастия.

Задание 18. Прочитайте (прослушайте) текст. **А.** Обратите внимание на использование деепричастий НСВ и СВ.

ДЕНЬ ЛЬВА ТОЛСТОГО

Имя Льва Николаевича Толстого знают во всём мире. Он автор известных романов «Война и мир», «Анна Каренина», «Воскресение». Л.Н. Толстой родился 28 августа 1828 года, а умер 7 ноября 1910 года. Он прожил долгую интересную жизнь. Всю жизнь он много работал, создавал литературные произведения. Его книги интересуют не только любителей литературы, но и философов, психологов. Вот как описывает день Льва Николаевича его секретарь, который работал с ним с 1907 по 1910 год.

Лев Николаевич вставал обычно около 8 часов утра, умывался и шёл на прогулку. Эта утренняя прогулка длилась недолго, минут тридцать. Гулял он всегда один. После прогулки он проходил через столовую и забирал с собой в кабинет всю почту: письма, газеты, книги.

Придя к себе в кабинет, он начинал писать письма. Иногда перед прогулкой, иногда после неё Лев Николаевич читал какую-нибудь книгу по философии. После этого он начинал работать. Во время работы ему нужна была **абсолю́тная** тишина. Он закрывал все двери и очень редко выходил из кабинета по какому-нибудь делу. Пока он работал, **дома́шние** старались не шуметь, не мешать писателю.

Около 2 часов Лев Николаевич, окончив работу, выходил в столовую завтракать. Ел он быстро, за завтраком ни с кем не разговаривал, думая о чём-то своём.

Быстро позавтракав, Лев Николаевич снова отправлялся на прогулку. Вернувшись домой часов в 5, он быстро проходил в свою комнату и ложился спать. Спал, как правило, до 6. Обедал после этого короткого отдыха. Надо сказать, что Лев Николаевич был **вегетариа́нцем** и никогда не ел мяса. За столом обычно собирались гости, которые приезжали к известному писателю. За обедом обсуждались какие-нибудь московские или петербургские новости.

Вечерами Лев Николаевич работал меньше. Обычно он читал или писал письма. В 10 часов он выходил к чаю. Расходились обычно около 11, редко позже.

ОБРАТИТЕ ВНИМАНИЕ!

При передаче последовательности действий используются деепричастия СВ, в том числе и при описании событий, которые происходят обычно, часто...

Вернувшись в кабинет после прогулки, Лев Толстой **начал** работать.

Вернувшись в кабинет после прогулки, Лев Толстой **начинал** работать.

Б. Трансформируйте предложения, используя, где возможно, деепричастия. Обращайте внимание на вид глаголов и деепричастий.

1) Лев Толстой обычно вставал в 8 часов утра. Он умывался и шёл на прогулку.
2) Когда Толстой гулял, он думал о своих произведениях.
3) После прогулки он шёл в свой кабинет.
4) Когда Толстой проходил через столовую, он забирал с собой в кабинет всю почту.
5) Толстой приходил в свой кабинет и начинал писать письма.

6) Сначала Толстой читал письма и отвечал на них, а потом начинал работать.
7) Он закрывал все двери и начинал работать.
8) Когда он работал, он не выходил из кабинета.
9) Его домашние ходили по дому тихо, потому что старались не мешать писателю.
10) Когда Толстой работал, он требовал тишины.
11) Около двух часов Толстой кончал работу и выходил в столовую завтракать.
12) Когда он завтракал, он ни с кем не разговаривал.
13) Он ни с кем не разговаривал, потому что думал о чём-то своём.
14) После завтрака Лев Толстой снова шёл на прогулку.
15) В 5 часов он возвращался домой и шёл в свою комнату.
16) Он приходил в свою комнату и сразу ложился спать.
17) Он немного отдыхал, а потом обедал.
18) Так как Толстой был вегетарианцем, он никогда не ел мяса.
19) Вечером Толстой обедал и обсуждал с гостями какие-нибудь новости.
20) После обеда он ещё немного работал, а потом выходил к чаю.
21) Толстой общался с гостями и ложился спать.

В. Перескажите текст, используя глаголы и, где возможно, деепричастия.

Задание 19. Напишите рассказ на одну из предложенных тем. Используйте глаголы нужного вида и деепричастия.

1) Как я провёл субботу (воскресенье...).
2) Интересное событие в моей жизни.
3) Мой обычный день.

ПОВТОРИТЕ!

1. Соедините два предложения в одно с помощью слова «который».

1) Здесь на фотографии мои родители. Они живут сейчас в другом городе.
2) Я встретил в аэропорту своих друзей. Они прилетели из Сеула.
3) Друзья встретили меня около входа в общежитие. Они пригласили меня на вечеринку.
4) Моя подруга очень любит читать книги на английском языке. Она изучает английский язык.
5) Ирина познакомилась с журналистом. Он написал прекрасную статью о жизни молодёжи.

6) Мой сосед купил современный компьютер. Он занимается компьютерными программами.
7) Директор поблагодарил секретаря. Она приготовила ему вкусный кофе.
8) Студенты устроили вечеринку. Они сдали все экзамены.
9) Антон попросил подругу перевести статью на французский язык. Подруга хорошо знает французский язык.
10) Эти студенты живут на одном этаже. Они приехали из Китая.
11) Девочка боится собак. Они громко лают.
12) Я люблю смотреть на детей. Они громко и весело смеются.
13) Очень трудно поймать муху. Она летает по всей комнате.
14) У человека особенные глаза. Этот человек влюбился.
15) Все люди боятся заболеть гриппом. Он начался с приходом зимы.
16) В эту фирму требуются сотрудники. Они владеют английским языком в совершенстве.
17) Меня беспокоит экологическая обстановка. Она ухудшается.

ПРИЧАСТИЕ

Мы познакомились со студентами, **изучающими** сейчас грамматику русского языка. = Мы познакомились со студентами, **которые** сейчас **изучают** грамматику русского языка.

Мы познакомились со студентами, раньше **изучавшими** грамматику русского языка у себя на родине. = Мы познакомились со студентами, **которые** раньше **изучали** грамматику русского языка у себя на родине.

— С какими студентами вы познакомились?

— Со студентами, **изучающими/изучавшими** грамматику.

Грамматика, **изучаемая** сейчас студентами, очень трудная. = Грамматика, **которую** студенты сейчас **узучают**, очень трудная.

Грамматика, уже **изученная** студентами, не кажется им трудной. = Грамматика, **которую** студенты уже **изучили**, не кажется им трудной.

— Какая грамматика трудная?

— Грамматика, **изучаемая** сейчас студентами.

Эту грамматику не надо изучать. Эта грамматика уже **изучена** студентами. = Эту грамматику студенты уже **изучили**.

— Что сделали студенты?

— Студенты уже **изучили** эту грамматику. ⟶ Эта грамматика уже **изучена** студентами.

Причастия

активные		пассивные		
		полные		краткие
Настоящее время НСВ	Прошедшее время НСВ — СВ	настоящее время Переходные глаголы НСВ	прошедшее время Обычно переходные глаголы СВ	прошедшее время Обычно переходные глаголы СВ
Суффиксы				
-ущ-, -ющ-, -ащ-, -ящ-	**-ш-, -вш-**	**-ем-, -им-**	**-нн-, -енн-, -ённ-, -т-**	**-н-, -ен-, -ён-, -т-**

Окончания

Падеж	м. р.	ж. р.	мн. ч.	м. р.	ж. р.	мн. ч.	
И. п.	-ий	-ая	-ие	-ый	-ая	-ые	м. р. = ∅
Р. п.	-его	-ей	-их	-ого	-ой	-ых	ж. р. = а
Д. п.	-ему	-ей	-им	-ому	-ой	-ым	ср. р. = о
В. п.	-ий/-его	-ую	-ие/-их	-ый/-ого	-ую	-ые/-ых	мн. ч. = ы
Тв. п.	-им	-ей	-ими	-ым	-ой	-ыми	
Пр. п.	-ем	-ей	-их	-ом	-ой	-ых	

При трансформации: местоимение «который» в именительном падеже (№ 1= субъект*: который*, *которое*, *которая, которые)*	При трансформации: местоимение «который» в винительном падеже (№ 4 = объект: *который, которое, которую, которые, которого, которую, которых*)	При трансформации: личная форма глагола СВ прошедшего (реже — будущего) времени.
В предложении роль **определения** (attribute = прилагательное)		В предложении роль **предиката** (= глагол)

ОБРАТИТЕ ВНИМАНИЕ!

Некоторые известные вам слова, например *следующий*, в современном русском языке являются прилагательными, но «родились» они как причастия. Они помогут вам запомнить суффиксы причастий:

след**ующ**ий; буд**ущ**ий; насто**ящ**ий (будущее, настоящее время) = **-ущ-**; **-ющ-**; **-ащ-**; **-ящ-** — активные причастия настоящего времени;

бы**вш**ий; проше**дш**ий (прошедшее время) = **-вш-**; **-ш-** — активные причастия прошедшего времени;

люб**им**ый; уважа**ем**ый = **-им-**; **-ем-** — пассивные причастия НСВ;

слома**нн**ый; откры**т**ый; разби**т**ый = **-нн-**; **-енн-**; **-ённ-**; **-т-** — пассивные причастия СВ.

УРОК 29

АКТИВНЫЕ ПРИЧАСТИЯ

Какой это человек? Это человек, **который читает** книгу. = Это человек, **читающий** книгу.	*Какой это человек?* Это человек, **который прочитал** книгу. = Это человек, **прочитавший** книгу.

Активные причастия настоящего времени (только НСВ)

Инфинитив	Глагол НСВ 3-го л. мн. ч. (они)	Суффикс	Причастие
читать	чита-**ют**	**-ющ-**	чита**ющ**ий, чита**ющ**ая, чита**ющ**ие
заниматься	занима-**ют**-ся		занима**ющ**ийся, занима**ющ**аяся, занима**ющ**иеся
нести	нес-**ут**	**-ущ-**	нес**ущ**ий, нес**ущ**ая, нес**ущ**ие
говорить	говор-**ят**	**-ящ-**	говор**ящ**ий, говор**ящ**ая, говор**ящ**ие
ссориться	ссор-**ят**-ся		ссор**ящ**ийся, ссор**ящ**аяся, ссор**ящ**иеся
молчать	молч-**ат**	**-ащ-**	молч**ащ**ий, молч**ащ**ая, молч**ащ**ие

ОБРАТИТЕ ВНИМАНИЕ!

Причастие — это форма глагола. Выражает действие как атрибутивный признак предмета, который проявляется во времени:

Какие это студенты? — Это студенты, **изучающие** русский язык (настоящее время). Это студенты, **изучавшие** русский язык (прошедшее время).

Причастия употребляются только в предложениях, в которых есть сказуемое (предикат).

Причастия относятся к существительному и изменяются вместе с ним, подобно прилагательным, по формам рода, числа, падежа.

При замене **активного** причастия придаточным определительным предложением местоимение «который» всегда имеет форму именительного падежа (№ 1).

Задание 20. Определите, от каких глаголов образованы данные активные причастия настоящего времени. Напишите инфинитивы глаголов.

говорящий, пишущий, работающий, смеющийся, плачущий, моющий, стоящий, сидящий, требующий, ухудшающийся, провожающий, осматривающий, идущий, растущий, ищущий, боящийся, летающий, владеющий, исполняющий

Задание 21. Образуйте от данных глаголов активные причастия настоящего времени.

Модель: писать — пишут — *пишущий*

бежать, брать, бросать, видеть, вставать, говорить, давать, думать, ехать, ждать, жить, зависеть, звать, знать, играть, мыть, переводить, петь, рассказывать, решать, рисовать, спать, строить, танцевать, читать

Задание 22. Прочитайте (прослушайте) предложения. Найдите в данных предложениях причастия. **А.** Скажите, от каких глаголов они образованы. **Б.** Замените причастные обороты конструкциями со словом «который».

Модель: Мама хочет успокоить плачущую дочку. — *плакать — Мама хочет успокоить дочку, которая плачет.*

1) Антон знает всех футболистов, играющих в клубе «Зенит».
2) На Невском проспекте всегда много туристов, осматривающих достопримечательности города.
3) По залам аэропорта ходят люди, ожидающие отправления самолёта, встречающие и провожающие своих друзей и родственников.
4) На демонстрацию пришли люди, требующие повышения зарплаты.
5) Ты не знаешь, как зовут актрису, исполняющую главную роль в этом фильме?
6) Пригласите, пожалуйста, официанта, работающего в этом зале.
7) В воскресенье в парке много играющих, кричащих, бегающих детей.
8) Том терпеть не может громко разговаривающих девушек.
9) Тому нравятся спокойные, весёлые, приятно улыбающиеся девушки.
10) В период экономического кризиса СМИ пишут о постоянно растущих ценах.
11) Бизнесмен изучает информацию о фирмах, продающих нефть.

12) Нужно с детства изучать иностранные языки. Людям, владеющим несколькими иностранными языками, легче найти хорошую работу.
13) На экзамене по разговору надо подробно отвечать на все вопросы. Преподаватели не любят молчащих студентов.
14) В читальном зале библиотеки много студентов, готовящихся к экзамену.
15) — Кто эта девушка?
— Какая?
— Вон та, сидящая одна у окна, пьющая зелёный чай?
— Я не знаю её.
16) Объявление: «Студенты, живущие в общежитии, должны прийти со своими паспортами в комнату номер 205, находящуюся на втором этаже».
17) Ты видел когда-нибудь говорящих попугаев?
18) Студенты, желающие поехать на экскурсию в Новгород, должны прийти в аудиторию № 121.

ОБРАТИТЕ ВНИМАНИЕ!

Некоторые причастия НСВ без зависимых слов используются как прилагательные.

1) В этом ресторане есть зал для *некурящих*.
2) Вы верите, что существуют «*летающие* тарелки», НЛО — неопознанные *летающие* объекты?
3) Вы смотрели балет «*Спящая* красавица»?
4) Вас волнуют проблемы охраны *окружающей* среды?
5) Ты знаешь, почему Японию называют Страной *восходящего* солнца?
6) Говорят, что *моющие* **пылесóсы** лучше, чем обычные.
7) Сообщение компании, продающей мобильные телефоны: «Все *входящие* звонки — бесплатные».
8) В церковь обычно ходят **вéрующие** люди.
9) Казанский собор — это не только музей, но и это *действующий* храм.

Активные причастия прошедшего времени (НСВ и СВ)

Инфинитив	Глагол м. р. прош. вр.	Суффикс	Причастие
читать прочитать покупать купить поссориться	чит**а**-л прочит**а**-л покуп**а**-л куп**и**-л поссор**и**-л-**ся**	**-вш-** (основа на гласный)	чита**вш**ий прочита**вш**ий покупа**вш**ий купи**вш**ий поссори**вш**ий**ся**
умереть принести погибнуть	уме**р** принё**с** поги**б**	**-ш-** (основа на согласный)	умер**ш**ий принёс**ш**ий погиб**ш**ий

ОБРАТИТЕ ВНИМАНИЕ!

идти — шёл — шедший
найти — нашёл — нашедший
исчéзнуть — исчез — исчезнувший

Задание 23. Определите, от каких глаголов образованы данные активные причастия прошедшего времени. Напишите инфинитивы глаголов.

уставший, приехавший, погибший, живший, укравший, спасший, вернувшийся, потерявший, забывший, пришедший, простудившийся, заблудившийся, отказавшийся, приземлившийся, проигравший, выросший, сдавший

Задание 24. Образуйте от данных глаголов активные причастия прошедшего времени (мужской род).

Модель: писать — писал — *писавший*

вернуться, возвращаться, выйти, съесть, выпить, приходить, прийти, интересоваться, исчезнуть, купить, любить, пригласить, промокнуть, пропасть, потерять, украсть, погибнуть, подписать, убить, спасти, вымыть, разговаривать

Задание 25. Прочитайте (прослушайте) предложения. Найдите в данных предложениях причастия. **А.** Скажите, от каких глаголов они образованы. **Б.** Замените причастные обороты конструкциями со словом «который».

1) На этом этаже общежития живут студенты, приехавшие из разных стран.

2) Журналист взял интервью у футболистов, выигравших в этом матче.
3) Этой зимой было много детей, заболевших гриппом.
4) Спасатели долго искали людей, заблудившихся в лесу.
5) Недавно произошла авиакатастрофа. СМИ опубликовали список людей, погибших в этой авиакатастрофе.
6) В газете написали о матери, воспитавшей семерых детей.
7) К сотрудникам станции метро обратился человек, забывший свой зонт в вагоне электрички.
8) Люди, купившие товар в этом магазине, получили хорошие скидки.
9) На улице громко плакала девушка, потерявшая свой любимый телефон. К ней подошёл человек, нашедший её телефон.
10) Бизнесмены, подписавшие контракт, пошли в ресторан.
11) Актёр, сыгравший главную роль в этом фильме, получил премию «Оскар».
12) Мне очень жаль молодого человека, опоздавшего на самолёт из-за пробки на дороге.
13) Около дороги стоит памятник собаке, которая долго ждала своего хозяина, погибшего в автокатастрофе на этом месте. Она не брала еду и воду у подходивших к ней людей и умерла на этом месте.
14) Друзья смеялись, слушая рассказ рыбака, поймавшего огромную рыбу.
15) Бизнесмен, давший чиновнику **взя́тку**, был арестован.

Задание 26. Прочитайте (прослушайте) предложения. Найдите в данных предложениях причастия. **А.** Скажите, от каких глаголов они образованы. **Б.** Замените причастные обороты конструкциями со словом «который», обращая внимание на время глагола.

Модель: Моего коллегу, звонящего по телефону, зовут Вадим Николаевич.
— Моего коллегу, *который звонит по телефону*, зовут Вадим Николаевич.

А. 1) По дороге в магазин я встретил студента из Германии, живущего в нашем общежитии.
2) Я хочу посмотреть новый фильм. Но сначала я решил поговорить с каким-нибудь человеком, уже смотревшим этот фильм, и узнать, стоит ли его смотреть.
3) Друзья, живущие в Москве, часто звонят мне.
4) Наши новые знакомые, пригласившие нас в гости, угостили нас русскими блинами.

5) В поликлинике я случайно встретил врача, вылечившего меня в прошлом году от гриппа.
6) Вот и кончается моя учёба в России. Я никогда не забуду преподавателей, помогавших мне изучать русский язык.
7) Я люблю читать. Я считаю, что человек, любящий много читать, всегда узнаёт много нового.
8) Я прочитал интересную статью и сделал вывод, что журналист, написавший эту статью, хорошо знает жизнь своего героя.
9) Мы приехали в Москву рано утром. Друг, встретивший нас на вокзале, пригласил нас к себе в гости.
10) Студент, сдавший все экзамены, поехал отдыхать.
11) Мой друг, прочитавший новую книгу, рассказал мне её содержание.
12) Девушка, сидящая на скамейке в парке, читает газету.
13) Александр Пушкин, любивший народные сказки, всегда записывал их.
14) Студент, ответивший на экзамене на все вопросы, получил оценку «отлично».
15) Высокий молодой человек, покупающий журналы в киоске, учится на факультете психологии.
16) Преподаватель, закончивший читать лекцию по экономике, отвечает на вопросы студентов.

Б. 1) Спортсмены, принимающие участие в соревнованиях, сдают специальные анализы крови.
2) Мама ходит по комнате и носит громко плачущего ребёнка.
3) Посмотри в окно: к зданию университета спешат студенты, опаздывающие на занятия.
4) Я хочу найти в Интернете информацию о бизнесмене, открывшем магазин в этом районе.
5) По телевизору рассказали о человеке, укравшем бриллианты и золотые украшения в **ювели́рном** магазине.
6) В апреле 1961 года весь мир узнал о человеке, открывшем новую эпоху в истории человечества. Имя этого человека — Юрий Гагарин.
7) Несколько лет назад в России был серьёзный кризис. В стране было много людей, потерявших работу.
8) В углу комнаты лежит собака, скучающая по своему хозяину, который уехал в командировку.
9) Оля обожает свою бабушку, плохо видящую, плохо слышащую, иногда всё забывающую, но любящую свою внучку Олю больше жизни.

10) Науроке физики школьники решали задачи о Земле, вращающейся вокруг Солнца.
11) Сейчас идёт суд. Адвокат защищает преступника, убившего человека.
12) У людей, завидующих другим людям, всегда плохое настроение.
13) Анна Ахматова всегда благодарила людей, помогавших ей в трудные минуты жизни.
14) Максим весь вечер успокаивал друга, расставшегося со своей девушкой и очень расстроившегося из-за этого.

Задание 27. А. Прочитайте начало предложения и найдите его продолжение в правой колонке.

1) Девочка подошла к собаке,	а) сидящую на цветке.
2) Все обратили внимание на тучу,	б) прилетевшего этим рейсом.
3) Мы смотрели на самолёт,	в) плывущую по небу.
4) Друзья встречали друга,	г) танцевавшей в этом балете.
5) Туристы рассматривали картину,	д) висящую на стене.
6) Мама смотрит на дочь,	е) летящий высоко в небе.
7) Антон познакомился с балериной,	ж) бегущую ей навстречу.
8) Девочка хотела поймать бабочку,	з) лежащей на земле.

Б. Замените причастные обороты конструкциями со словом «который».

Задание 28. Вставьте выделенные причастия с зависимыми словами.

А. I. пришедший ко мне в гости

1) Мы пили чай с другом, ______.
2) Моя подруга не знает человека, ______.
3) ______ знакомый принёс торт.
4) У ______ молодого человека очень красивые глаза.

II. внимательно слушающая лекцию

1) Я знаю девушку, ______.
2) Мой друг спросил меня о девушке, ______.
3) Сейчас нельзя познакомиться с девушкой, ______ ______.
4) Вечером я позвоню девушке, ______.

III. работающие в нашей фирме

1) Все сотрудники, ____________________, очень приветливые и общительные люди.
2) Моя подруга знакома почти со всеми сотрудниками, ____________________ ____________________.
3) Я очень уважаю всех сотрудников, ____________________.
4) К Новому году директор приготовил подарки всем сотрудникам, ____________________.
5) Почти у всех сотрудников, ____________________, есть свои машины.

Б. I. друзья, пригласившие меня в гости

1) Я расскажу вам о ____________________.
2) Около входа в общежитие меня встречали ____________________.
3) Я поздоровался ____________________.
4) Я подарил торт ____________________.
5) Я хочу поблагодарить ____________________.
6) У ____________________ очень много разных знакомых.

II. преступник, укравший в банке большую сумму денег

1) Я прочитал в газете статью о ____________________.
2) ____________________, нужен адвокат.
3) Адвокат разговаривал ____________________.
4) По телевизору показали ____________________.
5) Полиция не может найти ____________________.
6) В полиции есть фотография ____________________.

III. фирма, продающая автомобили

1) Максим купил машину ____________________.
2) Везде можно увидеть рекламу ____________________.
3) Мы доверяем ____________________.
4) Парковка находится рядом ____________________.
5) ____________________, вчера показали по телевизору.

Задание 29. Вставьте выделенные причастия.

I. написавший

Профессор, недавно ____________________ интересный учебник, работает в этом университете.

II. изучающий

Студентам, ____________________ высшую математику, приходится много заниматься.

III. сделавший

Студенты задали много вопросов учёному, ______________________ интересный доклад по экономике.

IV. критикующий

Начальник не любит сотрудника, ______________________ его каждый день.

V. теряющий

Вчера мне пришлось подарить новый зонтик подруге, часто ______________________ свои вещи.

VI. зашедший

Я целый вечер разговаривал с друзьями, ______________________ ко мне на минутку за словарём.

VII. видевший

Всех людей, ______________________ аварию на улице Мира, просят позвонить по телефону 124-75-48.

VIII. заблудившийся

По радио сообщили, что детей, ______________________ в лесу 2 дня назад, нашли.

IX. ухудшающийся

В газете много пишут об ______________________ экологической обстановке.

Задание 30. Раскройте скобки.

1) Мы хотели посмотреть ______________________ ______________________ (фильм, идущий в нашем кинотеатре).
2) Студенты подошли ______________________ ______________________ (секретарь, выдающий студенческие билеты).
3) В офисе Виктор обратился ______________________ ______________________ (девушка, сидящая у окна).
4) В библиотеке мы познакомились, ______________________ ______________________ (студенты, занимающиеся физикой).
5) Антон взял эту газету ______________________ ______________________ (студент, интересующийся политикой).
6) У меня нет ______________________ ______________________ (ключ, подходящий к этой двери).
7) Мама отругала ______________________ ______________________ (сын, разбивший её любимую вазу).

Задание 31. Вставьте причастные обороты. Найдите для них подходящее место в предложении.

I. написавший известные романы

Писатель Фёдор Достоевский жил в Санкт-Петербурге.

II. жившие в этом районе города

Вадим ходил по Сенной площади и думал о героях Достоевского.

III. сыгравший главную роль в фильме «Идиот»

Актёру Юрию Яковлеву дали премию на кинофестивале.

IV. организовавший в деревне школу для бедных

У Льва Толстого была своя теория обучения детей и взрослых.

V. занимавшиеся в его школе

Лев Толстой написал книги для учеников.

VI. происходившие в России во время войны с Наполеоном

Лев Толстой описал многие интересные события в романе «Война и мир».

Задание 32. Прочитайте (прослушайте) предложения. Замените конструкции со словом «который» причастным оборотом.

1) Композитор П.И. Чайковский, который написал известные балеты и оперы, был также прекрасным дирижёром.

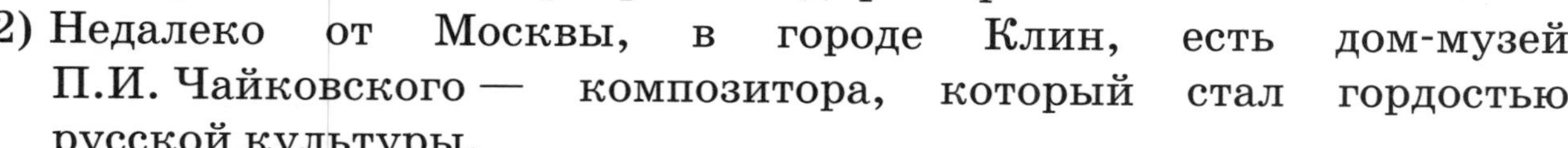

2) Недалеко от Москвы, в городе Клин, есть дом-музей П.И. Чайковского — композитора, который стал гордостью русской культуры.
3) Известный художник И.Е. Репин хотел жить **вдали́** от городского шума, поэтому он выбрал для своего дома тихое место под названием Куоккала, которое находится в 40 километрах от Петербурга (сейчас это посёлок Репино).

4) По средам Илья Репин и его жена принимали у себя поэтов, писателей, певцов, музыкантов, которые читали свои стихи, исполняли музыкальные произведения.
5) Любимой темой картин художника М. Врубеля была тема человека, который искал свободу, любовь, **справедли́вость**, но так и не сумел их найти.
6) Михаил Лермонтов, который написал **гениа́льные** стихи, романы, поэмы, погиб в 27 лет.

Задание 33. Прочитайте (прослушайте) текст. **А.** Найдите в нём причастия. Замените причастные обороты предложениями с глаголами.

Недавно Том прочитал рассказ известной современной писательницы Виктории Токаревой «Вместо меня». Рассказ ему очень понравился, и он решил коротко рассказать его содержание своим друзьям. Вот что рассказал Том.

Действие рассказа происходит в наше время, ну, может быть, в конце прошлого века. Главного героя рассказа зовут Ник. Ему 35 лет. Ник красивый, талантливый человек, окончивший театральную школу в России, а теперь живущий в Англии. У него много проблем. Он **безрабо́тный**. У него нет денег. От него ушла жена. Его мать попала в автомобильную катастрофу. Матери, лежащей в больнице, нужны деньги на лечение. Ник не знал, что делать. Он хотел найти работу. Но человека, ничего не умеющего делать, никто не хотел брать на работу. Ник мог надеяться только на чудо. И вдруг однажды это чудо случилось. Вернувшись домой после неудачной **попы́тки** найти работу, Ник нашёл в газете объявление. В объявлении говорилось о том, что одному человеку по фамилии Соколов нужен секретарь, владеющий русским языком. Оказалось, что Соколов — очень старый и очень богатый человек, родившийся в России, но всю жизнь проживший в Англии, мечтает перед смертью побывать на родине.

Миллионер, заработавший много денег, тративший деньги не только на бизнес, но и на развлечения, проживший жизнь весело, вдруг стал старым и **вы́нужден** сидеть в инвалидном кресле, есть только диетическую еду, пить не вино, а минеральную воду, забыть о женщинах и о весёлой жизни. Всё хорошее осталось в прошлом. Ему скучно жить. Он ненавидит людей, остающихся жить. Соколов уходит из этой жизни, и ему ничего и никого не жаль. Ему пришла в голову странная идея: сломать душу, сломать судьбу талантливого и гордого молодого человека. Он решил найти такого человека и заставить его делать то, что он сам уже делать не может.

Ник об этом ничего не знал. Соколов предложил Нику хорошие деньги за то, что он станет его секретарём и будет делать всё, что скажет старый миллионер. Ник, мечтавший изменить свою жизнь и заработать деньги на лечение матери, соглашается на условия Соколова. Согласившись на это путешествие, Ник даже не представлял, что его ожидает.

Через неделю вылетели в Москву. В аэропорту Соколова провожали родственники, радовавшиеся, что старик надолго улетает. В России сели на корабль, плывший по реке Волге. Сначала всё было хорошо. Старику нравился молодой человек, талантливо читавший стихи, игравший на гитаре, певший красивые песни... Ник почти любил старика, давшего ему деньги и возможность почувствовать себя артистом, нравящимся людям.

Но однажды утром всё изменилось. В столовой, когда люди ели свой маленький завтрак — кофе, булочки, джем... — Соколов заказал чёрную икру и бутылку водки. Он заказал не порцию икры, а банку. Официант, удивившись, принёс огромную банку, в которой было 3 килограмма икры, и ложку. Ник хотел отказаться, потому что он не пьёт утром водку. Но Соколов сказал: «Когда я был молодой и бедный, у меня была мечта: есть икру ложками. Много. Но не было денег. А теперь у меня есть деньги, но нет здоровья. Я хочу, чтобы ты осуществил мою мечту. Я очень долго добивался богатства. На это ушла вся молодость. Мне её жаль. Я хочу, чтобы ты был рядом со мной и жил мою молодость вместо меня. Ты можешь отказаться. Это твоё право. Но тогда ты не получишь ни копейки и будешь возвращаться в Англию за свой счёт».

Ник понял, что деньги Соколов ему платит за ЭТО, а не за чтение стихов. Что делать? Нику пришлось пить водку и есть икру... Соколов ещё несколько раз заставлял Ника делать то, что хотелось Соколову и что не нравилось Нику. Ник хотел уйти от сумасшедшего старика, бросить его одного. Но... Если вам интересно, как закончился этот рассказ, советую вам прочитать его. Он не очень трудный.

Б. Расскажите, что вы узнали:

1) об авторе рассказа;
2) о Нике и его проблемах;
3) о матери Ника;
4) о Соколове, о его жизни;
5) о плане Соколова;
6) о причинах, заставивших Ника согласиться на условия Соколова;
7) о начале путешествия;
8) о том, как Соколов начал осуществлять свой план.

В. Как вы думаете, что было дальше? Выскажите своё **предположе́ние**.

Задание 34. Посмотрите на рисунки.

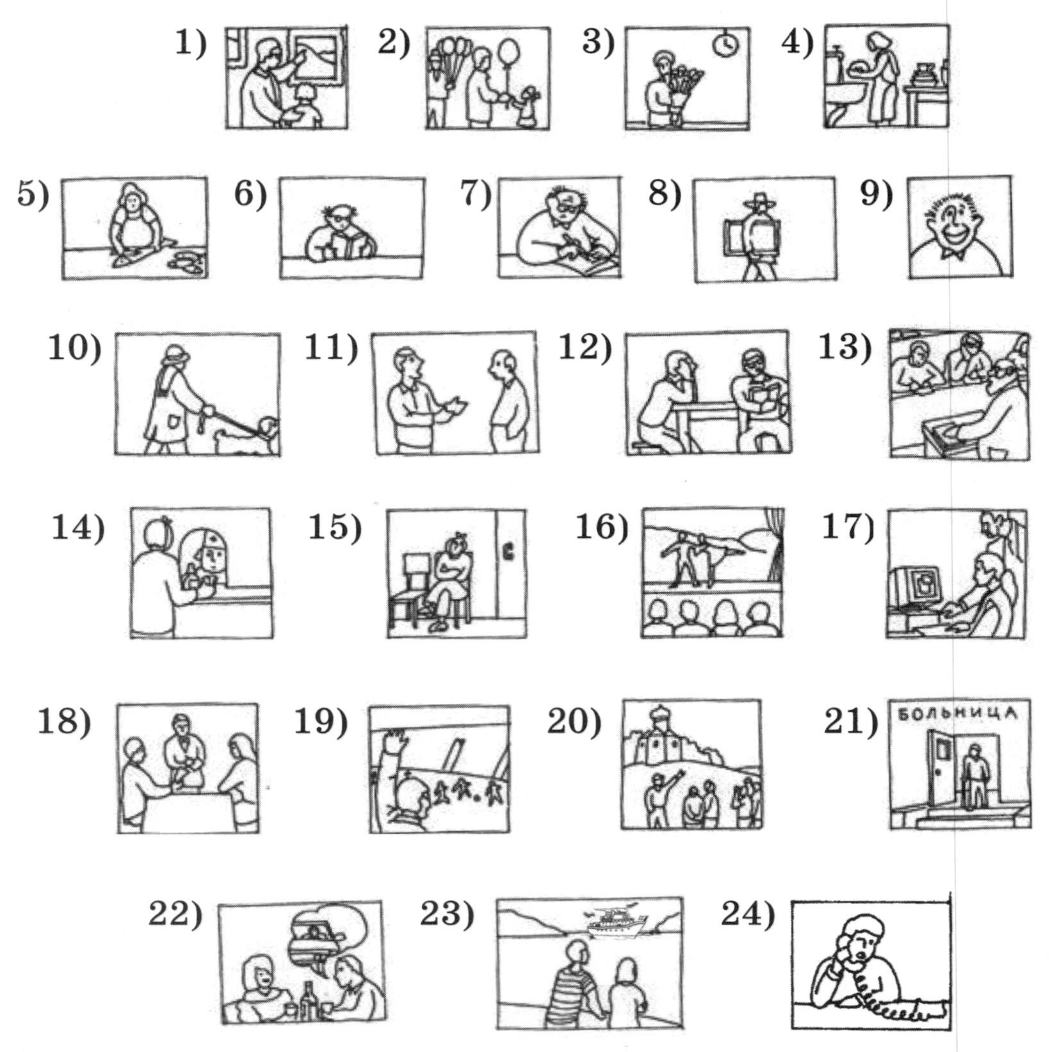

А. Вставьте пропущенные активные причастия. Укажите соответствующий рисунок.

1) Я вижу отца, ____________________ картину своему сыну.
2) Я вижу отца, ____________________ воздушный шарик своей дочери.
3) Я вижу молодого человека, ____________________ свою подругу и ____________________ ей букет цветов.
4) Я вижу женщину, ____________________ посуду.
5) Я вижу людей, ____________________ на море. Они смотрят на птиц, ____________________ над морем, и на корабль, ____________________ по морю.
6) Я вижу пожилого человека, ____________________ с собакой.

Б. Составьте свои предложения по оставшимся рисункам, используя активные причастия.

ПАССИВНЫЕ ПРИЧАСТИЯ

Проблема, **изучаемая** сейчас **учёными**, очень интересна.
= **Проблема, которую** сейчас **изучают учёные**, очень интересна.
Проблема, уже **изученная учёными**, очень важна для современной науки. = Проблема, **которую** уже **изучили учёные**, очень важна для современной науки.

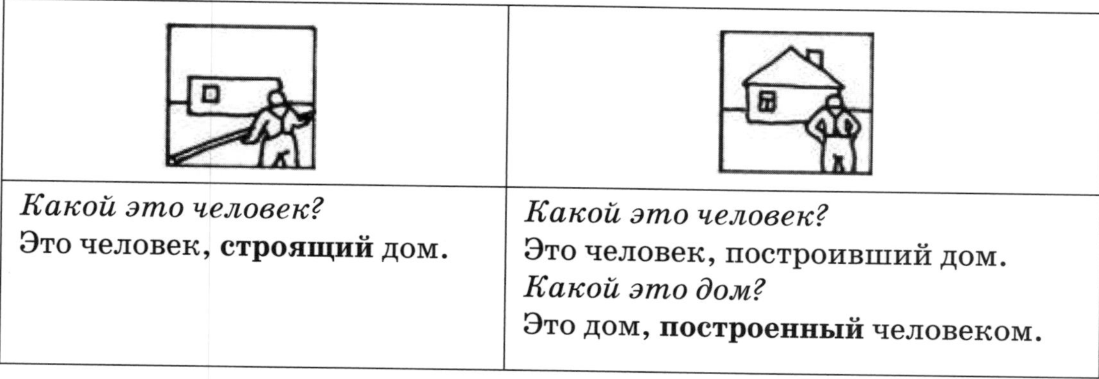

Какой это человек? Это человек, **строящий** дом.	*Какой это человек?* Это человек, построивший дом. *Какой это дом?* Это дом, **построенный** человеком.

Пассивные причастия настоящего времени
(только переходные глаголы НСВ)

Инфинитив	**Глагол НСВ 1-е л., мн. ч. (мы)**	**Суффикс**	**Причастие**
читать изучать использ**овать**	чита-**ем** изуча-**ем** использу-**ем**	**-ем-**	чита**ем**ый изуча**ем**ый использу**ем**ый
любить произносить видеть	люб-**им** произнос-**им** вид-**им**	**-им-**	люб**им**ый произнос**им**ый вид**им**ый

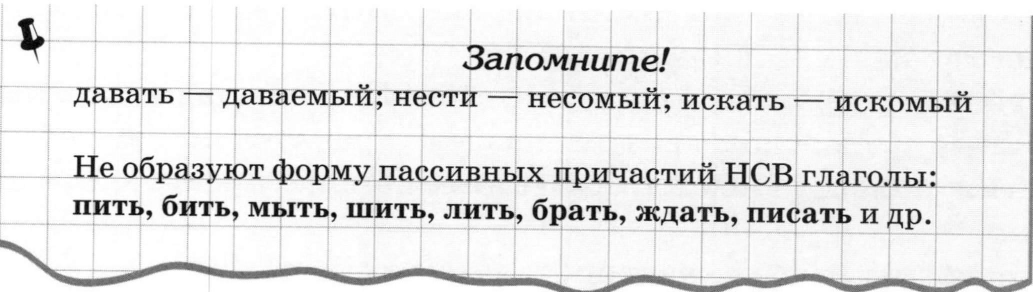

Запомните!

давать — даваемый; нести — несомый; искать — искомый

Не образуют форму пассивных причастий НСВ глаголы: **пить, бить, мыть, шить, лить, брать, ждать, писать** и др.

Задание 35. Определите, от каких глаголов образованы данные пассивные причастия настоящего времени. Напишите инфинитивы глаголов.

изучаемый, выполняемый, производимый, рекламируемый, **анализи́руемый**, исследуемый, создаваемый, переводимый, импортируемый, экспортируемый, обсуждаемый, оформляемый

Задание 36. Образуйте от данных глаголов пассивные причастия настоящего времени (НСВ).

Модель: любить — любим — *любимый*

устраивать, изучать, использовать, исполнять, производить, уважать, сдавать, управлять, рекламировать, описывать, обсуждать, **арендова́ть**

ОБРАТИТЕ ВНИМАНИЕ!

Пассивные причастия обычно образуются от переходных глаголов (переходные глаголы требуют винительного падежа без предлога).
В пассивных конструкциях объект становится субъектом (падеж № 4 ⟶ № 1), а активный субъект выражается формой творительного падежа (падеж № 1 ⟶ № 5). При замене пассивного причастия предложением со словом **который** падеж № 1 ⟶ № 4; падеж № 5 ⟶ № 1, то есть слово **который** стоит в винительном падеже (№ 4), так как является объектом.
Если в предложении не называется активный субъект, то глагол стоит в форме 3-го лица множественного числа без субъекта.

Проблемы, **обсуждаемые** на конференции, важны для науки.
= Проблемы, которые **обсуждают** на конференции, важны для науки.

Задание 37. Прочитайте (прослушайте) предложения. Найдите в данных предложениях пассивные причастия НСВ. **А.** Скажите, от каких глаголов они образованы. **Б.** Замените причастные обороты конструкциями со словом «который».

1) Расскажите о праздниках, отмечаемых в вашей стране.
2) Переговоры идут долго. Наверное, проблемы, обсуждаемые бизнесменами, слишком трудные.
3) Вечеринки, устраиваемые студентами, очень мешают соседям.
4) Машины, производимые этим заводом, нравятся покупателям.
5) События, описываемые автором в этом романе, произошли в начале войны.
6) Том прочитал список квартир, сдаваемых в **аре́нду**.
7) Импортируемые товары стоят иногда дешевле, чем производимые в стране.
8) В первом зале библиотеки стоят книги, наиболее часто читаемые посетителями библиотеки.
9) Исследуемые учёными проблемы имеют большое научное значение.
10) — Фёдор живёт в своей собственной квартире?
— Нет, он живёт в квартире, снимаемой для него его фирмой.

ОБРАТИТЕ ВНИМАНИЕ!

Некоторые причастия используются как прилагательные.

1) **Уважаемая** Нина Петровна!
2) Марина — **любимая** девушка Антона.
«Преступление и наказание» — **любимая** книга Тома.
3) В телескоп можно рассмотреть **невидимые** глазом звёзды.
4) «Достопримечательность» — это **труднопроизносимое** слово.
5) Полететь в космос — это практически не **осуществимая** мечта.
6) Вчера Оля была на встрече с президентом. Она говорит, что это **незабываемая** встреча!

Пассивные причастия прошедшего времени
(в основном переходные глаголы СВ)

Инфинитив	**Глагол м. р., прош. вр.**	**Суффикс**	**Причастие**
прочит**а́ть** (-ать) изуч**и́ть** (-ить) принес**ти́** (-сти; -ни́ть...) откр**ы́ть** (-ыть; -бить; -нять...)	прочит**а**-л изуч**и**-л принё**с** откр**ы**-л	**-нн-** **-енн-** **-ённ-** **-т-**	прочи́та**нн**ый изу́ч**енн**ый принес**ённ**ый откры́**т**ый

ОБРАТИТЕ ВНИМАНИЕ!

В пассивных причастиях часто происходит чередование согласных (как в форме 1-го л. ед. ч.): *купить — куплю — купленный*.
Суффикс **-ённ-** часто имеют причастия, образованные от глаголов, инфинитивы которых оканчиваются на **-сти**, **-зти**: *прине**сти***, *приве**зти***; на ударное **-нить**: ***объясни́ть***, ***отмени́ть***... (однако *похоронить — похоро́неннный*); на **-ить**, когда в форме 3-го л. мн. ч. (они) ударение падает на окончание (***решить*** — *реша́т*). В таких глаголах происходит чередование: **с/ш; з/ж; т/щ; д/ж; д/жд, п/пл**, или имеются согласные **ш, ж** перед окончанием.
Суффикс **-т-** часто имеют причастия, образованные от глаголов, инфинитивы которых оканчиваются на **-ыть**: *открыть*...; ударное **-нять/-ять**: ***поня́ть***, ***взять***; **-нуть**: *обмануть*; **-бить**: *разбить*, *убить*. Обращайте внимание также на ударение.

Пассивные причастия с суффиксом -ённ-	
принести	принесённый
провести (*время…*: я проведу)	проведённый
перевести (я переведу)	переведённый
изобрести (я изобрету)	изобретённый
произвести (я произведу)	произведённый
произнести	произнесённый
спасти	спасённый
привезти	привезённый
сохранить	сохранённый
объяснить	объяснённый
загрязнить	загрязнённый
уточнить	уточнённый
казни́ть	казнённый
изменить	изменённый
отменить	отменённый
решить (они реша́т)	решённый
соверши́ть (они соверша́т)	совершённый
вооружи́ть (они вооружа́т)	вооружённый
запрещать — запретить (я запрещу; они запретя́т)	запрещённый
изобразить (я изображу; они изобразя́т)	изображённый
пригласить (я приглашу; они пригнася́т)	приглашённый
посвяти́ть (я посвящу; они посвятя́т)	посвящённый
возвратить (я возвращу; они возвратя́т)	возвращённый
осветить (я освещу; они осветя́т)	освещённый
охладить (д/жд; они охладя́т)	охлаждённый
освободить (д/жд; они освободя́т)	освобождённый
предупредить (д/жд; они предупредя́т)	предупреждённый
закрепить (п/пл; они закрепя́т)	закреплённый

Пассивные причастия с суффиксом -т-	
откры́ть	откры́тый
закры́ть	закры́тый
вы́мыть	вы́мытый
забы́ть	забы́тый
уби́ть	уби́тый
разби́ть	разби́тый
заня́ть	за́нятый
поня́ть	по́нятый
приня́ть	при́нятый
подня́ть	по́днятый
снять	сня́тый
взять	взя́тый
обману́ть	обма́нутый
заверну́ть	завёрнутый
нача́ть	на́чатый
сшить	сши́тый

Задание 38. Определите, от каких глаголов образованы данные пассивные причастия совершенного вида. Напишите инфинитивы глаголов.

напи́санный, сде́ланный, ку́пленный, вы́мытый, произнесённый, полу́ченный, ска́занный, разби́тый, **упако́ванный**, совершённый, встре́ченный, спасённый, вы́бранный, обма́нутый, уби́тый, приглашённый, зарабо́танный, пропу́щенный, испра́вленный, проведённый, переведённый, разру́шенный, освобождённый, оста́вленный, постро́енный, изменённый, прои́гранный, пригото́вленный, похоро́ненный, на́йденный, укра́денный, поте́рянный

Задание 39. А. Образуйте от данных глаголов пассивные причастия СВ.

Модель: прочитать — прочитал — *прочитанный*; купить — купил (я куплю, они купят) *купленный*; разбить — *разбитый*

заказать, подписать, отремонтировать, показать, **наказа́ть**, основать, продать, напечатать, выбрать, потерять, выучить, разрушить, найти, купить, исправить, оставить, подготовить, построить, похоронить, совершить, решить, пригласить, произвести, произнести, привезти, перевести, вымыть, разбить, убить, открыть, закрыть

Б. Составьте с некоторыми причастиями возможные словосочетания.

Модель: заказать — заказанный — *заказанный обед, заказанный номер в гостинице, заказанное такси*

Задание 40. Прочитайте (прослушайте) предложения. Найдите в данных предложениях причастия. **А.** Скажите, от каких глаголов они образованы. **Б.** Замените причастные обороты конструкциями со словом «который».

1) Секретарь взяла со стола документы, подписанные начальником.
2) Наконец принесли блюдо, заказанное нами больше часа назад. Мы чуть не умерли от голода!
3) Как называется город, основанный Петром Первым в 1703 году?
4) Японцы снова построили города, разрушенные атомной бомбой в 1945 году.
5) На столе лежат тетради, проверенные преподавателем.
6) Иван Иванович наконец вернул кредит, взятый им 10 лет назад.
7) Ой! Упала картина, повешенная Иваном Ивановичем на стену.
8) В этом ящике стола Наташа хранит сувениры, подаренные ей её любимым молодым человеком.
9) Мне больше нравится новое, изменённое преподавателем расписание.

10) Том отдал охраннику потерянный кем-то зонт.
11) Антон не хочет расставаться с собакой, найденной им недавно на улице, хотя хозяин собаки уже позвонил Антону и хочет забрать свою собаку.
12) Футболистам было стыдно за проигранный матч.
13) Том: «Анна, я завтра уезжаю. Но я никогда не забуду время, проведённое нами вместе!»
14) Виктору нужно получить новый паспорт вместо паспорта, потерянного им на прошлой неделе.
15) Оля получила первую зарплату. Бабушка спросила: «Оля! Как ты потратишь заработанные тобою деньги?»
16) На полу лежат сломанные детьми игрушки.
17) Мама успокаивает дочку, напуганную собакой.
18) В этом году школьники начали учиться в новой школе, построенной несколько недель назад.
19) Мне нравится пейзаж, изображённый художником на этой картине.
20) Около автосервиса стоят уже отремонтированные машины.
21) Я не могу прочитать слова, написанные на рекламном плакате. Он висит слишком высоко.
22) Оля: «Бабушка, всегда принимай лекарства, рекомендованные врачом!»
23) Андрей подарил любимой девушке подарок, упакованный в красивую розовую бумагу.
24) Журналисты хотели взять интервью у преступника, только что арестованного полицией.
25) Бизнесмены считают деньги, полученные за товар.
26) Мама с трудом донесла до квартиры продукты, купленные в магазине и на рынке.
27) В больницу привезли людей, раненных во время **террористи́ческого а́кта**.

ОБРАТИТЕ ВНИМАНИЕ!

Некоторые причастия используются как прилагательные.

1) Наташа весь день ждёт звонка от любимого мужчины. Трудно жить **влюблённой** девушке.
2) У Романа болит живот. Наверное, он съел **испо́рченные** продукты.
3) Аспирин нужно принимать только при **повышенной** температуре.
4) После теракта было много **раненых** людей.
5) Полиция арестовала **вооружённого преступника**.

Задание 41. Вставьте выделенные причастные обороты.

I. построенный в прошлом году

1) Мы живём в доме, ____________________ .
2) Наша семья переехала в дом, ____________________ .
3) Машина стоит около дома, ____________________ .
4) Остановка автобуса находится рядом с домом, ____________________ .

II. напечатанная в сегодняшней газете

1) Вы читали статью, ____________________ ?
2) Что вы скажете о статье, ____________________ ?
3) Мы не согласны с мнением автора статьи, ____________________ ?
4) В статье, ____________________ , пишут об очень важной проблеме.

III. книга, написанная этим писателем

1) Почти все мои друзья читали ____________________ .
2) К сожалению, у меня нет ____________________ .
3) В статье говорится о ____________________ .
4) Все мои знакомые интересуются ____________________ .

Задание 42. Прочитайте (прослушайте) предложения. Замените предложения со словом «который» конструкциями с пассивными причастиями СВ.

29.13

1) Мне нравятся книги, которые написали русские писатели XIX века.
2) Мы разговаривали с друзьями, которых мы пригласили на вечеринку.
3) Наши друзья были на выставке, которую организовали молодые художники.
4) Мы принесли на урок разные газеты, которые мы купили по дороге в университет.
5) Мои родители повесили на стену картину, которую им подарили их друзья.
6) — Что вы ждёте?
   — Мы ждём такси, которое мы заказали.
7) Кену нравятся компьютеры, которые сделали в Японии, а Тому нравятся компьютеры, которые произвели в Америке.
8) Мама похвалила обед, который приготовила дочь.
9) Питер взял тетрадь, которую проверил преподаватель.
10) Актёр Владимир Машков получил приз за роль, которую он сыграл в последнем фильме.
11) На выставке мне больше всего понравилась картина, которую нарисовала моя подруга.

Задание 43. Прочитайте (прослушайте) предложения и найдите в них причастия. Прочитайте предложения и найдите в них причастия. Определите, какие они — активные или пассивные, от каких глаголов они образованы. Замените причастные обороты предложениями со словом «который».

А. 1) На столе у актрисы лежат цветы, подаренные ей одной поклонницей. Женщина, подарившая цветы, очень любит эту актрису и уже много лет ходит на её спектакли.

2) На полу лежат сломанные ребёнком игрушки. Мама ругает ребёнка, сломавшего игрушки.

3) Наташа читает эсэмэску, полученную от одного молодого человека. Молодой человек, приславший эту эсэмэску, давно любит Наташу и приглашает её в кино.

4) У меня в комнате на стене висит картина, нарисованная моим другом. Друг, нарисовавший эту картину и подаривший её мне, несколько лет назад уехал из России. Эта картина, висящая на стене, постоянно напоминает мне о моём уехавшем друге.

5) Утро. Секретарь работает в офисе фирмы. На столе у неё лежат документы, ещё не подписанные директором. Документы, уже подписанные директором, секретарь положила в папку. Документы, лежащие на столе, секретарь должна отнести директору, чтобы он подписал их. Сейчас директор очень занят. Он разговаривает с бизнесменами, приехавшими из другого города.

6) Все студенты собрались в комнате Тома, устроившего вечеринку в честь окончания экзаменов. Студенты, собравшиеся в комнате Тома, учатся в разных группах, но все они хотят повеселиться после экзаменов. Том поставил на стол блюдо, приготовленное японским студентом, сок, купленный американскими студентами, цветы, принесённые корейскими студентками. Русские девушки, пришедшие поздравить иностранных друзей, принесли торт в качестве подарка. После вечеринки студенты сказали, что вечеринка, устроенная Томом, им понравилась. Они поблагодарили Тома, подарившего друзьям прекрасный вечер.

Б. 1) Мне нравятся машины, производимые в России. Почему? Например, эта машина, произведённая 5 лет назад, до сих пор не требует ремонта. Завод, производящий эти машины, находится в городе Тольятти. Я знаю несколько человек, купивших такую машину. Они все довольны своей покупкой. Все машины, купленные моими знакомыми, хорошего качества.

2) Преступник, совершивший преступление, сейчас находится в тюрьме. Он получил 10 лет тюрьмы за совершённое им

преступление. Все люди, совершающие преступление, должны думать о том, что они рано или поздно получат наказание за совершаемые ими преступления.

3) **Но́белевскую пре́мию** по физике за 2010 год получили Андрей Гейм и Константин Новосёлов — учёные, родившиеся и получившие образование в России, но сейчас живущие и работающие в Англии. Бывшие российские, а ныне британские учёные, конечно, гордятся полученной премией. Нобелевская премия, **присужда́емая** ежегодно Нобелевским комитетом, является очень престижной **награ́дой** за научные труды. Константин Новосёлов является самым молодым нобелевским **лауреа́том.** Он родился в 1974 году.
4) Пьер — журналист. Он часто читает статьи по экономике, публикуемые в газете «Коммерсант». Вчера Пьер прочитал статью, опубликованную в последнем номере газеты. Читая статью, Пьер думал, что журналист, написавший эту статью, хорошо разбирается в экономике. Пьер тоже мечтает работать в журнале, публикующем статьи об экономике или о политике. Сейчас Пьер изучает русский язык. Он считает, что человеку, владеющему несколькими иностранными языками, легче найти хорошую работу.
5) Уровень жизни людей, живущих в **ра́звитых** странах, отличается от уровня жизни людей, живущих в **развива́ющихся** странах. Летом Лиза добровольно работала в одной развивающейся стране, помогая бедным людям в больнице.
6) Кен — бизнесмен. Он работает в одной фирме, торгующей компьютерами.

присужда́ть — присуди́ть (премию) *кому? за что?*

Задание 44. Вставьте активное или пассивное причастие.

1) Я читаю письмо, ______________ (приславшее — присланное) мне по Интернету.
2) Журналисту удалось поговорить с врачом, ______________ (сделавшим — сделанным) уникальную операцию на сердце.
3) Больной поблагодарил врача, ______________ (вылечившего — вылеченного) его.
4) Вы читали статью, ______________ (напечатавшую — напечатанную) во вчерашней газете?
5) Мы обсуждали фильм, ______________ (показавший — показанный) вчера по телевизору.
6) На столе лежит кем-то ______________ (забывшая — забытая) книга.

7) Мы учимся в университете, ______________________
(основавшем — основанном) сто лет назад.
8) Я очень обрадовался посылке, ______________________
(приславшей — присланной) моими родителями.

Задание 45. Выберите из вариантов а), б), в) словосочетание с причастием, соответствующее выделенной конструкции.

1) Девушка, *которая встречала меня в аэропорту*, держала в руках цветы.
   а) встретившая меня
   б) встреченная мною
   в) встречавшая меня

2) Спортсмен, *которого я встретил*, занял первое место в соревнованиях.
   а) встреченный мною
   б) встретивший меня
   в) встречавший меня

3) Виктор принёс мне газеты и журналы, *которые он получил сегодня утром*.
   а) получаемые им
   б) полученные им
   в) получившие его

4) Мы поблагодарили друга, *который пригласил нас на концерт*.
   а) пригласившего нас
   б) приглашавшего нас
   в) приглашённого нами

5) Я получил сразу несколько писем, *которые послали мне из Китая*.
   а) пославших мне
   б) посланных мне
   в) посылающих мне

6) Он не услышал слов, *которые произнесла она*.
   а) произносимых ею
   б) произнесённых ею
   в) произносивших её

7) Человек, *который принёс вам посылку*, ушёл.
   а) приносивший
   б) приносящий
   в) принёсший

8) Мне не понравилась книга, *которую он выбрал*.
   а) выбираемая им
   б) выбранная им
   в) выбравшая его

9) Я услышал песню, *которую я давно забыл*.
   а) забывшую меня
   б) забытую мною
   в) забывающую меня

Задание 46. Прочитайте (прослушайте) рассказ Питера. Прочитайте рассказ Питера. Замените, где это возможно, конструкции со словом «который» на причастный оборот.

Я часто гуляю по улицам города, который я очень люблю. Мне нравятся люди, которые гуляют по городу, идут мне навстречу. Когда день хороший, я вижу много детей, которые бегают и играют на детских площадках, и родителей, которые **наблюда́ют** за ними.

Люди, которые сидят на скамейках в парках, едут в транспорте, делают покупки в магазине, часто разговаривают друг с другом и даже спорят. Я хотел бы понять, о чём они говорят, хотел бы знать проблемы, которые они обсуждают. Но, к сожалению, пока это невозможно, потому что я ещё не очень хорошо понимаю по-русски.

наблюда́ть (НСВ) *за кем?*

Задание 47. Прочитайте (прослушайте) текст. **А.** Измените предложения с причастиями и деепричастиями, используя глаголы в личной форме.

Один американский журналист, побывавший во многих странах мира, объездивший почти всю Россию, был удивлён и восхищён характером русских людей, живущих в Сибири. В статьях, опубликованных в одной американской газете, он делится впечатлениями от посещения сибирских городов и деревень:

— Меня удивило то, что даже в период экономического кризиса, сделавшего жизнь очень трудной, **сибиряки́** остались добрыми, гостеприимными. Наверное, в сибирской **тайге́** сохранился настоящий русский характер. Долгое время не получая зарплаты, живя в плохих условиях, люди приглашают друг друга в гости, отмечают праздники. Нигде в мире я не встречал людей, имеющих столько проблем и при этом улыбающихся, радующихся самым простым вещам, не жалующихся на тяжёлую жизнь.

Путешествуя по Сибири, я понял, что в трудных условиях люди могут жить, только помогая друг другу, поддерживая друг друга, не жалуясь на судьбу. Меня, человека, привыкшего получать всё, что захочу, имеющего счёт в банке, хорошую работу, удивили такие отношения между людьми и такое отношение к жизни. Думаю, всем людям, живущим в развитых странах, будет полезно пожить среди людей, сохранивших лучшие человеческие качества несмотря на экономические трудности.

Б. Ответьте на вопросы, используя (где возможно) причастия и деепричастия.

1) Какой журналист был восхищён характером русских людей?
2) О каких людях он рассказал в своих статьях?
3) В каких статьях он делится своими впечатлениями от посещения Сибири?
4) Что удивило американского журналиста в Сибири? Какие люди там живут?
5) Как жили сибиряки в условиях экономического кризиса?
6) Каких людей журналист не встречал нигде, кроме Сибири?
7) Что понял журналист, путешествуя по Сибири?
8) Что вы узнали о журналисте, что он рассказал о себе?
9) Что он советует людям, живущим в развитых странах?

Задание 48. Посмотрите на рисунки и составьте предложения по модели, используя пассивные причастия.

Модель: Иван смотрит на ____________________ (он построил) .
— *Иван смотрит на построенный им в этом году дом (на дом, построенный им в этом году).*

1) На первой фотографии мы видим ещё ____ (не построил).
2) Максим кладёт в конверт ______________________ (он написал).
3) Виктор ставит на полку ______________________ (он прочитал).
4) Вадим несёт домой ______________________ (он купил).
5) Мастер стоит около ______________________ (он отремонтировал).

6) Андрей кладёт в почтовый ящик ______________________ (он написал).
7) Мама несёт ______________________ (она вымыла).
8) Иван Иванович читает ______________________ (он получил).

КРАТКИЕ (ПАССИВНЫЕ) ПРИЧАСТИЯ

Сейчас мы живём и учимся в городе,
основанном Петром Первым в 1703 году.
Санкт-Петербург **основан** Петром Первым.
Пётр Первый основал этот город в 1703 году.

Он написал письмо.

Письмо написано им.

ОБРАТИТЕ ВНИМАНИЕ!

Мы уже изучали краткие пассивные причастия **в уроке 27**. Напомним, что они образуются от полных пассивных причастий прошедшего времени, имеют суффиксы **-н**, **-ен**, **-ён**, **-т** и изменяются только по числам и родам.

прочитан**ный** ⟶ он прочит**ан**, она прочит**ан** + **-а**,
оно прочит**ан** + **-о**, они прочит**ан** + **-ы**
построенный ⟶ постро**ен**, постро**ена**, постро**ено**, постро**ены**
вымытый ⟶ вымыт, вымы**та**, вымы**то**, вымы**ты**

Если полное причастие имеет суффикс **-ённ-**, то в кратком причастии в формах женского, среднего рода и множественного числа ударение перемещается на окончание, и краткое причастие имеет суффикс **-ен**: он приглаш**ён**; она приглаш**ена́**; они приглаш**ены́**. В предложении полные причастия являются определениями (*attribute*), а краткие причастия — сказуемыми (*predicate*). Если речь идёт об историческом событии или о событии, которое произошло в прошлом, и результат его к настоящему моменту уже аннулирован, то в прошедшем времени причастие имеет сложную форму (с глаголом «быть») Для образования будущего времени используются формы глагола «быть».

Сегодня банк **открыт.** (банк сегодня работает)
Вчера банк **был закрыт.** (а сегодня другая ситуация)
Завтра банк **будет открыт**.

УРОК 29

Задание 49. Прочитайте (прослушайте) предложения. Замените пассивные конструкции активными.

Модель: Картина нарисована известным художником. — *Картину нарисовал известный художник.*

А. 1) Этот факс ещё вчера был отправлен нашим секретарём.
2) Этот роман переведён с русского языка на английский очень плохо.
3) Здание Зимнего дворца построено известным итальянским архитектором Растрелли.
4) Это блюдо приготовлено моим сыном. Нравится?
5) Сегодня Том свободен. Индивидуальный урок перенесён преподавателем на другой день.
6) Кем изобретена электрическая лампочка?

Б. 1) Солдат был ранен на войне.
2) К сожалению, чашка, которую ты подарил, разбита.
3) — Почему Антон не играет в футбол?
— У него сломана нога.
4) Таких словарей сейчас нет. Все словари были проданы ещё вчера.
5) Сотрудник уволен из фирмы, потому что он плохо работал.
6) — Почему нет горячей воды?
— Из-за ремонта горячая вода была отключена.
7) Какой красивый альбом! Он очень хорошо оформлен.
8) Анкета заполнена неправильно.
9) Из-за болезни артиста концерт был отменён.
10) Спасибо, доктор! Жизнь ребёнка спасена благодаря вам!
11) Скажите, пожалуйста, где похоронен Пётр Первый?
12) Согласно **зако́ну**, каждый иностранец должен быть зарегистрирован там, где он живёт.
13) — Я хочу купить этот компьютер. Чьё это производство?
— Этот компьютер произведён в Китае. Это китайское производство.
14) Я не вижу, что написано на доске.
15) Этот подарок красиво упакован.
16) Перед праздником город был красиво украшен.

В. 1) Ресторан: «Столик заказан».
2) Электронная почта: «Сообщение отправлено».
3) Служба такси: «Ваш заказ принят».
4) Улица: «Переход в этом месте запрещён».
5) Театр: «Все билеты проданы».
6) Телевидение: «На телевидении запрещена реклама некоторых товаров».

Задание 50. Прочитайте предложения. Вставьте краткие причастия по модели.

Модель: Том мечтает прочитать по-русски роман «Преступление и наказание», написанный его любимым писателем Фёдором Достоевским. Этот роман был ____________ Достоевским в 1866 году. — Этот роман был *написан* Достоевским в 1866 году.

1) На столе лежит прочитанная книга. Эта книга была ____________ Антоном вчера вечером.
2) Сотрудник вокзала нашёл оставленную кем-то сумку. Наверное, эта сумка была ____________ ещё вчера.
3) Наташа каждый день читает полученные по электронной почте письма. Последнее письмо было ____________ сегодня утром.
4) Продавец в магазине пишет отчёт о проданных товарах. Сейчас он пишет о том, какие товары были ____________ сегодня.
5) Кен читает книги русских писателей, переведённые на японский язык. Сейчас он читает книгу Людмилы Улицкой, которая была ____________ на японский язык в этом году.
6) Мама с удовольствием смотрит на вымытую посуду. Вся посуда ____________ её дочерью.
7) Сотрудник фирмы встречает приглашённых на обед гостей у входа в зал ресторана. Гости были ____________ в ресторан «Садко».
8) Секретарь положила в папку подписанные документы. Все документы были ____________ директором ещё вчера.
9) Том ещё раз анализирует исправленные ошибки. Вот эти ошибки ____________ преподавателем, а эти ошибки ____________ самим студентом.
10) Антон любит **поря́док** в доме, но он не любит заниматься домашними делами. Он не любит убирать квартиру, готовить обед, мыть посуду, стирать одежду, гладить рубашки, аккуратно вешать одежду на вешалки в шкаф. Но он мечтает иметь убранную квартиру, приготовленный обед, вымытую посуду, выстиранную одежду, поглаженные рубашки, аккуратно повешенную на вешалки в шкаф одежду. Антон хочет, чтобы квартира всегда была ____________ , обед ____________ , посуда ____________ , одежда ____________ , рубашки ____________ , чистая одежда аккуратно ____________ на вешалки в шкаф. Это чудо должна совершить жена, поэтому Антон хочет жениться.

Задание 51. Посмотрите на рисунки, прочитайте глаголы и составьте предложения, используя **А)** активные конструкции с глаголом; **Б)** пассивные конструкции с краткими причастиями.

Модель: вымыть — **А)** *Бабушка вымыла посуду.* **Б)** *Посуда вымыта (бабушкой).*

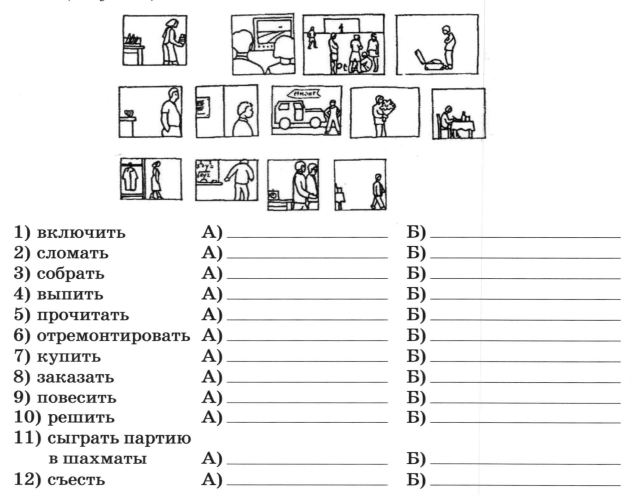

1) **включить** А) __________ Б) __________
2) **сломать** А) __________ Б) __________
3) **собрать** А) __________ Б) __________
4) **выпить** А) __________ Б) __________
5) **прочитать** А) __________ Б) __________
6) **отремонтировать** А) __________ Б) __________
7) **купить** А) __________ Б) __________
8) **заказать** А) __________ Б) __________
9) **повесить** А) __________ Б) __________
10) **решить** А) __________ Б) __________
11) **сыграть партию в шахматы** А) __________ Б) __________
12) **съесть** А) __________ Б) __________

Задание 52. Прочитайте (прослушайте) просьбы /приказы. Ответьте на просьбу/приказ по модели.

Модель: — Вымойте посуду! — ***Она уже вымыта.***

1) — Отправьте факс клиенту! __________
2) — Получите деньги в кассе! __________
3) — Пригласите директора на банкет! __________
4) — Купите цветы для бабушки! __________
5) — Включите телевизор! __________
6) — Закройте окно! __________
7) — Накормите собаку! __________
8) — Выполните задание! __________
9) — Подпишите эти документы! __________
10) — Отремонтируйте машину! __________

11) — Откройте дверь! ________________
12) — Порежьте хлеб! ________________
13) — Закажите обед в ресторане! ________________
14) — Напишите рассказ! ________________
15) — Переведите текст! ________________
16) — Исправьте ошибки! ________________
17) — Приготовьте обед для гостей! ________________
18) — Подготовьте документы для переговоров! ________________
19) — Напечатайте текст на принтере! ________________

Задание 53. Выберите полную или краткую форму причастий.

А. 1) Пьер показал мне сувениры, ________________ (купленный — куплен) в Москве.
2) Скажите, пожалуйста, когда ________________ (построенный — построен) это здание?
3) Я забыл дома текст, ________________ (переведённый — переведён) мной вчера.
4) Виктор показал нам фотографии, ________________ (сделанный—сделан) им во время поездки.
5) Университет, в котором учится моя сестра, ________________ (основанный — основан) в прошлом веке.
6) На сцену вышел артист, тепло ________________ (встреченный — встречен) зрителями.
7) Эти письма ________________ (присланные — присланы) из разных стран.
8) Мне нравится кафе, ________________ (открытое — открыто) недавно на нашей улице.

Б. 1) Когда Андрей вошёл в аудиторию, в руках он держал письмо, ________________ (полученное — получено) им утром. Это письмо ________________ (присланное — прислано) из Москвы. Оно ________________ (написанное — написано) другом Андрея.
2) Сейчас в студенческом клубе ________________ (организованная — организована) выставка фотографий. Фотографии ________________ (присланные — присланы) из разных университетов. Они ________________ (сделанные — сделаны) фотографами-любителями. Особенно мне понравились фотографии, ________________ (сделанные — сделаны) студентами нашего университета.
3) Я читаю роман, ________________ (написанный — написан) одним французским писателем. Роман ________________ (написанный —

был написан) в 1955 году. Несколько лет назад он ________________ (переведённый — был переведён) на русский язык. События, ____________________ (описанные — описаны) в романе, происходили во Франции в XIX веке.

Задание 54. Прочитайте (прослушайте) тексты. **А.** Найдите в них активные и пассивные причастия. Определите, от каких глаголов они образованы. Найдите новые глаголы в словаре. **Б.** Выразите мысль по-другому, используя личные формы глагола.

1) Однажды у Питера украли паспорт. Питер написал в полицию заявление о том, что у него украден паспорт. Он попросил найти и вернуть ему украденный документ, а также наказать преступника, укравшего паспорт. К счастью, полиции удалось быстро найти преступника, совершившего преступление. Паспорт был найден и возвращён хозяину, а преступник справедливо наказан. Счастливый конец!

2) Как вы уже знаете, в 2010 году Нобелевская премия по физике была получена учёными, родившимися и учившимися в России, а сейчас живущими и работающими в Манчестере (Великобритания). Премия была присуждена за то, что ими был создан новый материал, который называется «графен». Этот материал очень тонкий, он в 500 000 раз тоньше волоса человека. Он даёт возможность создать новую электронную технику. По мнению учёных, благодаря этому материалу через несколько лет будут изобретены компьютеры нового типа, работающие в несколько раз быстрее современных.

3) В августе 2000 года в Москве произошёл террористический акт. В **подзе́мном перехо́де** была **взо́рвана** бомба. Бомба была оставлена в сумке рядом с киоском, торгующим часами. В результате теракта погибло 13 человек, около 60 человек были **ра́нены**. Руководители многих стран прислали свои **соболе́знования** по поводу случившегося. На месте **взры́ва** установлен памятник погибшим и **пострада́вшим** людям.

4) Однажды Максим посмотрел фильм об одном политике, казнённом несколько лет назад. Он был казнён за преступления, совершённые против своего народа. Максим долго думал о фильме, о преступлениях политика, о смертной казни. Максим знает, что в России, как и во многих странах, смертная казнь отменена. Закон об отмене смертной казни был принят в 2009 году. До этого смертная казнь в России не применялась несколько лет. Однако многие люди хотят применения смертной казни, думая, что это поможет **сни́зить** уровень преступности.

В. Перескажите один из текстов своими словами.

Задание 55. Прочитайте (прослушайте) текст. **А.** Найдите в нём причастия. Замените причастные конструкции конструкциями с глаголами.

ИЗ ИСТОРИИ ЭРМИТАЖА

Эрмитаж — один из самых известных музеев мира — расположен в центре Санкт-Петербурга. Эрмитаж был основан императрицей Екатериной Второй в 1764 году. Екатерина Вторая управляла страной в течение 34 лет, добившись больших успехов во **вне́шней** и **вну́тренней** политике. По её приказу были построены два здания Эрмитажа и Эрмитажный театр, ставшие первыми зданиями будущего музея. Русские послы, работавшие в разных странах мира, получили от императрицы задание покупать для Эрмитажа лучшие произведения искусства.

Сначала Екатерина, сама неплохо **разбира́вшаяся** в искусстве, **приобрела́** коллекцию картин, собранную одним немецким коллекционером. В коллекции были картины, написанные в основном голландскими художниками. Эта коллекция картин была доставлена в столицу России на корабле. Следующая большая коллекция, содержавшая свыше 600 картин, отличающихся очень высоким качеством, была куплена в Австрии. В 1772 году Екатериной были приобретены прекрасные картины, настоящие **шеде́вры**, принадлежавшие французскому коллекционеру и ставшие жемчужиной коллекции Эрмитажа.

Сначала коллекцией картин, собранной в Зимнем дворце, могли любоваться только члены царской семьи, потому что картины принадлежали **ли́чно** Екатерине. В 1852 году, уже при царе Николае Первом, Эрмитаж стал публичным музеем и был открыт для посещения.

В Эрмитаже можно увидеть произведения искусства почти всех времён и народов. Здесь представлена античная скульптура, произведения русских мастеров, картины Леонардо да Винчи, Рубенса, Рафаэля, Веласкеса и многих других известных художников — всё это размещено в пяти больших зданиях, связанных между собой.

Б. Перескажите текст.

приобрета́ть — приобрести́ *что?*
разбира́ться (НСВ) *в чём?*

Задание 56. Посмотрите на рисунки. Скажите, кого или что вы видите. Используйте активные и пассивные причастия.

Модель: *На первом рисунке я вижу шкаф с книгами, стоящий у стены.*

Задание 57. Откройте альбом с репродукциями известных картин. Скажите, что изображено на этих картинах. Постарайтесь использовать причастия.

Модель: *На картине изображена девушка, сидящая за столом.*

изобража́ть — изобрази́ть *что?*

Задание 58. Найдите в СМИ или в художественной литературе примеры использования деепричастий и причастий.

Задание 59. Ответьте на вопросы. В ответах используйте активные и пассивные причастия.

1) Какие люди смогут найти работу в России?
2) Какие компьютеры, по вашему мнению, самые хорошие, надёжные?
3) С какими людьми вам интересно разговаривать?
4) Каких людей много летом на море?
5) Какие вещи приносят в бюро находок?
6) Какие люди ходят в караоке-бар?
7) Какие картины висят в музеях?
8) Кто такие студенты?
9) Какими должны быть политики?
10) Какие студенты изучают здесь русский язык?
11) Какие люди приходят к врачу?

Словарь урока 29

абсолю́тный
аре́нда
безрабо́тный
вдали́
вегетариа́нец
ве́рующие (лю́ди)
взрыв
взя́тка
вне́шний
вну́тренний
вооружённый
вы́нужден (-а; -ы)
вы́сшая матема́тика
гениа́льный
доброво́льно
дома́шние
зако́н
испо́рченный
короле́ва
лауреа́т
ли́чно
награ́да
Но́белевская пре́мия
но́готь (*м. р.*)
ого́нь (*м. р.*)
подзе́мный перехо́д
попы́тка
поря́док
пострада́вший
предположе́ние
пылесо́с
развива́ющиеся (стра́ны)
ра́звитые (стра́ны)
ра́неный
сибиря́к
соболе́знование
(*по поводу чего?*)
справедли́вость
стра́нный
тайга́
террористи́ческий акт
шеде́вр
ювели́рный

арендовать *что?*
броса́ть — бро́сить *что? куда?*
взрыва́ть — взорва́ть *что?*
вооружа́ть — вооружи́ть
горе́ть — сгоре́ть
достава́ть — доста́ть *что? откуда?*
изобража́ть — изобрази́ть *что?*
исчеза́ть — исче́знуть
казни́ть (НСВ, СВ)
наблюда́ть (НСВ) *за кем?*
нака́зывать — наказа́ть *кого? за что?*
освобожда́ть — освободи́ть *кого? что?*
посвяща́ть — посвяти́ть *что? кому? чему?*
приобрета́ть — приобрести́ *что?*
присужда́ть — присуди́ть (премию) *кому? за что?*
разбира́ться (НСВ) *в чём?*
разочаро́вывать — разочарова́ть *кого?*
снижа́ть — сни́зить *что?*
упако́вывать — упакова́ть *что?*

Урок 30

ПОВТОРИТЕЛЬНЫЙ

Задание 1. Прочитайте (прослушайте) текст. **А.** Задайте друг другу вопросы по тексту.

ОН ВСЕГДА ХОТЕЛ БЫТЬ ПЕРВЫМ

В двенадцать лет он стал **чемпио́ном** СССР по шахматам среди школьников, в семнадцать стал **гроссме́йстером**, в восемнадцать — чемпионом страны среди взрослых. А в двадцать два года он стал самым молодым в истории шахмат чемпионом мира. Имя тринадцатого чемпиона мира — Гарри Каспаров. Вот что рассказала о своём сыне мать чемпиона Клара Каспарова:

— Гарик родился 13 апреля 1963 года. Рос он здоровым спокойным мальчиком. Очень рано стал ходить — в девять месяцев, а говорить начал поздно — в два года. Гарри очень любил отца. Отец всегда разговаривал с сыном спокойно, как со взрослым человеком. Он всегда ему много читал: прочитает сказку или какой-нибудь рассказ, а потом они долго обсуждают прочитанное.

Я хочу отметить, что специально его никто ничему не учил. Но в семье всё делалось для ребёнка. Когда ему исполнилось три года, бабушка подарила ему тарелки, на которых был алфавит, а рядом с каждой буквой находился рисунок предмета. Например, рядом с «А» — арбуз. Каждый раз, когда бабушка кормила его, она показывала ему эти буквы, и мы, честно говоря, не **заме́тили**, как он научился читать. В пять лет он уже читал совершенно свободно. Но мы никогда не восхищались его **housed спосо́бностями вслух.** Мы спокойно относились к его успехам.

Шахматные способности у Гарика открылись очень рано. Мы с мужем любили, но не имели возможности играть в шахматы, зато часто решали шахматные задачи. Однажды мы никак не могли решить одну задачу. Вдруг пятилетний Гарик говорит: «Нужно поставить **коня́** сюда». Мы смотрим — правильно. В это трудно поверить, но он, даже не зная, как начинается игра, научился решать задачи, наблюдая за нами. Потом мы открыли шахматную **до́ску**, и отец начал учить его играть в шахматы. Процесс обучения был очень коротким. И через год, в шесть лет, Гарик уже выигрывал у отца. Когда к нам приходили гости, они всегда играли в шахматы с Гариком.

В детстве, кроме шахмат, он занимался плаванием, очень любил футбол, обожал быстрые игры. И везде он хотел быть первым. Естественно, это не всегда нравилось его товарищам. Очень часто он приходил домой с **синяка́ми**.

Когда Гарику было семь лет, умер его отец. Сын долго не хотел в это верить. Он сказал: «Давай думать, что папа уехал!»

Мы в семье часто обращали внимание на большую **насто́йчивость** мальчика — с самого раннего возраста он всё старался делать сам. Я вспоминаю сейчас интересный случай. Это было в пятом классе. Учился он прекрасно, но совершенно не умел рисовать. А так как я хорошо рисую, все домашние задания по рисованию вместо него выполняла я. Однажды учитель сказал ему: «Гарик, ты очень хорошо рисуешь, и ты поедешь на конкурс». Он пришёл домой невесёлый и весь вечер молчал. Когда я спросила его, что случилось, он всё рассказал. Я сказала: «Есть два выхода: один — **призна́ться**, что рисовал не ты, второй — научиться рисовать не хуже других». Он ничего не ответил, а на следующий день он подошёл ко мне и сказал: «Знаешь, мама, я не могу признаться, что это не мои рисунки. Я должен научиться рисовать». Сначала у него ничего не получалось. Но потом он стал рисовать всё лучше и лучше. И он поехал на конкурс.

О том, чтобы стать шахматистом, он не мечтал в детстве. После смерти отца до десяти лет он хотел стать врачом. Когда я спрашивала, почему, он говорил: «Чтобы спасать тех, кто очень болен». Только в 14 лет он признался, что хочет стать шахматистом. Он прекрасно знал математику, но я поняла, что если он хочет стать шахматистом высокого класса, ему нужна ещё и литература. На все **соревнова́ния** мы брали с собой книги, стихи. Он всегда не просто читал, а анализировал прочитанное. Это помогало ему выигрывать, **развива́ло** память.

Когда он окончил школу, я поняла, что ему будут нужны иностранные языки, поэтому он поступил в Институт иностранных языков. И сегодня, когда он выступает за границей, он свободно говорит по-английски — это очень важно.

После смерти мужа единственное, что у меня осталось, — это сын. Я решила посвятить ему свою жизнь. Я очень горжусь тем, что стала для сына другом, что нужна ему, что ближе меня у него никого нет.

Б. Выполните задания.

1. Раскройте скобки.

1) Гарри Каспаров — чемпион __________ (мир) __________ (шахматы).
2) В 22 года он ______________________________ (самый молодой чемпион) ______________________________ (история шахмат).
3) Гарри Каспаров является ______________________________ (тринадцатый чемпион).
4) Гарри рос ______________________________ (здоровый спокойный мальчик).

5) Отец всегда разговаривал ________________ (его сын) как ________________ (взрослый человек).
6) Родители специально не учили ________________ (сын) ________________ (рисование, чтение, игра в шахматы).
7) На тарелках, подаренных ________________ (бабушка), рядом ________________ (каждая буква) был нарисован предмет.
8) Родители вслух не восхищались ________________ (способности) ________________ (сын).
9) Родители спокойно относились ________________ (успехи) ________________ (сын).
10) Сын научился играть в шахматы, наблюдая ________________ (игра) ________________ (родители).
11) Гарри часто выигрывал ________________ (отец).
12) Гарри везде хотел быть ________________ (первый).
13) Родители часто обращали внимание ________________ (настойчивость) ________________ (сын).
14) После ________________ (окончание) ________________ (школа) Гарри поступил в Институт ________________ (иностранные языки).
15) Мать решила посвятить ________________ (её жизнь) ________________ (сын).
16) Мать гордится ________________ (её сын).

2. Раскройте скобки. Используйте глаголы НСВ — СВ.

1) Гарри Каспаров ________________ (рос — вырос) здоровым спокойным мальчиком.
2) В девять месяцев Гарри начал ________________ (идти — ходить).
3) Гарри начал ________________ (говорить — сказать) в 2 года.
4) Отец всегда ________________ (разговаривать — поговорить) с сыном как со взрослым человеком.
5) Отец всегда ________________ (читать — прочитать) сыну книги.
6) Отец с сыном долго ________________ (обсуждать — обсудить) прочитанную книгу.
7) Когда Гарри исполнилось 3 года, бабушка ________________ (дарить — подарить) ему тарелки с алфавитом.
8) Когда бабушка ________________ (кормить — покормить) ребёнка, она ________________ (показывать — показать) ему буквы.
9) Родители даже не ________________ (замечать — заметить), как сын ________________ (учиться — научиться) ________________ (читать — прочитать).

10) В пять лет он ____________ (учиться — научиться) ____________ (читать — прочитать) свободно.
11) Родители никогда вслух не ____________ (восхищаться — восхититься) способностями сына, спокойно ____________ (относиться — отнестись) к способностям сына.
12) Родители Гарри часто ____________ (решать — решить) шахматные задачи.
13) Однажды они не могли ____________ (решать — решить) шахматную задачу.
14) Гарри сказал родителям, куда нужно ____________ (ставить — поставить) шахматного коня.
15) Наблюдая за родителями, Гарри ____________ (учиться — научиться) ____________ (решать — решить) шахматные задачи.
16) Отец открыл шахматную доску и начал ____________ (учить — научить) сына ____________ (играть — поиграть) в шахматы.
17) Когда гости ____________ (приходить — прийти) к Каспаровым, они всегда ____________ (играть — поиграть) в шахматы с Гарри.
18) Гарри часто ____________ (выигрывать — выиграть) у отца.
19) В детстве Гарри не умел ____________ (рисовать — нарисовать).
20) Мама всегда помогала ему ____________ (рисовать — нарисовать), потому что она хорошо ____________ (рисовать — нарисовать).
21) Однажды учитель ____________ (говорить — сказать) Гарри, что он должен поехать на конкурс по рисованию, потому что он очень хорошо ____________ (рисовать — нарисовать) один рисунок.
22) На самом деле это мама ____________ (рисовать — нарисовать) этот рисунок.
23) Гарри не хотел ____________ (говорить — сказать) преподавателю, что это не он ____________ (рисовать — нарисовать) этот рисунок, поэтому ____________ (решать — решить) ____________ (учиться — научиться) ____________ (рисовать — нарисовать).
24) Он хотел стать врачом, чтобы ____________ (спасать — спасти) людей.
25) На все соревнования Гарри ____________ (брать — взять) с собой книги.

З. Измените предложения. Используйте пассивные причастия.

1) На тарелках, которые подарила бабушка, рядом с каждой буквой был нарисован предмет.
2) Отец всегда обсуждал с сыном книгу, которую они прочитали.
3) Однажды учитель похвалил Гарри за рисунок, который нарисовал не Гарри, а его мама.
4) Во время соревнований Гарри всегда читал книги, которые взяла с собой его мама.

В. Ответьте на вопросы, используя конструкции времени.

1) Когда Гарри Каспаров родился?
2) Когда Гарри Каспаров стал гроссмейстером, чемпионом страны, чемпионом мира?
3) Когда Гарри Каспаров научился ходить, говорить, читать, играть в шахматы?
4) Когда бабушка подарила ему тарелки с алфавитом?
5) Когда Гарри поехал на конкурс по рисованию?
6) Когда умер отец Гарри Каспарова?
7) Когда Гарри Каспаров решил стать врачом?
8) Когда Гарри Каспаров решил стать шахматистом?
9) Когда Гарри Каспаров поступил в Институт иностранных языков?

Г. Ответьте на вопросы. Укажите причину или цель действия.

1) С какой целью отец читал сыну книги, а затем долго обсуждал с ним прочитанное?
2) С какой целью бабушка подарила внуку тарелки с алфавитом?
3) Благодаря чему Гарри быстро научился читать?
4) Почему родители никогда вслух не восхищались способностями сына?
5) Почему родители решали шахматные задачи?
6) Почему родители разрешали сыну наблюдать за их игрой в шахматы?
7) Почему Гарри быстро научился играть в шахматы?
8) Почему гости, приходившие к Каспаровым, играли в шахматы с Гарри?
9) Почему в детстве Гарри часто приходил домой с синяками?
10) Почему мама рисовала вместо сына?
11) Почему учитель предложил Гарри поехать на конкурс по рисованию?
12) Почему Гарри однажды пришёл из школы домой невесёлый?
13) Почему Гарри пришлось научиться рисовать?

14) Почему Гарри решил стать врачом?
15) Почему мама решила, что Гарри должен много читать?
16) Почему Гарри поступил в Институт иностранных языков?
17) Почему мама посвятила жизнь сыну?

Д. Ответьте на вопросы.

1) Кто такой Гарри Каспаров?
2) Чей рассказ о Гарри Каспарове вы прочитали?
3) Как Гарри Каспаров научился читать?
4) Как Гарри Каспаров научился играть в шахматы?
5) Как Гарри Каспаров научился рисовать?
6) Как Гарри Каспаров научился говорить по-английски?
7) Какую роль в жизни Гарри Каспарова сыграла мама?
8) Как вы думаете, должна ли мать посвятить всю свою жизнь детям?
9) Как вы думаете, какую роль должны играть родители в жизни детей?

замеча́ть — заме́тить *кого? что?*
признава́ться — призна́ться *кому? в чём?*
восхища́ться — восхити́ться *чем?*
посвяща́ть — посвяти́ть *что? кому? чему?*
получа́ться — получи́ться
развива́ть — разви́ть *что?*

Задание 2. Прочитайте (прослушайте) текст. **А.** Обратите внимание на выражение времени.

ГОСУДАРСТВЕННАЯ ТРЕТЬЯКОВСКАЯ ГАЛЕРЕЯ

30.2

Государственная Третьяковская галерея в Москве — самый большой и известный музей, где собраны лучшие произведения русского искусства. Здесь хранится более 50 тысяч картин, рисунков, скульптур, которые **отража́ют** всю историю **худо́жественной** культуры России от Средних веков до наших дней. Основателем этой богатой коллекции был Павел Михайлович Третьяков.

П.М. Третьяков родился в 1832 году. Уже в юности он начал увлекаться живописью, собирал картины западноевропейских (в основном голландских) художников XVII века. Однако вскоре его интересы немного изменились. Однажды во время поездки в Санкт-Петербург он увидел **ча́стную** коллекцию картин русских художников. Она произвела **на** молодого коллекционера огромное впечатление. С тех пор П. Третьяков стал приобретать произведения русских художников, своих современников. Так началась история Третьяковской галереи.

Надо сказать, что в середине XIX века в Москве было много собирателей картин. Но только П.М. Третьяков смог сыграть такую большую роль в истории культурной жизни России, в развитии русской школы живописи. Павел Третьяков был **предпринима́телем** (сегодня говорят — бизнесменом), его семья занималась **торго́влей**. Он был достаточно богатым, **обеспе́ченным** человеком, но его семья жила очень **скро́мно**, потому что все деньги Павел Михайлович тратил на покупку картин и помощь молодым талантливым художникам. Желая поддержать их материально, он давал им заказы на написание картин. Этим он спас многих художников от голода и бедности.

Уже в начале своей **де́ятельности** Третьяков поставил себе цель создать музей, который могли бы посещать все люди без исключения, в отличие от петербургского Эрмитажа, который был открыт в основном только для богатых людей.

Третьяков не жалел ни сил, ни денег для создания музея. У него был прекрасный вкус. Он сумел удивительно точно отобрать для своей коллекции лучшие произведения художников второй половины XIX века — В.Г. Перова, И.Е. Репина, В.И. Сурикова, И.И. Левитана и других. Многие художники **поддержа́ли** идею Третьякова, они помогали ему при выборе картин. Жизнь подтвердила правильность выбора коллекционера.

С каждым годом коллекция увеличивалась. Третьяков стал приобретать картины мастеров первой половины XIX века, произведения искусства XVIII века. Незадолго до смерти П.М. Третьяков приобрёл памятники древнерусского искусства. Особое место в коллекции занимают портреты известных русских писателей, композиторов, художников, учёных, которые П.М. Третьяков специально заказывал художникам.

Долгое время галерея размещалась в комнатах дома Павла Михайловича. В 70-е (семидесятые) годы XIX века Третьяков построил для своей коллекции специальное здание и **впосле́дствии** несколько раз **расширя́л** его.

16 мая 1881 года галерея была открыта для посещения, и с этого времени количество посетителей постоянно увеличивалось.

В 1892 году Третьяков подарил собрание картин Москве вместе со зданием, где оно размещалось. Через 6 лет после этого Павел Михайлович умер. После смерти П.М. Третьякова руководить музеем стала его дочь.

В 1941 году, когда началась Великая Отечественная война, коллекцию вывезли из Москвы, а 17 мая 1945 года, то есть через 8 дней после окончания войны, Третьяковская галерея вновь была открыта для посещения.

Прошло почти полтора века со дня основания галереи. За это время её посетили миллионы человек. И все с великой благодарностью вспоминают её основателя Павла Михайловича Третьякова. Людей, помогающих искусству, называют **меценáтами**. Павел Третьяков — один из самых известных русских меценатов. Сегодня в России мечтают о появлении новых меценатов. Но их пока, к сожалению, очень мало.

Б. Раскройте скобки.

1) Государственная Третьяковская галерея в Москве — один из ______ (самый известный музей в России).
2) В галерее хранится более 50 000 ______ ______ (картины, русские художники).
3) Коллекция ______ (Третьяковская галерея) отражает историю ______ (российская культура) от ______ (Средние века) до (наши дни).
4) Павел Третьяков является ______ (основатель) ______ (коллекция) ______ (картины).
5) Семья Третьяковых занималась ______ (торговля).
6) В ______ (юность) Третьяков собирал картины ______ (западноевропейские художники).
7) Но однажды во время ______ (поездка) ______ (Петербург) он увидел ______ (частная коллекция) ______ (картины) ______ (русские художники).
8) Эта коллекция произвела большое впечатление ______ ______ (молодой коллекционер).
9) Третьяков стал приобретать произведения ______ ______ (русские художники, его современники).
10) В это время в Москве было много ______ (собиратели) ______ (картины).
11) Третьяков сыграл ______ (большая роль) ______ (история) ______ ______ (культурная жизнь) ______ (Россия).
12) Третьяков хотел создать музей для ______ (все люди). в отличие ______ (Эрмитаж), который был открыт только для ______ (богатые люди).
13) Третьяков тратил ______ (все деньги, силы) ______ (создание) ______ (музей).

14) Благодаря ________ (хороший вкус) он смог отобрать для ________ (музей) лучшие произведения ________ (художники) ________ (вторая половина) ________ (XIX век).
15) Особое место ________ (коллекция) занимают портреты ________ (известные русские писатели, композиторы, художники, учёные), которые Третьяков заказывал ________ (художники).
16) Третьяков много помогал ________ (молодые талантливые художники).
17) Он спас ________ (многие талантливые художники) ________ (голод, бедность).
18) После ________ (смерть) ________ (Третьяков) его дочь стала руководить ________ (музей).
19) Во время ________ (Великая Отечественная война) коллекция была вывезена из Москвы.
20) Люди вспоминают имя ________ (Третьяков) ________ (благодарность).
21) Каждый год Третьяковскую галерею посещают миллионы ________ (человек).

В. Восстановите предложения. Используйте конструкции времени.

1) Произведения, собранные в Третьяковской галерее, отражают историю культуры России ________ .
2) Павел Третьяков родился ________ .
3) Он начал увлекаться живописью ________ .
4) Сначала он собирал картины голландских художников ________ .
5) Но однажды ________ Третьяков увидел коллекцию картин русских художников.
6) Интересы Третьякова ________ изменились.
7) ________ в Москве многие люди собирали картины.
8) Третьяков поставил себе цель создать музей, ________ .
9) Он покупал картины лучших художников, ________ .
10) ________ Третьяков приобрёл произведения древнерусского искусства.
11) ________ Третьяков построил для своей коллекции специальное здание и ________ несколько раз расширял его.
12) ________ галерея была открыта для посещения, и ________ количество посетителей постоянно увеличивалось.
13) ________ Третьяков подарил музей городу.

14) ______________________________ Павел Третьяков умер.
15) ____________________________ руководить музеем стала его дочь.
16) ____________________________ коллекцию вывезли из Москвы.
17) ____________________________ Третьяковская галерея была вновь открыта для посещения.
18) Прошло почти полтора века ____________________________.

Г. Ответьте на вопросы.

1) Что такое Третьяковская галерея? Чем она знаменита?
2) Какой период русской культуры отражён в коллекции музея?
3) Почему художественная галерея называется «Третьяковская»?
4) В какое время жил Павел Третьяков?
5) Когда Павел начал увлекаться живописью?
6) С каких картин началась его коллекция?
7) Почему (В связи с чем? По какой причине?) его интересы изменились?
8) С чего началась история Третьяковской галереи?
9) Какова была цель Третьякова-коллекционера?
10) Чем его музей должен был отличаться от Эрмитажа?
11) Какова роль Павла Третьякова в истории русской культуры?
12) Кого называют меценатами?
13) Как вы думаете, должны ли богатые люди тратить свои деньги на **благотвори́тельность**?
14) Если бы у вас было много денег, на что бы вы их тратили?

отража́ть — отрази́ть *что?*
производи́ть — произвести́ (впечатление) *на кого?*
подде́рживать — поддержа́ть *кого?*
расширя́ть — расши́рить *что?*

Д. Расскажите о Павле Третьякове и о Третьяковской галерее.

Задание 3. Прочитайте (прослушайте) текст. **А.** Объясните употребление глаголов движения, глаголов НСВ и СВ.

РОМКА-ПУТЕШЕСТВЕННИК

Однажды журналисты рассказали историю об одном пятнадцатилетнем мальчике. Их удивило то, что **глухонемо́й** мальчик из Санкт-Петербурга Роман Венков объехал полмира без паспорта, без денег, без знания иностранных языков. 30.3

Сестра Романа рассказала журналистам, что Ромка ещё в детстве мечтал посмотреть мир. Он несколько раз убегал из дома. Когда ему было 5 лет, он впервые отправился путешествовать, доехал до Москвы, но полиция **задержа́ла** его и отправила домой. Потом они с мамой копили деньги на поездку в Италию, но в стране начался кризис, и денег на поездку не хватило. Однако Рома не хотел **расстава́ться** со своей мечтой и решил **де́йствовать** самостоятельно.

И вот однажды весной он снова ушёл из дома. Роману повезло: его не задержали на границе. Он **спря́тался** на корабле и **та́йно** уплыл в Турцию. Без документов и без денег.

За год и восемь месяцев он объехал 17 стран. Границы Роман иногда переходил пешком, иногда переплывал их по рекам, иногда проезжал через границы на поезде. В принципе, он не голодал. Везде помогали добрые люди, хотя иногда было очень трудно. Только однажды в Турции его арестовали и **посади́ли** в тюрьму. Но оттуда Ромка убежал.

Проехав по странам Европы, он поехал в Бразилию. Бразилия **разочарова́ла** путешественника: там некрасиво и грязно. В Колумбии — точно так же. Там он задумался о том, что делать дальше: ехать в США или возвращаться назад, на родину. Рома вспомнил маму, сестру и бабушку. Победило второе чувство.

В Санкт-Петербург его привезли российские дипломаты, купившие ему билет на самолёт за тысячу долларов. Самолёт делал остановку в Гаване, так что Роман заехал ещё и на Кубу.

Журналисты спрашивают Романа:

— Где тебе понравилось больше всего?

— В Англии. Там никто меня не обижал.

— Как же ты общался с людьми?

— На пальцах. Выучил язык английских глухонемых.

— Рома, ты ни о чём не жалеешь?

— Конечно, нет. У меня была цель — узнать, что такое заграница, какая там жизнь. Теперь я **успоко́ился**. Я нашёл ответ на этот вопрос.

Б. Выполните задания.

1. Вставьте глаголы движения.

1) Роман Венков ______________________ полмира без паспорта, без денег, без знания иностранного языка.
2) В детстве Роман несколько раз ______________________ из дома.
3) Когда ему было 5 лет, он ______________________ из дома и ______________________ до Москвы.
4) Роману и его маме не удалось ______________________ в Италию.
5) Однажды весной Роман снова ______________________ из дома.

6) Он спрятался на корабле и тайно ______________________ в Турцию.
7) За год и восемь месяцев он ______________________ 17 стран.
8) Однажды в Турции Романа арестовали и посадили в тюрьму, но оттуда Роману удалось ______________________ .
9) Он ______________________ всю Европу и ______________________ в Бразилию.
10) Из Бразилии Роман ______________________ в Колумбию.
11) Когда Роман был в Колумбии, он решил ______________________ домой.
12) Российские дипломаты ______________________ Романа на родину.
13) По дороге из Колумбии в Россию Роман ______________________ на Кубу.

2. Вставьте подходящие по смыслу глаголы.

1) Роман Венков ______________________ весь мир.
2) Когда Ромка первый раз убежал из дома, полиция ______________________ его и ______________________ домой.
3) Роман и его мама долго ______________________ деньги на путешествие.
4) Но в стране ______________________ кризис, и Роману не ______________________ денег на поездку в Италию.
5) Роман не хотел ______________________ со своей мечтой.
6) Однажды Роман ______________________ на корабле и тайно уплыл в Турцию.
7) Во время путешествия Роман не ______________________ , так как ему везде ______________________ добрые люди.
8) Но однажды в Европе Романа ______________________ и ______________________ в тюрьму.
9) Из Турции Роман ______________________ в Бразилию.
10) Бразилия ______________________ Романа: там некрасиво и грязно.
11) Там он решил ______________________ домой.
12) Журналисты спрашивали Романа, где ему ______________________ больше всего, как он ______________________ с людьми, не зная языка.

3. Замените предложения со словом «который» активными причастиями.

1) Весь мир удивил глухонемой мальчик, который объехал полмира без паспорта, без денег, без знания иностранного языка.
2) Полиция вернула домой мальчика, который убежал из дома.
3) Поехать в Италию Роману помешал кризис, который начался в стране.
4) Вернуться на родину Роману помогли дипломаты, которые купили ему билет на самолёт.

4. Измените предложения, используя деепричастия.

1) Роман мечтал посмотреть весь мир, поэтому он несколько раз убегал из дома.
2) Мама с Романом решили поехать в Италию, поэтому они начали копить деньги на поездку.
3) Роман убежал из дома и поехал в Москву.
4) Полиция задержала Романа и отправила его домой.
5) Роман спрятался на корабле и тайно уплыл в Турцию.
6) Когда Роман путешествовал по миру, он никогда не голодал.
7) Когда Роман проехал по странам Европы, он поехал в Бразилию.
8) Роман вспомнил маму и сестру и решил вернуться домой.
9) Когда Роман возвращался домой, он заехал ещё и на Кубу.
10) Роман путешествовал, хотя не знал иностранные языки.
11) Роман выучил язык глухонемых и общался с людьми на пальцах, **жестами**.
12) Роман узнал, что такое заграница, получил ответы на свои вопросы и успокоился.

5. Замените активные конструкции пассивными.

1) Полиция задержала Романа в Москве.
2) Мама накопила деньги на поездку в Италию.
3) В Турции Романа арестовали и посадили в тюрьму.
4) В Россию Романа привезли дипломаты.
5) Дипломаты купили для Романа билет до Санкт-Петербурга.
6) Роман нашёл ответ на вопрос, что такое заграница.

6. Выразите причину другими способами.

1) Роман не смог поехать в Италию, потому что в стране начался кризис.
2) Роман не голодал, так как ему везде помогали люди.
3) Роман вернулся домой, потому что дипломаты помогли ему.
4) Роман поехал в другие страны, потому что ему было интересно.
5) Роману не понравилась Бразилия, потому что там грязно и некрасиво.

В. Ответьте на вопросы.

1) О чём вы узнали из текста?
2) Почему эта история удивила журналистов?

3) Почему в детстве Роман стал убегать из дома?
4) Как Роман первый раз убежал из дома? Удалось ли ему посмотреть заграницу?
5) Почему мама Романа начала копить деньги?
6) Почему Роману и его маме не удалось побывать в Италии?
7) Как Роману удалось посмотреть мир, побывать за границей?
8) Как долго он путешествовал? Сколько стран он объехал за это время?
9) Что случилось с ним в Турции?
10) Какое впечатление на него произвели Бразилия и Колумбия?
11) Побывал ли Роман в США?
12) Благодаря чему он смог совершить своё путешествие?
13) Почему Роман решил вернуться домой?
14) Как он смог вернуться домой?
15) Как Роману удалось побывать на Кубе?
16) Какие вопросы обычно журналисты задавали Роману?
17) Как он общался с людьми во время путешествия?
18) Какова была цель Романа? Достиг ли он своей цели? Как он шёл к достижению своей цели?
19) А вас удивила история Романа Венкова? Что вам показалось наиболее удивительным?
20) Есть ли у вас цель в жизни?

Г. Расскажите историю о глухонемом мальчике, объехавшем полмира.

заде́рживать — задержа́ть *кого?*
копи́ть — накопи́ть *что?* (деньги)
расстава́ться — расста́ться *с кем? с чем?*
де́йствовать (НСВ)
пря́таться — спря́таться *где?*
сажа́ть — посади́ть (в тюрьму) *кого?*
голода́ть (НСВ)
разочаро́вывать — разочарова́ть *кого?*
успока́иваться — успоко́иться
обща́ться (НСВ) *с кем?*

Задание 4. А. Вставьте подходящие по смыслу слова.

ПЕРВАЯ РУССКАЯ ЖЕНЩИНА-МАТЕМАТИК

Софья Ковалевская ______________________ (1) в 1850 ______________ (2) в Москве. Её отец ______________ (3) генералом. Она ______________ (4) хорошее домашнее образование. Софья ______________ (5) иностранными языками, ______________ (6) стихи.

Интерес к математике ________________ (7) у девочки под влиянием её дяди, который много ______________________ (8) ей об этой науке, __________________________ (9) с ней интересные задачи. Однако отец был недоволен тем, что его дочь _________________ (10) математикой.

Он _________________________ (11) это неженским делом. Поэтому Софья __________________ (12) математикой тайно. Когда она шла спать, она всегда ____________________ (13) с собой учебник математики и _________________________ (14) его до утра. К счастью, друг отца смог ____________________ (15) его, что у Софьи есть математический талант. И генерал ____________ (16) дочери продолжить занятия математикой. Софья ________________ (17) учиться в университете, но она не могла туда __________________ (18): в то время двери университетов были закрыты для девушек. В 1869 году Софья __________________ (19) в Германию. Она хотела _____________________ (20) в Берлинском университете у профессора Карла Вейерштрасса.

Чтобы __________________ (21) математическую подготовку Ковалевской,профессор ________________ (22) ей несколько трудных задач и _____________ (23): «Если решите задачи — __________ (24)».

Профессор очень _______________ (25), когда ________________ (26) неделю она пришла и _________________ (27) решение всех задач.

Профессор 4 года ________________ (28) с Ковалевской. За это время Софья _____________ (29) несколько серьёзных математических работ. В июне 1874 года С. Ковалевская __________________ (30) из Германии в Россию. Она очень хотела _________________________ (31) математику в университете. Но по закону женщина не могла ________________ (32) в университете.

Почти 10 лет Ковалевская не имела возможности ____________ (33) свою мечту. В 1883 году ________________________ (34) очень важное событие в её жизни: её ____________________________ (35) в Стокгольм читать лекции в университете. Софья не ____________________ (36) шведского языка, поэтому ей _________________ (37) читать лекции на немецком. Но уже ____________________ (38) несколько месяцев она ________________ (39) лекции на шведском _______________ (40). 8 лет она _______________ (41) в Стокгольме.

Она не только _______________ (42) лекции, но и ________________ (43) серьёзной научной работой. Её имя стало __________________ (44) во многих странах. У неё было много планов. Но в январе 1891 года, когда она ______________________ (45) из Петербурга в Стокгольм, она простудилась и 29 января ______________________ (46). Ей был всего 41 _________________ (47) .

Б. Выразите мысль по-другому.

1. Используйте причастия, деепричастия.

1) В детстве, когда Софья шла спать, она всегда брала с собой учебник математики.
2) Софья не имела возможности учиться в России, поэтому уехала в Германию.
3) Софья мечтала стать математиком, поэтому уехала за границу.
4) Профессор хотел проверить способности Софьи, поэтому дал ей несколько задач.
5) Профессор удивился, когда увидел, что она решила все задачи.
6) Когда Софья стала математиком, она хотела преподавать математику в университете.
7) Софья получила приглашение в Стокгольмский университет и уехала в Швецию.
8) Она не знала шведского языка, поэтому читала лекции на немецком языке.
9) Многие люди удивились, когда узнали, что в университете работает женщина-профессор из России.
10) Софья простудилась, когда возвращалась из Петербурга в Стокгольм.

2. Замените активные конструкции пассивными.

1) Софья решила все задачи правильно.
2) Софья получила высшее образование в Германии.
3) В Германии Софья написала несколько научных работ.
4) Софью Ковалевскую пригласили читать лекции в Стокгольмском университете.
5) Наконец она **осуществи́ла** свою мечту.

В. Ответьте на вопросы.

1) Кто такая Софья Ковалевская?
2) Когда, в какое время она жила?
3) Где она училась? Почему?
4) Как вы думаете, о какой проблеме (о каких проблемах) идёт речь в тексте?
5) Как вы поняли из текста, каким было **положе́ние** женщины в России в конце XIX века?
6) Каково положение женщин в вашей стране в наше время?

7) Какая мечта была у Софьи? Как она осуществляла свою мечту?
8) Как вы думаете, надо ли **стреми́ться** к осуществлению своей мечты? Аргументируйте свой ответ.

Г. Расскажите о Софье Ковалевской — первой русской женщине-математике.

осуществля́ть — осуществи́ть *что?* (мечту)
стреми́ться (НСВ) *к чему?* (к цели)

Задание 5. Прочитайте (прослушайте) текст. **А.** Найдите в нём причастия и деепричастия. **Б.** Замените предложения, содержащие причастия и деепричастия, на предложения с личными формами глагола.

Борис Пастернак — известный поэт и писатель. В 1958 году ему была **присуждена́** Нобелевская премия по литературе. Пастернак стал вторым писателем из России (после Ивана Бунина), кому была присуждена эта престижная премия. Весь мир узнал имя человека, написавшего прекрасные стихи и роман «Доктор Живаго». Однако Пастернак был вынужден отказаться от этой премии по требованию власти.

В романе «Доктор Живаго» автор **описа́л** судьбу одного человека и события, происходившие в России от начала XX века до начала Великой Отечественной войны. Описывая исторические события, рассказывая о судьбе своего героя — доктора Юрия Живаго, Пастернак рассуждал о вопросах, волнующих всех людей в разные времена. Это вопросы жизни и смерти, отношения между людьми, отношение к религии, причины исторических событий.

Этот роман не был опубликован в России. Он был опубликован за границей — сначала в Италии на итальянском языке, а потом в США на русском. Сообщение о присуждении Пастернаку Нобелевской премии было негативно встречено властью и официальной советской литературой, так как, по мнению власти, в романе содержится критика революции. К счастью, Пастернак не был арестован, но после присуждения премии его жизнь изменилась. Писатель Дмитрий Быков, написавший книгу о жизни Пастернака, считает, что это событие очень сильно **повлияло** на поэта и стало причиной его болезни и смерти.

Поэт умер от рака в 1960 году. Он **похоро́нен** на кладбище в Переделкино, недалеко от того места, где находилась его дача, где были написаны его лучшие произведения, где он жил и умер. Только в 1988 году роман «Доктор Живаго» был впервые опубликован в России. В 1989 году нобелевская **меда́ль** была получена в Стокгольме сыном поэта Евгением Пастернаком.

В. Замените активные конструкции пассивными.

1) В 1958 году Нобелевскую премию присудили Борису Пастернаку.
2) В романе «Доктор Живаго» писатель описал исторические события первой половины XX века.
3) Этот роман опубликовали за границей.
4) Советская власть негативно встретила сообщение о присуждении Пастернаку Нобелевской премии.
5) К счастью, Пастернака не арестовали.
6) Поэта похоронили недалеко от его дачи, где он написал лучшие свои произведения.
7) В 1989 году сын Пастернака получил нобелевскую медаль отца.
8) Дмитрий Быков написал **биогра́фию** Бориса Пастернака.

Г. Ответьте на вопросы.

1) Кто такой Борис Пастернак?
2) Какие произведения написал Борис Пастернак?
3) Чем он известен?
4) О чём говорится в романе «Доктор Живаго»?
5) Почему Борис Пастернак отказался от Нобелевской премии?
6) Как это событие, по мнению писателя Дмитрия Быкова, повлияло на жизнь Пастернака?
7) Какова судьба Бориса Пастернака? От чего он умер?
8) Какова судьба романа «Доктор Живаго»?
9) Слышали ли вы раньше о Борисе Пастернаке и о его романе «Доктор Живаго»? Может быть, вы смотрели фильм «Доктор Живаго»?
10) Что вы знаете о Нобелевской премии? Как вы думаете, что чувствует человек, получивший Нобелевскую премию?

Д. Расскажите, что вы узнали о Борисе Пастернаке, используя разные способы выражения мысли.

присужда́ть — присуди́ть (премию) *кому?*
опи́сывать — описа́ть *что?*
происходи́ть — произойти́
аресто́вывать — арестова́ть *кого?*
влия́ть — повлия́ть *на что? на кого?*

Задание 6. Прочитайте текст. **А.** Найдите в нём причастия. **Б.** Измените предложения, используя личные формы глагола.

Недавно в газете было опубликовано сообщение о террористическом акте: «В городе N была взорвана бомба, в которой находились **гво́зди**. 22 человека были ранены. Большинство получили ранения от разлетевшихся в разные стороны гвоздей. К счастью, детей среди пострада́вших нет. Взрыв произошёл в парикмахерской, находившейся на первом этаже здания. Полиция предполагает, что взрывное устройство было привезено на обычном велосипеде, который был оставлен у стены дома. Также возможно, что бомба была брошена с улицы. В результате взрыва были практически полностью разрушены парикмахерская и кафе, находившиеся на первом этаже этого здания. “Это был просто **ад**, — рассказывает **свиде́тель** взрыва, сидевший у окна в соседнем кафе. — Я выбежал на улицу и увидел людей, лежавших на земле”. К сожалению, преступники, совершившие это ужасное преступление, пока не найдены и не наказаны».

В. Замените предложения со словом «который» предложениями с активными и пассивными причастиями.

1) Мы прочитали сообщение, которое опубликовали во вчерашней газете.
2) В одном городе люди погибли от бомбы, которую взорвали террористы.
3) Большинство людей получили ранения от гвоздей, которые разлетелись из бомбы в разные стороны.
4) К счастью, среди людей, которые пострадали от бомбы, нет детей.
5) Взрыв произошёл в парикмахерской, которая находилась на первом этаже здания.
6) По мнению полиции, взорвалась бомба, которую привезли на обычном велосипеде.
7) Бомба находилась на велосипеде, который оставили у стены дома.
8) Сейчас на месте здания, которое разрушили, работают специалисты.
9) Свидетель взрыва, который сидел в кафе около окна, рассказал полиции о том, что он видел.
10) Когда свидетель взрыва выбежал из кафе на улицу, он увидел много людей, которые лежали на земле.
11) К сожалению, преступники, которые совершили преступление, ещё не найдены.

Г. Ответьте на вопросы.

1) О каком событии идёт речь в тексте? Что произошло в городе N?
2) Где произошло это событие? В каком месте?
3) Каков результат взрыва? Есть ли раненые и погибшие?
4) От чего были получены ранения?
5) Есть ли дети среди пострадавших?
6) Как взрывное устройство оказалось в парикмахерской?
7) Кем был оставлен велосипед у стены дома?
8) Кем была брошена бомба в окно парикмахерской?
9) Что случилось с парикмахерской после взрыва?
10) О чём рассказал свидетель взрыва? Почему он хорошо видел, что произошло в парикмахерской?
11) Нашли ли преступников, совершивших это преступление?
12) Как вы относитесь к террористам?
13) Какое, по вашему мнению, должно быть наказание для террористов?

Д. Расскажите об этом или о каком-нибудь другом террористическом акте.

взрыва́ть — взорва́ть
ра́нить *кого?*
соверша́ть — соверши́ть *что?* (преступление)
предполага́ть — предположи́ть *что?*

Задание 7. Прочитайте (прослушайте) текст. **А.** Найдите в нём причастия и деепричастия. **Б.** Измените предложения, содержащие причастия и деепричастия, на предложения с личными формами глагола.

30.5

Иногда, гуляя по улице, ты вдруг видишь на стене дома или на **забо́ре** что-то непонятное — нарисованные картины, написанные буквы... Ты останавливаешься, пытаясь понять, что же здесь нарисовано или написано. Подойдя ближе или отойдя дальше, ты наконец видишь всю картину. Ты видишь **граффи́ти**. Слово «граффити» происходит от греческого слова graphein, означающего «писать». История этого «искусства» связана с древним человеком, рисующим на **ка́мне**, на стене **пеще́ры**.

Наверное, первые рисунки на стенах появились благодаря желанию человека общаться, рассказывать о своих чувствах, мыслях. Сегодня много спорят о рисунках, нарисованных на стенах домов, выполненных в стиле граффити. К ним относятся по-разному. Одни люди считают граффити искусством, другие считают уличных художников хулиганами, **нарушáющими** закон. **С однóй стороны́**, граффити даёт возможность человеку **вы́разить себя́**, а **с другóй стороны́**, эти рисунки изменяют **внéшний вид** города.

Сейчас есть магазины, продающие **крáски** для граффити, проходят выставки художников, рисующих в стиле граффити, издаётся много книг, посвящённых технике граффити. Сегодня каждый может взять краски и выйти на улицу, чтобы выразить себя. Или испортить недавно покрашенную чистую стену дома, **испáчкать** её.

В. Выразите мысль по-другому.

1) Когда вы гуляете по городу, вы иногда видите на стенах домов нарисованные неизвестными художниками картины или написанные кем-то огромные буквы.
2) Вы останавливаетесь, потому что пытаетесь понять, что здесь написано или нарисовано.
3) Когда вы отойдёте подальше или подойдёте поближе, вы увидите всю картину.
4) Слово «граффити» происходит от греческого слова, которое означает «писать».
5) История этого «искусства» связана с древним человеком, который рисовал на стене пещеры.
6) Граффити — это искусство, которое изменяет внешний вид города.
7) Люди спорят о рисунках, которые выполнены в стиле граффити.
8) Многие люди считают граффити искусством, которое даёт человеку возможность выразить себя.
9) Другие люди считают уличных художников хулиганами, которые нарушают закон.
10) Рисунки часто портят стену, которую недавно покрасили.
11) Сейчас много художников, которые рисуют в стиле граффити.
12) Сейчас много книг, которые посвящены стилю граффити.

Г. Ответьте на вопросы.

1) Что такое граффити?
2) С чем связана история граффити? Какие есть **предположéния** по этому вопросу?
3) Почему люди по-разному относятся к граффити?
4) Как вы понимаете выражение «выразить себя»?
5) А как вы относитесь к граффити?
6) Часто ли можно увидеть граффити в вашей стране?

7) В вашей стране есть закон, разрешающий или запрещающий рисовать на стенах домов и на заборах?

Д. Расскажите о граффити.

наруша́ть — нару́шить *что?*
выража́ть — вы́разить (себя)
по́ртить — испо́ртить *что?*
па́чкать — испа́чкать *что?*

Задание 8. Прочитайте (прослушайте) текст. **А.** Найдите в нём причастия и деепричастия. **Б.** Измените предложения, содержащие причастия и деепричастия, на предложения с личными формами глагола.

Григорий Перельма́н — российский учёный, **доказа́вший** одну из самых трудных задач математики — **теоре́му** Пуанкаре́. Сто лет эту задачу решали самые умные люди Земли, и наконец она была решена математиком из России!

Григорий Перельман родился в 1966 году в Ленинграде (Санкт-Петербурге). Окончив математико-механический факультет Ленинградского государственного университета, он стал работать в Математическом институте. Перельман несколько раз читал в США лекции, посвящённые **доказа́тельству** теоремы Пуанкаре. Он был успешным учёным, однако в 2005 году, вернувшись из Америки в Россию, он **уво́лился** с работы и стал жить вместе с матерью в маленькой квартире, почти не выходя из дома и практически не общаясь ни с кем — ни с коллегами, ни с журналистами.

Ещё работая в Математическом институте, Перельман **размести́л** на одном из сайтов три научные статьи, посвящённые решению гипотезы Пуанкаре. Увидев интересные статьи Перельмана и заинтересовавшись его работой, несколько математиков из разных университетов мира решили проверить правильность его выводов. Четыре года шла проверка. Не найдя ошибок, учёные решили присудить ему специальную математическую премию. Сумма премии — 1 миллион долларов. Сначала учёные **сомнева́лись**, давать премию Перельману или нет. Дело в том, что его работы не были напечатаны в научном журнале, а были размещены только на сайте одной из научных библиотек. Понимая научную важность работы Перельмана, учёные всё же решили дать ему премию. Однако Перельман отказался от этой премии, объясняя это тем, что он уже ушёл из науки и не считает себя профессиональным математиком. Ведь премия присуждена за работы, написанные в 2002 году. Отказавшись от первой премии, Перельман отказался и от второй, очень престижной, премии, которая называется «Премия тысячелетия».

Весь мир был удивлён таким поведением учёного. Он единственный математик в мире, которому были присуждены сразу 2 престижные премии за достижения в математике; в мире нет также другого человека, отказавшегося сразу от двух таких престижных премий.

В опубликованном газетой The Sunday Telegraph списке 100 ныне живущих **ге́ниев** Перельман занял девятое место.

В. Ответьте на вопросы.

1) Кто такой Григорий Перельман? Чем он известен?
2) Какое образование у Григория Перельмана?
3) Где он работал?
4) Что он сделал, вернувшись из Америки?
5) Как жил Перельман после ухода с работы?
6) Как учёные узнали о том, что Перельман доказал теорему Пуанкаре?
7) Почему учёные сомневались, давать ли ему премию?
8) Почему учёные всё-таки решили дать Перельману премию?
9) Как Перельман объяснил свой отказ от премии?
10) Чем Перельман удивил весь мир? Почему о нём так много писали журналисты в 2010 году?

дока́зывать — доказа́ть *что?* (теорему)
увольня́ться — уво́литься *откуда?*
размеща́ть — размести́ть *что? где?*
сомнева́ться (НСВ) *в чём?*

Задание 9. Прочитайте (прослушайте) текст. **А.** Измените, где возможно, предложения, используя причастия и деепричастия.

Как вы уже знаете, Григорий Перельман практически не общается с журналистами. Однако двум американским журналистам из журнала «Нью-Йоркер» однажды удалось взять у него интервью. Узнав о необычном учёном, журналисты решили договориться с ним о встрече и взять у него интервью. Они отправили ему письмо по электронной почте и стали ждать ответ. Ответ они не получили и отправили ему ещё несколько электронных писем. Снова не было никакого ответа. Тогда американцы поехали прямо домой к Перельману, который живёт на **окра́ине** Санкт-Петербурга.

Когда они подъехали к дому, они не знали, что делать дальше. Они боялись **побеспоко́ить** учёного, поэтому положили в **почто́вый я́щик** книгу, которую написал один американский математик. Книгу они положили вместе с запиской. В этой записке они написали, что они хотят с ним встретиться и будут ждать его в парке, который находится напротив его дома.

Когда они пришли на следующий день в этот парк, они не увидели Перельмана. Перельман не пришёл. Журналисты решили добиться своей цели и положили в почтовый ящик новую записку вместе с китайским чаем **«Же́мчуг»** (фамилия «Перельман» означает «жемчужный человек»). Это тоже не помогло.

Журналисты очень волновались, но решили позвонить в дверь квартиры. Дверь открыла женщина — мать учёного. А за ней вышел и сам Перельман. Оказалось, что математик решил ни с кем не общаться, поэтому не проверяет электронную почту и не открывает почтовый ящик неделями. Журналисты договорились с Перельманом об интервью и встретились с ним на следующий день.

Перельман гулял с журналистами по городу и рассказывал им о своей жизни. Григорий рассказал, что, кроме математики, любит собирать грибы и слушать музыку, поэтому часто ходит в лес и в филармонию; он сказал, что отец сыграл большую роль в его жизни, так как именно отец начал заниматься с ним математикой и всегда давал ему интересные книги по математике, научил его играть в шахматы.

Журналисты, которые хотели узнать, почему он отказался от премий, так ничего и не узнали ни о причинах отказа, ни о деньгах. Перельман сказал, что он предпочитает жить тихо, а **сла́ва** и деньги его не интересуют.

Б. Расскажите всё, что вы узнали о Григории Перельмане.

В. Ответьте на вопросы.

1) Как американским журналистам удалось взять интервью у Григория Перельмана?
2) Почему журналистам было трудно встретиться с Григорием Перельманом?
3) С какой целью журналисты добивались встречи с Григорием Перельманом? Что они хотели узнать у Перельмана?
4) Что Григорий Перельман рассказал о своей жизни журналистам?
5) Почему Г. Перельман отказался от двух премий?
6) Скажите, что вы думаете о поведении Григория Перельмана? Вам не кажется его поведение странным?

7) Что бы вы сделали на месте Перельмана?
8) Если бы вы получили премию, как бы вы потратили полученные деньги?

беспоко́ить — побеспоко́ить *кого?*

Задание 10. А. Прочитайте (прослушайте) рассказ известного русского писателя Антона Чехова.

ЗЛОЙ МАЛЬЧИК

Иван Иванович, симпатичный молодой человек, и Анна Семёновна, молодая девушка, спустились к реке и сели на **скаме́йку**. Скамейка стояла у самой воды, между густыми **куста́ми**. Здесь было тихо, и их никто не мог видеть, кроме рыб.

«Я рад, что мы наконец одни, — начал Иван Иванович, **огля́дываясь** кругом, — я должен сказать вам многое, очень многое... Когда я увидел вас в первый раз, я понял тогда, для чего я живу, понял, где мой **идеа́л**. Увидев вас, я полюбил впервые, полюбил страстно! Скажите мне, моя дорогая, могу ли я надеяться на **взаи́мность**?»

В эту счастливую минуту Иван Иванович взял руку девушки, и они **поцелова́лись**.

...Но в этой жизни нет ничего абсолютно счастливого. Когда молодые люди целовались, вдруг послышался **смех**. Они взглянули на реку и, о ужас! В воде, совсем недалеко от них, стоял мальчик. Это был Коля, младший брат Анны Семёновны. Он смотрел на молодых людей и **хи́тро улыба́лся**.

— А-а-а... вы целуетесь? — сказал он. — Хорошо же! А я всё слышал, о чём вы говорили. Я всё скажу маме.

— Я надеюсь, что вы, как честный человек... — тихо заговорил Иван Иванович, краснея от волне́ния. — Нехорошо **подсма́тривать** и слушать, что говорят не вам. А пересказывать это **сты́дно**! Надеюсь, что вы, как честный человек...

— Дайте рубль, тогда не скажу! — сказал Коля. — А то скажу.

Иван Иванович достал из кармана рубль и отдал его Коле. Тот быстро схватил рубль, **пры́гнул** в воду и поплыл. А молодые люди в этот день уже больше не целовались.

На следующий день Иван Иванович привёз Коле из города новые цветные карандаши и мяч, а сестра подарила ему свой портфель. Потом пришлось сделать ему и другие подарки. Злому мальчику, очевидно, всё это очень нравилось и, чтобы получить ещё больше, он стал наблюдать. Куда идут молодые, туда и он. Ни на одну минуту не оставлял их одних. Он наблюдал за ними всё лето, обещал рассказать всё родителям и требовал всё больше и больше подарков. В конце концов он стал даже просить часы, и несчастным влюблённым пришлось пообещать ему часы...

Как-то раз за обедом Коля вдруг громко рассмеялся и спросил у Ивана Ивановича: «Рассказать? А?»

Иван Иванович сильно покраснел, а Анна Семёновна быстро встала из-за стола и убежала в другую комнату.

И в таком положении молодые люди находились до конца августа, до тех пор пока Иван Иванович не **сде́лал** Анне Семёновне **предложе́ние** стать его женой. Какой это был счастливый день! Поговорив с родителями своей будущей жены и получив согласие, Иван Иванович сразу побежал в сад и начал искать Колю. Найдя его, он даже закричал от радости и **схвати́л** злого мальчика за ухо. Подбежала Анна Семёновна, тоже искавшая Колю, и схватила за другое ухо. И нужно было видеть, какое **наслажде́ние** было написано на лицах влюблённых, когда Коля **пла́кал** и просил их: «Милые, хорошие, я больше не буду. Ай, ай, **прости́те**, не буду!» И потом оба сознались, что за всё время, пока были влюблены друг в друга, они ни разу не испытали такого счастья, как в те минуты, когда они **таска́ли** злого мальчика за уши.

Б. Выполните задания.

1. Вставьте глаголы НСВ и СВ.

1) Иван и Анна спустились к реке и ________________ на скамейку.
2) Иван ________________ , что когда он ________________ Анну, он сразу влюбился в неё.
3) Иван ________________ Анну за руку, и они ________________ .
4) Когда молодые люди ________________ , они ________________ смех.
5) Они ________________ на реку и ________________ в воде мальчика.
6) Мальчик ________________ на молодых людей и ________________ .
7) Коля сказал, что он ________________ , как молодые люди целовались.
8) Коля ________________ , что он ________________ об этом маме.
9) Молодые люди ________________ , что Коля расскажет об их отношениях маме.
10) Иван сказал Коле, что нехорошо ________________ , что говорят другие люди.
11) Но мальчик решил получить выгоду из этой ситуации. Он ________________ у Ивана рубль.

12) Если Иван ________________ деньги, Коля ничего не ________________ маме.
13) Иван достал из кармана рубль и ________________ его Коле.
14) Коля ________________ деньги, прыгнул в воду и ________________ .
15) А молодые люди в этот день уже не ________________ .
16) На следующий день Иван ________________ Коле из города новые карандаши, а сестра ________________ портфель.
17) Потом молодые люди ________________ Коле и другие подарки.
18) Он стал ________________ за ними.
19) Коле ________________ эта ситуация.
20) Влюблённым молодым людям ________________ даже пообещать ему часы.
21) Однажды за столом Коля хотел ________________ маме о сестре.
22) Анна быстро ________________ из-за стола и ________________ в другую комнату.
23) Наконец в конце августа Иван ________________ Анне предложение ________________ его женой.
24) Иван ________________ с родителями, ________________ согласие и сразу ________________ в сад.
25) Иван начал ________________ в саду Колю, чтобы наказать его.
26) Иван ________________ Колю и ________________ его за ухо.
27) Иван и Анна ________________ Колю за уши и получали огромное наслаждение.

2. Измените предложения, используя деепричастия.

1) Молодые люди спустились к реке и сели на скамейку.
2) Иван сказал Анне: «Я увидел вас и сразу полюбил».
3) Иван взял Анну за руку и поцеловал её.
4) Когда они целовались, они услышали смех.
5) Они посмотрели на реку и увидели в воде мальчика.
6) Коля стоял в воде и улыбался.
7) Иван достал рубль из кармана и дал его Коле.
8) Коля пообещал, что ничего не скажет маме, и взял деньги.
9) Молодые люди боялись, что Коля всё расскажет маме, поэтому дарили ему подарки.
10) Коля хотел получать много подарков, поэтому стал наблюдать за молодыми людьми.

11) Коля обещал всё рассказать родителям и требовал новых подарков.
12) В конце августа Иван сделал предложение Анне и перестал бояться Коли.
13) Иван поговорил с родителями Анны, получил их согласие и побежал в сад искать Колю.
14) Иван нашёл Колю и начал таскать его за уши.
15) Иван таскал Колю за уши и получал наслаждение.

З. Раскройте скобки, выразите причину.

1) Иван Иванович покраснел ____________ (волнение), когда разговаривал с Колей.
2) Коля наблюдал за влюблёнными ____________ (любопытство).
3) Когда Иван Иванович нашёл Колю в саду, он закричал ____________ (радость).
4) Анна покраснела ____________ (стыд), когда Коля хотел рассказать маме о её отношениях с молодым человеком.
5) Иван Иванович попросил у родителей Анны согласия на брак ____________ (традиция).

В. Ответьте на вопросы.

1) Зачем Иван Иванович и Анна Семёновна спустились к реке?
2) Что произошло на берегу реки?
3) Кто такой Коля?
4) Почему, увидев Колю, молодые люди испугались?
5) Почему молодые люди дарили Коле подарки?
6) Почему Коля ни на минуту не оставлял их одних?
7) Почему ситуация изменилась в конце августа?
8) Автор рассказа Антон Чехов написал: «Но в этой жизни нет ничего абсолютно счастливого». Что он имел в виду, говоря эту фразу? Вы согласны с мнением писателя? Можете ли вы привести свои примеры, подтверждающие эти слова?
9) Как вы понимаете выражения?
   а) Могу ли я надеяться на взаимность?
   б) Дайте рубль, а то скажу маме.
   в) В конце августа Иван сделал Анне предложение.

Г. Как можно доказать, что эта история произошла не в наши дни? Приведите примеры, показывающие разницу в поведении молодых людей в наши дни и в конце XIX века.

Например:

1) Как обращались друг к другу молодые люди в конце XIX века и как обращаются сейчас?
2) Молодые люди целовались тайно. Им было стыдно, что их увидели. Они не хотели, чтобы об их отношениях узнали родители. А сейчас?
3) Чтобы жениться на Анне, Иван должен был получить согласие её родителей. А сейчас?
4) ... ?

Д. Пересказите эту историю.

огля́дываться — огляну́ться
целова́ть(ся) — поцелова́ть(ся)
улыба́ться (НСВ)
красне́ть — покрасне́ть (от волнения)
подсма́тривать — подсмотре́ть
пры́гать — пры́гнуть *куда?*
наблюда́ть (НСВ) *за кем?*
тре́бовать — потре́бовать *чего?*
де́лать — сде́лать предложение *кому?* (стать его женой)
хвата́ть — схвати́ть *кого?*
проща́ть — прости́ть *кого? за что?* (Простите!)
пла́кать — запла́кать
таска́ть (НСВ) *кого?* (за уши)

Задание 11. Прочитайте (прослушайте) тексты. **А.** Скажите, о каких проблемах идёт в них речь.

1) Сейчас невозможно представить себе жизнь без компьютеров и без Интернета. Дети уже в два года играют в компьютерные игры. Им не нужны книги, игрушки, друзья, даже родители. Весь день современные молодые люди проводят в **виртуа́льном** мире. Кажется, что скоро компьютерные программы полностью заменят человеческое общение.

С одной стороны, компьютеры — это только удобное **сре́дство**, которое делает нашу жизнь лучше, удобнее. Как телефон, как самолёт. Не надо ходить в библиотеку — вся нужная информация может быть получена через Интернет. Из Интернета можно скачать любую музыку, любой фильм. С другой стороны, компьютер может убить культуру, живое общение. Человек может уйти из реального мира в виртуальный и потерять границу между этими мирами. Есть и другая опасность: зависимость от компьютеров не только одного человека, но и всего человечества.

2) До недавнего времени у известного российского учёного, лауреата Нобелевской премии Жореса Алфёрова не было мобильного телефона, при создании которого сыграли роль и его открытия. Коллеги по работе, узнав об этом, подарили Жоресу Ивановичу мобильник. Но он пользуется им редко. «А зачем? — говорит учёный. — У меня же есть телефоны на работе и дома».

3) Известный музыкант Мстислав Ростропович как-то сказал, что за последнее время мир очень изменился. Наша планета стала маленькой благодаря техническому прогрессу: «Раньше, когда я начинал концертную деятельность, — вспоминал музыкант, — перелёт из России в Америку представлял собой настоящее путешествие с посадкой и **ночёвкой** в Париже. А теперь от Парижа до Нью-Йорка на “Конкорде” можно добраться за три с половиной часа. Причём из Франции вы вылетаете в 11 часов утра, а в США прилетаете в 8 часов 30 минут того же дня. Поразительно! Я даже как-то пошутил, сказав своей жене Галине Вишневской: “Если я умру в Париже, то немедленно собери моих друзей, погрузите моё **те́ло** в самолёт и летите в Нью-Йорк”. — “Зачем это? Ты что, с ума сошёл?” — удивилась жена. Но я объяснил ей, что хочу оказаться в Нью-Йорке за 2 часа до своей смерти». Конечно, это шутка. А если серьёзно, мир действительно стал **компа́ктным**. А компьютеры сделали мир ещё компактнее. Если раньше каждая страна жила как бы в «отдельном доме», то теперь мы живём в **«коммуна́льной кварти́ре»**.

4) Дом играет огромную роль в жизни каждого человека. Или играл? Всегда считалось, что дом — это место, где человек проводит бо́льшую часть жизни, куда он приходит после работы, где он отдыхает, занимается любимым делом, воспитывает детей, принимает друзей. У русских много пословиц и поговорок, связанных с домом: «Мой дом — моя **кре́пость**», «Дома и стены помогают». Но в последнее время люди стали много путешествовать, переезжать не только из одной квартиры в другую, но и из одного города в другой, из одной страны в другую, стремясь получить разные впечатления, ища новые интересные места на планете. Сегодня дом — это не то место, где живут несколько поколений одной семьи, а там, где нам хорошо.

5) В XXI веке всем стало понятно: климат на Земле изменяется. В разных частях Земли происходят страшные землетрясения, наводнения, извержения вулканов. Летом в европейских странах стоит африканская жара, животные и растения погибают от засухи,

от пожаров, люди страдают от дыма. Что случилось? СМИ обсуждают вопрос, что ждёт человечество впереди: потепление, похолодание, таяние льдов, экологическая катастрофа…

Б. Выскажите своё мнение по проблемам:

1) Компьютер в современном мире: плюсы и минусы, **досто́инства** и **недоста́тки**.
2) Зачем нужен мобильный телефон?
3) Мир в XXI веке стал другим. Что вас может удивить?
4) Нужен ли собственный дом современному человеку?
5) Стоит ли бояться изменения климата? Влияет ли человек, деятельность человека на изменение климата, на экологическую ситуацию на Земле?

ОБРАТИТЕ ВНИМАНИЕ!

Как выразить мнение	Как передать чужое мнение	Как выразить сравнение	Как выразить перечисление	Как выразить предположение
Я думаю, что… Я считаю, что… Мне кажется, что… По-моему, … По моему мнению, … На мой взгляд, … С моей точки зрения, …	По мнению *кого?* По словам *кого?* Кто думает, что… Кто считает, что…	по сравнению *с чем?* в отличие от *чего?* что лучше /хуже… *чего?* / чем *что?* отличается от *чего? чем?*	Во-первых, Во-вторых, В-третьих, В-четвёртых, Наконец, … Кроме того, … С одной стороны, … С другой стороны, …	Я предполагаю, что… Я могу предположить, … Возможно, … Наверное, …

Словарь урока 30

ад
биогра́фия
благотвори́тельность (*ж. р.*)
взаи́мность (*ж. р.*)
виртуа́льный
вне́шний вид
впосле́дствии
вслух
гвоздь (*м. р.*)
ге́ний
глухонемо́й
граффи́ти
гроссме́йстер
де́ятельность (*ж. р.*)
доказа́тельство
доска́ (шахматная)
досто́инство
же́мчуг
забо́р
идеа́л
ка́мень (*м. р.*)
коммуна́льная квартира
компа́ктный
конь (шахматный)
кра́ска, кра́ски
кре́пость (*ж. р.*)
куст
меда́ль (*ж. р.*)
мецена́т
наслажде́ние
насто́йчивость (*ж. р.*)
ночёвка
обеспе́ченный
окра́ина
пеще́ра
положе́ние
почто́вый я́щик
предположе́ние
предпринима́тель
ра́неный
с друго́й стороны́, ...
с одно́й стороны́, ...
свиде́тель
синя́к
скаме́йка
скро́мно
сла́ва
смех
соревнова́ние
спосо́бность (*ж.р.*)
сре́дство
та́йно
те́ло
теоре́ма
торго́вля
у́хо (*мн. ч.* у́ши)
хи́тро
худо́жественный
ча́стный
чемпио́н

беспоко́ить — побеспоко́ить *кого?*
выража́ть — вы́разить (себя)
голода́ть (НСВ)
де́йствовать (НСВ)
де́лать — сде́лать (предложение) *кому?* (стать его женой)
дока́зывать — доказа́ть *что?* (теорему)
заде́рживать — задержа́ть *кого?*
замеча́ть — заме́тить *кого? что?*
копи́ть — накопи́ть *что?* (деньги)
наруша́ть — нару́шить *что?* (закон)
обща́ться (НСВ) *с кем?*
огля́дываться — огляну́ться
опи́сывать — описа́ть *что?*
осуществля́ть — осуществи́ть *что?*
отража́ть — отрази́ть *что?*
па́чкать — испа́чкать
пла́кать — запла́кать
подде́рживать — поддержа́ть *кого?*
подсма́тривать — подсмотре́ть
предполага́ть — предположи́ть *что?*
признава́ться — призна́ться *кому? что?*
присужда́ть — присуди́ть (премию)
происходи́ть — произойти́
проща́ть — прости́ть *кого? за что?* (Простите!)
развива́ть — разви́ть *что?*
размеща́ть — размести́ть *что? где?*
разочаро́вывать — разочарова́ть *кого?*
расстава́ться — расста́ться *с кем? с чем?*
расширя́ть — расши́рить *что?*
сажа́ть — посади́ть *кого?* (в тюрьму)
сомнева́ться (НСВ) *в чём?*
стреми́ться (НСВ) *к чему?* (к цели)
таска́ть (НСВ) *кого?* (за уши)
тре́бовать — потре́бовать *чего?*
увольня́ться — уво́литься *откуда?*
улыба́ться (НСВ)
успока́иваться — успоко́иться
хвата́ть — схвати́ть *кого?*
целова́ться — поцелова́ться *кому?*

Приложение 1

СТРАНА — ЯЗЫК — НАЦИОНАЛЬНОСТЬ

Страна	**Язык** *какой?* (знать, изучать)	*Как?* (говорить, понимать, писать)	*На каком языке?* (говорить, писать, петь; книга, фильм, письмо...)	**Люди** (*он, она, они*)
Россия РФ = Российская Федерация	русский	по-русски	на русском	русский, русская, русские
Англия Великобритания	английский	по-английски	на английском	англичанин, англичанка, англичане
Корея Южная / Северная	корейский	по-корейски	на корейском	кореец, кореянка, корейцы
Япония	японский	по-японски	на японском	японец, японка, японцы
Германия Федеративная Республика Германия	немецкий	по-немецки	на немецком	немец, немка, немцы
Франция	французский	по-французски	на французском	француз, француженка, французы
Китай	китайский	по-китайски	на китайском	китаец, китаянка, китайцы
Финляндия	финский	по-фински	на финском	финн, финка, финны
Америка США = Соединённые Штаты Америки	английский	по-английски	на английском	американец, американка, американцы

МНОЖЕСТВЕННОЕ ЧИСЛО СУЩЕСТВИТЕЛЬНЫХ

Именительный падеж

студент ∅ журнал ∅ ---------- ∅	газета лампа ---------- а	врач музей словарь ---------- ч ---------- ж ---------- ш ---------- щ ---------- й ---------- ь	книга аудитория тетрадь после г, к, х, ж, ш, ц, ч + а ---------- я ---------- ь	окно ---------- о	здание море ---------- е
-ы		-и		-а	-я
студенты журналы	газеты лампы	врачи́ музе́и словари́	книги аудитории тетради	о́кна	зда́ния моря́

ЗАПОМНИТЕ!

а́дрес — адреса́ бе́рег — берега́ ве́чер — вечера́ глаз — глаза́ го́род — города́ дире́ктор — директора́ дом — дома́ но́мер — номера́ о́стров — острова́ о́тпуск — отпуска́ па́спорт — паспорта́ по́езд — поезда́ профе́ссор — профессора́ учи́тель — учителя́	брат — бра́тья де́рево — дере́вья друг — друзья́ лист — ли́стья (листы) стул — сту́лья сын — сыновья́	я́блоко — я́блоки сосе́д — сосе́ди у́хо — у́ши сестра́ — сёстры дочь — до́чери мать — ма́тери	оте́ц — отцы́ дворе́ц — дворцы́ япо́нец — япо́нцы рынок — ры́нки подарок — пода́рки платок — платки́ день — дни граждани́н — гра́ждане англича́нин — англича́не крестья́нин — крестья́не	челове́к — лю́ди ребёнок — де́ти цвето́к — цветы́ имя — имена́

СУЩЕСТВИТЕЛЬНЫЕ НА «Ь» (мягкий знак)

Мужской род			Женский род			
автомоби́ль	ого́нь	води́**тель**	боле́знь	любо́вь	о́бувь	возмо́жн**ость**
гвоздь	портфе́ль	выключа́**тель**	вещь	мать	о́сень	го́рд**ость**
гость	пу́ть	жи́**тель**	власть	ме́бель	о́чередь	достопримеча́тельн**ость**
день	роя́ль	зри́**тель**	глу́пость	молодёжь	па́мять	необходи́м**ость**
дождь	рубль	писа́**тель**	грязь	морко́вь	по́мощь	опа́сн**ость**
календа́рь	секрета́рь	покупа́**тель**	дочь	нефть	пыль	ра́д**ость**
ка́мень	слова́рь	посети́**тель**	жи́вопись	ночь	речь	
контро́ль	спекта́кль	преподава́**тель**	жизнь	це́рковь	смерть	
кора́бль	у́голь	строи́**тель**	крова́ть		соль	
ле́бедь	у́ровень	чита́**тель**	кровь		тетра́дь	
					цель	

Существительные, имеющие форму только единственного числа			Существительные, имеющие форму только множественного числа	
вода́	любо́вь	о́бувь	брю́ки	очки́
информа́ция	ма́сло	оде́жда	де́ньги	су́тки
капу́ста	ме́бель	посу́да	кани́кулы	часы́
карто́шка	молоко́	у́голь	консе́рвы	ша́хматы
литерату́ра	морко́вь	хлеб	но́жницы	
лук	мя́со			
	нефть			

ИМЯ ПРИЛАГАТЕЛЬНОЕ. ИМЕНИТЕЛЬНЫЙ ПАДЕЖ (№ 1)

	Типы окончаний			
Тип	**Муж. род (он)** *какой?*	**Жен. род (она)** *какая?*	**Ср. род (оно)** *какое?*	**Множ. число (они)** *какие?*
	-ый/-ой/-ий	-ая/-яя	-ое/-ее	-ые/-ие
1	нов**ый** (**после** твёрдого [н]) крас**ный**	нов**ая** крас**ная**	нов**ое** крас**ное**	нов**ые** крас**ные**
2	**(после г, к, х)** малень**кий** боль**шой**	 малень**кая** боль**шая**	 малень**кое** боль**шое**	 малень**кие** боль**шие**
3	**(после ж, ш, ч, щ,** кроме *большой*) хоро**ший**	 хоро**шая**	 хоро**шее**	 хоро**шие**
4	(**после** мягкого [н’]) послед**ний**	 послед**няя**	 послед**нее**	 послед**ние**

Прилагательные с основой на мягкий [н’] (тип 4)					
домаш**ний** древ**ний** искрен**ний** лиш**ний** односторон**ний** послед**ний** си**ний**	верх**ний** сред**ний** ниж**ний**	даль**ний** ближ**ний** край**ний**	весен**ний** лет**ний** осен**ний** зим**ний**	сегодняш**ний** завтраш**ний** вчераш**ний** прошлогод**ний** новогод**ний**	утрен**ний** вечер**ний**

СВОДНАЯ ТАБЛИЦА ОКОНЧАНИЙ

Падеж	Вопросы		Окончания					
	прилагательное	существительное	Мужской и средний род		Женский род		Множественное число	
			прилагательное	существительное	прилагательное	существительное	прилагательное	существительное
Им. п. (№ 1)	*какой? какое? какая? какие?*	*кто? что?*	-ый, -ий, -ой, -ое, -ее	-∅, -й, -ь, -о, -е, -ие	-ая, -яя	-а, -я, -ия, -ь	-ые, -ие	-ы, -и, -а
Род. п. (№ 2)	*какого? какой? каких?*	*кого? чего?*	-ого, -его -а, -я		-ой, -ей	-е; -и	-ых, -их	-ов, -ев, -ей -∅, -ий
Дат. п. (№ 3)	*какому? какой? каким?*	*кому? чему?*	-ому, -ему	-у, -ю	-ой, -ей	-е, -и	-ым, -им	-ам, -ям
Вин. п. (№ 4)	*какой? какое? какого? какую? какие? каких?*	*кого? что?*	*кого-он*: -ого, -его *что-он*: -ый, -ий, -ой *что-оно*: -ое, -ее	-а, -я -∅, -й, -ь -о, -е, -ие	-ую, -юю	-у, -ю, -ь	*что*: -ые, -ие *кого*: -ых, их	-ы, -и, -а -ов, -ев, -ей -∅, -ий
Твор. п. (№ 5)	*(с) каким? (с) какой? (с) какими?*	*(с) кем? (с) чем?*	-ым, -им	-ом, -ем	-ой, -ей	-ой, -ей, -ью	-ыми; -ими	-ами; -ями
Предл. п. (№ 6)	*(в) каком? (в) какой? (в) каких? / где?*	*(о) ком? (о) чём?*	-ом, -ем	-е, -и	-ой, -ей	-е, -и	-ых, -их	-ах, -ях

СКЛОНЕНИЕ ЛИЧНЫХ МЕСТОИМЕНИЙ И ВОЗВРАТНОГО МЕСТОИМЕНИЯ себя

Падеж	Местоимения							
Им. п. (№ 1)	**я**	**ты**	**он**	**она**	**мы**	**вы**	**они**	—
Род. п. (№ 2)	меня	тебя	его (у) него	её (у) неё	нас	вас	их (у) них	себя
Дат. п. (№ 3)	мне	тебе	ему (к) нему	ей (к) ней	нам	вам	им (к) ним	себе
Вин. п. (№ 4)	меня	тебя	его	её	нас	вас	их	себя
Твор. п. (№ 5)	(со) мной	(с) тобой	(с) ним	(с) ней	(с) нами	(с) вами	ими (с) ними	собой
Предл. п. (№ 6)	(обо) мне	(о) тебе	(о) нём	(о) ней	(о) нас	(о) вас	(о) них	(о) себе

СКЛОНЕНИЕ ЧИСЛИТЕЛЬНЫХ

Падеж	Числительные								
Им. п. (№ 1)	2 два/две	3 три	4 четыре	5 пять (6, 7, 8…20, 30)	40 со́рок	50 (60, 70, 80) **(пять-десят)**	100, 90 **(девяно-сто)**	200 (двести), 300 **(три-ста)**, 400	500, **(пять-сот)**, 600, 700, 800
Род. п. (№ 2)	двух	трёх	четырёх	пяти́	сорока́	пяти́десяти	ста девяно́ста	двухсот	пятисо́т
Дат. п. (№ 3)	двум	трём	четырём	пяти́	сорока́	пяти́десяти	ста	двумста́м	пятиста́м
Вин. п. (№ 4)	два/две двух	три/трёх	четырём	пяти́	сорока	пяти́десяти	ста	двумста́м	пятиста́м
Твор. п. (№ 5)	двумя	тремя́	четырьмя́	пятью́	сорока́	пятью́десятью	ста	двумяста́ми	пятьюста́-ми
Предл. п. (№ 6)	двух	трёх	четырёх	пяти́	сорока́	пяти́десяти	ста	двухста́х	пятиста́х

СКЛОНЕНИЕ СЛОВ «ВЕСЬ», «ТРЕТИЙ»

Падеж	Мужской род	Женский род	Множественное число
Им. п. (№ 1)	весь третий	вся третья	все третьи
Род. п. (№ 2)	всего третьего	всей третьей	всех третьей
Дат. п. (№ 3)	всему третьему	всей третьей	всем третьим
Вин. п. (№ 4)	+ *что?* = № 1 + *кого?* = № 2	всю третью	+ *что?* = № 1 + *кого?* = № 2
Твор. п. (№ 5)	всем третьим	всей третьей	всеми третьими
Предл. п. (№ 6)	(обо) всём третьем	(обо) всей третьей	(обо) всех третьих

ВЫРАЖЕНИЕ ВРЕМЕНИ

что?	*когда?*
День недели понедельник, вторник, четверг среда, пятница, суббота воскресенье	в понедельник, во вторник, в четверг в среду, в пятницу, в субботу в воскресенье (№ 4) в этот (в прошлый) понедельник... в эту (в прошлую) среду... в это (в прошлое) воскресенье
Неделя эта, прошлая, следующая неделя	на этой, на прошлой, на следующей неделе (№ 6)
Время года зима весна лето осень	зимой весной летом осенью (№ 5)
Месяц сентябрь, октябрь, ноябрь, декабрь, январь, февраль март, апрель, май июнь, июль, август	*В каком месяце?* (№ 6) в этом месяце в сентябре́, в октябре́... в ма́рте, в апре́ле...
Год 1999 (тысяча девятьсот девяносто девятый), 1983 (тысяча девятьсот восемьдесят третий), 2000 (двухтысячный), 2001 (две тысячи первый) первый, второй, третий, четвёртый, пятый, шестой, седьмой, восьмой, девятый, десятый, одиннадцатый, двадцатый, тридцатый, сороковой, пятидесятый, шестидесятый, семидесятый, восьмидесятый, девяностый	*В каком году?* (№ 6): в этом, прошлом, будущем году; в 1999 (в тысяча девятьсот девяносто девятом), в 1983 (в тысяча девятьсот восемьдесят третьем), в 2000 (в двухтысячном), в 2001 (в две тысячи первом); в 1930 (в тысяча девятьсот тридцатом), в 1940 (в тысяча девятьсот сороковом), в 1950 (в тысяча девятьсот пятидесятом), в 1960 (в тысяча девятьсот шестидесятом), в 1970 (в тысяча девятьсот семидесятом), в 1980 (в тысяча девятьсот восьмидесятом), в 1990 (в тысяча девятьсот девяностом) году
число + месяц: сегодня пятое октября (№ 1+ № 2); третье ноября	*Какого числа?* пятого октября третьего ноября (№ 2 + № 2)
месяц + год: октябрь 1991 (тысяча девятьсот девяносто первого) года	в октябре 1991 (тысяча девятьсот девяносто первого) года. (№ 6 + № 2)
число + месяц + год 5 (пятое) октября 1991 (тысяча девятьсот девяносто первого) года	пятого октября 1991 (тысяча девятьсот девяносто первого) года (№ 2 + № 2 + № 2)
обед, завтрак, ужин, чай	до, после, во время обеда, ужина, чая; перед обедом, ужином, чаем; за обедом, за ужином, за чаем
Пётр Первый Екатерина Вторая	при Петре Первом при Екатерине Второй

Приложение 2

ГЛАГОЛЫ, ПОСЛЕ КОТОРЫХ УПОТРЕБЛЯЕТСЯ РОДИТЕЛЬНЫЙ ПАДЕЖ (№ 2)

бояться	*чего?* *кого?*	(*абстрактное существительное*) темноты собаку/собаки/собак
требовать — потребовать	*чего?*	повышения зарплаты
хотеть	*чего?*	любви, счастья
добиваться — добиться	*чего?*	хороших результатов
достигать — достигнуть (достичь)	*чего?*	независимости, справедливости, власти, цели, успеха, договорённости, соглашения, взаимопонимания
касаться — коснуться	*кого?* *чего?*	человека, этого вопроса
лишать(ся) — лишить(ся)	*кого?* *чего?*	документов, доверия
желать — пожелать	*чего?*	счастья, здоровья, успехов, долгих лет жизни + *кому?*
НЕ + переходный глагол	*кого?* *что?* *чего?*	Раньше я **не** видел эту девушку/этой девушки? Я **не** видел этого фильма. *Сравните*: Я видел этот фильм.
Глаголы с предлогами «у», «до», «от»		
дотрагиваться — дотронуться добираться — добраться	*до кого?* *до чего?* *до кого?* *до чего?*	до меня до стены до родителей до университета
выигрывать — выиграть красть — украсть брать — взять просить — попросить	*у кого?* *у кого?* *у кого?* *у кого?*	у команды Бразилии у меня + *что?* (кошелёк) у родителей + *что?* (деньги)
отказываться — отказаться	*от чего?*	от поездки, от билетов
зависеть (НСВ)	*от кого?* *от чего?*	от начальника от погоды
получать — получить	*от кого?*	от друга + *что?* (письмо)

ГЛАГОЛЫ, ПОСЛЕ КОТОРЫХ УПОТРЕБЛЯЕТСЯ ДАТЕЛЬНЫЙ ПАДЕЖ (№ 3)

возвращать — вернуть	*что?*	книгу преподавателю
давать — дать	*кому?*	ручку другу
дарить — подарить		цветы маме
доказывать — доказать		свою правоту всем
задавать — задать		вопрос президенту
объяснять — объяснить		грамматику студенту
отправлять — отправить		письмо другу
передавать — передать		привет подруге
писать — написать		письмо бабушке
показывать — показать		город туристам
покупать — купить		игрушку ребёнку
посылать — послать		телеграмму дедушке
привозить — привезти		сувенир родителям
приносить — принести		чашку кофе клиенту
присуждать — присудить		премию учёному
присылать — прислать		факс директору
продавать — продать		велосипед соседу
сдавать — сдать		экзамен преподавателю
уступать — уступить		место старушке
запрещать — запретить	*кому?*	сыну играть на компьютере
мешать — помешать	+ инф.	отцу читать
обещать — пообещать		бабушке помочь
помогать — помочь		женщине нести сумку
предлагать — предложить		друзьям поехать за город
приказывать — приказать		солдатам стоять
(приказ)		
разрешать — разрешить		дочери поехать за границу
рекомендовать —		больному принимать лекарство
порекомендовать		
советовать — посоветовать		друзьям посмотреть фильм
верить — поверить	*кому?*	другу
врать — соврать		дяде
доверять — доверить		политикам
завидовать — позавидовать		богатым людям
звонить — позвонить		родителям
лгать — солгать		отцу
проигрывать — проиграть		команде Германии
сочувствовать		родственникам
улыбаться — улыбнуться		ребёнку
принадлежать (НСВ)	*кому? чему?*	фирме, отцу
говорить — сказать	*кому?*	преподавателю, что....
отвечать — ответить	, что...	журналисту, что...

сообщать — сообщить рассказывать — рассказать	*кому?* *о чём?*	всем гражданам, что... бабушке об учёбе
учить — научить обучать — обучить	*чему? + кого?*	русскому языку студентов музыке ребёнка
радоваться — обрадоваться удивляться — удивиться учиться	*кому? чему?* *чему?*	гостям, подарку неожиданному звонку музыке
Глаголы с предлогами «к», «по»		
относиться (НСВ) ревновать — приревновать (*кого?*) привыкать — привыкнуть принадлежать (НСВ) обращаться — обратиться готовиться — подготовиться	*к кому?* *к чему?* *к кому?* *к чему?*	к классической музыке жену к соседу к жизни в России к высшему обществу к секретарю к экзамену
скучать — соскучиться путешествовать	*по кому?* *по чему?*	по родителям, по дому по миру
Глаголы, употребляемые в безличных предложениях		
удаваться — удаться приходиться — прийтись надоедать — надоесть хотеться — захотеться	*кому?* + инф.	Мне удалось купить дешёвый билет. Мне пришлось взять такси. Мне надоело работать. Мне хочется спать.
Глаголы «нравиться — понравиться»		
нравиться — понравиться	*кому?* + *кто?* + *что?* + инф.	Мне нравится этот город. Мне понравился этот спектакль. Мне нравится кататься на лыжах.

ГЛАГОЛЫ, ПОСЛЕ КОТОРЫХ УПОТРЕБЛЯЕТСЯ ВИНИТЕЛЬНЫЙ ПАДЕЖ (№ 4)

брать — взять	*что?*	книгу в библиотеке
включать — включить		телевизор
выбирать — выбрать		подарок
выключать — выключить		свет
готовить — приготовить		ужин
делать — сделать		домашнее задание
есть — поесть (съесть)		бутерброд
заказывать — заказать		номер в гостинице
закрывать — закрыть		окно
искать — (найти)		ручку
использовать (НСВ)		словарь
исправлять — исправить		ошибку
ловить — поймать		такси, рыбу
менять — поменять (обменять)		деньги
мыть — вымыть (помыть)		посуду
надевать — надеть		шапку
наказывать — наказать		преступника, ребёнка
нарушать — нарушить		закон
обсуждать — обсудить		проблему
оканчивать — окончить		школу
открывать — открыть		дверь
переводить — перевести		текст
петь — спеть		песню
пить — выпить		сок
повторять — повторить		грамматику
подписывать — подписать		документ
покупать — купить		продукты
получать — получить		письмо
приносить — принести		учебник
принимать — принять		душ, лекарство
присуждать — присудить		премию
проверять — проверить		упражнение
рисовать — нарисовать		рисунок, картину
собирать — собрать		коллекцию
совершать — совершить		преступление
стирать — постирать		одежду
строить — построить		дом
терять — потерять		ключ
убирать — убрать		комнату
учить — выучить		новые слова
читать — прочитать		газету
обожать (НСВ)		музыку
забывать — забыть		адрес
решать — решить		задачу

видеть — увидеть встречать — встретить ждать — подождать ненавидеть (НСВ) обманывать — обмануть обожать поздравлять — поздравить понимать — понять приглашать — пригласить присуждать — присудить просить — попросить ругать — отругать спрашивать — спросить убивать — убить уважать (НСВ) хвалить — похвалить	*кого?*	преподавателя детей подругу этого человека отца этого певца друга + *с чем?*: с днём рождения вас девушку + *куда?*: в ресторан премию сына дочь преподавателя человека директора меня
Глаголы с предлогами «на», «в», «за»		
сердиться — рассердиться влиять — повлиять обращать — обратить внимание	*на кого?* *на кого?/ на что?*	на сестру на ребёнка на красивую девушку на это здание
влюбляться — влюбиться	*в кого?*	в красивую девушку
выходить — выйти замуж	*за кого?*	за любимого человека
играть	*во что?*	в футбол в компьютерные игры
ставить — поставить класть — положить вешать — повесить	*что? + куда?*	лампу на стол книгу на стол карту на стену
садиться — сесть ложиться — лечь поступать — поступить возвращаться — вернуться	*куда?*	за стол, на стул на кровать в университет в родной город

ГЛАГОЛЫ, ПОСЛЕ КОТОРЫХ УПОТРЕБЛЯЕТСЯ ТВОРИТЕЛЬНЫЙ ПАДЕЖ (№ 5)

вести — провести переговоры видеться — увидеться встречаться — встретиться договариваться — договориться дружить — подружиться заключать — заключить (брак) здороваться — поздороваться знакомиться — познакомиться обмениваться — обменяться общаться — пообщаться переписываться (НСВ) прощаться — попрощаться (проститься) разводиться — развестись разговаривать — поговорить расходиться — разойтись советоваться — посоветоваться соглашаться — согласиться спорить — поспорить ссориться — поссориться	*с кем?*	с партнёрами с друзьями с подругой с клиентами с девочкой с женщиной с преподавателем с новыми студентами с новыми знакомыми (+ *чем?*: адресами, телефонами, визитками) со старыми друзьями с подругой с соседом с женой с матерью с другом с врачом с оппонентом с коллегой с мужем
восторгаться восхищаться — восхититься гордиться заниматься интересоваться — заинтересоваться увлекаться — увлечься руководить управлять пользоваться — воспользоваться	*кем?* *чем?*	музыкой природой успехами спортом, русским языком живописью марками заводом коллективом компьютером
быть работать стать	*кем?*	студентом инженером экономистом
болеть — заболеть владеть — овладеть писать — написать рисовать — нарисовать угощать — угостить	*чем?*	гриппом иностранным языком ручкой красками тортом (+ *кого?*: соседку)
поздравлять — поздравить кого?	*с чем?*	с праздником, с днём рождения, с рождеством, с юбилеем (+ *кого?*): *друга*
сравнивать — сравнить	*с кем?* *с чем?*	с собакой (+ *кого?* кошку) с Санкт-Петербургом (+ *что?* Москву)
извиняться — извиниться	*перед кем?*	перед человеком

сидеть работать отдыхать — отдохнуть	*за чем? где?*	за столом за границей за городом
наблюдать (НСВ)	*за кем?* *за чем?*	за мужем за работой

ГЛАГОЛЫ, ПОСЛЕ КОТОРЫХ УПОТРЕБЛЯЕТСЯ ПРЕДЛОЖНЫЙ ПАДЕЖ (№ 6)

говорить — (поговорить) мечтать — помечтать разговаривать — (поговорить) рассказывать — рассказать беседовать — побеседовать болтать — поболтать спорить — поспорить беспокоиться — побеспокоиться заботиться — позаботиться жалеть, сожалеть (НСВ) сомневаться — засомневаться	*о ком?* *о чём?*	о проблемах о поездке на море о погоде о делах о жизни о пустяках о политике о детях о кошке о прошлом в этом
жениться	*на ком?*	на любимой девушке
ездить играть говорить	*на чём?*	на машине на гитаре на (*русском*) языке
участвовать (НСВ) принимать — принять участие	*в чём?*	в конференции в Олимпийских играх
стоять лежать висеть сидеть находиться располагаться	*где?*	на столе на кровати на стене на стуле на северо-западе в Европе

Приложение 3

Урок 21

ПРОВЕРОЧНАЯ РАБОТА

Задание 1. Напишите форму сравнения прилагательных и наречий.

А. 1) красивый — ______
2) дорогой — ______
3) умный — ______
4) узкий — ______
5) широкий — ______
6) чистый — ______
7) грязный — ______
8) богатый — ______
9) бедный — ______
10) интересный — ______
11) строгий — ______
12) весёлый — ______
13) длинный — ______
14) лёгкий — ______

Б. 1) рано — ______
2) часто — ______
3) близко — ______
4) далеко — ______
5) плохо — ______
6) хорошо — ______
7) мало — ______
8) много — ______
9) поздно — ______
10) дёшево — ______
11) редко — ______
12) вкусно — ______
13) громко — ______
14) быстро — ______
15) тихо — ______

Задание 2. Дополните предложения. Используйте сравнительные степени прилагательных и наречий в скобках.

1) В кресле сидеть ______ (удобно), чем на стуле.
2) Невский проспект ______ (короткий), чем Московский.
3) Мой друг ходит в кино ______ (редко), чем в театр.
4) В среду занятия заканчиваются ______ (поздно), чем в четверг.
5) Книги по искусству ______ (дорогой), чем детективы.
6) На метро до центра можно добраться ______ (быстро), чем на автобусе.

Задание 3. Сравните магазины в России и в вашей стране.

1) ______.
2) ______.
3) ______.

Задание 4. Придумайте предложения со словами:

1) чем... , тем...: ______
2) повышаться — повыситься: ______

3) улучшаться — улучшиться: ______________________________
____

4) уменьшаться — уменьшиться: ______________________________
____

Задание 5. Напишите формы глаголов.

	класть	положить	поставить	повесить
я				
ты				
он				
мы				
вы				
они				

	стоять	лежать	сидеть
я			
ты			
он			
мы			
вы			
они			

	садиться	сесть	ложиться	лечь
я				
ты				
он				
мы				
вы				
они				

Задание 6. Вставьте подходящие по смыслу глаголы и окончания.

1) — Куда я ______________ словарь?
— Он ______________ на стол… .
2) — Ты не знаешь, где мой паспорт?
— Ты ______________ его на стол.

3) — Ты не видел мою куртку?
— Ты ____________ её в шкаф. Сейчас она ____________ в шкаф... .

4) — Где моя сумка?
— Она ____________ на стул... . Ты сам ____________ её туда.

5) — Куда ты ____________ рубашку?
— Она ____________ в чемодан... .

6) Мы ____________ стол в кабинет. Он ____________ в кабинет... .

7) Он ____________ куртку на вешалк... . Она ____________ на вешалк... .

8) — Куда можно ____________ пальто?
— ____________ его на вешалк... !

9) — Куда можно ____________ чемодан?
— ____________ его сюда!

10) — Куда можно ____________ шапку?
— ____________ её сюда!

11) Вчера мы были в театре. Мы ____________ в первом ряду.

12) Вчера он пришёл домой, переоделся, ____________ за стол и начал делать домашнее задание.

13) — Это место свободно?
— Да, ____________ , пожалуйста.

Задание 7. Вставьте глаголы и окончания существительных.

Слова для справок: лежать, класть — положить; стоять, ставить — поставить; висеть, вешать — повесить.

1) Ковёр ____________ на пол... .
2) У меня в комнате на стен... ____________ картина.
3) Вчера большая машина ____________ около общежит... .
4) Обычно я ____________ ботинки около вешалк... .
5) Сосед ____________ ключи в сумк... , а обычно он ____________ их в карман... .
6) Мама хочет ____________ шторы на окн... .
7) Я вернулся домой и ____________ свой рюкзак на стул... .
8) Я пришёл в гости, хозяин взял мою куртку и ____________ на вешалк... .

Задание 8. Вставьте подходящие по смыслу глаголы.

1) Виктор ____________ (1) из магазина домой, разделся, ____________ (2) шапку на полку, ____________ (3) пальто на вешалку и ____________ (4) на кухню. На кухне он ____________ (5) сумку на стул, ____________ (6) из сумки сыр и ____________ (7) его в холодильник.

Он ______________ (8) из сумки хлеб и ______________ (9) его в шкаф. Он ______________ (10) из сумки бутылку воды и ______________ (11) её на стол.
Он открыл бутылку, взял стакан, ______________ (12) воду из бутылки в стакан и выпил его. Потом он вымыл стакан и ______________ (13) его на полку. Он ______________ (14) в комнату, ______________ (15) за стол, ______________ (16) компьютер и начал ______________ (17). Потом он ______________ (18) на диван, ______________ (19) книгу и начал читать.
Он ______________ (20) на диване и читал книгу. Через полчаса он решил выпить чая. Он встал, ______________ (21) на кухню, ______________ (22) чай в чашку, ______________ (23) в чашку сахар и выпил чай.

2) Вчера у Жанны был день рождения, поэтому она устроила небольшую вечеринку для друзей. Гости пришли в 19 часов. Жанна открыла им дверь и сказала: «______________ (1)!» Гости вошли в прихожую, разделись, ______________ (2) куртки на вешалку, сумки и рюкзаки ______________ (3) на стул. Жанна сказала им: «______________ (4) в комнату, ______________ (5) за стол!» Гости прошли в комнату и ______________ (6) за стол. На столе ______________ (7) бутылки с минеральной водой, соком. Около каждой тарелки ______________ (8) салфетки, вилки и ножи. Гости подарили Жанне цветы. Жанна ______________ (9) их в вазу. Ещё друзья подарили Жанне книгу и картину. Книгу Жанна ______________ (10) на стол, а картину она хочет ______________ (11) на стену. Гости ______________ (12) напитки в стаканы и поздравили Жанну. Потом они ______________ (13) себе на тарелки еду и начали есть. Друзья ______________ (14) за столом, разговаривали, смеялись. Рядом с Жанной ______________ (15) Владимир. Владимир нравится Жанне. Ей было приятно ______________ (16) рядом с ним. Но потом Владимир встал, а на его место ______________ (17) Валентина, подруга Жанны.
Валентина очень любит болтать. Она болтала целый час, хотела обсудить с Жанной последние университетские новости. А Жанна мечтала, чтобы Владимир снова ______________ (18) рядом с ней.

Урок 22

ПРОВЕРОЧНАЯ РАБОТА

Задание 1. Раскройте скобки.

1) Телевизор стоит между ______ (шкаф и стол).
2) Лампа висит над ______ (диван).
3) Ковёр лежит посреди ______ (комната).
4) Стулья стоят вокруг ______ (стол).
5) Памятник стоит перед ______ (университет).
6) Чемодан лежит под ______ (кровать).
7) Машина стоит за ______ (общежитие).
8) Магазин находится напротив ______ (гостиница).
9) Мы вошли в зал и сели за ______ (стол).
10) Мы сидели за ______ (стол) и разговаривали.

Задание 2. Продолжите предложения.

1) Виктор сказал Лене, что ______ .
2) Виктор сказал Лене, чтобы она ______ .
3) Виктор хочет ______ .
4) Виктор хочет, чтобы Лена ______ .

Задание 3. Замените прямую речь косвенной.

В этом году Виктор окончит школу. Он решил поступить в университет на физический факультет. У него есть друг Антон, который в прошлом году уже стал студентом физического факультета. Виктор встретил Антона и решил узнать у него об этом факультете.

Виктор: — Антон, расскажи, пожалуйста, о своём факультете.
Антон: — А что ты хочешь узнать?
Виктор: — Там трудно учиться?
Антон: — Нет, если заниматься каждый день.
Виктор: — А какие предметы вы изучаете?
Антон: — Физику, математику, английский язык.
Виктор: — Покажи, пожалуйста, учебник физики для первого курса.
Антон: — Вот, смотри.
Виктор: — О! Какие трудные задачи! Ты можешь сейчас решить какую-нибудь задачу?
Антон: — Конечно, могу. Ты не волнуйся. У нас хорошие преподаватели. Они всё понятно объясняют. Приходи к нам завтра на занятия, послушаешь лекцию профессора.

Виктор: — А во сколько начинается лекция?
Антон: — В 9 часов. Только не опаздывай! Профессор не любит, когда студенты опаздывают.
Виктор: — Могу я прийти с другом?
Антон: — Конечно, можешь. Хочешь, я встречу тебя около университета?
Виктор: — Отличная идея.
Антон: — Значит, завтра в 8:50 я буду ждать тебя.
Виктор: — Спасибо, Антон. До встречи!

Однажды Виктор встретил Антона и решил ____________________

Урок 23

ПРОВЕРОЧНАЯ РАБОТА

Задание 1. Напишите, при каком условии вы:

Модель: При каком условии вы пойдёте на стадион?
— *Я пойду на стадион, если там будет интересный футбольный матч.*

1) пойдёте к врачу
____
2) позвоните в полицию
____
3) ку́пите новый телефон
____
4) пойдёте в банк
____
5) ку́пите цветы
____
6) откроете окно
____
7) пойдёте в гости в субботу
____
8) никуда не пойдёте в субботу
____

Задание 2. Вставьте слова «ли», «если».

1) Я пойду в театр, ____________ смогу купить билет.
2) Я хочу знать, купил ____________ ты билет в театр.
3) Том пойдёт в театр, ____________ у него будет свободное время.
4) Питер спросил Тома, есть ____________ у него свободное время.
5) Наташа не знает, будет ____________ у неё завтра свободное время.
6) Наташа пойдёт на вечеринку, ____________ Том пригласит её.
7) Наташа не знает, пригласит ____________ Том её на вечеринку.
8) ____________ Том получит сертификат первого уровня, он сможет учиться в российском университете.
9) Том не знает, сможет ____________ он хорошо сдать тест первого уровня.
10) Том спросил друга, трудно ____________ сдавать тест первого уровня.
11) Я хочу знать, говорит ____________ Том по-русски.
12) Он сможет найти хорошую работу, ____________ он будет хорошо говорить по-русски.

Задание 3. Измените предложения по модели. Используйте союз «если бы».

Модель: Иван Иванович уволил сотрудника из фирмы, потому что этот сотрудник плохо работал. — *Если бы сотрудник работал хорошо, Иван Иванович не уволил бы его из фирмы.*

1) Том плохо подготовился к экзамену, поэтому он не сдал экзамен.
____

2) Лариса вчера не ездила за город, потому что была плохая погода.
____

3) Виктор ездит на работу на автобусе, потому что у него нет машины.
____

4) Мама ругает сына, потому что он плохо учится.
____

Задание 4. Раскройте скобки.

1) Мы с друзьями были ____
(театр, музей,рестораны, лес, вокзал, стадион, экскурсия, магазины).
2) Мы разговаривали ____
(жизнь, друзья, Россия, спорт, политика, фильмы, достопримечательности).
3) Он учится ____
(Московский государственный университет, экономический факультет).
4) Он живёт ____ (небольшой красивый хороший дом).
5) Мы разговаривали ____
(наша работа, наш университет, наши родители).
6) В Москве он жил ____
(хорошая гостиница, последний этаж).
7) Банк находится ____ (это здание).
8) Я часто думаю о ____ (моя жена, наши дети, мои хорошие друзья, любимые родители, коллеги по работе, мой родной город).
9) Я хочу рассказать о ____ (мои впечатления, разные города, интересные люди, сегодняшние политические события, последние экономические новости).

Урок 24

ПРОВЕРОЧНАЯ РАБОТА

Задание 1. Раскройте скобки.

А. 1) В книжном магазине много ______________________________ (разные словари, книги, тетради).

2) В магазине «Одежда» много ______________________________ (хорошие вещи: красивые рубашки, кожаные перчатки, модные куртки, тёплые шарфы и шапки).

3) В магазине «Овощи» много ______________________________ (картошка, капуста, морковь, огурцы, яблоки).

4) В городе много ______________________________ (прекрасные дворцы, высокие здания, зелёные парки, большие площади, удобные гостиницы, хорошие больницы, красивые девушки).

5) Я часто думаю о ______________________________ (моя жена, наши дети, мои хорошие друзья, любимые родители, коллеги по работе, мой родной город).

6) Каждый человек должен заботиться ______________________________ (маленькие дети, пожилые люди, бесмомощные животные).

Б. 1) Студенты участвовали ______________ (эта демонстрация).

2) Они требовали ______________ (повышение стипендии).

3) Моя зарплата зависит ______________ (результаты) ______________ (моя работа).

4) Я хочу добиться ______________ (хорошие результаты).

5) Мама купила мне собаку. Теперь я должен заботиться ______________ (эта большая хорошая умная собака).

Задание 2. Образуйте существительные от глаголов.

Модель: получать — получить — *получение*

1) воспитывать — воспитать — ______________

2) охранять — ______________

3) улучшать — улучшить — ______________

4) повышать — повысить — ____________________
5) выбирать — выбрать — ____________________
6) участвовать — ____________________
7) решать — решить — ____________________
8) требовать — потребовать — ____________________
9) спасать — спасти — ____________________
10) приглашать — пригласить — ____________________
11) сравнивать — сравнить — ____________________
12) отменять — отменить — ____________________
13) расти — вырасти — ____________________
14) увеличивать — увеличить — ____________________

Задание 3. Вставьте подходящие по смыслу слова.

Фирма «Экспресс» — одна из ____________ ____________ (1) торговых ____________ (2) в России. Она ____________ (3) экспортом нефти. ____________ (4) нефти, фирма продаёт газ. Фирма имеет ____________ (5) прибыль. Фирма продаёт нефть хорошего ____________ (6). Во всём мире не ____________ (7) нефти и газа. Конечно, все сотрудники получают разную ____________ (8). Она зависит от ____________ , ____________ (9).

Задание 4. Продолжите предложения. Используйте модель «один (одна...) из...».

1) Санкт-Петербург — это ____________________
____________________.
2) Эрмитаж — это ____________________
____________________.
3) Красная площадь — это ____________________
____________________.
4) Исаакиевский собор — это ____________________
____________________.

Задание 5. Ответьте на вопросы (вы можете фантазировать). Дайте полный ответ.

1) Как вы думаете, от чего зависит цена машины?
____
____
2) Как вы думаете, чего обычно не хватает людям для счастливой жизни?
____
____

3) Сколько (примерно) у вас книг?

4) Сколько этажей в доме, в котором вы живёте?

5) Сколько у вас близких друзей?

6) Сколько иностранных языков вы изучали (вы знаете)?

7) Сколько студентов в вашей группе? Откуда они?

8) В каком магазине вы были недавно? Что и в каком количестве вы купили?

Задание 6. Напишите рассказ на тему «Экология».

Урок 25

ПРОВЕРОЧНАЯ РАБОТА

Часть 1

Задание 1. Раскройте скобки.

А. 1) Он вышел из вагона поезда и увидел ______________________ (американские студенты и студентки, его друзья, красивые здания).

Б. 1) Виктор уважает ______________________ (его отец).

2) Начальник похвалил ______________________ (сотрудник — хорошая работа).

3) Бабушка подарила мне кошку. Я с удовольствием буду заботиться ______________________ (эта добрая красивая хорошая кошка).

4) Отец оказал большое влияние ______________________ (сын).

5) Я не виноват ______________________ (это).

6) Обратите внимание ______________________ (этот человек)!

7) Я не сомневаюсь ______________________ (его слова).

8) Мой друг женился ______________________ (красивая девушка).

9) В театре Нина была ______________________ (новый костюм).

10) Мой друг носит ______________________ (очки). Он всегда ходит по улице ______________________ (очки).

11) Не обижайся ______________________ (я)!

12) Моя сестра вышла замуж ______________________ (мой друг).

13) Студенты добились ______________________ (большие успехи).

14) Родители должны хорошо воспитать ______________________ (их дети).

15) Банки не должны обманывать ______________________ (их клиенты).

16) Мама ругает ______________ (её сын) ______________ (плохая учёба).

17) Студент предупредил ______________________ (преподаватель) о том, что завтра он не придёт на урок.

18) Моё настроение зависит ______________________ (погода).

19) Я желаю тебе добиться ______________________ (успех) в жизни.

20) Студенты участвовали ______________________ (эта демонстрация).

21) Они требовали ______________________ (повышение) ______________________ (стипендия).

22) Виктор уговорил ______________________ (его друг) поехать за город.

23) Мама заставляет ______________________ (её сын) играть на пианино.

Часть 2

Задание 1. Раскройте скобки. Используйте конструкции, выражающие время.

1) Контрольная работа будет ______________________ (следующая неделя).
2) Контрольная работа будет ______________________ (5 дней).
3) Я пойду домой ______________________ (занятия).
4) — Когда ты пойдёшь домой?
— Я пойду домой ______________________ (15 минут).
5) Виктор ездил в Москву ______________________ (неделя).
6) Он был в Москве ______________________ (неделя).
7) Антон взял книги в библиотеке ______________________ (месяц).
8) Моника прочитала книгу ______________________ (2 дня), а Джон читал эту же книгу ______________________ (неделя).
9) Наташа решила занять хорошее место, поэтому пришла в аудиторию ______________________ (10 минут — начало — лекция).
10) Роману не понравился спектакль, поэтому он ушёл из театра ______________________ (полчаса — окончание — спектакль).
11) Вера начала работать ______________________ (месяц — рождение ребёнка).
12) У Анны и Бориса разные характеры, поэтому они расстались ______________________ (год — свадьба).
13) Сильвия — итальянка. Она приехала в Россию ______________________ (один год).
14) Сильвия будет изучать русский язык ______________________ (один год).
15) Виктория вышла из дома ______________________ (она позавтракала и позвонила бабушке).
16) Анна ехала в университет ______________________ (полчаса).
17) Тамара доехала до университета ______________________ (15 минут).
18) Юрий Гагарин был очень спокоен ______________________ (полёт в космос).
19) Андрей поедет к бабушке ______________________ (следующая пятница).
20) У Миши был экзамен ______________________ (прошлый четверг).
21) У Игоря будет свадьба ______________________ (суббота — следующая неделя).

Задание 2. Раскройте скобки. Цифры пишите прописью.

1) Антон готовился к экзамену ______________________ (вся ночь).
2) Игорь получил письмо ______________________ (прошлая неделя).
3) Дай, пожалуйста, ручку ______________________ (минута)!
4) Максим ездил в Москву ______________________ (неделя).
5) Анна была на дискотеке ______________________ (прошлая пятница).
6) Тамара родилась ______________________ (25.05.95).
7) Ирина ехала на работу ______________________ (2 часа).
8) Маша доехала до работы ______________________ (20 минут).
9) Мы приехали в Москву в субботу и ______________________ (следующий день) пошли на Красную площадь.
10) Наташа отдыхала на море ______________________ (месяц).
11) Нужно мыть руки ______________________ (обед).
12) Антон взял у друга книгу ______________________ (час).
13) Он вернул книгу ______________________ (час).
14) Этот текст большой, я не смогу прочитать этот текст ______________________ (15 минут).
15) Русский язык трудный, поэтому его невозможно выучить ______________________ (месяц).
16) Мы пришли в театр ______________________ (полчаса — начало спектакля).
17) Он ушёл домой ______________________ (5 минут — окончание уроков).
18) Я хожу в театр ______________________ (каждая неделя).
19) Иван прочитал книгу быстро, ______________________ (2 дня).
20) Директор вышел ______________________ (минута).
21) Санкт-Петербург построили ______________________ (Пётр Первый).

Задание 3. Вставьте подходящие по смыслу глаголы НСВ–СВ.

1) Художник ______________________ картину за три дня.
2) Строители ______________________ дом полтора года.
3) Мы ______________________ в Москве месяц.
4) Они ______________________ в Санкт-Петербург на 2 месяца.
5) Она ______________________ в театр каждую неделю.

Задание 4. Ответьте на вопросы, выражая время (цифры пишите прописью).

1) Когда родился/родилась ваш лучший друг/ваша лучшая подруга?

____

2) Когда вы в последний раз виделись со своим другом / со свое подругой? ______

3) Когда в вашей стране отмечают Новый год?

______

4) Когда в вашей стране бывает холодно, а когда жарко?

______

5) Когда в вашей стране начинается учебный год?

______

6) Когда в школе бывают каникулы?

______

7) Когда в вашей стране отмечают национальный праздник?

______

8) Когда началась Вторая мировая война? Когда она кончилась?

______

______

9) Когда нужно приходить в театр, чтобы не опоздать на спектакль?

______

______

10) Как часто у вас бывают занятия по русскому языку?

______

11) Как часто вы получаете электронную почту?

______

12) Как часто вы встречаетесь с друзьями?

______

13) Как часто вы убираете квартиру?

______

14) За сколько времени вы вчера сделали домашнее задание?

______

15) Как долго вы готовились к контрольной работе?

______

16) За сколько времени можно выучить 100 русских слов?

______

17) Трудно ли научиться говорить и понимать по-русски за 10 месяцев? ______

______

18) Как вы думаете, сколько времени нужно, чтобы научиться хорошо говорить по-русски? ______

19) Сколько слов вы выучили за время учёбы в России?

______

20) Как вы понимаете смысл рекламы: «Фотографии за 10 минут»?

______

ПРОВЕРОЧНАЯ РАБОТА

Раскройте скобки.

А. Виктор написал письмо ______________________ (его старший брат, его сестра, его родители, его друзья, его соседи, его любимая девушка, его преподаватель, я).

Б. 1) ______________________ (Моя мать) 50 лет.

2) Антон был ______________ (концерт). ______________ (Он) ______________ (понравиться) ______________ (концерт).

3) Мама не разрешает ______________________ (её маленький сын) долго играть на компьютере.

4) Вадим предложил ______________________ (его новые друзья) пойти в воскресенье на дискотеку.

5) Наташа пригласила ______________________ (Тамара) на день рождения. Тамара хочет подарить ______________ (Наташа) ______________________ (интересная книга).

6) ______________ (Улица) я встретила ______________ (моя подруга). Завтра я пойду в гости ______________ (она).

7) Я поздравляю ______________ (вы) с днём рождения! Я желаю ______________ (вы) здоровья!

8) Во время каникул я ездил ______________________ (мой дедушка).

9) Моя бабушка живёт ______________________ (другой город). Я давно не видела ______________________ (моя бабушка). Я буду помогать ______________________ (моя бабушка) работать ______________ (сад).

10) Он подарил цветы ______________________ (любимая девушка).

11) ______________________ (Моя подруга) нужно сдавать экзамены.

12) Я должна позвонить ______________________ (мои родители).

13) Мне нужно подарить подарок ______________________ (моя бабушка).

14) Мы не разрешаем ______________________ (наша большая собака) спать на кровати.

15) Я должен сообщить свой адрес ______________________ (мои новые друзья).

16) ______________________ (Мой младший брат) 15 лет.

17) Мне нужно написать письмо ______________________ (мой друг и моя подруга).

Задание 2. Выразите впечатление, используя глагол «понравиться».

Модель: Вчера я был в Эрмитаже. — *Мне понравился Эрмитаж.*

1) Вчера Игорь был на концерте. ______________________________
2) Тамара подарила цветы Наташе. ______________________________
3) Вчера я прочитал книгу. ______________________________
4) Вчера Олег был на дискотеке. ______________________________

Задание 3. Задайте вопросы к выделенным словам.

1) Вы можете обратиться к *секретарю*. ______________________________
2) Его брат женился на *балерине*. ______________________________
3) Анна вышла замуж за *футболиста*. ______________________________
4) Она завидует *талантливым* людям. ______________________________
5) Они участвовали в *спортивных* соревнованиях. ______________________________
6) Антон нарисовал картину за *2 часа*. ______________________________
7) Виктор спал *весь день*. ______________________________
8) На экскурсии было *4 человека*. ______________________________

Задание 4. Продолжите предложения, указав причину. Используйте предлоги «от», «из», «по».

Модель: Ирине всё интересно. Она читает газеты ... —
Она читает газеты *из интереса*.

1) Наташа — очень *любопытная* девушка. Она смотрит программы о животных ______________________________.
2) Виктор — *неопытный* инженер. Он иногда делает ошибки ______________________________.
3) Анна часто *скучает*. Она смотрит телевизор ______________________________.
4) Андрей — очень *невнимательный* ученик. Он сделал 3 ошибки ______________________________.
5) Владимир *влюбился* в Веру. Он потерял голову ______________________________.
6) Родители *посоветовали* Игорю поступить в университет. Игорь поступил в университет ______________________________.
7) Девочке было очень *больно*. Она заплакала ______________________________.
8) Вадим очень *устал*. Он просто падает ______________________________.
9) Алексей — очень *вежливый* человек. Он всегда уступает место в транспорте ______________________________.
10) Кто-то *постучал* в дверь. Света проснулась ______________________________.
11) Виктории было очень *стыдно*. Она покраснела ______________________________.
12) Когда Нина получила письмо, она очень *обрадовалась*. Она даже засмеялась ______________________________.

13) Михаил очень хочет *есть*. Он просто умирает ______________ .

14) Иван очень *удивился*, когда получил так много денег. Он даже замолчал ______________ .

15) Жанна — очень *скромная* девушка. Она всегда молчит ______________ .

16) Антон *привык* вставать в шесть часов утра. В выходной день он встаёт в шесть часов ______________ .

17) Директор *попросил* Максима купить цветы. Максим купил цветы ______________ .

18) Рита нашла на улице бездомную собаку и *пожалела* ее. Она каждый день кормила собаку ______________ .

19) Николай *уважает* своего директора. Он никогда не спорит с ним ______________ .

20) На экзамене Алла очень *волновалась*. Она не могла говорить ______________ .

Задание 5. Продолжите предложения, используя разные способы выражения причины.

1) Виктор смог получить высшее образование ______________ .

2) Артём расстроился ______________ .

3) В воскресенье друзья не поехали за город ______________ .

4) Муж с женой развелись ______________ .

5) Марина вошла не в свою аудиторию ______________ .

6) Мальчик закричал ______________ .

7) Роман купил цветы ______________ .

8) Борис поссорился с подругой ______________ .

9) Глеб выжил после тяжёлой аварии ______________ .

10) Этот актёр умер ______________ .

Урок 27

ПРОВЕРОЧНАЯ РАБОТА

Задание 1. Раскройте скобки.

А. Во время каникул Том хочет встретиться ______________________
____
____
(его родители, его друзья, его знакомые, его любимая девушка, его школьная учительница, его американский преподаватель русского языка, его тренер по теннису).

Б. 1) В прошлом месяце мы побывали ______________________
____
(Исторический музей, все интересные выставки, недорогое кафе, разные места).

2) В городе много ______________________
____
(разные магазины, высокие здания, зелёные деревья, удобные гостиницы, весёлые дети, большие собаки).

3) Мы встретили на улице ______________________
____
(одна симпатичная девушка, мои старые друзья, наш преподаватель, эти незнакомые люди).

4) На вечеринке мы разговаривали о ______________________
____
(наши впечатления, последние новости, все общие знакомые и друзья, одна важная проблема).

5) Я посылаю письма ______________________
____
(наш строгий директор, моя любимая жена, мои родители, мои друзья, все мои преподаватели).

6) Мои друзья интересуются ______________________
____
(чтение, джазовая музыка, горные лыжи, русский язык, компьютерные игры, шахматы, бейсбол).

7) В магазине надо купить ______________________
____ (минеральная вода, шоколадные конфеты, апельсиновый сок, свежая булка).

8) Корреспондент газеты сфотографировал ______________________
____
(маленькая девочка, пожилой человек, иностранные туристы, все иностранные студенты факультета).

В. 1) Мой друг расстался ______ (его любимая девушка).

2) Как вы относитесь ______ (этот человек)?

3) В автобусе нужно уступать место ______ (пожилые люди).

4) Чтобы узнать дорогу, я подошёл ______ (один молодой человек).

5) Виктор свободно владеет ______ (арабский язык).

6) Он недоволен ______ (его результаты).

Задание 2. Вставьте подходящие по смыслу слова.

Артистка Мариинского ______ (1) Матильда Кшесинская была одной из самых ______ (2) балерин XIX века. Матильда ______ (3) в 1872 ______ (4) в Санкт-Петербурге.

Её родители ______ (5) балетом, и уже в детстве она знала, что она ______ (6) балериной. Она знала, чтобы ______ (7) хорошей ______ (8), нужно много ______ (9). Она репетировала с утра до ______ (10) и ______ (11) артисткой Мариинского театра.

Царская семья часто ______ (12) в театр. Старший сын царя Николай увидел Матильду и ______ (13) в неё. Матильда тоже полюбила Николая. Но молодым людям пришлось ______ (14), так как сын царя не мог ______ (15) на девушке не из царской семьи. Матильда не стала царицей, но она ______ (16) больших успехов в театре.

Задание 3. Составьте сложные предложения из двух простых, используя союзы «потому что», «поэтому», «хотя».

1) Ирина вышла замуж. Она очень любила своего жениха.

______

2) Мария совсем не любила своего жениха. Она вышла за него замуж.

______

______

3) Матильда Кшесинская и Николай очень любили друг друга. Им пришлось расстаться. ______

4) Вчера Том плохо себя чувствовал. Он пришёл на занятия.

5) Артём очень хорошо рисует. Он мечтает стать художником.

6) Вадим совсем не умеет петь. Он мечтает стать известным певцом.

7) Люди не заботятся о природе. Экологическая ситуация ухудшается.

8) В России жизнь у Анны Ахматовой была очень тяжёлой. Она не уехала из страны.

Задание 4. Замените пассивные конструкции активными.

1) Эта гостиница построена в прошлом году.

2) Этот рассказ написан известным писателем Антоном Чеховым.

3) Это блюдо очень хорошо приготовлено.

4) Эта сумка забыта кем-то в автобусе.

5) Этот известный политик был убит здесь киллером год назад.

6) Новый роман писательницы Елены Чижовой уже переведён на английский язык.

7) Компьютер отремонтирован моим мужем.

8) Эта встреча отменена директором фирмы.

9) Эта гостиница хорошо охраняется.

10) Новая библиотека строится этой строительной фирмой уже 5 лет.

11) Новая информация анализируется сотрудниками каждый день.

Задание 5. Замените активные конструкции пассивными.

1) Эту картину нарисовал известный русский художник.

____

2) Этот контракт подписал директор фирмы.

____

3) Эту игрушку сломал маленький ребёнок.

____

4) Этот столик у окна заказали мы.

____

5) Эти дорогие машины купили очень богатые люди.

____

6) Эти перчатки я купил год назад.

____

7) Эту рубашку мне подарила моя жена.

____

8) Нефть экспортирует одна известная фирма.

____

9) Страховые компании страхуют квартиры, машины.

____

Урок 28

ПРОВЕРОЧНАЯ РАБОТА

Задание 1. Вставьте подходящие по смыслу глаголы движения.

Мой друг живёт в Москве. Месяц назад он ____________ (1) ко мне в Санкт-Петербург на три дня. В пятницу я ____________ (2) в аэропорт, чтобы встретить своего друга. Когда я ____________ (3) в здание аэропорта, я услышал информацию, что самолёт из Москвы опаздывает на 2 часа. Я ждал прибытия самолёта, ____________ (4) по аэропорту, ____________ (5) в буфет, чтобы выпить кофе, ____________ (6) на улицу погулять. Я несколько раз ____________ (7) все залы аэропорта. Время ____________ (8) медленно. Наконец самолёт ____________ (9). Через несколько минут я увидел своего друга. Он ____________ (10) паспортный контроль и ____________ (11) в зал.

Я ____________ (12) к своему другу, и мы поздоровались. Мы ____________ (13) из здания и ____________ (14) к остановке автобуса. Когда автобус ____________ (15), мы сели в него и ____________ (16) в город. От аэропорта до моего дома можно ____________ (17) за 2 часа. Но на дороге было много машин. Вечером люди ____________ (18) с работы домой. Всю дорогу мы ____________ (19) очень медленно. За час мы ____________ (20) только половину пути. Когда мы ____________ (21) по исторической части города, мой друг смотрел в окно. Мы ____________ (22) мимо Дворцовой площади, Эрмитажа, здания университета... Потом достопримечательности кончились. Мы с другом давно не виделись, поэтому мы стали разговаривать о нашей жизни. Было очень интересно, и я не заметил, как мы ____________ (23) свою остановку. Что делать? Мы ____________ (24) из автобуса, ____________ (25) на другую сторону улицы, сели в другой автобус и ____________ (26) назад. Наконец мы ____________ (27) до моего дома.

Мы поднялись на второй этаж, открыли дверь и ____________ (28) в квартиру. Моя жена очень обрадовалась, когда увидела моего друга. Она пригласила его ____________ (29) в комнату. В комнате друг открыл чемодан и показал подарки, которые он ____________ (30) из Москвы мне и моей семье. Жена ____________ (31) нам чай, поговорила немножко с моим другом и ____________ (32) в свою комнату: она не хотела нам мешать. К сожалению, моей дочери небыло дома:она ____________ (33) на каникулы к бабушке. Друг рассказал о своей семье. У него двое детей. Сыну уже 4 года, каждое утро бабушка ____________ (34) его в детский сад. Младшей дочери только 8 месяцев. Она ещё не умеет ____________ (35), но она очень быстро

_____________ (37) по полу. К сожалению, дочка плохо спит ночью. Если она не спит, то жена _____________ (38) её на руках всю ночь.

Три дня _____________ (39) быстро. Друг сказал: «Я рад, что у меня есть друг в Санкт-Петербурге и что я могу часто _____________ (39) в этот красивый город».

Задание 2. Вставьте подходящие глаголы движения.

1) Скоро Рождество. Все мои друзья _______________ (1) домой. А я никуда не _______________ (2), потому что через неделю ко мне _______________ (3) родители. Они хотят погулять по городу, _______________ (4) все музеи, _______________ (5) в театр. Мы обязательно _______________ (6) в Павловск.
2) — Будьте добры господина Петрова.
   — Перезвоните минут через десять,он куда-то _______________ .
3) Я _______________ (1) за тобой в 6 часов, и мы вместе _______________ (2) в филармонию.
4) Улицу можно _______________ (3) только на зелёный свет.
5) Электричка _______________ (4) к станции, все люди _______________ (5) из вагонов и _______________ (6) по своим делам.
6) Спортсменка с трудом _______________ до финиша.
7) Девочка _______________ (1) по парку. Она увидела маму и _______________ (2) к ней.
8) Вы опоздали на поезд. Он уже _______________ .
9) Сколько километров вы можете _______________ за день?
10) Муха _______________ (1) по комнате, а потом _______________ (2) в окно.
11) Самолёт, который мы ждали, _______________ вовремя.
12) Космический корабль Юрия Гагарина _______________ Землю за 108 минут.
13) Мы _______________ до Москвы на самолёте за час.
14) Собака _______________ (1) около дома. Антон хотел поймать её, но она _______________ (2).
15) От университета до метро можно _______________ за 7 минут.
16) Машина _______________ в магазин свежие продукты.
17) Прошлым летом ко мне _______________ (1) сестра на каникулы. В этом году она тоже собирается _______________ (2).
18) Нина спросила, как _______________ (1) до Эрмитажа. Ей ответили: «Это очень просто! Нужно сначала _______________ (2) улицу, потом сесть на пятый троллейбус, _______________ (3) три остановки и _______________ (4) на четвёртой».

Урок 29

ПРОВЕРОЧНАЯ РАБОТА

Часть 1

Деепричастия

Задание 1. Замените деепричастные обороты придаточными предложениями.

1) Катя любит слушать музыку, занимаясь домашними делами.

2) Уходя из дома, не забывайте выключать свет!

3) Пропуская занятия, вы не научитесь говорить по-русски правильно.

4) Проспав, он опоздал на занятия.

5) Встав завтра пораньше, ты успеешь подготовиться к экзамену.

6) Придя домой, мы с другом пообедали и сели заниматься.

7) Идя по улице, итальянские туристы громко разговаривали.

8) Возвращаясь из театра, Антон встретил старого знакомого.

9) Уезжая в другой город, девушка плакала, боясь расставаться с родителями.

10) Немного отдохнув, мы продолжили работу.

11) Студенты читают текст, пользуясь словарём.

12) Простудившись, студент остался дома.

13) Читая русскую статью, я всегда выписываю новые слова.

Задание 2. Замените придаточные предложения деепричастным оборотом.

1) После того как Таня позавтракала, она пошла в школу.

2) Когда мы стояли на берегу, мы смотрели на корабль.

____

3) Когда мы окончим университет, мы начнём работать.

____

4) Он боялся опоздать на поезд, поэтому взял такси.

____

5) Когда я внимательно слушал объяснение преподавателя, я старался не пропустить ни одного слова.

____

6) Так как я устал, я пошёл домой.

____

7) Когда ты прочитаешь письмо, ты всё поймёшь.

____

8) Когда Лена убирает квартиру, она повторяет английские слова.

____

9) Когда Лена прочитает книгу, она сразу же её вернёт.

____

10) После того как мы закончили учёбу, мы поехали на море.

____

11) Когда мы приехали в Москву, мы начали искать гостиницу.

____

Задание 3. Продолжите предложения.

1) Придя домой, Антон ______________________________.
2) Идя домой, ______________________________.
3) Купив продукты, ______________________________.
4) Слушая музыку, ______________________________.
5) Окончив школу, ______________________________.
6) Зная русский язык, ______________________________.

Задание 4. Восстановите предложения, используя деепричастия.

1) ______________________________, Том всегда слушает музыку.
2) ______________________________, Том сразу начал делать домашнее задание.
3) ______________________________, Том пошёл в университет.
4) ______________________________, Том увидел своего друга.
5) ______________________________, Том читал книгу.

Часть 2

Причастия

Задание 1. Замените предложения со словом «который» активными причастиями настоящего времени в нужной форме.

1) Таня познакомилась со студентом, который живёт в общежитии.
2) Виктор смотрел тренировку спортсменов, которые занимаются теннисом.
3) Студент, который сидит в библиотеке, переводит текст.
4) Катя подошла к мальчику, который играет на гитаре.

Задание 2. Замените предложения со словом «который» активными причастиями прошедшего времени в нужной форме.

1) Мы хорошо знаем писателя, который написал эту книгу.
2) Мы встретили партнёров, которые приехали из Японии.
3) Я никогда не забуду друга, который спас меня от смерти.
4) Мы пообедали с другом, который встретил нас в аэропорту.
5) Мы разговаривали о фильме, который нам очень понравился.

Задание 3. Замените предложения со словом «который» пассивными причастиями настоящего времени в нужной форме.

1) Проблема, которую мы обсуждаем, очень серьёзная.
2) Мы были на выставке машин, которые производят в России.
3) Преподаватель ещё раз объяснил грамматику, которую мы изучаем.
4) Нам нравятся экскурсии, которые преподаватели организуют для нас.

Задание 4. Образуйте активные и пассивные причастия настоящего времени.

I. Студенты посещают занятия.
1) Какие это студенты? — Это студенты, ____________________ .
2) Какие это занятия? — Это занятия, ____________________ .

II. Переводчик переводит статью.
1) Какая это статья? — Это статья, ____________________ .
2) Какой это переводчик? — Это переводчик, ____________________ .

III. Учёные решают важные проблемы.
1) Какие это учёные? — Это учёные, ____________________ .
2) Какие это проблемы? — Это проблемы, ____________________ .

IV. Фирма производит автомобили.
1) Какая это фирма? — Это фирма, ____________________ .
2) Какие это автомобили? — Это автомобили, ____________________ .

Задание 5. Замените предложения со словом «который» пассивными причастиями прошедшего времени в нужной форме.

1) Мне не понравилась картина, которую нарисовал этот художник.
____ .
2) Я хочу посмотреть книгу, которую ты купил вчера.
____ .
3) Доволен ли директор работой, которую вы сделали?
____ .
4) Мама увидела вазу, которую разбил её сын.
____ .

Задание 6. Образуйте активные и пассивные причастия прошедшего времени.

I. Художник нарисовал картину.
1) Какой это художник? — Это художник, ____________________ .
2) Какая это картина? — Это картина, ____________________ .

II. Студент сдал экзамен.
1) Какой это экзамен? — Это экзамен, ____________________ .
2) Какой это студент? — Это студент, ____________________ .

III. Друг забыл книгу.
1) Какой это друг? — Это друг, ____________________ .
2) Какая это книга? — Это книга, ____________________ .

IV. Студент пригласил гостей.
1) Какие это гости? — Это гости, ____________________ .
2) Какой это студент? — Это студент, ____________________ .

Задание 7. Замените активные конструкции пассивными.

1) Студент исправил ошибки.
____
2) Преподаватель проверил контрольную работу.
____
3) Эту школу построили несколько лет назад.
____
4) Статью написали на русском языке.
____

Задание 8. От глаголов, данных справа, образуйте пассивные причастия в полной или краткой форме.

1) Этот дом ____________ (1) в прошлом году.
Наша семья недавно переехала в дом, ____________ ____________ (2) в прошлом году.
2) Я сдал в библиотеку ____________ (1) книгу.
Эта книга уже ____________ (2).
3) Контракт уже ____________ (1).
Мы показали директору ____________ (2) контракт.
4) Эти фрукты свежие, они ____________ (1) сегодня.
Мы положили в холодильник фрукты, ____________ ____________ (2) сегодня.
5) Мы читали роман Пушкина, ____________ (1) на английский язык.
Книги Пушкина ____________ (2) на разные языки.
6) Все товары уже ____________ (1).
Магазин принимает назад ____________ (2) товары в течение месяца.

построить
прочитать
подписать
купить
перевести
продать

Задание 9. От глаголов, данных справа, образуйте активные или пассивные причастия. Обращайте внимание на вид глагола.

1) Продукция, ____________ (1) фирмой «Самсунг», пользуется большим спросом.
Мы часто видим по телевизору рекламу фирмы, ____________ (2) бытовую технику.
2) Мой друг, недавно ____________ (1) загородный дом, пригласил нас в гости. Нам понравился дом, ____________ (2) нашим другом.

выпускать
купить

3) Ты прочитал письмо, ________________ (1) от родителей? Студент, ________________ (2) посылку, принёс её в общежитие.
4) Фирма, ______________ (1) свою продукцию, продукцию, затратила много денег на рекламу. Люди всегда лучше покупают ______________ (2) товары.
5) Директор похвалил сотрудника, ______________ (1) новое решение проблемы. Решение проблемы ______________ (2) новым сотрудником, всем понравилось.

получить
получить
рекламировать
предложить

Задание 10. Вставьте данные причастия в нужной форме.

Слова для справок: получающий, получивший, получаемый, полученный, получен

1) В 2010 году Нобелевская премия по физике ______________ учёными, ______________ высшее образование в России.
2) Нобелевская премия — это премия, ______________ учёными за достижения в науке.
3) Учёные, ______________ Нобелевскую премию, становятся очень известными.
4) Журналисты взяли интервью у учёных, ______________ Нобелевскую премию в этом году.
5) Представьте себе, что вам дали Нобелевскую премию. Как бы вы потратили ______________ премию?
6) Математик Григорий Перельман, ______________ сразу 2 престижные премии, продолжает жить в маленькой квартире.
7) Сейчас по телевизору показывают Стокгольм и учёного, ______________ Нобелевскую премию.

Задание 11. Замените конструкции с причастиями предложениями со словом «который».

1) Я очень уважаю сотрудников, работающих вместе со мной.
______________.
2) Что вы можете сказать о статье, напечатанной в газете?
______________.
3) Вы читали книгу, написанную этим автором?
______________.
4) Я прочитал письма, присланные мне из Америки.
______________.

5) Мне не понравилась книга, выбранная моим другом.

____ .

6) По телевизору показали дома, разрушенные во время войны.

____ .

7) На столе лежали игрушки, сломанные детьми.

____ .

8) Мы нашли потерянную кем-то сумку.

____ .

9) По телевизору показали людей, требующих прекращения войны.

____ .

10) Мама ругает дочь, поздно вернувшуюся с дискотеки.

____ .

11) Мы долго ждали заказанный нами обед.

____ .

12) Ты знаешь девушку, сидящую у окна?

____ .

Для заметок

The Official FOOTBALL ASSOCIATION OF WALES Annual 2009

Written By David Clayton

A Grange Publication

© 2008. Published by Grange Communications Ltd., Edinburgh, under licence from The Football Association of Wales. Printed in the EU.

ISBN: 978-1-906211-60-8

Photographs © David Rawcliffe/Propaganda.

£6.99

CONTENTS

7
7

Hello!

Welcome to the 2009 Official Football Association of Wales Annual!

Packed with features on the stars of the Wales squad – including Craig Bellamy and Jason Koumas – a profile of manager John Toshack and a special focus on the young players coming through the ranks, the FAW Annual has everything any young supporter could possibly need, as well as numerous quizzes, crosswords, puzzles and a wordsearch. There's a look at our World Cup qualifying-group opponents and squad profiles of the key members of John Toshack's squad plus stacks of historical facts and figures and a look at some of the legends of Welsh international football.

So what are you waiting for? Get cracking and, above all else, we hope you enjoy this annual as much as we enjoyed putting it together!

Croeso! Pob Lwc!

(Welcome! & Good luck!)

ohn Toshack

/ales boss John Toshack celebrated 30 years in management in 2008 – an ;credible feat, particularly when you consider he won't be 60 until March 009. 'Tosh' has spent more than half his life managing football clubs and is ow in his fourth year of leading his home nation, with hopes high that he can uide Wales to the 2010 World Cup – if he succeeds, he will be the greatest ıanager Wales have ever had.

)f course, his connection with the national ;eam stretches way beyond 2004 when he irst took on the role he has today. Tosh played schoolboy football for Wales as well as at Jnder-23 level and he went on to win 40 caps over an 11-year period between 1969 and 1980, scoring 12 goals in the process.

'John made his debut for the Bluebirds aged 16 – becoming the youngest player to play for them at that point.'

Born in Cardiff on March 22, 1949, Tosh was signed on by his hometown club and in 1965 he made his debut for the Bluebirds aged 16 – becoming the youngest player to play for them at that point – a record beaten by Aaron Ramsay in 2007.

Toshack forged a lethal front pairing with Brian Clark during his time at Ninian Park and he bagged 74 goals in 162 games before Liverpool boss Bill Shankley took him to Anfield in 1969 and the fee of £110,000 would prove money well-spent.

Toshack had, by that time, already won his first senior Wales cap – the first of 40 for his country. He became an instant hit with the Liverpool supporters and when Kevin Keegan arrived to partner him up front, their understanding was so great that many joked they shared some kind of telepathic connection and together they spearheaded the Reds' all-conquering team of the seventies.

During one of his last games for Wales, he scored a hat-trick against Scotland and he played his final international match in 1980. He was, by that time, Swansea City's player/ manager having left Anfield two years earlier a legendary figure on the Kop.

'During one of his last games for Wales, John scored a hat-trick against Scotland and he played his final international match in 1980.'

The Road to South Africa

It's more than 50 years since Wales made it to the World Cup finals – can John Toshack's talented young side finally end that miserable run by qualifying for the 2010 tournament in South Africa?

Can Wales triumph from their World Cup qualifying group? Of course they can – but it won't be easy with the two teams standing in their way both reaching the last four of the European Championships in Switzerland and Austria last summer. Germany and Russia will start as favourites to finish in the qualifying positions, but that won't bother manager John Toshack who believes his team has enough ability to spring one or two surprises.

GROUP 4: Wales, Germany, Russia, Finland, Azerbaijan, Liechtenstein

"We are a very young side and as much as you respect all the teams, maybe we can push the Russians and the Finns hard and go all out for that second spot," said Toshack.

"I think the important thing for us is to have our big players available for the big games, because we need them as we don't have a large pool to choose from."

The teams that top their group will qualify automatically for the finals and eight runners-up with the best record will then contend a two-legged play-off with the winners guaranteed a place at the finals.

"It's not the greatest draw," said assistant manager Roy Evans. "Germany are one of the best teams in Europe at the moment, though we had a good result against them last time out. With Russia following them, they are probably the two favourites to qualify. Our only hope now is that our young lads become international players in terms of their ability. We've got a lot of youngsters and they need to develop over time."

World Cup 2010
Qualifying fixtures

6 September 2008
WALES V AZERBAIJAN
Millennium Stadium, 3pm

10 September 2008
RUSSIA V WALES
Lokomotiv Stadium, Moscow, 4pm

11 October 2008
WALES V LIECHTENSTEIN
Millennium Stadium, 5.30pm

15 October 2008
GERMANY V WALES
Borussia Park, Monchengladbach, K-O TBC

28 March 2009
WALES V FINLAND
Millennium Stadium, K-O TBC

1 April 2009
WALES V GERMANY
Millennium Stadium, K-O TBC

6 June 2009
AZERBAIJAN V WALES
Baku, K-O TBC

9 September 2009
WALES V RUSSIA
Millennium Stadium, K-O TBC

10 October 2009
FINLAND V WALES
venue and K-O TBC

14 October 2009
LIECHTENSTEIN V WALES
Vaduz, K-O TBC

Here's a brief look at the teams that make up Group 4

GERMANY (FIFA ranking: 3)

Always tough to beat, particularly at home, but despite making it to the final of Euro 2008, they looked – at best – efficient and workmanlike. It will be vital to beat them at home if Wales are to finish in the top two.

RUSSIA (FIFA ranking: 11)

Perhaps the most dangerous team in the group – Russia were one of the most impressive sides at Euro 2008 and looked on course to win the tournament at one point, before succumbing to Spain in the semi finals. Two draws against Russia would be fantastic results.

FINLAND (FIFA ranking: 44)

Wales should be looking to take maximum points off the Finns, who are capable of producing the odd surprise result. Anything less than four points over the two games will make qualification difficult.

LIECHTENSTEIN (FIFA ranking: 129)

Nothing less than six points will please John Toshack from the two games against Liechtenstein, a team ranked 75 places lower by FIFA. The away fixture will be tricky, but definitely winnable.

AZERBAIJAN (FIFA ranking: 139)

Again, if Wales are serious about progressing to the World Cup finals, they must beat Azerbaijan home and away.

* FIFA rankings correct as of August 1, 2008

Craig Bellamy

When Ryan Giggs announced his retirement from international football in 2007, John Toshack had just one man in mind to take over the captain's armband – Craig Bellamy. The lightning-quick striker, still only 29, could make history if he can lead his young charges to the 2010 World Cup and with more than 50 caps under his belt already, he is set to go down as one of Wales' best players of modern times.

Born in Cardiff in 1979, Bellamy began his journey in football at youth level with Bristol Rovers, though he was released and joined Norwich City's youth set-up two years later. He finally impressed his employers at Carrow Road enough to be given a first-team debut in 1997 and never really looked back from that moment on.

For the next two seasons he was a first-team regular, scoring an impressive 30 goals in 76 appearances and he also won his first cap for Wales, playing in a friendly against Jamaica.

Injury has often plagued Bellamy's career and his third full season was virtually written off when he suffered a knee injury during a pre-season match, forcing him to miss eight months of the campaign. Then 21, he was still coveted by several big clubs in England and Scotland, but it was Coventry City who eventually paid £6.5m for the Welsh forward. Bellamy's time with the Sky Blues wasn't as successful as either party had hoped and his return of six goals in 34 starts was disappointing – but it didn't stop several clubs keeping tabs on his progress and after just one year, he moved to Bobby Robson's Newcastle United.

"It's a massive honour to represent your country, the pinnacle of any player's career. As a kid I dreamed of winning my first cap and ever since I did I've wanted to play in every game I can."

Bellamy enjoyed his time at St James' Park and he capped his first campaign by being awarded the PFA Young Player of the Year award for 2002. Things weren't always rosy at Newcastle, however, and Bellamy's last few years were littered with controversy, particularly when Graeme Souness became manager.

In 2005, he was loaned to Celtic after a public

falling out with the Magpies' boss, later joining Blackburn Rovers for one season and then Liverpool in 2006, during which time he first captained his country, taking over from the injured Ryan Giggs in October 2006. In 2007, he joined his current team, West Ham United, though again

"It's very important that we get results now. We all want to qualify for a major championship so every game is important."

missed a lengthy chunk of his first season through injury, though he recovered in time to win his 50th Wales cap against Iceland in May 2008.

After that game, 'Bellers' said: "It's a massive honour to represent your country, the pinnacle of any player's career. As a kid I dreamed of winning my first cap and ever since I did I've wanted to play in every game I can.

"We haven't had the same sort of success as many countries so it's very important that we get results now. We all want to qualify for a major championship so every game is important, especially for me. That would do so much for the country in so many ways, not just in terms of football."

WORDSEARCH

n you find 10 hidden words connected to the Wales squad in e grid below? Remember, the words can be horizontal, vertical, wards, downwards, sideways or backwards. You'll need a pen nd a keen eye. Good luck! (Answers on page 60)

L	N	K	M	X	Z	J	M	K	M	R	R	Y
V	Q	L	A	G	N	A	T	A	Y	N	M	H
P	R	N	F	K	S	G	M	L	V	A	T	Q
B	Q	N	Z	C	Y	T	D	R	L	Y	T	X
H	W	N	R	A	E	M	T	L	N	R	F	F
E	R	G	J	H	L	Z	E	E	E	V	G	L
N	R	M	Q	S	D	B	M	H	K	A	H	Q
N	Z	A	Y	O	E	N	C	L	B	C	K	C
E	L	N	M	T	L	T	G	B	K	V	I	H
S	Q	B	Y	S	E	D	I	M	R	T	M	R
S	V	J	Y	L	E	D	K	T	Z	M	T	W
E	V	J	F	N	O	Y	K	O	U	M	A	S
Y	N	W	N	N	K	X	L	R	C	Y	X	T

shack, Koumas, Hennessey, Nyatanga, Ledley

llamy, Ramsey, Gabbidon, Ricketts, Fletcher

Wayne
Hennessey

Jason Koumas

Wrexham-born Jason Koumas has been serving both club and country with great distinction since 2001 and aged 29 going into the 2010 World Cup Qualifying campaign, his aim to represent Wales in a major championship may yet still be realised.

The midfield playmaker is an integral member of John Toshack's squad and in 2008 he was handed the captain's armband for the clash with Holland, such is the esteem the Wales boss holds Koumas in.

He began his career in the Liverpool youth team and played alongside the likes of Steven Gerrard and Michael Owen before opting to join nearby Tranmere Rovers instead. It was a gamble that could have backfired on the skilful teenager and he spent four years at Prenton Park, perhaps wondering if his big break would ever materialise.

His impressive displays and penchant for spectacular goals ensured he was constantly linked with moves to bigger clubs, though when he won his first cap for Wales, he was still a Tranmere player.

'Jason began his career in the Liverpool youth team and played alongside the likes of Steven Gerrard and Michael Owen before opting to join nearby Tranmere Rovers instead.'

Koumas qualified to play for Cyprus due to his father's Greek-Cypriot nationality and after receiving call-ups for both Wales and Cyprus in 2001, he chose Wales and made his debut against Ukraine.

After four years with Tranmere, Premiership strugglers West Bromwich Albion finally decided to take the plunge and signed him at a cost of £2.25m. Koumas didn't disappoint, scoring some wonderful goals in his first season of top-flight football and winning the club's 2002/03 Player of the Season award – though despite his efforts, West Brom were still relegated.

Undeterred, Koumas inspired Albion back to the Premiership at the first time of asking and he looked set to once again take the top division by storm, but instead fell out with new manager Bryan Robson. The rift never healed and when Cardiff City offered him the chance of a season-long loan, Koumas grasped with both hands the chance to play in his homeland for the first time.

'On June 1 2008, Jason captained his country for the first time during a 2-0 defeat against Holland.'

Koumas became a huge favourite with the Ninian Park faithful and was in the form of his life throughout the 2005/06 season, playing 44 times and scoring 13 goals – an excellent return for a midfielder. He was voted the club's Player of the Season and a permanent move to South Wales seemed a formality, but the Bluebirds couldn't agree a fee and Koumas was forced to return to West Brom.

By that time, Tony Mowbray had replaced Robson as manager and Koumas was restored to the first team and yet again turned in fantastic performances on a weekly basis, so much so that he was named the Championship Player of the Year for 2006/07. Later that summer, Wigan Athletic offered £5.3m for his services and he moved north to join the Premier League outfit, playing his part as Wigan successfully avoided relegation.

On June 1 2008, he captained his country for the first time during a 2-0 defeat against Holland – don't bet against him skippering the side again from time to time.

Simon
Davies
Freddy
Eastwood

Jason Koumas

Ryan Giggs

Ryan Giggs is without doubt a modern-day legend of Welsh football and when he retired from international football in 2007, he left a huge void behind him. He may have been raised in Manchester and even have a Mancunian accent, but inside beats the heart of a Welshman, as he's proved many times over during a distinguished career with the national team.

Born in Cardiff on November 29, 1973, Ryan remained in South Wales until he was seven, when his family moved to Manchester following his father's rugby-league transfer to Swinton. He would watch his dad home and away and had ambitions to follow him into rugby – not that unusual for any Welsh boy!

His father had great pace, balance and trickery, all assets Ryan would inherit and eventually put to good use with a different shaped ball – a football, of course. Aged nine he was spotted by a Manchester City scout and for a time it seemed as though he may join the ranks of young players to be groomed by one of the best producers of local talent in England, but Ryan was a Manchester United fan and even wore his United shirt to training twice a week.

'He became the youngest Welsh international in history when he won his first cap against West Germany aged only 17 and he was soon a regular in the Manchester United side.'

Never completely committed to the City cause, a scout from United discovered Ryan was perhaps available – if the right club came along – and it had and Ryan crossed town to sign schoolboy forms at Old Trafford and he never looked back from that moment on.

Though he represented England Schoolboys and was photographed wearing an England shirt, his heart was always with Wales and in 1991 he won his one and only Wales Under-21 cap – from then on, it was the senior Wales team for Ryan Giggs, and so began a career stretching 16 years. He became the youngest Welsh international in history when he won his first cap against West Germany aged only 17 and he was soon a regular in the Manchester United side.

Ryan's individual brilliance on the wing played a major part in United's domestic domination throughout the 1990s, but as his star rose, gaining permission from United to play in Wales' friendly games became almost

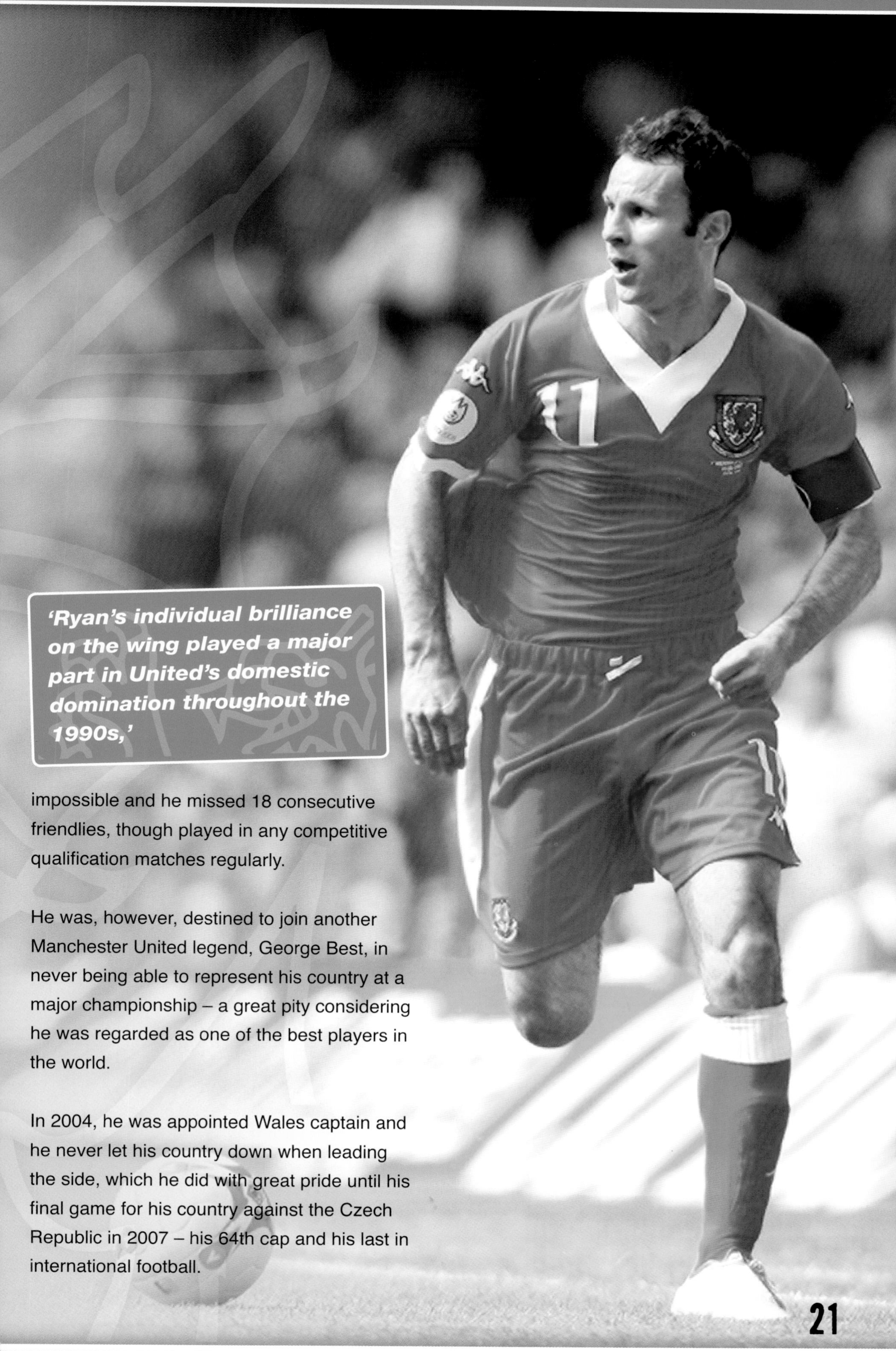

> *'Ryan's individual brilliance on the wing played a major part in United's domestic domination throughout the 1990s,'*

impossible and he missed 18 consecutive friendlies, though played in any competitive qualification matches regularly.

He was, however, destined to join another Manchester United legend, George Best, in never being able to represent his country at a major championship – a great pity considering he was regarded as one of the best players in the world.

In 2004, he was appointed Wales captain and he never let his country down when leading the side, which he did with great pride until his final game for his country against the Czech Republic in 2007 – his 64th cap and his last in international football.

The BIG Wales Quiz

1 What is the capacity of the Millennium Stadium?

2 What is the name of Ryan Giggs' younger brother?

3 Which team did Aaron Ramsey join in 2008?

4 Which team does Gareth Bale play for?

5 Where was Rob Earnshaw born?

6 Can you name the four league clubs Jason Koumas has played for?

7 Who did John Toshack succeed as Wales manager?

8 Which country did Ryan Giggs make his Wales debut against?

9 Which country did Wales play in the European Championship play-off in 2003?

10 Which former Liverpool boss is John Toshack's assistant manager?

11 Who is the record cap-holder for Wales?

12 Who is the record goal-scorer for Wales?

So you think you know all there is to know about Wales? Think your answers are as accurate as a Ryan Giggs pass? OK, let's see how much you really do know...

13 True or false: Boaz Myhill was born in the USA?

14 Which country did Ched Evans score against on his full international debut?

15 Which league club did Mark Hughes leave his post as Wales manager for?

16 During qualification for Euro 2008, which country did Wales score and concede five goals against?

17 Which country was Ryan Giggs sent off against?

18 Can you name the first man to score a goal at the Millennium Stadium?

19 When did Wales last qualify for the World Cup finals?

20 Who is head coach of Wales Under-21?

Now, check your score!

Score: 18-20 points – You're a genius! You really do know it all!

Score: 14-17 points – Terrific effort – you know your stuff!

Score: 10-13 points – Very good try – not bad at all.

Score: 6-9 points – You need to brush up on your facts and figures!

Score: 5 points or less – You'd be better supporting England!

Answers on page 60

Rob Earnshaw

One of the most popular players to pull on a Wales jersey in recent years, Robert Earnshaw – 'Earnie' – is famed for his outrageous goal celebrations, energetic style of play and infectious attitude while representing his country.

Born in Mufulir, Zambia, he was born into a sporting family with his father a good footballer and his mother also a decent player – and a boxer!

After a spell living in Malawi, the Earnshaws left Africa when Robert was eight years old, though his father sadly died shortly before they relocated to Wales.

It was a very difficult period for Robert, his sister and his mother, Rita, adjusting not only to losing his father at an early age, but also to living in a new country with a totally different culture and language.

The family settled in Caerphilly and Robert recalls: "It was the first time I had been away from Africa. It was just completely different, from one extreme to another. It was much colder as well, just every little thing was different, everyone spoke English over here and although I could speak a little bit I had to learn. But when you're a kid you just get on with it."

"It was the first time I had been away from Africa. It was just completely different, from one extreme to another."

'He capped off a memorable season by being named Young Welsh Footballer of the Year a few months later and endeared himself to the nation yet further when he scored a hat-trick against Scotland in 2004.'

And get on with it he most certainly did. His speed and skill in junior football with village side Llanbradach soon brought him to the attention of Cardiff City – particularly after he scored 80 goals in one season! Aged 16, he was awarded a one-year YTS contract with the Bluebirds and a year later he signed professional forms at Ninian Park.

He scored on his league debut and so began a love affair between Earnie and the Cardiff fans as he began to regularly top the scoring charts. Naturally, his form – plus the fact he was eligible to now play for Wales – alerted the national team manager. He represented Wales at various youth and Under-21 levels before winning his first cap in spectacular style,

scoring the winner against Germany at the Millennium Stadium in May 2002. Earnie had ensured his career with the Dragons was well and truly up and running!

He capped off a memorable season by being named Young Welsh Footballer of the Year a few months later and endeared himself to the nation yet further when he scored a hat-trick against Scotland in 2004. Shortly after, following 178 apperances and 85 goals for Cardiff, for whom he'd become something of a club legend, he moved to West Brom for £3m and has since played for Norwich City, Derby County and Nottingham Forest - his current club - and despite losing his place for Wales over the last year or so, he has vowed to start scoring goals again with Forest and return to the national team in better shape than ever – who would bet against him doing exactly that?

FULL NAME: Robert Earnshaw

D.O.B.: 06.04.1981

PLACE OF BIRTH: Mufulira, Zambia

CLUB CAREER:		Apps	Gls
Cardiff City	1997–04	178	85
Greenock Morton (loan)	2000	3	2
West Bromwich Albion	2004–06	43	12
Norwich City	2006–07	45	27
Derby County	2007–2008	22	1
Nottingham Forest	2008–pres	0	0
INTERNATIONAL RECORD:			
Wales	2002-pres	39	13

Ashley
Williams

CROSSWORD

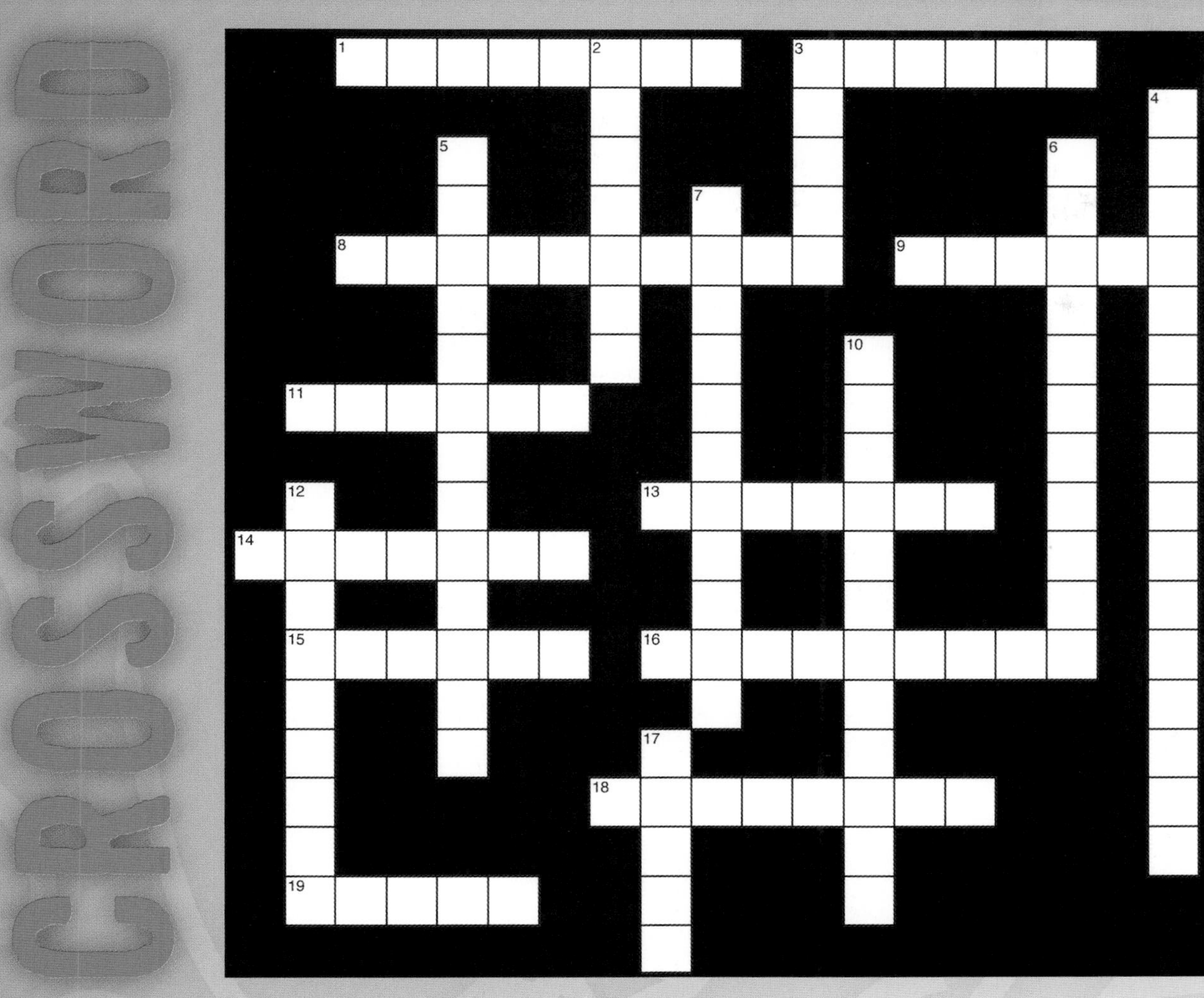

Answer the questions and fill in the blanks to complete the puzzle. (Answers on page 60)

ACROSS

1 Dean, one of John Toshack's assistants for Wales (8)

3 Nickname of Wales' Zambian-born striker (6)

8 The nickname of the national team (3,7)

9 Robbie, the former Wales midfielder whose reputation matched his name! (6)

11 Nickname of former Wales manager Mark Hughes (6)

13 Ryan Giggs and Craig Bellamy were both born here (7)

14 Welsh legend who sounds as though he's in a hurry (3,4)

15 Joe, the Cardiff City star with a big future ahead of him with his country (6)

16 Wolves and Wales goalie (9)

18 Neville, who won a record 92 caps (8)

19 Gary, who won 85 caps for Wales (5)

DOWN

2 Mike, the Wales boss from 1979 to 1987 who sounds as though he should have managed another home nation! (7)

3 Ched, the Manchester City striker who scored on his Wales debut (5)

4 The North Wales venue Wales occasionally play at (10,5)

5 Ryan Giggs played his final game for Wales against this country (5,8)

6 Welsh team John Toshack managed from 1978 to 1984 (7,4)

7 Wales legend known simply as 'The Gentle Giant' (4,7)

10 Current captain of Wales (5,7)

12 Name of Wales' goalkeeper coach (4,5)

17 Vinnie, the former Wales midfielder who moved to Hollywood (5)

Ian Rush

It's hard to imagine a more natural goal-scorer than Ian Rush – a Welsh version of legendary goal-poachers Denis Law and Jimmy Greaves. He wasn't a dribbler, didn't score many with his head and couldn't tackle, but give him a sniff of a goal and he'd invariably bury the ball in the back of the net.

A product of the Chester City youth team, Rush was soon attracting attention of clubs like Manchester City and Liverpool as the gangly teenager scored 18 goals in his first season. He was too hot for the Division Four side to hold on to and when Liverpool offered £300,000 for his services, Rush was on his way to Anfield where he was destined to become on of the Reds' all-time greats for both club and country.

He made his international debut before he played a game for Liverpool, winning his first cap against Scotland in 1980 – the start of a 16-year spell of leading the Dragons from the front.

Rush gradually bedded in on Merseyside, playing just seven games during his first full season, but his second was a taste of things to come as he notched 30 goals in 49 appearances after which his career went into overdrive.

He was voted PFA Young Player of the Year in 1983 and picked up the PFA Player of the Year in 1984 after bagging an amazing 47 goals in 69 matches that season. His goal-scoring exploits continued to re-write the history books and he'd totalled 108 strikes in his first three full seasons at Anfield – an incredible statistic. He continued to top the scoring charts until 1987, when he opted to try his hand abroad.

Could he repeat his phenomenal feats in Serie A with Juventus? The answer, surprisingly, was no, though he wasn't the first British star to fail to match domestic prowess. He found it difficult to adapt to Italian life and stayed for just one season before returning to Liverpool and basically picking up where he'd left off. He remained at Anfield for a further eight years before having spells with Leeds United, Newcastle United, Sheffield United, Wrexham and Sydney Olympic.

Hardly surprisingly, Rush regularly found the net for Wales, though, just like Ryan Giggs, he was never able to perform in a major championships for his country. He scored several memorable goals, however, including winners against Germany and away to Italy, the latter being particularly sweet given his disappointing time with Juve. His record of 28 goals in 73 matches is a national record - a fitting accolade for a true Wales legend.

'His goal-scoring exploits continued to re-write the history books and he'd totalled 108 strikes in his first three full seasons at Anfield – an incredible statistic. He continued to top the scoring charts until 1987.'

NAME: Ian James Rush MBE

POSITION: Striker

NICKNAME: Rushy

D.O.B.: 20/10/1961

BORN: St. Asaph, Wales

SCHOOL: St Richard Gwyn Catholic High School

DOMESTIC CAREER

Apps	Gls		
Chester City	1979-80	34	18
Liverpool	1980-87	224	139
Juventus	1987-88	29	12
Liverpool	1988-96	245	90
Leeds United	1996-97	36	3
Newcastle United	1997-98	10	2
Sheffield United	1998	4	0
Wrexham	1998-99	18	0
Sydney Olympic	1999-20002	1	

INTERNATIONAL CAREER:

Wales	1980-96	78	28

MANAGER:

Chester City 2004-05

PERSONAL HONOURS

PFA Young Player of the Year (1983)
PFA Player of the Year award (1984)
FWA Footballer of the Year (1984)
European Golden Boot (1984)
Inducted into English football Hall of Fame (2006)

RECORDS

Most FA Cup final goals (5)
Joint record of 49 League Cup goals (shared with Sir Geoff Hurst)
First player to pick up five League Cup winner's medals
Record Welsh International goal scorer with 28
Record Liverpool goal scorer with 346 goals

CLUB HONOURS

1 European Cup
5 League Championships
3 FA Cups
5 League Cups

Millennium Stadium

It's one of the greatest venues in the world and it's the home of Welsh sport – here are 10 facts about the Millennium Stadium.

- The Millennium Stadium cost £126m to make.
- Wales played their first game at the Millennium in 2000, losing 2-1 to Finland.
- Wales two most important national teams – football and rugby union - play their home games at the Millennium Stadium.
- The retractable roof is the second largest in the world.
- Liverpool won the first and last FA Cup finals to be held at the Millennium Stadium (in 2001 and 2006).
- Underground areas of the stadium have been used to film Dalek episodes of Dr Who.
- Apart from football and rugby, many sporting events have been held at the Millennium including motor rally, cricket, boxing and speedway.
- The capacity of the Millennium Stadium is 74,500 – Lower tier: 23,500 Middle: 18,000 Upper: 33,000.
- Some facts about the stadium – there are 12 escalators, 7 lifts, 6 restaurants, 15 public bars, 23 food and beverage outlets, 13 programme & merchandise outlets, 13 parenting rooms and 17 First Aid rooms!
- Ryan Giggs was the first Welshman to score a goal at the Millennium Stadium.

19
GWLAD YR IÂ
28-05-2008
GÊM 559

Ched Evans

Full Name:	Chedwyn Michael Evans
D.O.B:	28/12/1988
Born:	Rhyl, Wales
Position:	Striker
Club:	Manchester City 2 appearances/ 0 goals
Other clubs:	Norwich City (loan) 2007-08 28 appearances /10 goals
Caps:	Wales Under 21 8 appearances/ 9 goals
Senior Squad:	2 appearances/ 1 goal

At 19-years-old, Ched Evans has made quite an impression over the past year or so. In fact, many people believe he is set for an exciting career for club and country and he has already shown what he is capable of on the international stage.

Though he was initially spotted by Chester City, where his goalscoring ability quickly caught the eye, he moved to Manchester City's academy when Chester were forced to disband their junior teams. Evans was prolific at youth and reserve level for City, scoring 22 goals in 33 games during 2006/07 – form that earned him a first senior outing as a substitute against Norwich City.

He then scored a magnificent hat-trick for Wales Under-21s – joining an elite band of just four players to achieve the feat at that level for Wales - in a fine win over France and from then on he was considered a hot property with a host of Championship clubs queuing up to sign him. Ironically, it was the team he'd first played against, Norwich, who were first to enquire whether Ched might be available for loan – which he was – and the Rhyl-born striker was soon on his way to Carrow Road with the promise of first-team football to look forward to. Nicknamed 'Cheddar' by the Norwich fans, he soon became a huge crowd favourite, scoring goals and leading the line with aplomb and his record of 10 goals in 28 games speaks for itself. It was that kind of form that convinced John Toshack to promote the teenager to the senior Wales team and he made the most perfect start imaginable to his international career by scoring the winning goal with his first touch, a deft flick just before half-time against Iceland.

With former Wales national team boss Mark Hughes now in charge at City, Ched Evans could well be a player to emerge from the fringes of the first team this season to challenge for a regular starting place for the Blues and Hughes will be well aware of the young Welshman's ability.

Wayne Hennessey

POSITION: Goalkeeper

DOB: 24/01/1987

BORN: Bangor, Wales

UNDER 21 CAPS: 5 **SENIOR CAPS:** 10

GOALS: 0

DOMESTIC TEAM: Wolverhampton Wanderers

WALES DEBUT: v New Zealand (2007)

Glyn (Boaz) Myhill

POSITION: Goalkeeper

DOB: 09/03/1982

BORN: California, USA (Welsh Parent)

UNDER 21 CAPS: 0 **SENIOR CAPS:** 1

GOALS: 0

DOMESTIC TEAM: Hull City

WALES DEBUT: v Luxembourg (2008)

Lewis Price

POSITION: Goalkeeper

DOB: 19/07/1984

BORN: Bournemouth, England (Welsh Parent)

UNDER 21 CAPS: 10 **SENIOR CAPS:** 6

GOALS: 0

DOMESTIC TEAM: Derby County

WALES DEBUT: v Cyprus (2005)

Gareth Bale

POSITION: Defender

DOB: 16/07/1989

BORN: Cardiff, Wales

UNDER 21 CAPS: 3 **SENIOR CAPS:** 11

GOALS: 2

DOMESTIC TEAM: Tottenham Hotspur

WALES DEBUT: v Trinidad and Tobago (2006)

James Collins

POSITION: Defender

DOB: 23/08/1983

BORN: Newport, Wales

UNDER 21 CAPS: 8 **SENIOR CAPS:** 24

GOALS: 1

DOMESTIC TEAM: West Ham United

WALES DEBUT: v Norway (2004)

Neal Eardley

POSITION: Defender

DOB: 06/11/1988

BORN: St. Asaph, Wales

UNDER 21 CAPS: 3 **SENIOR CAPS:** 7

GOALS: 0

DOMESTIC TEAM: Oldham Athletic

WALES DEBUT: v Bulgaria (2007)

Danny Gabbidon

POSITION: Defender

DOB: 08/08/1979

BORN: Griffithstown, Wales

UNDER 21 CAPS: 17 **SENIOR CAPS:** 40

GOALS: 0

DOMESTIC TEAM: West Ham United

WALES DEBUT: v Czech Republic (2002)

Chris Gunter

POSITION: Defender

DOB: 21/07/1989

BORN: Newport, Wales

UNDER 21 CAPS: 7 **SENIOR CAPS:** 6

GOALS: 0

DOMESTIC TEAM: Tottenham Hotspur

WALES DEBUT: v New Zealand (2007)

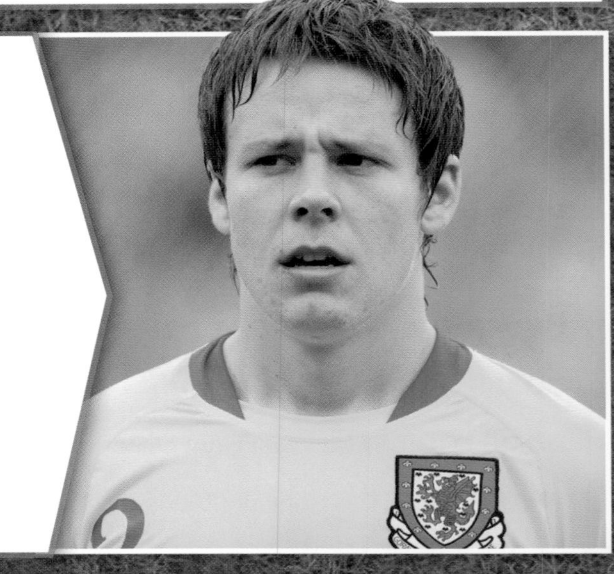

Craig Morgan

POSITION: Defender

DOB: 18/06/1985

BORN: St. Asaph, Wales

UNDER 21 CAPS: 12 **SENIOR CAPS:** 8

GOALS: 0

DOMESTIC TEAM: Peterborough United

WALES DEBUT: v Cyprus (2006)

DEFENCE

Lewin Nyatanga

POSITION: Defender

DOB: 18/08/1988

BORN: Burton on Trent, England (Welsh Parent)

UNDER 21 CAPS: 9 **SENIOR CAPS:** 21

GOALS: 0

DOMESTIC TEAM: Derby County

WALES DEBUT: v Paraguay (2006)

Sam Ricketts

POSITION: Defender

DOB: 11/10/1981

BORN: Aylesbury, England (Welsh Grandparent)

UNDER 21 CAPS: - **SENIOR CAPS:** 28

GOALS: 0

DOMESTIC TEAM: Hull City

WALES DEBUT: v Hungary (2005)

Ashley Williams

POSITION: Defender

DOB: 23/08/1984

BORN: Birmingham, England (Qualifies through Welsh Grandparent)

UNDER 21 CAPS: 0 **SENIOR CAPS:** 3

GOALS: 0

DOMESTIC TEAM: Swansea City

WALES DEBUT: v Luxembourg (2008)

Jack Collison

POSITION: Midfielder

DOB: 02/10/1988

BORN: Watford, England (Qualifies through Welsh Grandparent)

UNDER 21 CAPS: 5 **SENIOR CAPS:** 2

GOALS: 0

DOMESTIC TEAM: West Ham United

WALES DEBUT: v Iceland (2008)

Andrew Crofts

POSITION: Midfielder

DOB: 29/05/1984

BORN: Gilligham, England (Qualifies through Welsh Grandparent)

UNDER 21 CAPS: 10 **SENIOR CAPS:** 12

GOALS: 0

DOMESTIC TEAM: Gilligham

WALES DEBUT: v Azerbaijan (2006)

Simon Davies

POSITION: Midfielder

DOB: 23/10/1979

BORN: Haverfordwest, Wales

UNDER 21 CAPS: 10 **SENIOR CAPS:** 50

GOALS: 6

DOMESTIC TEAM: Fulham

WALES DEBUT: v Ukraine (2001)

David Edwards

POSITION: Midfielder

DOB: 03/02/1986

BORN: Shrewsbury, England (Qualifies through Welsh parent)

UNDER 21 CAPS: 8 **SENIOR CAPS:** 5

GOALS: 0

DOMESTIC TEAM: Wolverhampton Wanderers

WALES DEBUT: Republic of Ireland (2007)

Carl Fletcher

POSITION: Midfielder

DOB: 07/04/1980

BORN: Camberley, England (Welsh Grandparent)

UNDER 21 CAPS: 0 **SENIOR CAPS:** 29

GOALS: 1

DOMESTIC TEAM: Crystal Palace

WALES DEBUT: v Scotland (2004)

Owain Tudur-Jones

POSITION: Midfielder

DOB: 15/10/1984

BORN: Bangor, Wales

UNDER 21 CAPS: 3 **SENIOR CAPS:** 2

GOALS: 0

DOMESTIC TEAM: Swansea City

WALES DEBUT: v Luxembourg (2008)

Jason Koumas

POSITION: Midfielder

DOB: 25/09/1979

BORN: Wrexham, Wales

UNDER 21 CAPS: - **SENIOR CAPS:** 29

GOALS: 9

DOMESTIC TEAM: Wigan Athletic

WALES DEBUT: v Ukraine (2001)

Joe Ledley

POSITION: Midfielder

DOB: 23/01/1987

BORN: Cardiff, Wales

UNDER 21 CAPS: 5 **SENIOR CAPS:** 22

GOALS: 1

DOMESTIC TEAM: Cardiff City

WALES DEBUT: v Poland (2005)

Aaron Ramsey

POSITION: Midfielder

DOB: 26/12/1990

BORN: Caerphilly, Wales

UNDER 21 CAPS: 7 **SENIOR CAPS:** 0

GOALS: 0

DOMESTIC TEAM: Arsenal

WALES DEBUT: -

MIDFIELD

Paul Parry

POSITION: Midfielder

DOB: 19/08/1980

BORN: Chepstow, Wales

UNDER 21 CAPS: 0 **SENIOR CAPS:** 11

GOALS: 1

DOMESTIC TEAM: Cardiff City

WALES DEBUT: v Scotland (2004)

Carl Robinson

POSITION: Midfielder

DOB: 13/10/1976

BORN: Llandindrod Wells, Wales

UNDER 21 CAPS: 6 **SENIOR CAPS:** 46

GOALS: 1

DOMESTIC TEAM: Toronto FC

WALES DEBUT: v Belarus (1999)

David Vaughan

POSITION: Midfielder

DOB: 18/02/1983

BORN: Rhuddlan, Wales

UNDER 21 CAPS: 8 **SENIOR CAPS:** 13

GOALS: 0

DOMESTIC TEAM: Blackpool

WALES DEBUT: v USA (2003)

PLAYER PROFILES

Craig Bellamy

POSITION: Striker

DOB: 13/07/1979

BORN: Cardiff, Wales

UNDER 21 CAPS: 8 **SENIOR CAPS:** 51

GOALS: 15

DOMESTIC TEAM: West Ham United

WALES DEBUT: v Jamaica (1998)

David Cotterill

POSITION: Striker

DOB: 04/12/1987

BORN: Cardiff, Wales

UNDER 21 CAPS: 10 **SENIOR CAPS:** 11

GOALS: 0

DOMESTIC TEAM: Sheffield United

WALES DEBUT: v Azerbaijan (2006)

Craig Davies

POSITION: Striker

DOB: 09/01/1986

BORN: Burton-on-Trent, England (Welsh Grandparent)

UNDER 21 CAPS: 9 **SENIOR CAPS:** 5

GOALS: 0

DOMESTIC TEAM: Oldham Athletic

WALES DEBUT: v Slovenia (2005)

FORWARD

Robert Earnshaw

POSITION: Striker

DOB: 06/04/1981

BORN: Mulfulira, Zambia (British Passport Holder)

UNDER 21 CAPS: 10 **SENIOR CAPS:** 39

GOALS: 13

DOMESTIC TEAM: Nottingham Forest

WALES DEBUT: v Germany (2002)

Jermaine Easter

POSITION: Striker

DOB: 15/01/1982

BORN: Cardiff, Wales

UNDER 21 CAPS: 0 **SENIOR CAPS**: 7

GOALS: 0

DOMESTIC TEAM: Plymouth Argyle

WALES DEBUT: v Northern Ireland (2007)

Freddy Eastwood

POSITION: Striker

DOB: 29/10/1983

BORN: Epsom, England (Welsh Grandparent)

UNDER 21 CAPS: 0 **SENIOR CAPS:** 9

GOALS: 4

DOMESTIC TEAM: Coventry City

WALES DEBUT: v Bulgaria (2007)

PLAYER PROFILES

Ched Evans

POSITION: Striker

DOB: 28/12/1988

BORN: Ryhl, Wales

UNDER 21 CAPS: 8 **SENIOR CAPS:** 2

GOALS: 1

DOMESTIC TEAM: Manchester City

WALES DEBUT: v Iceland (2008)

Daniel Nardiello

POSITION: Striker

DOB: 22/10/1982

BORN: Coventry, England (Welsh Parent)

UNDER 21 CAPS: 0 **SENIOR CAPS:** 3

GOALS: 0

DOMESTIC TEAM: Blackpool

WALES DEBUT: v New Zealand (2007)

Sam Vokes

POSITION: Striker

DOB: 21/10/1989

BORN: Southampton, England (Welsh Grandparent)

UNDER 21 CAPS: 13 **SENIOR CAPS:** 2

GOALS: 0

DOMESTIC TEAM: Wolverhampton Wanderers

WALES DEBUT: v Iceland (2008)

*Correct as of August 1, 2008

SPOT THE DIFFERENCE

Look at the pictures below, can you spot 8 differences between the two lineups? (Answers on page 61)

Name:	Aaron James Ramsey
Position:	Centre Midfield
D.O.B.:	26/12/1990
Born:	Caerphilly, Wales
School:	Ysgol Gyfun Cwm Rhymni, Caerphilly
Other sports played:	Rugby (Played winger for Caerphilly R.F.C.'s youth team and scouted by Rugby League side St. Helens RFC)
Languages:	Speaks Welsh and English fluently
Nickname:	Rambo
Club:	Arsenal
Other clubs:	Cardiff (16 appearances, one goal)
Originally Signed:	By Cardiff who fought off stiff competition from Newcastle United
Records/ Honours:	Youngest player to ever play for Cardiff City, aged just 16 years and 124 days on his debut

Aaron Ramsey

What a year it's been for Aaron Ramsey! Arguably the hottest prospect to come out of Wales since Ryan Giggs, there has been a host of top Premier League clubs chasing Ramsey since he joined Cardiff City's academy several years ago and last summer, the bidding went through the roof as clubs fought for the services of the young Welsh midfielder.

Just over a year ago, Ramsey made his league debut for the Bluebirds and within two months an unnamed London side had tabled a bid of £1m, even though the talented teenager was yet to sign his first professional contract. Everton soon weighed in with a similar bid, but were also told 'nothing doing' by Cardiff. In December 2007, Ramsey signed his first pro contract and his first game as a professional footballer was against Chasetown in the FA Cup and he scored to crown an unforgettable day.

He made several more appearances before becoming the subject of one of the fiercest bidding wars seen for many years as Manchester United, Arsenal and Everton all expressed a very keen interest in signing him. It became a matter of 'when' rather than 'if' he would leave South Wales, but his swansong was on the perfect stage – a Wembley FA Cup final. Though he left with a runners-up medal, it gave the youngster a taste of the high life and when Arsenal bid £5m – an offer rumoured to have been matched by Manchester United and Everton – Ramsey opted to move to Arsenal, with

"Cardiff City gave me my start in professional football and I won't forget that. It doesn't seem that long ago when I first joined as a schoolboy."

Arsene Wenger's reputation for bringing young players through to the senior squad undoubtedly playing a huge part in his decision.

"It is an honour to be wanted by massive clubs like Arsenal, Manchester United and Everton," Ramsey said after joining. "In the end I had to make the decision I felt was right for my future.

"Cardiff City gave me my start in professional football and I won't forget that. It doesn't seem that long ago when I first joined as a schoolboy," Ramsey added. "I have come a fair way since then, but there is still a lot of hard work ahead."

Watch out for Ramsey becoming a permanent member of John Toshack's senior squad before too long.

John Charles
The story of the Gentle Giant

NAME: William John Charles CBE

NICKNAME: The Gentle Giant- Charles was never booked or sent off during his career despite his height and physical presence

D.O.B: 27/12/1931

BORN: Swansea, Wales

D.O.D: 21/02/2004 (aged 72)

POSITION: Centre Half/ Centre Forward

DOMESTIC CAREER:

CLUB	YEARS	APPS	GOALS
Leeds United	(1948-57)	297	150
Juventus	(1957-62)	150	93
Leeds United	(1962)	11	3
Roma	(1962-63)	10	4
Cardiff City	(1963-66)	69	18
Hereford United	(1966-71)	173	80
Merthyr Tydfil	(1972-74)	-	-

INTERNATIONAL CAREER:

Wales	(1950-65)	38	15

TEAMS MANAGED:

Hereford United(1967-71) (player/manager)
Merthyr Tydfil (1972-74) (player/manager)

HONOURS:

Serie A Champions: 1958, 1960, 1961
Coppa Italia: 1959, 1960
Welsh Cup: 1964, 1965
Italian Player of the Year: 1958

Regarded by many as perhaps the greatest all-round footballer to come out of not only Wales, but Britain, John Charles was almost a one-off and virtually incomparable to any player in today's game.

Comfortable at centre-half or centre-forward, he wasn't merely good in either position, he was world class and could even play full-back if required! As an example of his adaptability, while playing in central defence for Wales, he broke Leeds United's goal-scoring record with 42 in one season!

Charles was the first man from Britain to crack the Italian league and it's doubtful anyone from abroad will ever quite have the same impact Charles had in Serie A where he was considered by Juventus fans as their God, though they christened him 'Il Buon Gigante'- The Gentle Giant.

'Charles continued to physically develop and by the time he was 20, he was a big, strapping lad with a presence Leeds felt would be ideal to lead their forward line.'

> *'Charles was the first man from Britain to crack the Italian league and it's doubtful anyone from abroad will ever quite have the same impact Charles had in Serie A where he was considered by Juventus fans as their God.'*

Born in Swansea just after Christmas 1931, Charles joined the Swans' ground-staff and impressed enough as a youth player to be taken on by Leeds United, aged 15. Within two years he'd made his debut for Leeds and he then became the youngest player to represent Wales, aged 18 and 71 days, when he won his first full cap against Northern Ireland in 1950.

Charles continued to physically develop and by the time he was 20, he was a big, strapping lad with a presence Leeds felt would be ideal to lead their forward line. Despite standing at 6 foot 2 inches and weighing 14 stone, Charles was nimble, skilful and agile and settled into his new role with ease, scoring 26 goals in his first season, helping Leeds win promotion to the top division and he followed that by banging 38 goals in against superior defences – he was unstoppable!

In April 1957, he led his country for the first time and word of his brilliance had spread far and wide, particularly in Italy, and it was Juventus who eventually prised Charles away from Leeds by paying a British record £65,000 later that year. Could he transfer his talents to a far more defensively-minded league? Of course he could! In his first season he was voted Player of the Season and during five unforgettable years in Turin, he helped Juve

continued next page

John Charles – The story of the Gentle Giant

Misc John Charles facts:

Leeds United named their West Stand at Elland Road 'The John Charles Stand' and their reserve venue was named The John Charles Stadium.

In 1997, Charles was voted as the greatest foreign player ever in Serie A (ahead of Platini, Maradona, Van Basten)

In 2001, Charles was awarded the CBE by the Queen and later that year he became the first non-Italian to be named in the Azurri Hall of Fame – quite an honour!

In 2002, Charles was made vice-president of the Welsh FA and he was also inducted into the English football Hall of Fame

In 2003, the recognition of a fantastic career continued when Charles was selected as Welsh FAs most outstanding player of the last 50 years – he was also granted the freedom of the city of Swansea – not bad for a former Cardiff City player!

Sadly, in 2004, John Charles, Wales' greatest player and ambassador, died aged 72.

continued from previous page

win the league three times and Italian Cup twice. Inspired by their Golden Boy, Charles led Wales to the 1958 World Cup finals where the Dragons would lose only once in five games, reaching the quarter-finals before being eliminated by eventual winners Brazil.

Charles returned to Italy until 1962, before deciding to return to his great love, Leeds United. He had underestimated his affection for Italy, however, and missed life in Serie A so when Roma offered him the chance to return a few months later, he took it! However, things didn't go as smoothly on this occasion – Charles had lost a yard of speed and decided to return home by signing for Cardiff City in 1963. He retired three years later, moving into management for a time before finally drifting out of football altogether.

His legacy remains, however, and in his later years his amazing career was recognised by various associations and institutions, all, of course, thoroughly deserved. His death in 2004 robbed Wales of their favourite footballing son, though his legend will live on forever. Quite simply, there will never be another John Charles.

'His legacy remains, however, and in his later years and his amazing career was recognised by various associations and institutions, all, of course, thoroughly deserved.'

SPOT THE BALL

Look at the pictures below, can you spot where the ball would be?

(Answers on page 60 and 61)

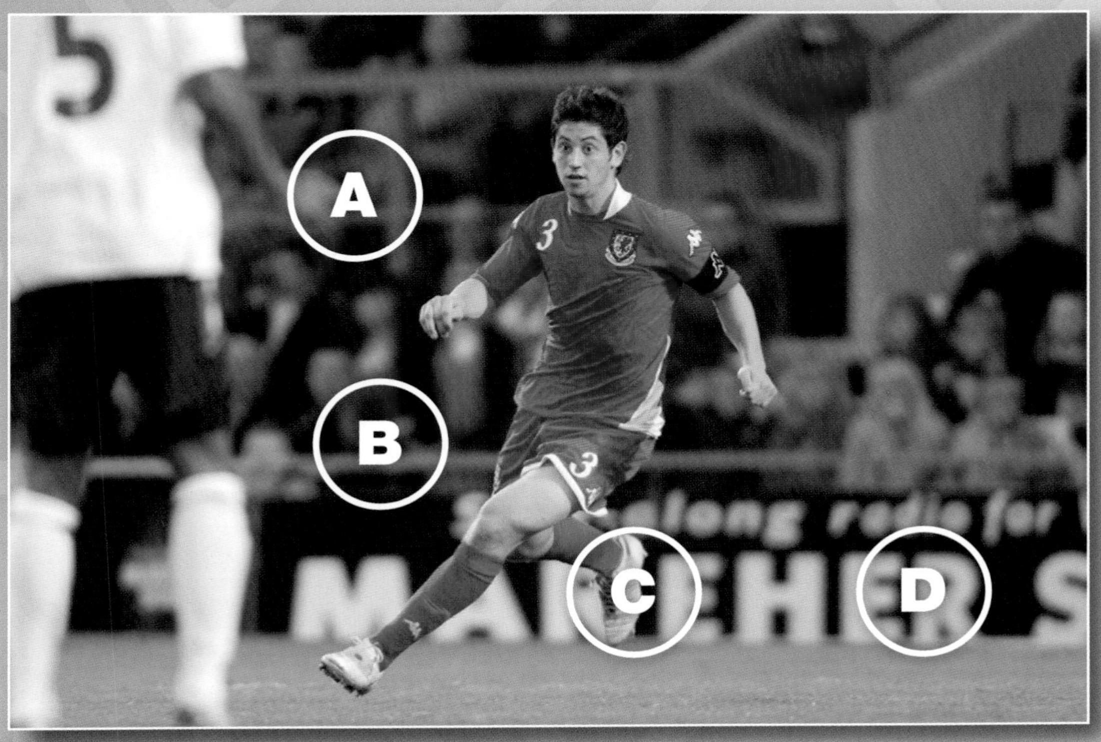

WALES KITS OVER THE YEARS

As you can see from the selection below, Wales have had many different kits over the years – and not always red. The FAW museum is home to dozens of jerseys that the national team has worn over the years – which is your favourite?

1948

1956

1922

1964

1973

1979

1981
1982
1985
1987
1993
1993
1994
1998

Name: Gareth Frank Bale

Position: Left Back, Left Winger

D.o.B.: 16/07/1989

Born: Cardiff, Wales

Domestic career:	Apps	Gls
Southampton 2005-07	45	5
Tottenham Hotspur 2007-present	12	3

International career:	Apps	Gls
Wales 2006-present	11	2

Gareth Bale

Not 20 until summer 2009, Gareth Bale represents the exciting future of Wales' national team. A supremely-gifted footballer, capable of playing left-back, left-midfield or as a left-winger, the Cardiff-born teenager is already into double figures for caps earned and, all being well, he should one day eclipse Neville Southall's record haul for the Dragons.

Bale was educated at Eglwys Newydd Primary School and later at Whitchurch High School where his PE teacher once wrote: "*Gareth has a fierce determination to succeed and has the character and qualities to achieve his personal goals. He is one of the most unselfish individuals that I have had the pleasure to help educate.*"

It was in football, however, that his all-round ability in sport shone most brightly and he soon had scouts flocking to watch him play for his junior side Cardiff Civil Service FC, yet he was snatched from under the noses of both Cardiff City and Swansea by Southampton, who quickly fast-tracked the precocious teenage star into the first-team, making his debut age 16 and 275 days old – a record former Saints prodigy Theo Walcott can only better.

He became the youngest player ever to represent Wales when he won his first cap against Trinidad and Tobago on May 27, 2006 , coming on as a substitute and setting up the winner for Rob Earnshaw and five months later he became Wales' youngest ever goal-scorer with a stunning free-kick against Slovakia.

Just three weeks after his 17th birthday, Bale scored his first senior-club goal against Derby County and soon earned a reputation as a free-kick specialist with his deadly left-foot shot and delivery. At the end of his first full campaign, he was voted the 2007 Football League Young Player of the Year and, not unlike Aaron Ramsey, a queue of top Premier League clubs dangled vast sums of money in Southampton's direction in a bid to secure the teenager's services and in May 2007, Tottenham successfully offered £5m for Bale (which could rise to £10m based on various clauses in the deal) and he scored three goals in his first four appearances for his new club before sustaining ligament damage and missing the remainder of his first season at White Hart Lane.

Bale will be an integral member of John Toshack's World Cup qualifying squad and is set for a long international career with the Dragons.

Mark Hughes

Mark Hughes represented Wales at just about every level during a long, distinguished playing career, eventually becoming national team manager for a highly-productive five-year period.

A born winner who was an opposing defender's nightmare, Wrexham-born Hughes joined Manchester United aged 17 and made his debut for the Reds four years later, scoring during an FA Cup tie with Oxford United.

Hughes made his debut for Wales in 1984 and soon established himself at Old Trafford, becoming a huge crowd favourite in the process, so it was something of a shock when United accepted a £2m bid from Barcelona in 1986. Life wasn't as sweet as Hughes had hoped at the Nou Camp and he found it difficult to settle into the La Liga style of football.

He was loaned out to Bayern Munich for a season and the German club and faster style of football played in the Bundesliga restored his confidence and form but he knew his future lay back in England and his hopes were realised when Manchester United returned for their prodigal son in 1988, paying £1.8m for his services.

Name: Leslie Mark Hughes OBE **Nickname:** Sparky **D.o.B:** 01/11/1963
Born: Wrexham, Wales **Position:** Striker

DOMESTIC CAREER:

		Apps	Gls
Manchester United	1980-86	89	37
Barcelona	1986-88	28	4
Bayern Munich (loan)	1987-88	18	6
Manchester United	1988-95	256	82
Chelsea	1995-98	95	25
Southampton	1988-2000	52	2
Everton	2000	18	1
Blackburn Rovers	2000-02	50	6

INTERNATIONAL CAREER:

Wales	1984-1999	72	16

MANAGER:

Wales	1999-2004
Blackburn Rovers	2004-2008
Manchester City	2008-present

HONOURS:

Manchester United:

F.A. Premier League champions (1993, 1994)
F.A. Cup winner (1985, 1990, 1994)
European Cup Winners' Cup (1991)
League Winner (1992)
F.A. Charity Shield (1993, 1994)

Chelsea:

F.A. Cup winner (1997)
League Cup winner (1998)
European Cup Winners' Cup (1998)

Blackburn Rovers:

Football League First Division r-up (2001)
League Cup winner (2002)

'Sparky', as he is known throughout football, enjoyed a fantastic second spell with the Reds, becoming a club legend as United swept all before them during a glorious spell in the early to mid-1990s.

Powerful, aggressive and seemingly capable of scoring only spectacular goals, Hughes became one of Wales' most important players for well over a decade, representing his country with great pride and winning 72 caps over a 15-year period.

By 1995, it was time to move on again, but despite being 32, he was still one of the most sought-after strikers in the country and he signed for Chelsea, helping them win three major cup finals in three years.

Aged 35, the evergreen Hughes then signed for Southampton in 1998, playing more of a midfield role, before moving on again, this time to Everton and it was while at Goodison Park that he became manager of Wales, very nearly steering his country to Euro 2004 – an incredible achievement considering the status of the national team when he took over. He finished his playing career with Blackburn Rovers, officially retiring as a player in 2002, but returned to Ewood Park as manager in 2004 after leaving his post as Wales' boss.

Just as effective in management as he was during his playing days, Hughes steered Blackburn up the Premier League table and made them one of the toughest teams to beat in the English top-flight before accepting an offer to become Manchester City boss in June 2008 where all the signs are he will soon turn the Blues' home ground into a real Dragon's Den!

RECORD HOLDERS

Most Caps (50 or more)

Neville Southall	92	Andy Melville	65	Mark Pembridge	54
Gary Speed	85	Ryan Giggs	64	Dai Davies	52
Dean Saunders	75	David Phillips	62	John Mahoney	51
Peter Nicholas	73	Terry Yorath	59	Mickey Thomas	51
Ian Rush	73	Kevin Ratcliffe	59	John Hartson	51
Joey Jones	72	Barry Horne	59	Craig Bellamy	51
Mark Hughes	72	Cliff Jones	59	Rod Thomas	50
Ivor Allchurch	68	Leighton Phillips	58	Paul Jones	50
Brian Flynn	66	Leighton James	54	Simon Davies	50

Most Goals – Top 10

Ian Rush	28	Cliff Jones	16	John Hartson	14
Ivor Allchurch	23	Mark Hughes	16	John Toshack	12
Trevor Ford	23	John Charles	15	Dai Astley	12
Dean Saunders	22	Craig Bellamy	15		

Managers

Walley Barnes	1954-56	Mike England	1980-87	Bobby Gould	1995-99
Jimmy Murphy	1956-64	Terry Yorath	1988-93	Mark Hughes	1999-2004
Dave Bowen	1964-74	John Toshack	1994	John Toshack	2004-present
Mike Smith	1974-79	Mike Smith	1994-95		

Misc Records

Highest FIFA ranking: #27 (August 1993)
Lowest FIFA ranking: #113 (September 2000)
Biggest Win: Wales 11-0 Ireland (March 1888)
Biggest Loss: Scotland 9-0 Wales (March 1878)
Longest serving manager: Dave Bowen (1964-74)
Youngest player ever: Gareth Bale (16yrs, 315 days)

Welsh players inducted into the English Hall of Fame

2002: John Charles
2005: Ryan Giggs
2006: Ian Rush
2007: Mark Hughes, Billy Meredith

NAME GAME

Try and work out who these people are by solving the anagrams below…

1 Host Jock Nah

2 My A Big Cellar

3 U Ask Jam Soon

4 Add In Bonny Bag

5 O Marry A Sane

6 Coins Sell Jam

7 Rare When At Robs

8 The Bare Gal

9 Any Sweeney Hens

10 Rich Strung E

Answers on page 61

ANSWERS

P14 Wordsearch solution

Did you manage to find all 10? Here's how your grid should look if you did...

L	N	K	M	X	Z	J	M	K	M	R	R	Y
V	Q	L	A	G	N	A	T	A	Y	N	M	H
P	R	N	F	K	S	G	M	L	V	A	T	Q
B	Q	N	Z	C	Y	T	D	R	L	Y	T	X
H	W	N	R	A	E	M	T	L	N	R	F	F
E	R	G	J	H	L	Z	E	E	E	V	G	L
N	R	M	Q	S	D	B	M	H	K	A	H	Q
N	Z	A	Y	O	E	N	C	L	B	C	K	C
E	L	N	M	T	L	T	G	B	K	V	I	H
S	Q	B	Y	S	E	D	I	M	R	T	M	R
S	V	J	Y	L	E	D	K	T	Z	M	T	W
E	V	J	F	N	O	Y	K	O	U	M	A	S
Y	N	W	N	N	K	X	L	R	C	Y	X	T

P51 Spot the Ball Solution

P27 Crossword:

Across:

1 Saunders
3 Earnie
8 The Dragons
9 Savage
11 Sparky
13 Cardiff
14 Ian Rush
15 Ledley
16 Hennessey
18 Southall
19 Speed

Down:

2 England
3 Evans
4 Race Course Ground
5 Czech Republic
6 Swansea City
7 John Charles
10 Craig Bellamy
12 Paul Jones
17 Jones

P22 & 23 The BIG Wales Quiz:

1 74,500
2 Rhodri
3 Arsenal
4 Tottenham
5 Zambia
6 Tranmere, West Brom, Cardiff, Wigan Athletic
7 Mark Hughes
8 Germany
9 Russia
10 Roy Evans
11 Neville Southall – 92 caps
12 Ian Rush – 28 goals
13 True
14 Iceland
15 Blackburn Rovers
16 Slovakia
17 Norway
18 Jari Litmanen
19 1958
20 Brian Flynn

P45 Spot the Difference?

P51 Spot the Ball Solution

P59 Name Game

1 John Toshack

2 Craig Bellamy

3 Jason Koumas

4 Danny Gabbidon

5 Aaron Ramsey

6 James Collins

7 Robert Earnshaw

8 Gareth Bale

9 Wayne Hennessey

10 Chris Gunter

Champion
18